DEVELOPING INTRA-REGIONAL EXCHANGES THROUGH THE ABOLITION OF COMMERCIAL AND TARIFF BARRIERS

Cultures juridiques et politiques **Vol. 10**

Les conceptions du pouvoir, du droit et de l'ordre se réfèrent inévitablement à l'ensemble du système de représentations qu'est la culture de chaque société. Toute forme de culture ayant donc nécessairement une dimension politique et juridique, la collection «Cultures juridiques et politiques» publie des travaux, tels que des thèses, synthèses de recherches, ouvrages collectifs et actes de colloques, se proposant de faire connaître les systèmes politiques et juridiques des pays européens, d'évaluer les grandes tendances des processus d'intégration politique et d'harmonisation juridique en cours dans l'Union européenne et d'éclairer les interférences entre le politique, le juridique et les autres aspects «culturels» dans le contexte de ces processus.

Collection dirigée par Stephanie Rohlfing-Dijoux et Otmar Seul.

STEPHANIE ROHLFING-DIJOUX
(ED./DIR.)

DEVELOPING INTRA-REGIONAL EXCHANGES THROUGH THE ABOLITION OF COMMERCIAL AND TARIFF BARRIERS

MYTH OR REALITY?

L'ABOLITION DES BARRIÈRES COMMERCIALES ET TARIFAIRES DANS LA RÉGION DE L'OCÉAN INDIEN

MYTHE OU RÉALITÉ ?

PETER LANG
Bruxelles · Bern · Berlin · Frankfurt am Main · New York · Oxford · Wien

Cet ouvrage est publié avec le soutien financier de l'Université franco-allemande.

Illustration de la couverture : The British Library's collections, 2013.

Cette publication a fait l'objet d'une évaluation par les pairs.

Éditions scientifiques internationales
Bruxelles 2017
Avenue Maurice 1, BE-1050 Bruxelles, Belgique
info@peterlang.com ; www.peterlang.com

Imprimé en Allemagne

ISSN 2235-1078
ISBN 978-2-8076-0126-0
ePDF 978-2-8076-0127-7
ePUB 978-2-8076-0128-4
MOBI 978-2-8076-0129-1
D/2017/5678/07

Information bibliographique publiée par « Die Deutsche Nationalbibliothek ». « Die Deutsche Nationalbibliothek » répertorie cette publication dans la « Deutsche National-bibliografie » ; les données bibliographiques détaillées sont disponibles sur Internet sous ‹http://dnb.d-nb.de›.

Table of Content / Table des matières

Part VI
Trade Facilitation

Partie VI
La facilitation du commerce

Part VII
The Settlement of Disputes in International Trade

Partie VII
Le règlement de litiges en commerce international

Part VIII
Infrastructures of Commerce and Transportation

Partie VIII
Infrastructures de commerce et de transport

Avant-propos

Le présent ouvrage retrace les présentations orales d'une université d'été organisée à l'île Maurice du 19 au 24 octobre 2015 par les universités de Maurice, de la Réunion, de Paris Ouest Nanterre et de Postdam en Allemagne. Le thème du colloque « L'abolition des barrières commerciales et tarifaires dans la région océan Indien : Mythe ou réalité ? » porte sur le développement des échanges intra-régionaux dans la région de l'océan Indien, d'abord entre les pays membres de la Commission d'Océan Indien (COI) mais aussi avec les pays voisins, comme certains pays d'Afrique, l'Inde et la Chine. Cette question est examinée dans ses dimensions politique, économique et juridique et fait ici l'objet d'une approche pluridisciplinaire. Le livre dresse un état des lieux des freins existants de toute nature, économiques, douaniers, techniques, juridiques et culturels.

Le choix du sujet a été dicté par plusieurs considérations. La création d'un marché unique et libre sans barrières dans la région d'océan Indien est un projet déjà ancien au sein de la COI, qui revient régulièrement dans les discussions politiques et économiques dans la région. La globalisation de l'économie mondiale a pour effet que des pays relevant de zones un peu plus isolées des grands marchés ressentent encore plus la nécessité de se réunir pour unir leurs forces et atteindre un seuil critique. Il est vrai que ces états sont soumis à des contraintes très spécifiques, liées notamment à leur éloignement des grands marchés comme l'Europe ou les États-Unis, aux multiples barrières non traditionnelles manifestées sous forme d'exigences réglementaires et de formalités administratives diverses et surtout aux disparités importantes entre les pays concernés.

D'un côté, des États souverains dits ACP (Afrique-Caraïbes-Pacifique) comme Madagascar, Maurice, les Seychelles ou encore les îles Comores, de l'autre la France pour le compte de la Réunion, un département français avec le statut de région européenne. Du fait de l'appartenance de la France/Réunion à l'Union européenne, la création d'un espace commercial libre entre ces pays est susceptible de leur ouvrir l'accès à l'Europe et soulève de fait un certain nombre d'obstacles politiques et juridiques majeurs. Des obstacles d'autant plus délicats à franchir que les pays ACP ont conclu par ailleurs des accords spécifiques avec l'Union européenne dans la mesure où leurs exportations se heurtent souvent aux règlements techniques et normes (RTN) érigés par les pays membres de l'Union européenne ainsi qu'aux directives et décisions édictées par l'Union européenne sur les produits et services. La contribution d'Ismaël Omarjee, consacrée aux relations de ces pays ACP avec l'Union européenne, a permis de mettre en lumière ces différents obstacles.

Dans un premier temps une comparaison avec d'autres zones de libre-échange s'impose. Bien entendu, on pense d'emblée à la réalisation du marché unique dans l'Union européenne et la question de savoir si l'Union européenne peut être une source d'inspiration pour une zone de libre-échange dans la région de l'Océan Indien. Cette question est traitée par Éric Millard. Les relations de ce grand marché européen avec l'extérieur (par exemple les États-Unis avec la négociation du traité transatlantique) font l'objet de la contribution de Francesco Romano.

Mais la comparaison passe aussi par l'analyse du fonctionnement d'autres zones de libre-échange, moins abouties que l'Union européenne comme en L'Association sud-asiatique pour la coopération régionale (ASACR) et la zone de libre-échange ASEAN-Chine. Tel est l'objet des contributions de Charles Walleit et de Marie Rossier.

Ce sujet a également été retenu pour sa pluridisciplinarité : il permet en effet à des chercheurs venant de disciplines et de spécialisations différentes (droit, économie et autres) d'échanger autour d'un thème qui les réunit. Le thème très général de l'opportunité politique et économique de créer une zone de libre-échange dans la région ainsi que de sa faisabilité juridique permet de réunir des recherches de spécialistes variés.

Les questions, plus économiques et financières, ont été examinées par Tobias Letti s'agissant des exigences relatives à la liberté de la concurrence pour le bon fonctionnement d'un marché commun, et par Johannes Kappler s'agissant de la liberté de circulation des prestations de service dans le secteur bancaire et des prestations financières.

L'expérience, très avancée, du marché unique européen montre que la création d'une zone de libre-échange ne peut être envisagée à tout prix mais, au contraire, doit prendre en considération les intérêts divergents entre profits économiques et respect des salariés qui contribuent à sa réalisation. Une gestion responsable est indispensable pour créer les conditions du succès d'une coopération internationale. Ce sujet est examiné par Indeeren Vencatachellum et Ropanand Mahadew sous le thème du management responsable.

Quoi qu'il en soit, ce projet ancien de création d'une zone de libre-échange dans la région de l'Océan Indien reste d'actualité. Un accord dans ce sens a été récemment signé au Caire le 12 juin 2015. Il s'agit du « tripartite free trade area (TFTA) », qui a créé une zone de libre-échange tripartite en Afrique du Sud et de l'Est, une zone immense qui regroupera trois blocs régionaux africains, le COMESA, la SADC et l'EAC, qui devrait être activée en 2017. Cet accord constitue un pas important vers cette zone de libre-échange.

Cependant, les chiffres démontrent que pour l'instant les échanges commerciaux entre les pays de la région restent très faibles. La plupart des échanges se réalisent avec des pays lointains et non pas avec ses voisins proches. L'examen des balances commerciales de ces pays montre que l'objectif initial est loin d'être atteint. Les échanges réalisés entre les États membres ont peu progressé et ne représentent en effet que 3 à 5 % de l'ensemble des échanges totaux enregistrés dans la région.

La création d'un marché unique est un vaste chantier qui passe par plusieurs étapes différentes et nécessite des choix essentiels sur la forme et le degré d'intégration. La première étape étant généralement l'abolition progressive des barrières douanières et tarifaires, celle-ci n'est aujourd'hui pas suffisante pour la réalisation d'une zone de libre-échange.

L'ouverture d'un marché au commerce international est largement basée sur l'absence des restrictions tarifaires et non tarifaires entre les nations en question. Dans le système moderne du commerce international, il existe toujours des défis de libéralisation des barrières non tarifaires qui entravent la production des entreprises et ont un impact négatif sur le commerce international de marchandises. Ce sont ces barrières non tarifaires, qui servent de barrières au commerce, sur lesquelles l'attention doit être portée. Les différentes contributions à cette Université d'été ont permis d'examiner successivement l'abolition de ces barrières non commerciales et la création des conditions nécessaires pour garantir le bon fonctionnement d'un marché intégré.

L'un des outils pour favoriser l'abolition des barrières non tarifaires est l'harmonisation du droit. Les différents aspects de cette harmonisation sont examinés par Élisa Ralser pour l'harmonisation des droits nationaux en général, par Tilmann Bezzenberger pour le droit des sociétés et par Jean Baptiste Seube pour le droit de la vente.

La contribution de Jonas Knetsch montre, cependant, que la diversité des droits ne peut être exclusivement regardée comme une barrière au libre-échange mais qu'elle présente aussi des avantages.

Certains obstacles techniques au commerce (OTC), comme par exemple les règles visant la protection des consommateurs ou l'application des droits de la propriété intellectuelle, sont nécessaires et ont, en réalité, un effet positif sur les échanges en améliorant la qualité des produits ainsi que la confiance des consommateurs, même s'ils peuvent, en même temps, parfois constituer des mesures protectionnistes et freiner les échanges commerciaux.

La contribution de Stephanie Rohlfing-Dijoux porte sur les barrières érigées par les législations relatives à la propriété industrielle et Émilie Jonzo examine les problématiques particulières lors des procédures de faillites et de redressement des entreprises en difficulté.

L'effet des mesures phytosanitaires sur le commerce est traité par les contributions de Jacques Colom et Varsha Mooneeram-Chadee.

Le développement du commerce est facilité et encouragé par de nombreuses conventions internationales. Celles-ci sont examinées par Vittiyaiye Teeroovengadum. Ce développement peut également être favorisé par des échanges de *know how* et de technologie de pointe. En matière de recherche, l'échange des informations s'avère particulièrement important. Celui-ci est facilité par le système d'open access aux documents et publications scientifiques, un sujet traité par Katharina de Resseguier.

La négociation des accords de libre-échange nécessite aussi des exceptions : l'une d'entre elles est l'exception culturelle. Elle est le sujet de la contribution de Juliette Bouloy.

Le fonctionnement d'un marché libre doit également prévoir le traitement efficace des litiges entre les partenaires internationaux. La contribution de Farouk el Hosseny et de Nismah Adamjee examine d'abord les règlements des litiges en commerce international et les conférences de Kerstin Peglow et Maximilian Fritz traitent le règlement des litiges dans le cadre spécifique de l'OMC. Johary Ravaloson propose dans sa contribution, en revanche, un régime local de règlement de litiges en incluant la médiation. Ces procédures de justice privée nécessitent tout particulièrement le respect d'une procédure loyale et respectueuse des droits de la défense afin de gagner la confiance des parties. Cet aspect est examiné par Anne-Françoise Zattara-Gros.

Enfin, une zone de libre-échange régionale ne peut être réalisée sans les infrastructures nécessaires pour la réalisation des échanges commerciaux et le développement du tourisme inter-îles. Le développement des moyens de transport et de communication afin de consolider le réseau de relations et de partenariats en développement industriel et de renforcer la capacité de production des opérateurs économiques des différents pays est indispensable.

Un accord dans ce sens a été signé le 30 juin 2015 sous le nom d'« Alliance Vanille » à Antananarivo, à Madagascar. Il s'agit d'un accord de coopération multilatérale en vue d'un rapprochement des 5 transporteurs aériens de la région : Air-Mauritius, Air-Austral, Air-Madagascar, Air-Seychelles et Inter-Îles-Air. Le projet a pour objectif d'améliorer la connectivité inter-îles en optimisant l'utilisation de la flotte et des infrastructures aéroportuaires. Cette alliance devrait permettre de développer le trafic régional et international. En créant une force commune des transporteurs, la synergie entre eux peut, en effet, permettre d'atteindre une taille critique susceptible de générer des économies d'échelle et de favoriser la compétitivité de ces états sur un marché de plus en plus internationalisé.

Ces infrastructures aériennes font l'objet de la contribution d'Arvin Halkhoree tandis que le trafic maritime est traité par les conférences de Sarah Hamou et de Valérie Uppiah.

Paris, 30 juillet 2016

Stephanie Rohlfing-Dijoux, Professeur à l'Université Paris Ouest Nanterre La Défense, co-chair de l'Université d'été

Discours de Monsieur Younous Omarjee, député européen, 19 octobre 2015

Monsieur le Secrétaire Général de la COI,
Mesdames et Messieurs les Ambassadeurs,
Mesdames et messieurs les élus,
Chers amis,

Permettez-moi avant tout de vous exprimer le plaisir que j'ai de prendre part à vos travaux et de me donner l'opportunité de partager avec vous la vision qui est la mienne, en tant que parlementaire européen, de la politique commerciale poursuivie par l'Union européenne dans la sous-région du sud-ouest de l'océan Indien.

Je n'ai pas la prétention ce matin de décortiquer l'ensemble des accords existants ou en cours de négociation – j'écouterai sur ce plan les communications des éminents universitaires dont nous avons toujours beaucoup à apprendre. Je veux très simplement offrir le regard politique d'un élu ultramarin au Parlement européen confronté dans son action quotidienne à la schizophrénie qui peut naître entre la défense de l'intérêt général européen, la défense des intérêts des territoires de sa circonscription (la Réunion et Mayotte) et la défense et la promotion de la coopération régionale entre les pays membres de la COI.

S'il peut exister des convergences d'intérêts et d'objectifs entre nous, nous ne pouvons nier – au-delà des poncifs habituellement entendus – les obstacles à l'affirmation de véritables échanges égaux entre des îles ACP et des îles qui bien qu'indiano-océaniques n'en sont pas moins européennes.

Cette difficulté renforce l'importance que nous avons à coopérer. Et il nous appartient dans l'approfondissement de la coopération régionale de trouver les solutions, de dépasser des désaccords qui peuvent sembler difficilement franchissables.

La coopération régionale a toujours joué ce rôle historique de facteur de réconciliation et de paix entre des nations qui ont pu, ont, ou pourront faire face à des désaccords diplomatiques difficilement franchissables. Coopérer avec ses voisins, c'est comprendre qu'au-delà des divergences politiques, des discordes territoriales, de la compétition économique, les relations transfrontalières peuvent être le terrain d'une mutualisation des forces pour la valorisation des particularités de chacun.

Notre océan Indien demeure un carrefour immémorial des grandes aires culturelles de l'Histoire. Tiraillés par les interpénétrations subies lors des prises de possession des terres et des mers par les colonialismes, les rivages de nos territoires ont été lieux de confrontations entre intérêts commerciaux et culturels, devenant alors au cours du XXe siècle le cœur vivant d'un Tiers Monde ravagé par des crises multiples : territoriales, culturelles, politiques, économiques, sociales, etc.

Les défis qui attendent aujourd'hui le Sud, comme les défis qui attendent notre bassin de l'océan Indien dans ce sud, sont immenses.

D'un monde unipolaire contrôlé par quelques grandes puissances du nord, l'Afrique, l'Amérique latine, l'Asie, l'océan Pacifique, l'océan Indien ont surgi pour paver le chemin avant-gardiste d'un monde multipolaire où les cartes pourraient à nouveau se trouver redistribuer.

Cette nouvelle donne planétaire vient de loin :

De l'effervescence et du dynamisme de la période postcoloniale où se sont concrétisées les alliances entre les pays et peuples du Sud, ont préfiguré les premiers régionalismes africains, asiatiques, latino-américains et sud-sud.

De la mise à bas de l'esclavage puis du colonialisme, au mouvement des non-alignés puis aux BRICS.

Voilà ce que pour moi est l'histoire et la filiation des coopérations que nous avons fait naître et de nos régionalismes.

Voilà donc maintenant près de 20 ans que nous construisons ces nouveaux espaces régionaux d'intégration qui préfigureront l'avenir de nos pays et territoires. Ces organisations régionales que nous construisons nous sont vitales pour non seulement faire face aux grands bouleversements nouveaux qu'entraîne sur tous les peuples du monde, au nord comme au sud, la mondialisation ; mais aussi pour ensemble construire un monde qui ne soit pas le simple miroir du Nord. Car au-delà même de l'amitié qu'elles engendrent, et de la paix qu'elles sont capables de durablement générer, bien fondées et construites à notre image les organisations régionales ont parfois la capacité de se révéler être des berceaux de résistance insoupçonnés. Regardez comme l'Afrique soudée en blocs a su résister et faire front aux Accords de partenariat économique qu'a tenté de lui faire avaler l'Union européenne. Regardez *a contrario* comment chacun des États, lorsqu'ils sont en négociations un à un, finit par céder. Regardez aussi comme le G 20 constitué à Cancun en 2003 sous l'égide du Brésil, de la Chine et de l'Inde, en vue de constituer un bloc de résistance au sein de l'OMC, a réussi à chahuter le projet de Doha tout comme la suprématie que maintenaient conjointement les États-Unis et l'Union européenne sur la chapelle de l'Organisation mondiale du commerce toute désignée pour écrire la nouvelle bible du XXIe siècle.

Les ententes régionales structurées ou spontanées ont donc bien cela de grand et d'intéressant, elles nous permettent de ne plus agir seuls et isolés face aux géants économiques et commerciaux de ce monde, et d'enregistrer des victoires inespérées.

Mais nous avons cependant tendance à un peu trop nous éparpiller, à disperser nos forces en les jetant dans parfois trop d'initiatives, et ne pas nous faire aussi constructivistes que nécessaire.

Si nous prenons les 21 États que regroupent l'Afrique de l'Est, l'Afrique australe et l'océan Indien, 5 organisations régionales viennent à se superposer et à s'enchevêtrer entre elles : SADC, COMESA, EAC, IGAD et COI. Certaines poursuivent l'objectif de créer une zone de libre-échange, d'autres une union douanière et monétaire, d'autres encore la solidarité entre les peuples, la défense des intérêts insulaires dans les enceintes internationales, la préservation et la valorisation de l'environnement, l'agriculture, la coopération sociale, d'autres encore visent l'objectif de maintenir la paix et la sécurité.

Si cette capacité à créer de multiples organisations témoigne d'une disposition fortuite et presque naturelle à tisser des amitiés, et que ces multiples organisations peuvent certes être utiles à certains moments : on agit avec celle-ci pour ceci, avec celle-là pour cela et avec telle autre pour telle autre chose. Cette juxtaposition est aussi problématique puisqu'elle donne la possibilité aux partenaires extérieurs de choisir si, avec les fonds de développement qui sont les leurs, ils préfèrent financer telle ou telle organisation en vue des intérêts qu'ils poursuivent. Là encore le cas des APE est révélateur, depuis que l'Union européenne aboutir partout en Afrique à la signature des APE, elle met en parallèle des moyens à disposition des organisations régionales qui poursuivent des objectifs visant à la création de marchés communs, d'union douanières et de monnaies communes. Or nous savons que pour beaucoup d'États africains dont les ressources douanières constituent les taxes les mieux établies, les coûts et risques de l'intégration économique sont élevés : perte de ressources douanières qui représentent près de la moitié des revenus pour certains États comme le Mozambique, avec des répercussions sur les services publics essentiels et sans qu'il y ait un mécanisme clair de compensation à l'instar de ce que propose l'Union européenne. Cette juxtaposition d'organisations régionales visant l'établissement de marchés libres de douanes peut aussi créer des problèmes lorsque des pays appartiennent à différentes unions douanières.

Cette problématique n'est pas passée sous la vigilance commune, puisque par exemple un projet d'accord tripartite COMESA-SADC-EAC, cherche à extraire les bénéfices perdus du fait de ces chevauchements d'organisations pour en fonder une plus large. Ainsi a été décidé, lors du sommet de Kampala en 2008, d'établir un agenda de travail visant à rapprocher les trois organisations régionales pour harmoniser leurs différentes législations et fonder un marché commun. Le travail continue donc.

De la voix de beaucoup de commentateurs dits « éclairés », l'intégration dans le commerce mondial et le dynamisme économique seraient les facteurs faisant principalement défaut à l'Afrique de l'Est, à l'Afrique australe et à l'océan Indien pour parachever son développement humain et social. Il leur est donc vivement conseillé de travailler sans peine et sans relâche à la création de marchés communs, d'union douanière et monétaire. Voilà la première des priorités toutes trouvées pour l'Afrique. Il est aussi souvent répété, pour appuyer cette idée, que ce chemin fut celui emprunté par les États-Unis et l'Union européenne pour construire ce qu'ils sont aujourd'hui devenus, et que finalement se dégagerait de cela une grande loi universelle qui ferait que le libre commerce engendre la paix, le développement et scelle la création des organisations régionales.

Il est cependant à regretter que les commentateurs éclairés oublient bien souvent l'histoire réelle des espaces dont ils sont issus et sur lesquels ils prennent exemple. Ni l'Union européenne, ni les États-Unis ne sont trouvés fondés grâce à la volonté de fonder en leur sein un marché intérieur. Cela fût pour les États-Unis une résultante de la constitution d'une Union d'États indépendants décidés à s'émanciper de pouvoir colonial, et pour l'Union européenne la suite d'un processus ayant avant tout construit des institutions et des ententes qui devaient permettre aux États signataires, les pays fondateurs, d'assurer leur indépendance énergétique et leur approvisionnement en acier par la création de la CECA et par là de créer les premières conditions d'une paix durable entre l'Allemagne et la France, puis est venue l'idée de fonder une communauté économique capable qui serait alors fondée sur un socle de valeur commune et qui s'appuierait sur un marché commun, une politique agricole commune et une politique de cohésion.

Le libre-échange est donc loin d'être l'unique dynamique qui puisse fonder entre des États les conditions d'une coopération et d'une union pérenne et dynamique. Et il faut nécessairement bien plus que cela, l'intégration économique présuppose la volonté d'intégration politique, une volonté d'émancipation conjointe, un socle de valeur commune, un socle de droit partagé, une politique de solidarité commune permettant de réduire les différences de développement entre les différentes régions et territoires de différents pays. Plus dur peut-être aussi, il faut aussi surtout que les dirigeants qui entreprennent un jour d'unir durablement leur État à d'autres se défassent de l'idée de la souveraineté absolue d'un État à l'intérieur de leurs frontières fortuites. L'ordre, la paix, le développement ne sont possibles entre des États que s'ils se soumettent à des lois communes, à des principes, à des règles et à des juridictions communes.

*

* *

La levée des barrières douanières et commerciales que vous allez aborder durant toute cette semaine est aussi devenue un ordre du jour courant pour l'ensemble des États et des administrations du monde. Les barrières douanières et commerciales cèdent peu à peu, et il est aujourd'hui presque certain que ce mouvement n'ira que croissant dans les décennies à venir.

La question qui pour moi se pose donc concrètement aujourd'hui est de savoir comment ces levées de barrières qui préfigureront demain seront faites et par quels autres processus elles doivent nécessairement être accompagnées pour que la seule loi de demain ne soit pas uniquement celle de la marchandisation, que nous savons court-termiste et aussi productrice de nombreuses incohérences et instabilités.

*

* *

Au niveau mondial, le commerce intra-régional dépasse nettement les flux interrégionaux. La croissance exponentielle des échanges commerciaux internationaux a souvent pour cadre les régions géographiques parmi lesquelles la région Europe-CEI présente l'intégration régionale la plus poussée au monde, avec une part d'intra-zone qui s'élève à plus de 70 % des échanges totaux depuis plus de quatre décennies, notamment à l'intérieur du Marché unique européen. L'UE, sur la base de cet historique, soutient le modèle d'intégration économique régionale dans le monde, y compris en Afrique en général et dans la région de l'océan Indien en particulier. L'échec du cycle de négociations multilatérales à l'OMC (Doha) a également renforcé ce phénomène.

Aujourd'hui, le lien entre développement et libéralisation économique à l'échelle régionale reste un credo peu contesté. Pour autant, le commerce n'est, comme je l'ai déjà explicité, qu'un aspect de l'intégration qui pour être réussie nécessite d'être basée sur des impératifs politiques (et de sécurité). La libéralisation des échanges qui ne peut constituer une fin en soi peut cependant réussir à participer à l'accomplissement d'un projet plus global, si l'on se donne le réel objectif de le poursuivre. Les Objectifs du Millénaire pour le Développement dans les pays ACP, la paix, la sécurité et le bien-être des populations, en sont des exemples.

En outre, il s'agit de regarder les choses propres à chaque ensemble régional, car il ne peut y avoir de modèle unique et que tout se fonde aussi pour large partie sur les spécificités, les difficultés et l'histoire liées à chaque ensemble géographique.

L'océan Indien est un ensemble à géométrie variable, et peut aller en le pensant loin jusqu'à potentiellement inclure des puissances économiques telles que l'Inde ou l'Afrique du Sud. Il s'étend aussi en pesant à Mayotte et à la Réunion, à la France et à l'Union européenne. Tout cela est constitutif d'une configuration bien particulière et qu'on ne peut extraire pour réfléchir au meilleur moyen de construire une coopération régionale aussi efficiente et aussi inclusive que possible.

Dans ce grand ensemble très large, pour la sous-région du sud-ouest de l'océan Indien l'intégration économique est un objectif depuis longtemps affiché, mais cependant force est de constater que le commerce intra-régional reste très limité. Et cette intégration et coopération indianocéanique finit par demeurer un véritable serpent de mer : réunions, sommets, colloques et projets régionaux se succèdent sans parvenir à créer une dynamique réelle.

Dans un cadre plus large, les organisations régionales – soutenues par l'UE – se traduisent par un accroissement des échanges mais cela ne se fait pas toujours en faveur des États îliens du sud-ouest de l'océan Indien (ex. de Madagascar dans le cadre du COMESA) et les RUP n'y sont pas associés, à l'exception notable de la COI. L'abolition des barrières tarifaires et non tarifaires correspond à un ensemble de réalités, au pluriel, qui reste donc largement en devenir.

Le manque d'intégration régionale a suscité dans les RUP des économies centrées sur elles-mêmes et la métropole, protégées et dépendantes, avec une faible ouverture à l'exportation et aux importations régionales. Et la zone océan Indien finit par présenter de fortes disparités de développement et des marchés morcelés relativement étroits. Pourtant nous avons tous conscience également qu'il existe pour cette zone un potentiel de mutualisation des ressources et de complémentarités en mesure de favoriser le développement endogène et de limiter pour tous le coût des approvisionnements. Il est aussi fort à attendre dans ce processus de Madagascar qui représente la plus grande île de la zone, et dont le développement économique et social constitue, pour tous, un objectif clef pour l'essor et la prospérité de chacune de nos îles.

Pour ce qui est de la voie des Régions ultrapériphériques de l'océan Indien, je crois pouvoir dire qu'il est aujourd'hui nécessaire d'utiliser l'ensemble des fonds dont nous disposons pour approfondir nos relations et nos coopérations. Pour la période 2014-2020 les fonds dédiés à cette coopération ont presque doublé, ils sont de 63,2 millions pour le programme RUP-océan Indien-COI et de 12 millions pour le programme Mayotte-Comores-Madagascar. Les domaines de la coopération sur lesquels nous pouvons ensemble travailler à travers ces fonds sont ceux de la recherche, des NTIC, de la compétitivité des PME, des transports durables, des capacités institutionnelles et de l'éducation.

*

* *

Je sais toutes les difficultés que représente notre plus large union au sein de l'océan Indien et avec l'ensemble des pays proche de l'Afrique australe et de l'Afrique de l'Est. Je sais aussi toutes les difficultés d'un côté comme de l'autre que représente l'effort d'étendre cette coopération et cette intégration avec la Réunion et Mayotte. Mais notre essor collectif dépendra aussi pour une grande part de notre capacité à jeter les bases politiques, économiques et solidaires de notre plus large union.

C'est ce que vous avez projeté d'investir cette semaine, les travaux que vous menez seront des plus intéressants et surtout je l'espère des plus fructueux. Aussi j'espère qu'ils donneront lieu à une restitution par écrit de vos contributions, que je serais heureux de recevoir et de lire, pour pouvoir prendre en compte dans mon travail quotidien l'ensemble de ce que vous mettrez cette semaine en lumière.

Part I

The Creation of a Free Exchange Zone in the Indian Ocean: Myth or Reality?

Partie I

La création d'une zone de libre-échange dans la région de l'océan Indien : mythe ou réalité ?

Le « miracle » européen est-il transposable ?

Éric MILLARD

Si l'abolition réfléchie des barrières commerciales et tarifaires est un objectif économique essentiel pour le développement des États concernés, il ne se réalise que rarement sans un projet politique commun qui, dans les différents États comme dans le marché que l'on vise à créer, soutient une politique d'ouverture des échanges et d'harmonisation des règles. La création d'un « marché commun » n'est pas une simple décision économique, c'est un choix politique fort qui doit être partagé. Aux États-Unis, cette politique a permis le renforcement du niveau fédéral ; plus récemment, la mise en place de l'Alena et du Mercosur a affronté directement ces questions. L'exemple européen est souvent avancé pour prétendre que la création d'un marché commun peut être indépendante d'une construction politique : c'est oublier que face à l'échec de tentatives directement politiques, la priorité donnée aux échanges économiques a constitué un choix stratégique fort pour construire une union politique, avec un succès important, même si la crise actuelle en souligne les limites. C'est à partir d'une réflexion sur ces expériences que l'intervention souhaite avancer des éléments de réponse à la question du mythe posée par le colloque.

*

Selbst wenn die überlegte Aufhebung von Handels- und Tarifbarrieren ein wichtiges wirtschaftliches Ziel für die Entwicklung der betroffenen Staaten ist, kann dies nur selten ohne ein gemeinsames politisches Projekt verwirklicht werden, das in den verschiedenen Staaten sowie auf dem Markt, den man versucht zu bilden, eine Politik der Öffnung der Handelswege und der Harmonisierung der Regeln unterstützt. Die Bildung eines „gemeinsamen Marktes" ist keine einfache wirtschaftliche Entscheidung, es ist eine politische Wahl die Unterstützung braucht. In den Vereinigten Staaten hat diese Politik es ermöglicht, das Bundesniveau zu verstärken; und kürzlich haben die Einrichtung von Alena und Mercosur direkt diese Fragen betroffen. Das europäische Beispiel wird häufig herangeführt, um zu beweisen, dass die Bildung eines gemeinsamen Marktes unabhängig von einer politischen Gemeinschaft sein kann. Hierbei wird aber vergessen, dass wegen des Versagens der politischen Einigungsversuche, der Vorrang des Wirtschaftsaustauschs eine strategische Wahl war, um eine politische Union zu schaffen, mit einem gewissen Erfolg auch wenn die aktuelle Krise seine Grenzen aufzeigt. Ausgehend von der Überlegung über diese Erfahrungen, möchte dieser Vortrag Teil-Antworten auf die Frage nach dem Mythos geben, die von dem Kolloquium gestellt wurde.

*

The assumed abolition of trade and tariff barriers is an essential economic goal for the development of the States concerned. Nevertheless, it can hardly be realized without a common political project, that in the different States as well as in the market that one intends to create, supports a policy towards open trade and a rules-harmonization process. The creation of a "common market" is not a mere economic decision: it is a strong political choice that has to be shared. In the US, this kind of policy has strengthened the federal level; more recently, the implementation of NAFTA and Mercosur has faced these questions directly. The European example is often cited to claim that the creation of a common market may be independent of a political construction: this forget that in front of directly political attempts that failed, the priority given to economic exchanges has been a a strong strategic choice to build a political union, with significant success, although the current crisis underlines its limits. This intervention starts from that late experience to (try to) propose a critical analysis of the myth raised by our conference.

*

* *

C'est comme un exercice de style imposé : aussitôt que sont évoquées les questions de libre-échange, d'abolition de barrières douanières, d'espaces transnationaux construisant un marché commun, est invoqué l'exemple de la construction européenne. Or la construction européenne de ce point de vue n'est ni la première expérience historique d'abolition de barrières douanières pour développer les échanges intrarégionaux, pas plus qu'elle ne constitue la plus grande zone de liberté d'échanges : pour autant elle apparaît comme un mythe fondateur de possibilités, donné en exemple. Un miracle européen.

Par miracle, il ne s'agit pas de prétendre que ce serait un modèle, ou une expérience particulièrement bonne ou réussie. On veut simplement souligner que cette expérience n'est pas tombée du ciel, qu'elle n'a été ni imposée, ni importée, et qu'elle a une histoire, qu'elle est éminemment dépendante d'une histoire. Donc que l'on ne saurait ici faire abstraction des conditions de sa construction, et de son caractère éminemment politique, même si les juristes le plus souvent, et les acteurs mêmes de cette construction la ramènent fréquemment à une seule dimension technique :

les modalités techniques et juridiques de l'abolition des obstacles au libre-échange, dans une perspective directement économique.

Il y avait à l'origine de la construction européenne une véritable volonté politique et des objectifs avant tout politiques, qui instrumentalisent les modalités techniques et l'aspect économique, mais qui n'auraient sans doute pas débouché sur la situation actuelle si la question politique n'avait pas été un moteur. Et si cette volonté et ses objectifs perdurent, sinon tels quels, du moins dans leur nature politique, et bien que de manière moins uniformisée, il reste que dans la situation actuelle de l'évolution européenne, ou des pays européens, il n'est pas sûr que l'on pourrait ou l'on voudrait refaire de nos jours l'Europe, pour ne pas dire qu'on voudrait la défaire.

C'est en cela que je parle de miracle européen, et il me semble que la référence à l'Europe pour d'autres tentatives d'établir une zone de libre-échange doit repartir de cela : construction politique, elle n'a pu se développer qu'en raison d'un contexte historique (A) et de stratégies politiques particuliers (B).

I. Un contexte favorable et unique

C'est évidemment le cas en premier lieu lors de la conception de la communauté européenne, qui dépend de la conjonction d'une histoire commune, d'un contexte particulier, et d'une structure économique

L'histoire européenne s'inscrit dans la longue durée, et si elle est commune, elle n'est pas l'histoire d'une communauté qui au tournant des années 1940 et 1950 restait à construire. Au-delà d'un monde intellectuel qui de la philosophie antique à la doctrine des droits de la personne humaine, en passant par les Lumières ou la dialectique idéalisme/matérialisme a généré les cadres d'une modernité qui s'est imposée (mais que l'Europe a aussi imposé) comme paradigme, l'histoire du monde européen est marquée par la violence, qu'elle a connue : guerres entre souverains puis États, intolérances (voir les affrontements religieux), violence économique et sociale (servage, industrialisation avec son lot de paupérisation), famines et insalubrité (de la grande peste à l'urbanisation balbutiante), etc. ; mais qu'elle a aussi exportée (colonisation, impérialisme, etc.).

Au milieu du siècle dernier, et au sortir de la Seconde Guerre mondiale, cette histoire que la pensée de la modernité n'a pas totalement réussi à infléchir est un défi lancé à une Europe pour laquelle certains veulent un autre futur. La réconciliation entre pays qui ont été en guerre, la volonté de rechercher les conditions de l'instauration d'une paix durable entre les peuples imposent le libre-échange non (seulement) comme modalité de développement économique commun, mais surtout comme modalité d'établir une zone pacifiée.

Dans le même temps, le contexte politique est favorable, et demeurera longtemps favorable à une telle préoccupation.

La division du continent à la suite de Yalta et la guerre froide qui s'installe font apparaître à l'Ouest un sentiment d'interdépendance face à un danger commun. La (re)démocratisation des anciennes dictatures, soit au sortir de la guerre (Allemagne, Italie mais aussi France), soit dans les décennies suivantes (Espagne, Portugal et Grèce) fait émerger des valeurs communes (démocratie et droits de l'homme) et conduisent à voir dans l'entreprise du libre-échange une arme pour renforcer ces valeurs, ce dont témoigne l'intégration rapide des nouvelles démocraties retrouvées des années 1970. Et avec la chute du mur de Berlin, l'ouverture à l'Est ne fera que confirmer cette double attention : soutenir et maintenir la libéralisation des anciens pays du bloc soviétique, tout en se donnant des armes pour renforcer cette Europe contre un danger sur ses frontières orientales. Avec des ambiguïtés sans doute, notamment sur les intérêts qui sont protégés (quelles nations ? quelles valeurs ?), et des échecs patents (la crise de Crimée, les relations avec la Turquie, pour ne parler que des plus récents).

Mais favorable, le contexte n'est pas pour autant univoque. Les logiques traditionnelles des États demeurent, dans le lien privilégié du Royaume-Uni avec les États-Unis, dans le positionnement de l'Allemagne vers l'Europe de l'Est, ou dans la prétention de la France à demeurer une puissance militaire et diplomatique *per se*. Autant de limites qui existaient dès le départ et qui maintiennent une fragilité d'une construction politique à partir d'un axe franco-allemand, d'un instrument juridico-technique (le droit dérivé), et d'un objectif affiché économique.

Surtout, la volonté d'assurer une zone de paix par la construction économique n'a été possible que parce que l'économie des débuts de la construction européenne ne présentait pas la même structure qu'aujourd'hui.

Tout d'abord, c'était une économie faiblement mondialisée, avec une forte prégnance de marchés nationaux. Cette situation laissait alors place pour une volonté politique des États de s'ouvrir, ou non, et sélectivement : une construction commune d'une zone de libre-échange rationalisée serait sans doute moins aisée aujourd'hui, en raison de la perméabilité des marchés liés à une mondialisation plus forte.

Par ailleurs, la structure de la richesse sur le plan macro-économique ne permettait pas l'émergence crédible d'alternatives de coopération. Dans le monde de l'économie libérale, les acteurs étaient finalement peu nombreux (Amérique du Nord et Europe de l'Ouest) et les données techniques ne contribuaient pas encore suffisamment à une relativisation des obstacles géographiques (éloignement production/consommation).

La colonisation et l'exploitation des richesses à laquelle elle a donné lieu maintiennent une large partie des économies émergentes dans la dépendance des économies des pays colonisateurs (France notamment) sans offrir à celles-ci des marchés nouveaux crédibles. L'absence d'une régulation/dérégulation internationale des échanges efficace (sur le modèle de l'*Organisation mondiale du commerce* par exemple, qui a succédé à un *GATT* beaucoup moins puissant) parachève un tableau d'une économie suffisamment cloisonnée pour nécessiter une ouverture tout en permettant une maîtrise de celle-ci.

Le contexte qui préside à la construction européenne comme zone de libre-échange est dès lors marqué par la possibilité et la nécessité : possibilité en raison de la centralité de la décision politique que les évolutions économiques futures viendront questionner et contenir à partir de l'hégémonie néo-libérale des années 1980 du siècle dernier ; nécessité si l'on accepte que l'enjeu politique au sortir de la guerre est avant tout d'assurer une paix interne entre anciens belligérants regroupés dans le même camp occidental, face aux menaces issues de Yalta, mais aussi en s'autonomisant de la protection politico-militaire nord-américaine et de sa contrepartie, un impérialisme économique. Sans doute les vieux rêves d'un Victor Hugo d'une Europe conçue comme projet politique progressiste peuvent être présents, tout comme d'autres motivations, parfois même strictement économiques. Et sans doute que ces idées parfois opposées se fédèrent, et se renforcent, en dépit d'ambiguïtés (par exemple vis-à-vis du *European Recovery Program*, ou plan Marshall). Mais il reste que la construction n'a pu démarrer et ensuite se développer qu'à partir d'une situation si spécifique qu'elle fait apparaître la possibilité même de cette construction comme exceptionnelle. Tout sauf une recette, un modèle à suivre, parce que ce prétendu modèle n'est qu'une réponse stratégique à une situation donnée, bien différente des situations actuelles, en Europe comme ailleurs.

II. Une construction toute politique

Une manière assez simpliste, mais largement répandue, et notamment dans les ouvrages juridiques sur les institutions européennes, de présenter la construction européenne consiste à affirmer l'échec d'une construction politique à laquelle se serait substituée une construction économique : le marché commun comme réponse à l'échec de la communauté de défense. Il est cependant possible de considérer que les choses sont un peu plus complexes. L'échec d'une communauté de défense ne marque pas le glas d'une construction politique : mais elle contraint à adopter une autre stratégie aux fins de construire politiquement cette Europe commune. Si l'objet immédiat semble plus restreint, et si la création d'une zone de libre-échange paraît moins politique, il est clair que l'organisation de cette zone, dès lors qu'elle apparaît possible, devient le vecteur d'une construction politique en même temps qu'elle requiert une forme d'institutionnalisation nécessaire à sa régulation (la Commission, la Cour, le Parlement) qui constituent autant d'acteurs politiques en puissance (et la création ultérieure du Conseil européen est moins l'apparition d'un organe enfin politique, qu'un rééquilibrage au profit des États de l'institutionnalisation politique).

Il n'y a donc pas abandon d'une construction politique au milieu des années 1950 du siècle dernier, mais bien réorientation des modalités et priorités de la construction politique. L'abolition des barrières à la circulation des biens, des capitaux et des personnes n'a jamais été un objectif en soi. Elle apparaît, et ce fut son succès, comme le moyen acceptable d'aller de l'avant pour initier une construction politique, en même temps que les résultats espérés paraissent pouvoir fournir les piliers de cette construction politique : bénéfices économiques partagés, apparition d'un sentiment populaire d'appartenance communautaire.

Ces acquis de la zone de libre-échange, et notamment quant à la circulation des personnes, vont très largement s'imposer comme base d'une construction politique, et seront relayés par une extension directement politique.

Ce fut d'abord évidemment le cas avec la création de l'espace Schengen, qui vise à déplacer les frontières internes des États membres au profit d'une frontière externe de l'Union, même si tous les pays de l'Union ne s'y impliquent pas. On voit alors comment des mécanismes qui semblaient ne concerner qu'une logique économique (circulation des marchands d'une part, de la main d'œuvre d'autre part), mais qui dépassaient la simple logique de la circulation des biens et services, contenaient en puissance des éléments d'une construction politique : reconnaissance des diplômes et qualifications (ce que les programmes Erasmus vont généraliser, de même que le plan Bologne en matière d'enseignement supérieur), liberté d'établissement, reconnaissance du droit de suffrage au moins au niveau local pour les ressortissants communautaires indépendamment de leur nationalité. Il en résulte une transformation d'un espace économiquement ouvert en un territoire très largement commun, qui notamment redéfinit les notions de nationaux et d'étrangers non plus en fonction d'un passeport national (tous marqués au sceau de l'Union européenne) mais en fonction d'une appartenance à ce territoire, ou d'une non-appartenance : l'étranger devient le ressortissant du pays tiers.

Dans la même logique, le ressortissant européen se voit doté d'une forme de citoyenneté commune, dans sa participation politique (élections au Parlement européen) et dans son statut. L'usage notamment que la Cour de justice fait du droit international privé, pour donner aux non-nationaux communautaires des éléments de statut civil au-delà des droits nationaux, et opposables aux droits nationaux, sur le territoire européen, bouscule une des compétences traditionnelles des États dans leurs prérogatives régaliennes, et non plus seulement dans le domaine économique.

À la fin des années 1970 du siècle dernier, et depuis, la même logique a pris de l'ampleur, et la dimension politique a été assumée comme complément consubstantiellement lié à la construction de la zone économique partagée. La stratégie a donc été fructueuse, de partir d'une conception politique de la construction économique pour parvenir à une construction politique. Les institutions s'affirment dans ce rôle, et le Parlement d'une part, avec désormais une légitimité renforcée du fait de son mode d'élection, le Conseil européen d'autre part, qui réunit les exécutifs nationaux, viennent étoffer le lieu du politique en Europe, aux côtés d'institutions supposées plus techniques, juridiques ou technocratiques (Cour et Commission).

Pour autant, ce mouvement n'est évidemment pas uniforme. Au moment où la construction européenne peut enfin affirmer sa dimension politique, le triomphe international du néo-libéralisme contribue à interroger les possibilités du politique de définir un agenda à l'échelle européenne. C'est d'abord vrai au plan idéologique, avec l'apparition de l'idée que les vérités économiques doivent primer sur les choix politiques, ceux-ci étant réduits aux modalités d'accompagnement d'un modèle supposé indépassable (libre concurrence, etc.) : le fameux *TINA, There is no alternative*, qui a aussi déconstruit tout un volet important de la construction politique européenne, le volet du mieux-disant social. C'est ensuite vrai avec l'extension des cadres géographiques de l'économie dans le processus de mondialisation, qui contraint la zone de libre-échange définie comme ouverte en son sein, mais fermée vis-à-vis de l'extérieur, à s'ouvrir elle-même au libre-échange avec des pays tiers, et souvent plus puissants économiquement qu'elle (États-Unis, Chine), avec pour conséquence que chaque État membre se trouve aussi pris entre deux logiques : celle de la solidarité européenne, historique et construite dans le libre-échange avec ses partenaires, et celle de l'intérêt national à privilégier des échanges avec des pays extérieurs à l'Union.

Alors même que l'Europe renforce sa construction en l'étendant, elle perd de sa cohérence, parce que la dimension politique est tardivement et maladroitement assumée et parce que son élargissement territorial dans sa brutalité bouscule des équilibres historiques (et notamment l'axe moteur franco-allemand). Finalement parce que sa dimension politique, toujours sous-jacente, ne parvient pas à être construite comme première.

C'est dans ce contexte que l'Europe doit faire face à une série de crises sans précédent dans l'histoire de sa construction. Et qu'elle révèle ses faiblesses ou ses limites, même si pour l'heure il n'est pas possible de conclure (encore ?) à un échec. Pour de multiples raisons, ni explicitement depuis 3 décennies, ni implicitement depuis 60 ans, la construction européenne n'a pas été capable de faire naître définitivement un sentiment d'appartenance partagée, et ce qui fut sa force : se construire en occultant son caractère directement politique pour s'en tenir à une déclinaison économique, le marché commun, devient sa faiblesse. Dès lors que cette déclinaison débouche sur un succès, qu'elle s'installe dans la durée et qu'elle a des implications sur l'ensemble des éléments les plus divers de la vie sociale, sa dimension proprement politique est évidente pour tous, et la question qui devient primordiale n'est pas la question de l'économie versus le politique, mais celle des modalités de cette politique : où est le pouvoir de décision, comment les choix sont-ils faits et comment les populations y sont associées ?

L'occultation de la dimension politique a largement conduit les élites européennes à une culture techno-bureaucratique, et le caractère supranational n'a pas su faire face à une négociation politique reposant sur les États d'une part (international), sur la fonction publique européenne d'autre part. Pour fondée qu'elle soit, toute politique doit être expliquée dans une démocratie, et procéder du jugement populaire. À tort ou à raison, mais sans doute en partie à raison, une partie des populations européennes s'est sentie exclue du processus, soit parce qu'elle n'en a pas tiré des avantages économiques patents, soit parce que le projet (politique) européen lui est apparu comme trop éloigné ou trop dangereux. Et cette fracture, qui se retrouve notamment dans les campagnes pour le Non dans différents pays aux référendums européens, lorsqu'il s'agit de valider des propositions renforçant les politiques européennes, a trouvé dans un certain nombre de pays un relais puissant dans les courants politiques antieuropéens ou altereuropéens d'abord, populistes, nationalistes et autoritaristes ensuite.

Les crises actuelles n'ont rien provoqué : l'ambiguïté de la construction et de son caractère politique date de l'origine, la montée (ou le retour) des extrêmes droites en Europe d'au moins 30 ans. Mais avec les crises, la conjonction des pièges pour l'Europe s'accentue.

C'est d'abord le cas de la crise économique mondiale depuis 2008, qui pour la première fois conduit à voir s'opposer l'Europe et une majorité politique d'un de ses membres, en Grèce (mais en Espagne avec Podemos la situation pourrait être comparable, même si la situation économique n'est pas tout à fait la même). Et la réponse européenne est à la fois politique et économique, et par là ambiguë : économique car les standards économiques sont érigés en dogmes indépassables, comme en sanction ; politique parce que le choix est fait de ne pas chercher une solution politique prenant en compte les réactions d'une population qui finalement est prise en otage du fait des comportements frauduleux de ses élites, responsable de la gestion économique depuis des décennies, pour privilégier une orthodoxie économique qui est aussi l'intérêt des pays membres les plus riches. Il y a une logique économique à cette position, dans la doctrine de la construction d'une zone de libre-échange. Mais elle ne peut désormais s'installer qu'en niant la logique d'une construction politique. Privée de cette dimension politique dans la décision, mais pourvue des acquis de la construction politique dans l'institutionnalisation, la zone de libre-échange peut alors devenir à géométrie variable, limitée aux pays d'économie aux fondamentaux comparables. Mais si tel devait être le cas, pourquoi limiter la zone à l'Europe historique, et ne pas l'ouvrir à un club des pays les plus riches du monde, au risque par ailleurs de trouver plus impérialiste que soi ? C'est finalement également la logique du Brexit, c'est-à-dire d'une construction à sa main, dont on pourrait sortir quand on n'a plus rien à gagner à l'intérieur. Et ce que révèle alors cette conception du libre-échange n'est pas loin de l'impérialisme et du colonialisme : ouvrir les marchés quand il y a du profit à y faire, mais sans assumer la responsabilité politique des contreparties et de la solidarité quand il y a des pertes à subir.

C'est ensuite la crise des migrants, c'est-à-dire une catastrophe humaine d'une ampleur exceptionnelle, qui pèse d'abord sur les pays du Sud européen, pour la plupart les plus touchés par la crise économique, sur laquelle se surajoute une crise politique dans la gestion européenne de la question des évolutions des pays du sud de la Méditerranée (essentiellement) à la suite des Révolutions arabes. L'Europe fait ici pour l'essentiel le constat de son incapacité à assumer collectivement et politiquement la gestion commune de son territoire, sans parler de sa diplomatie. Replis nationaux, qu'accompagnent dans les urnes des replis nationalistes, suspension (juridiquement fondées mais politiquement problématiques) de certains accords européens, et notamment des règles Schengen, sont des réponses épidermiques, que justifie l'émotion sécuritaire, notamment après les attentats de Paris et de Bruxelles (sans parler de conséquences internes souvent contestables du point de vue des valeurs européennes, notamment des droits de l'homme : état d'urgence pérennisé en France, politiques liberticides en Hongrie ou Pologne, face auxquelles les institutions européennes ne parviennent pas à réagir).

Cette conjonction ne remet pas seulement en cause le projet politique, en oubliant les raisons premières du recours au libre-échange : se fortifier face à un danger économique (la suprématie américaine) et politique (le bloc soviétique) ; alors que l'Europe (et les États européens, à quelques exceptions près) n'est plus en position de force économiquement face aux États-Unis, à la Chine et à certains pays émergents (même si la crise les frappe aussi), et que la disparition du bloc soviétique n'a pas apporté des garanties de paix à ses frontières, comme la crise ukrainienne, ou syrienne le montre.

Il ne s'agit pas de jouer les Cassandre, et d'affirmer que le miracle européen est fini, et voué à l'échec. Il est possible que la construction survive et même s'amplifie. Que l'Europe s'en sorte et même en ressorte plus forte. Mais la période actuelle ne peut plus cacher les ambiguïtés d'une construction qui pour être un succès stratégique, est demeurée structurellement vulnérable. Mais qu'elle s'en sorte ou non, et à plus forte raison si elle s'en sort, elle ne pourrait servir de modèle à la mise en place d'un libre-échange régional ailleurs, et à un autre moment. Sa survenance, son évolution, et son futur dépendent bien trop de facteurs conjoncturels.

Ce que peut nous apprendre ce qui est jusqu'à présent le succès du miracle européen, et que n'infirmerait pas son échec si celui-ci advenait, c'est que la réussite durable d'un tel projet ne peut faire abstraction d'une analyse politique, d'une volonté politique et d'un projet politique.

Le libre-échange pour lui-même, comme négation des souverainetés politiques des États, ne peut se comprendre que dans une logique de conquête économique, ou d'idéologie néo-libérale, et non de développement partagé. Ce développement partagé ne peut se contenter de l'abolition de barrières douanières : il suppose la mise en place d'une régulation concertée, donc d'institutions, qui ne sont acceptables et efficaces que si les pays concernés partagent un certain nombre de valeurs au-delà des valeurs économiques. Paradoxalement, si une politique d'abolition des barrières douanières ne peut réussir que si les États l'acceptent, ils ne l'acceptent que parce qu'il y a davantage en commun que l'échange marchand. Et c'est cette communauté de valeurs politiques qui garantit la réussite et sur le plan économique du libre-échange, et sur le plan politique des valeurs partagées.

Bien sûr, cette idée n'implique pas qu'une zone de libre-échange ne puisse être fondée sur d'autres raisons, conjoncturelles notamment (par exemple pour obtenir une protection militaire, ou un appui politique), ou sur d'autres processus que la volonté des États concernés (et l'on pense ici à un des effets de la mondialisation pour des économies qui en raison de données propres, géographiques, démographiques ou autres, se voient imposées de s'ouvrir sans contrepartie évidente, sinon d'éviter la perte de ses approvisionnements ou des ses débouchés économiques). Mais dans les deux cas, il sera difficile d'y voir une politique de développement maîtrisée par l'État, mais plutôt une négation *ab initio* de sa souveraineté : ce que la construction européenne n'est pas totalement parvenue à faire *a posteriori*, à supposer que ce fut un de ses objectifs politiques.

Part II

Comparison with other Free Exchange Zones and Expanded Exchange Zones

Partie II

Comparaison avec d'autres zones de libre-échange et zones d'échange élargies

La contribution de l'Union européenne au commerce dans l'océan Indien

Ismaël OMARJEE

Il s'agit de se demander dans quelle mesure la diversité des liens institutionnels qui unissent l'Union européenne aux pays membres de l'océan Indien constitue une chance ou un obstacle à ces relations. D'un côté, les accords d'association ou de partenariats économiques avec les pays indépendants (Maurice, Seychelles, Comores, Afrique du Sud), de l'autre des régions « ultrapériphériques » intégrées que sont la Réunion et désormais Mayotte. L'appartenance de ces régions à l'Union européenne ne constitue-t-elle pas un obstacle à la création d'une zone de libre-échange dans l'océan Indien ? Si oui, comment le surmonter ?

*

Es handelt sich darum, zu fragen, in welchem Maß die Vielfalt der institutionellen Beziehungen, die die europäische Union an die Staaten des indischen Ozeans bindet, eine Chance oder ein Hindernis für diese Beziehungen darstellt. Einerseits gibt es die wirtschaftlichen Partnerschafts- oder Assoziierungsabkommen mit den unabhängigen Staaten (wie Mauritius, Seychellen, Komoren, Südafrika) und auf der anderen Seite, gibt es die „ultraperipheren" Regionen, die la Réunion und nunmehr Mayotte sind. Stellt die Zugehörigkeit dieser Regionen zu der europäischen Union ein Hindernis für die Schaffung einer Freihandelszone im indischen Ozean dar? Wenn ja, wie kann dies überwunden werden?

*

The contribution asks how the diversity of institutional links between the European Union to Indian Ocean member countries constitutes an opportunity or an obstacle to relations between these countries. On one hand, the association agreements or economic partnership between the Union and the Independent States (Mauritius, Seychelles, Comoros, South Africa), another "outermost" regions integrated like Reunion and now Mayotte. Is the membership of these regions to the European Union a barrier to creating a free trade area in the Indian Ocean? If so, how to overcome it?

*

* *

Introduction

La complexité de l'océan Indien

Les pays de la zone océan Indien appartiennent à des groupements et à des organisations distinctes plus ou moins importantes.

Les Comores, Madagascar, les Seychelles, pays de l'océan Indien sont parties prenantes au *marché commun pour l'Afrique orientale et australe* (COMESA). Ce marché de vingt pays dépasse largement l'océan Indien mais n'intègre ni la Réunion ni Mayotte, la France n'ayant qu'un statut d'observateur.

De leur côté, l'Afrique du Sud[1], Maurice, les Seychelles et Madagascar, pays de l'océan Indien, sont membres de la *Communauté de développement de l'Afrique australe* (SADC). Mais cette organisation, qui a pour ambition la constitution d'une zone économique intégrée notamment par la libéralisation des échanges régionaux et qui regroupe aujourd'hui quinze États, dépasse le cadre de l'océan Indien puisqu'y sont intégrés des pays extérieurs tels que le Bostwana, l'Angola, la Zambie, le Zimbawe et la Namibie. Elle est reconnue comme telle par l'Union européenne, un accord de partenariat économique entre les deux organisations étant en attente de signature. Il convient également de compter avec la Commission de l'océan Indien (COI) qui regroupe les îles de l'océan Indien à savoir les Comores, Madagascar, la Réunion, Maurice, les Seychelles, à l'exception notable de Mayotte.

Cette diversité de regroupements est ambivalente. Si elle traduit certainement une volonté des pays concernés de s'inscrire dans le libre-échange et d'intensifier, en particulier, les échanges régionaux, elle est pourtant source de complexité et ne favorise ni la cohérence des politiques ni l'homogénéité de la zone. *In fine*, c'est l'intégration économique régionale qui peut en pâtir.

La Réalité du commerce dans l'océan Indien : faiblesse de l'intégration économique

Les chiffres du commerce dans l'océan Indien confirment d'ailleurs que la zone n'est pas suffisamment intégrée d'un point de vue économique. Selon la COI, le commerce entre les îles de l'océan Indien ne représente, en effet, que 4 % de la totalité du commerce régional. Les données pour la Réunion et Maurice en 2013 et 2014 montrent que l'essentiel du commerce est réalisé hors de la zone. Ainsi, les importations originaires de Maurice ne représentaient que 0,7 % des importations réunionnaises

[1] Seule l'Afrique du Sud participe à l'Union douanière d'Afrique australe.

en 2013 et tendaient de surcroît à la baisse[2], celles originaires de l'Afrique du Sud 2 %, l'essentiel provenant de la France métropolitaine (57,5 %), des autres pays d'Europe (13 %) et d'Asie (21 %). Les exportations réunionnaises (2013) confirment ce constat, la Métropole restant le pays de destination le plus important (36,7 %)[3], les exportations vers Maurice, Madagascar et Mayotte ne représentant respectivement que 2,7 %, 5 %, 6,5 %.

S'agissant de l'île Maurice, ses principaux pays fournisseurs sont situés en Asie (56,6 %) et en Europe (26,4 %)[4], le continent européen constituant également son principal marché d'exportation (Royaume-Uni, France, Italie, Espagne) avec 56,1 % des ventes, suivi par les États-Unis, l'Afrique du Sud et Madagascar[5].

Attentes diverses au regard de la coopération régionale

Pourtant, des États tels que Maurice attendent beaucoup du renforcement de la coopération régionale. Mais d'autres sont plus prudents. Ainsi, tout en souscrivant pleinement à l'objectif de renforcement de cette coopération, la Réunion adopte une position prudente souhaitant se protéger au regard des contraintes liées à son appartenance à la France et à l'Union européenne. Dans ce contexte, la négociation des accords de partenariat économiques par l'Union européenne avec les anciens pays ACP suscite des craintes non seulement à la Réunion mais plus généralement au sein de l'ensemble des régions ultrapériphériques.

---

2 Moins 14 % entre 2012 et 2013.

3 Grâce aux exportations de sucre.

4 21,7 % (895 M€) des importations concernaient des produits pétroliers, lubrifiants et autres, en constante augmentation (contrat d'exclusivité avec l'Inde), 19,7 % (786 M€) des machines et équipements, 19 % (762 M€) des produits alimentaires et animaux vivants et 17,3 % (690 M€) des produits manufacturiers. En 2013, il est à noter une hausse de 5,9 % en valeur, par rapport à 2012, pour les produits alimentaires et animaux vivants, dont 18,4 % sur le blé, 15,5 % sur le riz, 11,5 % sur les fruits et légumes, 8,2 % sur le poisson et préparations à base de poisson et 6,6 % sur la viande et produits à base de viandes. L'importation de produits pétroliers a connu une hausse en valeur de 4 % passant de 34,5 milliards de roupies (863 M€) à 35,8 milliards de roupies (895 M€) en 2013.

5 26 % des exportations concernaient des articles textiles et de l'habillement, 18 % l'approvisionnement des navires en combustible et articles divers, 16,5 % du poisson et des préparations à base de poisson et 10 % du sucre. À noter, en 2013, une hausse des exportations de machines et équipements de transport (+53,7 %), l'approvisionnement des bateaux (+31,7 %), le sucre de canne (+16,6 %) et le poisson et préparations à base de poisson (+14,7 %). Les articles de bijouterie et joaillerie ont connu, par contre, une baisse (-11,6 %) ainsi que les articles d'habillement et de textile (-2,1 %).

L'Union européenne, favorable au commerce

À s'en tenir aux principes qui gouvernent l'Union européenne, celle-ci serait favorable au développement des échanges dans l'océan Indien ces principes étant fondés sur le libre-échange tant au plan interne que dans ses relations extérieures.

D'un point de vue interne, l'Union n'a cessé d'approfondir son marché intérieur par l'élimination des entraves tarifaires et non tarifaires. Rappelons que selon l'article 26 TFUE : « Le marché intérieur comporte un espace sans frontières intérieures dans lequel la libre circulation des marchandises, des personnes, des services et des capitaux est assurée selon les dispositions du Traité ». Dans ce cadre, l'Union européenne a développé toute une série d'instruments qui lui permettent de traquer non seulement les entraves tarifaires – les droits de douane et les taxes d'effet équivalent – mais aussi les entraves non tarifaires c'est-à-dire, les obstacles au commerce connus sous l'appellation de mesures d'effet équivalent aux restrictions quantitatives. La jurisprudence de la Cour de justice traduit une conception large de la libre circulation des marchandises, favorable aux échanges.

Cette philosophie libérale anime également la politique extérieure de l'Union. Autrement dit, la création et l'approfondissement du marché intérieur européen s'inscrivent dans la volonté de se situer plus largement dans la libéralisation des échanges mondiaux. En témoigne, le considérant 6 du Traité de Rome instituant la CEE signé le 25 mars 1957 : « *Désireux de contribuer, grâce à une politique commerciale commune, à la suppression progressive des restrictions aux échanges internationaux* ». Les accords d'association noués ou négociés par l'Union européenne se situent clairement dans cette optique. De même les positions défendues par l'Union au sein de l'OMC sont plutôt favorables à la libéralisation des échanges.

L'Union européenne et l'océan Indien : des relations multiples

L'ensemble de ces éléments autorise à penser que la présence de l'Union dans l'océan Indien grâce à la Réunion et à Mayotte – Régions ultrapériphériques – ne serait pas un frein au développement des échanges entre les pays de la zone et que mieux que cela, l'Union pourrait contribuer positivement au commerce.

Toutefois, il convient aussi de considérer les relations que l'Union entretient avec les autres territoires sous d'autres formes : l'association interne avec les PTOM. Ce fut le cas de Mayotte, PTOM jusqu'à sa transformation en RUP ; l'association externe et en particulier, l'accord de Cotonou avec les pays ACP ; les nouvelles formes de partenariats symbolisés par les accords de partenariats économiques (APE) et en particulier par la décision du 13 juillet 2009 relative à l'accord intérimaire établissant le cadre d'un accord de partenariat entre les États d'Afrique orientale et australe (AOFA) et l'Union européenne et ses États membres[6].

Union européenne et océan Indien : d'une approche indifférenciée à une approche spécifique de l'océan Indien

Ces cadres distincts ne vont pas dans le sens d'une approche spécifique de l'océan Indien. Il y a autant de relations que de statuts, de relations que d'accords d'association qui traduisent certes, une approche diversifiée des territoires mais indifférenciée de la zone océan Indien. Pour dire les choses autrement, jusqu'à présent, l'Union n'a pas considéré cette zone en tant que telle mais plutôt appréhendé chacun des territoires composant cette zone à travers les différents statuts. Ainsi, les accords d'association avec les ACP traduisaient une approche uniforme des pays en voie de développement quelle que soit leur situation géographique et non pas une approche régionale.

Toutefois, l'accord de partenariat économique en cours de préparation et l'accord intérimaire transitoire conclu en attendant[7] rompent avec une approche diversifiée des territoires, se caractérisant par une approche uniforme de la zone Afrique orientale et australe. Cette dernière est considérée globalement, en tant que telle. Il conviendra de vérifier si cette nouvelle approche est de nature à favoriser le commerce.

Effets de la diversité statutaire sur le commerce ?

Il n'en reste pas moins que les liens qui unissent l'Union et les territoires de la zone restent divers notamment du fait du statut de régions ultrapériphériques dont bénéficient la Réunion et Mayotte. En d'autres termes, la négociation des accords de partenariats économiques avec les pays de la zone n'a pas effacé la diversité statutaire. D'un côté deux régions ultrapériphériques qui bénéficient du droit commun de l'Union mais aussi de dérogations compte tenu de leur handicap structurel, de l'autre, des accords d'association et de partenariats sans compter que jusqu'au 1er janvier 2014[8], Mayotte n'était pas région ultrapériphérique mais un pays ou territoire associé. Un point commun unit les différents statuts : ils s'intéressent principalement au commerce entre les entités concernées et l'Union et non pas entre ces entités. Ils favorisent ainsi les

---

6 Décision 2012/196/CE, 13 juillet 2009, *JOUE*, 24 avril 2012, L 1 ; Sont notamment liés par l'accord intérimaire, les Comores, Madagascar, Maurice, les Seychelles, la Zambie, le Zimbawe.

7 *Ibid.*

8 Décision 2012/419/UE, du 11 juillet 2012 modifiant le statut à l'égard de l'Union européenne de Mayotte, *JOUE*, 31 juillet 2012, L 204/31.

échanges entre l'Union et les territoires de l'océan Indien. Mais qu'en est-il de la facilitation du commerce entre ses territoires ? Il convient de scruter, au sein de ces statuts, ce qui freine ou contribue au commerce.

Les textes gouvernant ces statuts permettent de constater que, par delà la diversité statutaire, l'Union européenne encourage le commerce entre les pays et territoires avec lesquels elle est liée dans l'océan Indien. L'union ne conçoit ainsi pas son partenariat avec les uns et les autres, comme exclusif. Les objectifs affichés, les intentions sont incontestablement favorables au commerce si bien que l'on peut y voir un encouragement au commerce régional (I). Mais confrontés au réel, les moyens et instruments mis en œuvre par l'Union européenne peuvent paraître insuffisants au regard des obstacles existants (II).

I. Un encouragement au commerce régional, par delà les statuts

L'Union européenne affiche sa volonté de contribuer à l'intégration régionale de l'océan Indien quelle que soit la nature des liens qui l'unissent aux territoires de la zone.

A. Les régions ultrapériphériques : un statut non exclusif d'une intégration régionale plus poussée

Le droit commun du marché intérieur

Fondé sur l'application du droit commun le statut des RUP ne devrait a priori pas constituer un obstacle au commerce entre les régions concernées et leurs voisins de l'océan Indien. Rappelons que du fait de ce statut, la Réunion et Mayotte se voient appliquer les règles du marché intérieur caractérisées par le libre accès de leurs produits dans les États membres et des produits de ces États sur leur territoire sous réserve pour la Réunion de la possibilité de percevoir l'octroi de mer. Au-delà du bénéfice de ces règles qui gouvernent les relations commerciales à l'intérieur de l'Union, le statut de région ultrapériphérique se traduit par l'application aux territoires concernés de la politique commerciale commune de l'Union à l'égard des pays tiers.

Les RUP, obstacle au commerce ?

Or, cette politique commerciale commune est particulièrement ouverte, caractérisée notamment par la baisse des droits de douane. Faut-il rappeler que le taux moyen des droits de douane perçus par les autorités douanières des États membres n'excède pas 1,2 %[9] et que les

9 Commission européenne, europa.eu/pol/pdf/flipbook/fr/customs_fr.pdf.

échanges entre l'Union et le reste du monde ont doublé entre 1999 et 2010[10] ? Applicables aux régions ultrapériphériques, les fondements de la politique commerciale commune de l'Union européenne plaident ainsi pour la libéralisation des échanges avec l'ensemble des pays tiers y compris avec les pays de la zone. Mais au-delà de ces règles communes, il est permis de se demander si le statut de région ultrapériphérique favorise ou pas le commerce régional ? Force est de constater que ce statut se veut, dans ses intentions du moins, non exclusif d'une intégration régionale croissante.

Le commerce, élément de la politique de grand voisinage

Depuis une dizaine d'années, la Commission européenne n'a cessé d'intégrer la dimension régionale à ses orientations en faveur des Régions ultrapériphériques. Un exemple est fourni par la communication de 2004 *Un partenariat renforcé pour les régions ultrapériphériques*[11] qui érige l'intégration des RUP dans leur zone régionale en priorité d'action. Si cette priorité n'est certes pas propre aux régions de l'océan Indien, elle les concerne cependant au premier chef et s'inscrit dans le cadre d'un plan d'action plus général pour le grand voisinage « visant à faciliter la coopération avec les pays voisins ». Pour la Commission, les régions ultrapériphériques ont tout intérêt à suivre et éventuellement à s'associer « aux processus d'intégration régionale en cours dans leurs zones géographiques ».

Cette politique de grand voisinage s'appuie sur un fort volet commercial. La Commission prône ainsi explicitement le soutien à la coopération économique et aux échanges commerciaux entre les régions ultrapériphériques et leurs voisins et donc entre la Réunion et ses voisins. Un des objectifs consiste en effet déjà à accompagner et à anticiper la constitution des accords de partenariats économiques entre pays ACP. Plus précisément, le rapport de la Commission prévoit explicitement que « la politique commerciale *peut être mise au service d'une meilleure intégration des régions ultrapériphériques dans l'économie régional*e » et ce dans tous les secteurs qu'il s'agisse du commerce des biens ou des services ou des domaines liés au commerce tels que les droits de propriété intellectuelle ou les mesures sanitaires et phytosanitaires. Pour favoriser le commerce régional, la Commission va jusqu'à proposer des mesures très concrètes. Elle suggère, par exemple, qu'avant l'octroi de suspension de droits de douane pour les matières premières nécessaires aux RUP, il convient de vérifier que les matières premières pour lesquelles des suspensions sont sollicitées ne sont pas disponibles dans la zone

10 *Ibid.*

11 COM(2004) 343 final, 26 mai 2004.

géographique concernée afin de permettre un approvisionnement dans la zone.

La volonté d'ancrer les RUP dans leur environnement régional est ainsi frappante.

L'insertion régionale au cœur de la stratégie de la Commission en faveur des RUP

Initiée en 2004, cette politique sera au cœur de la stratégie en faveur des RUP développée à partir de 2007. Le document « Stratégie pour les régions ultrapériphériques : bilan et perspectives » de 2007[12] invite clairement au « renforcement de l'insertion régionale des RUP dans leurs espaces géographiques proches », par l'implication des acteurs publics et privés locaux, ainsi que des États membres concernés. Le dialogue entre ces régions et les pays tiers voisins, notamment les pays Afrique – Caraïbe – Pacifique (ACP), ainsi que les pays et territoires d'outre-mer associés à l'UE (PTOM) doit servir d'outil pour faire progresser ce processus.

La Communication de la Commission de 2008 « Les Régions ultrapériphériques : un atout pour l'Europe »[13] poursuit dans cette voie en consacrant de longs développements au renforcement de l'insertion régionale. L'accent est notamment mis sur la nécessité de développer des liaisons maritimes entre les RUP et leurs voisins pour accroître les échanges et sur la participation des RUP au processus de finalisation des accords de partenariats économiques. La commission rappelle que les RUP doivent, notamment, saisir les opportunités offertes par le renforcement de la coopération régionale pour le commerce des biens et des services, mais aussi dans d'autres domaines tels que la propriété intellectuelle et les marchés publics. C'est, en effet, dans ces domaines où les RUP ont des avantages comparatifs et qu'une réelle complémentarité pourra être développée entre les économies de ces régions et celles des pays ACP.

La volonté de mieux insérer les RUP dans leur environnement régional est réaffirmée avec force en 2012[14] avec l'accent mis sur leur rôle d'ambassadrices de l'Union notamment dans l'océan Indien grâce aux relations avec les voisins. Le changement de paradigme est notable : l'intégration régionale servirait donc non seulement les intérêts des RUP mais aussi ceux de l'Union européenne.

---

12 « Stratégie pour les régions ultrapériphériques : bilan et perspectives », COM(2007) 507 final, 12 septembre 2007.

13 COM(2008) 642 final, 17 octobre 2008.

14 Les régions ultrapériphériques de l'Union européenne : vers un partenariat pour une croissance intelligente, durable et inclusive, COM(2012) 287 final, 20 juin 2012.

Le Parlement européen, favorable à l'insertion régionale des régions ultrapériphériques

La stratégie de la Commission est partagée par le Parlement. En témoigne, le récent rapport du Parlement sur « *l'optimisation du développement du potentiel des régions ultrapériphériques par la création de synergies entre les Fonds structurels et les autres programmes de l'Union européenne* »[15]. Ce rapport rappelle « qu'il est essentiel, pour promouvoir la création de telles synergies, d'adopter une perspective macrorégionale et d'élaborer des stratégies pour les macrorégions qui incluent les RUP en tirant parti des caractéristiques et des ressources de ces régions ». Plus précisément encore, le Parlement a invité à la Commission à « finaliser le plan d'action pour le grand voisinage » et à « identifier les obstacles et les solutions qui facilitent l'intégration régionale des RUP dans les bassins géographiques respectifs ». Le Parlement a également rappelé « les relations historico-culturelles privilégiées de chaque RUP avec certains pays tiers ainsi que le développement potentiel de relations économiques, commerciales et de coopération avec plusieurs régions du globe ».

Une stratégie approuvée par les autorités des RUP mais mêlée d'inquiétudes

Le mémorandum conjoint des RUP sur les « RUP à l'horizon 2020 »[16] insiste particulièrement sur le renforcement de l'insertion régionale et la concrétisation de la politique de grand voisinage initiée par l'Union européenne.

Toutefois, les autorités de ces régions et notamment réunionnaises expriment des inquiétudes sur l'impact des accords de partenariats économiques sur leur situation. Ils craignent des conséquences disproportionnées sur leur économie compte tenu de leur proximité des marchés des pays ACP, contrairement aux régions du continent européen. D'où, la demande de mieux être associée à la négociation de ces accords. Contrairement aux prétentions de la Commission, les RUP considèrent qu'elles n'ont jamais été vraiment associées au processus de négociation commerciale de ces accords de partenariat. Aussi, bien que la Commission soit la seule compétente pour négocier, elles réclament « un simple statut d'observateur ».

---

15 Younous Omarjee, Rapport sur l'optimisation du développement du potentiel des régions ultrapériphériques par la création de synergies entre les Fonds structurels et les autres programmes de l'Union européenne, A7-0121/201, 12 février 2014.

16 Les RUP, à l'horizon 2020, Mémorandum du 14 octobre 2009, Conclusions du sommet de Las Palmas de Gran Canaria 14 octobre 2009.

Il n'en reste pas moins que ces accords sont incontestablement des facteurs d'intégration régionale.

B. Les accords d'association et de partenariat : le commerce, élément de l'intégration régionale

Peut-on déceler, dans les accords d'association de l'Union européenne, une incitation à l'intégration régionale ?

1. Les objectifs régionaux de l'accord de Cotonou[17] pour les ACP

Conciliation entre intégration régionale et intégration mondiale

L'accord de Cotonou applicable jusqu'en 2020 entre l'Union européenne et les pays ACP affiche comme objectif principal l'intégration mondiale de ces pays plutôt que l'intégration régionale. L'article 1er alinéa 2 de la décision vise ainsi « *l'intégration progressive des ACP dans l'économie mondiale* ». Mais cette intégration n'est pas exclusive d'une intégration régionale.

D'une part, les États ACP restent libres « *de déterminer, en toute souveraineté* » leurs propres « *stratégies de développement* » (article 1er et 4 de la décision) et ce en cohérence avec le principe de différenciation, principe clé du partenariat. Libre donc aux ACP qui le souhaitent d'initier et de développer des stratégies de développement régional fondées sur le commerce. D'autre part et surtout, les processus d'intégration régionale sont conçus comme un moyen d'intégrer les ACP dans l'économie mondiale. L'article 4 prévoit ainsi que « *les processus d'intégration régionale et sous régionale qui facilitent l'intégration des pays ACP dans l'économie mondiale en termes commerciaux et d'investissement privé sont encouragés et soutenus* ». Mieux, au titre des principes fondamentaux de la coopération ACP/UE, on lit qu'une « *importance particulière est accordée à la dimension régionale* » (art. 2), d'où il résulte que la promotion de la coopération et de l'intégration régionales figure au titre des objectifs du partenariat (art. 20). Il est donc clair que le partenariat UE/ACP ne se veut nullement comme un partenariat exclusif qui isolerait les ACP de leur environnement régional.

Un certain nombre de dispositions, spécifiquement consacrées à la coopération et à l'intégration régionales, viennent concrétiser cette orientation. En particulier, l'article 28 précise que dans le cadre du partenariat

17 Accord du 23 juin 2000, *JOCE*, 15 décembre 2000, L 371/3 ; Accord révisé le 25 juin 2005, Décision 2005/599/CE, *JOCE*, 11 août 2005, L 209/26 et le 22 juin 2010, *JOUE*, 4 novembre 2010, L 287/3.

avec les ACP, l'Union contribue efficacement « *à la réalisation des objectifs et priorités fixés par les États ACP dans le cadre de la coopération et de l'intégration régionale et sous régionale* ». Cette contribution peut non seulement être intra ACP mais aussi concerner les PTOM et les RUP. Ainsi la diversité des statuts n'est *a priori* pas un obstacle à l'intégration régionale.

Le commerce a-t-il une place dans cette stratégie d'intégration régionale ? La réponse est affirmative.

Objectifs liés au commerce, élément de l'intégration régionale

Si cette intégration régionale passe certes par la coopération économique et la coopération au développement (art. 36), elle s'appuie aussi plus spécifiquement sur la coopération commerciale. Définissant les principes de la coopération commerciale, l'article 35 de la décision indique que cette coopération « *se fonde sur les initiatives d'intégration régionale des États ACP* ». Coopération au développement, coopération économique et coopération commerciale se renforcent ainsi mutuellement au service de l'intégration régionale.

2. Les accords de partenariat économique : l'accord intérimaire du 13 juillet 2009 entre l'Union européenne et les États de l'AFOA (Afrique orientale et australe) : des objectifs centrés sur l'intégration régionale

Libération des échanges entre l'Union européenne et les pays de l'AFOA

L'accord intérimaire entre l'Union européenne et les États de l'Afrique orientale et australe[18] est fondé sur la libéralisation des échanges entre les partenaires. Une fois encore la question est de savoir si la libéralisation des échanges entre ces partenaires, c'est-à-dire entre l'Union et les pays de l'AFOA[19], parmi lesquels les Comores, Madagascar, Maurice et les Seychelles, n'est pas un frein aux échanges dans la région et donc dans l'océan Indien.

Du point de vue de l'Union européenne

Du point de vue de l'Union européenne, ces accords ne sont nullement contradictoires avec le développement du commerce régional. En tant

---

[18] Décision 2012/196/CE, 13 juillet 2009, *JOUE*, 24 avril 2012, L 1 ; Sont notamment liés par l'accord intérimaire, les Comores, Madagascar, Maurice, les Seychelles, la Zambie, le Zimbawe.

[19] *Ibid.*

qu'instruments de développement, ils visent à faciliter l'intégration progressive des États ACP dans l'économie mondiale, notamment en tirant pleinement parti du potentiel d'intégration régionale et des échanges commerciaux Sud-Sud.

L'appui à l'intégration régionale, caractéristique des accords de partenariat en général

L'appui au processus d'intégration régionale est, en effet, une caractéristique des accords de partenariats négociés et/ou conclus par l'Union quelle que soit la région concernée. Ces accords visent à encourager « une utilisation maximale du potentiel de l'intégration régionale et du commerce Sud-Sud » en vue d'une « intégration graduelle et harmonieuse de tous les États ACP à l'économie mondiale ».

L'accord intérimaire entre les AFOA met l'accent sur l'intégration régionale

Cette philosophie des APE est exprimée au sein même l'accord de Cotonou. Elle est reprise par l'accord intérimaire. Le Préambule de l'accord rappelle la nécessité de veiller à ce qu'un accent particulier soit mis sur l'intégration régionale. De la même manière, « *la promotion de l'intégration régionale* » figure expressément parmi les objectifs généraux de l'APE (art. 2). On peut également noter que parmi les principes qui doivent gouverner les négociations en vue d'un accord complet, figure d'une part, le renforcement de l'intégration régionale dans la région AFOA d'autre part, la nécessité de permettre aux États AFOA de maintenir les préférences régionales existant entre eux et avec d'autres pays et régions d'Afrique sans avoir l'obligation de les étendre à la CE (art. 4). Il s'agit là d'un élément important en faveur du commerce dans la région.

En outre, chacun des domaines de la coopération est conçu dans le souci de renforcer l'intégration régionale : il en est ainsi de *la coopération au développement* qui vise à plusieurs reprises le soutien (art. 36) et l'approfondissement de l'intégration régionale (art. 37 et art. 38), *de la coopération en matière de développement et de gestion des infrastructures* vue comme un moyen de renforcer l'intégration régionale (art. 45), de la *coopération dans le domaine des transports* (annexe V) *du tourisme* (art. 46), du soutien à *l'investissement* (annexe V).

Enfin et surtout, le renforcement et l'approfondissement de l'intégration régionale constituent un « domaine clé » du développement aux termes de la décision intérimaire (annexe V § 3).

Objectif commercial régional

Des objectifs en faveur du commerce régional sont formulés au titre de l'intégration économique régionale. *Le « développement des marchés régionaux »* est ainsi mis en avant. La facilitation des échanges, en particulier la libre circulation des personnes, des biens, des services et des capitaux, est expressément mentionnée parmi les éléments de l'intégration économique régionale. Le partenariat Union européenne/AFOA ne vise ainsi pas seulement les échanges entre eux mais vise aussi favoriser les échanges régionaux entre pays de la zone et notamment entre les AFOA.

Mais il faut évoquer surtout l'article 60 de l'accord intérimaire qui envisage la situation spécifique des régions ultrapériphériques de la zone – Mayotte et la Réunion – au regard de l'accord intérimaire et plaide pour un renforcement des liens avec les pays de l'AOFA. L'article 60 indique que « *compte tenu de la proximité géographique des régions ultrapériphériques de la Communauté européenne et des États AOFA et afin de renforcer les liens économiques et sociaux existant entre ces régions et les États AOFA, les parties veillent à faciliter la coopération dans tous les domaines (de l'accord) ainsi qu'à développer et améliorer le commerce de biens et de services existant, à promouvoir les investissements et à encourager les transports et les liens de communication entre les régions ultrapériphériques et les États AFOA* ». Il s'agit clairement d'un encouragement aux relations commerciales entre les pays de la zone quel que soit leur statut européen. Pour ce faire, la participation conjointe aux programmes-cadres et actions de l'Union est envisagée de même que la synergie entre les instruments financiers, fonds européen de développement régional (FEDER) d'un côté et fonds européen de développement de l'autre (FED).

On note, par ailleurs, que l'objectif visant à « *l'accès en totale franchise de droits et sans aucun contingent pour les marchandises originaires des États AFOA sur une base sûre et à long terme au marché européen* » (art. 5 a) est de nature à favoriser le commerce avec les Régions ultrapériphériques françaises, ces dernières étant intégrées au marché européen.

C. Le statut des PTOM

L'insertion régionale, élément du statut

L'insertion des PTOM dans leur environnement régional est aussi un élément clé du régime d'association des PTOM. Ce régime a certes moins d'incidence désormais dans la région depuis l'érection de Mayotte en RUP. On peut néanmoins observer au sein des dernières décisions d'association[20] un encouragement notable à la coopération régionale entre les PTOM et leurs voisins quel que soit le statut européen de ces derniers. En témoigne par exemple, le considérant 19 de la décision du 27 novembre 2001 : « *Par ailleurs, l'évolution du contexte mondial, qui se traduit par un processus continu de libéralisation des échanges, implique largement la Communauté, principal partenaire commercial des PTOM, ainsi que les États ACP voisins des PTOM ou leurs autres partenaires économiques. Dans l'équation de l'accès au marché, le niveau des tarifs joue un rôle de plus en plus réduit tandis que le commerce des services et les domaines liés au commerce ont une importance croissante dans la relation entre les PTOM et leurs partenaires économiques. Il y a donc lieu, tout en reconduisant dans ses grandes lignes le régime commercial en vigueur, de favoriser cette relation et de faciliter une intégration progressive des PTOM qui le souhaitent dans l'économie régionale et mondiale en accompagnant les PTOM à renforcer* »[21]. Il se confirme ainsi que, constatant qu'elle intervient dans toutes les régions du monde, à différents titres – accord d'association avec les pays ACP, accords de partenariat économique, RUP, accords d'association avec les PTOM –, l'Union entend de, plus en plus, adjoindre à son approche institutionnelle par catégorie, une approche régionale basée sur la coopération entre les États et territoires de la région c'est-à-dire entre les RUP et les pays ACP, espérant ainsi rationaliser ses interventions dans les grands centres régionaux.

II. La confrontation des objectifs au réel : des moyens insuffisants au regard des contraintes ?

Contraintes diverses

Le commerce régional et plus généralement la coopération régionale se heurtent à des obstacles de divers ordres et en premier lieu à la diversité statutaire. Celle-ci ne facilite pas le dialogue et la mise en réseau entre les partenaires et rend plus difficile la coordination des divers fonds communautaires, en particulier le FEDER alloué aux régions ultrapériphériques et le FED dont sont bénéficiaires les ACP, ces fonds répondant, dans le cadre des différents statuts, à leurs propres règles de gestion complexes et à des calendriers différents. Un autre obstacle réside dans l'insuffisance des infrastructures telles que les liaisons de transport notamment maritimes. Si des financements pour développer ces infrastructures existent, ils sont, toutefois, nous le verrons, insuffisants.

[20] Décis. n° 2001/822 du Conseil, 27 novembre 2001, *JOCE*, n° L 314, 30 novembre, consid. 19 et art. 16. – Décis. n° 2013/755 du Conseil, 25 novembre 2013, *JOUE*, n° L 344, 19 déc, consid. 7.

[21] *Ibid.*

Ces contraintes atténuent les avantages incontestables que les territoires concernés peuvent tirer de leur relation à l'Union européenne.

A. Les contraintes et atouts liés au statut de RUP

1. Les contraintes

Absence d'autonomie

En tant que régions ultrapériphériques, les RUP bénéficient de l'ensemble des avantages du marché unique ce qui les pousse naturellement à orienter leur commerce vers l'Union européenne et principalement la métropole au détriment des pays de la zone. Mais au-delà, le statut des RUP se traduit par une moindre capacité d'agir des autorités régionales pour favoriser ou non le commerce avec les pays de la zone. En tant que régions de l'Union européenne, les RUP françaises sont liées par la politique commerciale commune. Il ne leur est donc pas possible d'adopter une politique spécifique à l'égard de ces pays de la zone. Il n'est donc pas question pour eux de jouer, par exemple sur les droits de douane ou d'autres mesures de contrôle du commerce. Chacun se souvient que lorsque le régime ancien de l'octroi de mer avait été condamné par la Cour de justice en tant que taxe d'effet équivalent à un droit de douane, la Cour de justice avait considéré que, dans sa version de l'époque, l'octroi de mer perçu sur les importations de marchandises en provenance de pays tiers affectait le tarif douanier commun pilier de la politique commerciale commune de l'Union. La Cour signifiait par là qu'en tant que régions européennes, les départements d'outre-mer français étaient liés par le tarif douanier commun (CJCE, 9 août 1994, Lancry, aff. C-363/93 et C-407/93 à C-411-93, rec. I, 3957 ; CJCE, 7 novembre 1996, Société cadi surgelé, 126/94, rec. I, 5647) et ne pouvaient à leur guise le modifier sans violer leurs obligations européennes.

Mais justement, dans son régime actuel droit de consommation intérieure, l'octroi de mer n'est-il pas un obstacle au commerce dans l'océan Indien ? N'est-il pas condamné dans le cadre du futur accord de partenariat ?

Octroi de mer

Assurément, l'octroi de mer, en vigueur à la Réunion applicable aux importations en provenance des pays de la zone océan Indien, n'est pas de nature à contribuer au commerce en renchérissant le coût des importations. La validation du régime actuel par l'Union européenne ne va donc pas dans le sens d'une facilitation des échanges entre la Réunion et ses voisins (Décision, 940/2014/UE du 17 décembre 2014).

Les accords de partenariat économique ne sonnent-ils pas cependant le glas de l'octroi de mer ? On pourrait le penser tant il est vrai que l'octroi de mer déroge au libre accès des marchandises prévu dans cet accord. La réponse est pourtant négative. D'une part, les accords de partenariat ne modifient pas le régime des importations des pays ACP dans l'Union européenne au regard de ce qui existait dans le cadre des accords de Cotonou. Or, jusqu'à présent, le régime de différenciation en faveur des régions ultrapériphériques a permis de sauvegarder l'octroi de mer dans le cadre des accords de Cotonou.

La décision intérimaire, pas d'avantage que le futur accord de partenariat économique ne change rien. Pour éviter tout doute, l'accord intérimaire prévoit en son article 60 « *qu'aucune disposition du présent accord n'empêche la partie CE d'appliquer les mesures existantes visant à remédier à la situation économique et sociale structurelle dans les régions ultrapériphériques conformément à l'article 299 § 2 CE (349 TFUE)* ». En d'autres termes, l'accord intérimaire et futur accord de partenariat ne pourront empêcher l'adoption de mesures particulières au profit des RUP y compris les décisions de maintien de l'octroi de mer qui est actuellement fondé sur l'article 349 TFUE (voir Décision, 940/2014/UE du 17 décembre 2014).

2. Les moyens résultant du statut de RUP

Les programmes de coopération territoriale

En tant que régions européennes, les RUP bénéficient d'un certain nombre de programmes centrés sur la coopération territoriale et qui sont de nature à favoriser les échanges régionaux. Ainsi le programme de coopération territoriale (PCT) océan Indien/COI et Mayotte-Comores-Madagascar doté respectivement de 63,2 millions € et de 12 millions € au titre du FEDER se déploient dans les domaines les domaines de la recherche, des TIC, de la compétitivité des PME, des transports durables, des capacités institutionnelles et de l'éducation.

De son côté, le 11e FED régional[22], destiné à renforcer l'intégration économique régionale, est mis en œuvre à travers des Programmes indicatifs régionaux. Celui de la région Afrique de l'Est et australe & océan Indien est doté d'une allocation indicative de 1 332 millions € (1,333 milliard d'euros). Il s'agit de renforcer la coopération entre les RUP, les pays ACP et les PTOM voisins (on pense aux TAAF, s'agissant de la région) en facilitant l'articulation entre les différents instruments financiers.

[22] Le 11e FED est divisé en enveloppes nationales et régionales, ainsi qu'en une enveloppe intra-ACP.

On observe d'ailleurs une évolution favorable du financement de la coopération régionale.

Évolution favorable du financement de la coopération régionale et des infrastructures liées au commerce

Les financements alloués à la coopération régionale sont censés permettre de surmonter partiellement les obstacles liés à l'insuffisance d'infrastructures. L'évolution de ces financements va dans le bon sens.

Relativement modestes pour la période 2007-2013, ils connaissent une augmentation significative pour la période 2014-2020. Ainsi pour la période 2007-2013, la dotation financière totale des quatre programmes de Coopération territoriale des RUP avec les pays ACP et les PTOM (ainsi qu'avec le Brésil), à savoir les programmes Caraïbe, Amazonie, Macronésie et océan Indien, était limitée, à un montant de 193 millions € (dont 150 millions de FEDER).

Pour la période 2014-2020, les régions ultrapériphériques recevront au titre des programmes relevant de l'objectif « Coopération territoriale européenne » un montant ne pouvant être inférieur à 150 % du montant du soutien qu'elles ont reçu du FEDER au cours de la période de programmation 2007-2013 pour des programmes de coopération. À ce titre, plus de 63 millions d'euros seront investis dans la région océan Indien au titre de la « Coopération territoriale européenne » pour la période 2014-2020 (INTERREG-océan Indien) dont 41,5 millions au titre de la coopération transfrontalière et 20,5 millions au titre de la coopération transnationale. Les deux régions ultrapériphériques françaises (Mayotte et l'île de la Réunion) sont concernées, ainsi que les pays tiers suivants de la zone : les Comores, Madagascar, la République de Maurice, les Seychelles, le Mozambique, la Tanzanie, le Kenya, les Maldives, l'Inde, l'Australie et les Terres australes et antarctiques françaises. L'Afrique du Sud et le Sri Lanka pourraient rejoindre le programme ultérieurement.

Ce programme INTERREG océan Indien 2014-2020 a pour vocation de donner une nouvelle impulsion à la coopération régionale en approfondissant l'insertion régionale et en soutenant le co-développement des pays de la zone. Il est un élément important de la contribution de l'Union à l'intégration régionale.

Autres instruments de la coopération territoriale

S'y ajoutent d'autres instruments tels que le Règlement du 17 décembre 2013 relatif à la contribution du Feder à la coopération territoriale. Ce règlement reconnaît qu'en raison du contexte particulier et des « spécificités des programmes de coopération entre des régions ultrapériphériques et des pays tiers ou des territoires, il convient d'établir et d'adapter des conditions de coopération allégées en matière de traitement des opérations dans le cadre de ces programmes ». Pour ce faire, le règlement prévoit une série de mesures spécifiques aux RUP. Il permet ainsi une certaine flexibilité dans la répartition par les États de la répartition des ressources affectées à la coopération territoriale et permet donc à la France d'augmenter la part allouée pour la coopération dans les RUP ; il étend également la coopération transfrontalière pour les RUP aux pays tiers ou territoires voisins au-delà de l'existence de frontières communes avec un État ; de la même manière, il étend la limite de coopération transfrontalière pour les RUP à plus de 150 km de leurs frontières maritimes ; le règlement prévoit également une simplification de la procédure de sélection des projets pour favoriser des opérations communes entre les RUP et leurs partenaires introduisant, notamment, la notion de bénéficiaire unique ; il permet, à titre exceptionnel, que les programmes de coopération territoriale mis en œuvre pour les RUP combinent les montants du FEDER alloués à la coopération transfrontalière et transnationale ; il exige également que les programmes de coopération des RUP prévoient des mécanismes de contribution des différents instruments de financement européen ainsi que les mécanismes de coordination avec le financement des programmes des pays tiers et territoires voisins ; il prescrit le mécanisme de concertation préalable d'élaboration des programmes de coopération avec les pays tiers et territoires voisins des RUP ; il autorise enfin l'extraterritorialité – par rapport au territoire de l'Union – du cofinancement des programmes de coopération des RUP en augmentant la limite à 30 % pour ce qui concerne les RUP.

Les Groupements européens de Coopération Territoriale (GECT)

Les groupements européens de coopération territoriale (GECT) constituent un autre instrument de la coopération régionale. Prévus par un règlement du 17 décembre 2013, ils ont été créés pour faciliter la coopération transfrontalière, transnationale et interrégionale entre les États membres ou leurs collectivités régionales et locales. Les GECT permettent à ces partenaires de mettre en œuvre des projets conjoints, de procéder à des échanges d'expériences et d'améliorer la coordination en matière d'aménagement du territoire. Plusieurs dispositions du règlement sont orientées vers les RUP visant à réduire les obstacles à la coopération territoriale. En particulier, par dérogation au principe selon lequel le GECT est composé de membres situés sur le territoire d'au moins deux États membres, il prévoit que « *le GECT peut être composé de membres situés sur le territoire d'un seul État membre et d'un ou plusieurs pays tiers voisins de cet État membre, y compris ses régions ultrapériphériques, lorsque l'État membre concerné considère que ce GECT entre dans le champ d'application de sa coopération territoriale dans le cadre de la coopération transfrontalière ou transnationale ou de ses relations bilatérales avec les pays tiers concernés* ». De la même manière, le GECT peut être composé de membres issus de PTOM voisins des RUP.

B. Les moyens mis en œuvre dans les accords d'association

1. L'accord de Cotonou

Mesures d'intégration régionale pour le commerce

Un certain nombre de dispositions de l'accord de Cotonou plaident pour le renforcement du commerce dans la zone. Plus précisément, l'article 29 prévoit que la coopération doit « promouvoir la libre circulation des populations, des biens, des services, des capitaux de la main-d'œuvre et la technologie entre les pays ACP » (c) y compris entre pays se trouvant dans la même région, « accélérer la diversification des économies des États ACP ainsi que la coordination et l'harmonisation des politiques régionales et sous régionales de coopération (d), promouvoir et développer le commerce inter et intra ACP et avec les pays tiers (e). Le commerce régional est ainsi perçu comme un instrument de l'intégration économique régionale qui est fortement encouragée.

Les domaines liés au commerce : appui financier à l'ajustement structurel[23]

L'appui à l'ajustement structurel en vue d'une meilleure intégration régionale a fait l'objet d'un financement conséquent dans le cadre de l'accord de Cotonou : sur un programme financier de 31,589 milliards d'euros, 1,3 milliard d'euros sous forme d'aides non remboursables ont été réservés pour le financement de l'appui à la coopération et à l'intégration régionales des États ACP[24].

---

[23] Chapitre 5 de la décision d'association ; voir, en particulier, l'article 67.

[24] Conformément aux articles 6 à 14 de l'annexe IV du présent accord, relative aux procédures de mise en œuvre et de gestion.

CADRE FINANCIER PLURIANNUEL POUR LA PÉRIODE 2014-2020 (ANNEXE IC)

1. Aux fins exposées dans le présent accord et pour une période commençant à courir le 1er janvier 2014, le montant global de l'aide financière en faveur des États ACP dans le présent cadre financier pluriannuel est de 31 589 millions EUR, tel que précisé aux points 2 et 3.

a) 24 365 millions EUR sont affectés au financement de programmes indicatifs nationaux et régionaux. Cette enveloppe servira à financer :

i) les programmes indicatifs nationaux des différents États ACP conformément aux articles 1er à 5 de l'annexe IV du présent accord relative aux procédures de mise en œuvre et de gestion ;

ii) les programmes indicatifs régionaux d'appui à la coopération régionale et interrégionale et à l'intégration régionale des États ACP conformément aux articles

Ce financement s'accompagne de toute une série de dispositions encadrant la procédure de programmation régionale[25] et la présentation d'un document de stratégie régionale[26].

2. *Les moyens issus de l'accord intérimaire de partenariat économique*

Les règles prévues dans l'accord intérimaire de partenariat sont-elles de nature à favoriser le commerce entre les pays et territoires de l'océan Indien ? Plusieurs éléments plaident pour l'affirmative.

---

6 à 11 de l'annexe IV du présent accord relative aux procédures de mise en œuvre et de gestion ;

b) 3 590 millions EUR sont affectés au financement de la coopération intra-ACP et interrégionale au bénéfice de nombreux États ACP ou de la totalité de ces États conformément aux articles 12 à 14 de l'annexe IV du présent accord relative aux procédures de mise en œuvre et de gestion. Cette enveloppe comprend l'appui apporté à des institutions conjointes et des organismes créés au titre du présent accord. Elle couvre également une aide aux dépenses de fonctionnement du secrétariat ACP visées aux points 1 et 2 du protocole no 1 relatif aux frais de fonctionnement des institutions conjointes.

[25] Annexe I C), Chapitre 2.

[26] Article 8 Programmation régionale

1. La programmation aura lieu au niveau de chaque région. La programmation résulte d'un échange de vues entre la Commission et l'organisation ou les organisations régionales concernées dûment mandatées ou, en l'absence d'un tel mandat, les ordonnateurs nationaux de la région. Selon les cas, la programmation peut comprendre une consultation avec les acteurs non étatiques représentés à l'échelle régionale et, le cas échéant, les parlements régionaux.
2. Le document de stratégie régional (DSR) est préparé par la Commission et l'organisation ou les organisations régionales dûment mandatées en collaboration avec les États ACP de la région concernée, sur la base du principe de subsidiarité et de complémentarité, en prenant en considération la programmation du DSP.
3. Le DSR est un instrument qui doit permettre d'accorder la priorité à certaines actions et de renforcer l'appropriation des programmes bénéficiant d'un soutien. Le DSR comporte les éléments types suivants :
   . a) une analyse du contexte politique, économique, social et environnemental de la région ;
   . b) une évaluation du processus et des perspectives de l'intégration économique régionale et de l'intégration dans l'économie mondiale ;
   . c) un descriptif des stratégies et des priorités régionales poursuivies et des besoins de financement prévus ;
   . d) un descriptif des actions importantes d'autres partenaires extérieurs de la coopération régionale ;
   . e) une description de la contribution spécifique de l'UE à la réalisation des objectifs de l'intégration régionale, complétant, dans la mesure du possible, des opérations financées par les États ACP eux-mêmes et par d'autres partenaires extérieurs, notamment les États membres de l'UE.

Règles fondées sur le libre-échange et la suppression des entraves

La plupart des règles relatives au commerce sont prévues aux articles 7 et suivants de l'accord intérimaire : elles prévoient un accès libre des produits originaires des États de l'AFOA dans l'Union y compris les régions ultrapériphériques françaises et la libéralisation progressive du marché des AFOA aux produits de l'Union. Dans les deux cas, ces règles sont favorables au commerce et aux échanges dans l'océan Indien puisque les produits des AOFA accéderont plus facilement dans les RUP et inversement l'accès des produits des RUP dans les AOFA. Ajoutons que la suppression des entraves douanières prend spécifiquement en compte la problématique de l'intégration régionale. L'article 12 § 2 de l'accord intérimaire prévoit que « *les parties peuvent revoir les calendriers de démantèlement tarifaire figurant à l'annexe II en vue de les harmoniser en tenant compte des processus d'intégration régionale* ».

De la même manière, dans le domaine de la pêche, « *le soutien au développement et au renforcement de l'intégration régionale* » figure au nombre des principes de coopération dans ce secteur (art. 28).

Inquiétudes et atouts des RUP

Au regard de ces règles, les craintes ci-dessus exprimées des RUP et de la Réunion à propos de l'accord intérimaire nous paraissent exagérées. D'une part, les RUP pourraient tirer avantage de l'ouverture progressive du marché des pays de la zone prévu par l'accord notamment dans le domaine des services à condition de définir les secteurs clés ou ils pourraient, compte du développement de leur service, apporter une valeur ajoutée.

D'autre part, l'accord prend déjà en compte déjà un certain nombre de leurs préoccupations qui mériteront d'être confirmées. Enfin, le libre accès des produits des ACP dans l'Union européenne était déjà en vigueur dans le cadre des accords de Cotonou.

Mesures en faveur de l'intégration économique régionale issues de l'accord intérimaire (Annexe V)

Le Développement des marchés régionaux, l'harmonisation des politiques et des normes, le renforcement des administrations et politiques fiscales, devraient assurer la stabilité macroéconomique et faciliter les échanges, en particulier la circulation des personnes, des biens, des services et des capitaux. Les exemples de mesures visées par l'accord en faveur des échanges régionaux et qui pourront bénéficier d'un soutien à ce titre visent à améliorer le cadre et l'environnement des relations commerciales. Elles concernent entre autres : l'harmonisation des politiques et cadres réglementaires régionaux en matière de commerce, d'investissement, de fiscalité et de finance, en conformité avec les règles, instruments et normes de l'OMC ; la facilitation du commerce des services, le droit d'établissement et la libre circulation des personnes, biens, services et capitaux, ainsi que le soutien à la pleine exploitation des opportunités transfrontalières, le soutien au commerce électronique ; le renforcement de la sécurité juridique notamment le soutien à l'établissement et au renforcement d'instances ou d'organes de réglementation chargés de faire appliquer les règles et notamment d'assurer l'arbitrage ; l'appui aux programmes régionaux qui facilitent la libre circulation des personnes, des biens, des services et des capitaux et le soutien à l'établissement ou au renforcement des instances régionales/continentales qui coordonnent les programmes transfrontaliers ; le renforcement des cadres réglementaires pour les programmes transfrontaliers.

La prise en compte de la situation des RUP par dispositions spécifiques

L'accord intérimaire comme souligné ci-dessus, l'article 60 § 4 de l'accord préserve la possibilité pour l'Union d'adopter des mesures sur le fondement de l'article 349 TFUE (ex 299§2 CE) ce qui garantit la possibilité de maintenir l'octroi de mer perçu par les RUP. Par ailleurs, le marché des Départements français d'outre-mer donc de la Réunion fait l'objet d'une protection de 10 ans pour le sucre blanc (annexe I, point 9). On notera également que les mesures de sauvegardes multilatérales (OMC) et bilatérales propres à l'accord intérimaire (art. 21) bénéficient normalement aux RUP. Mieux que cela, l'article 21 § 4 permet de prendre des mesures de sauvegarde propres à un ou plusieurs RUP, c'est-à-dire à la Réunion et/ou à Mayotte lorsqu'elles subissent des perturbations du fait des importations en provenance d'un ou plusieurs AFOA. Par ailleurs, lorsqu'elles concernent ces régions, les mesures de sauvegarde peuvent être prises pour une durée de quatre ans renouvelables contre deux ans renouvelables pour le reste de l'Union européenne. Ce délai de quatre ans est le même que celui applicable aux mesures de sauvegarde prises par les AOFA concernant les importations de l'Union européenne. De même, en cas de circonstances exceptionnelles, les parties peuvent déroger à la procédure (saisine du comité APE) pour l'adoption d'une mesure de sauvegarde, dont la durée ne pourra alors dépasser 180 jours ou 200 jours, si elle est adoptée au profit d'une ou plusieurs RUP ou par les États AOFA. Il est donc incontestable que la situation spécifique des RUP a été prise en compte dans le domaine des mesures de sauvegarde.

En outre, l'article 53 de l'accord intérimaire prévoit expressément que les négociations futures de l'accord complet prendront en compte la situation des RUP.

Conclusion

Aussi, sans être naïf sur les risques pour les RUP d'une libéralisation des échanges entre l'Union et les pays de l'Afrique orientale et australe, on peut considérer que les conditions existent pour que ces régions, en particulier la Réunion, puissent profiter de l'approfondissement de l'intégration régionale tout en tenant compte de la vulnérabilité de leurs marchés.

Il apparaît clairement que la contribution de l'Union européenne au commerce régional dans l'océan Indien est réelle. Toutes ses actions dans la région tiennent compte de la nécessité de renforcer l'intégration régionale en faveur de laquelle le commerce joue un rôle majeur. Ce constat ne saurait surprendre tant il est vrai que la suppression des entraves aux échanges dans la zone s'inscrit pleinement dans les objectifs de l'Union et ses principes.

Il n'est donc pas abusif de considérer que la diversité statutaire n'est pas un obstacle à la facilitation du commerce mais elle appelle des ajustements, voire des mesures dérogatoires. L'action de l'Union s'inscrit, par ailleurs, dans un objectif de solidarité à travers les différents statuts. Mais la solidarité cède le pas au libre-échange : les accords de partenariat fondés sur plus de réciprocité en témoignent.

The Meaning of Undistorted Competition on a Common Market and the Rules for its Maintenance using the Example of the European Union Competition Rules[1]

Tobias LETTL

The maintenance of undistorted competition is essential for the functioning of a common market (internal market). The speech illustrates the standards of undistorted competition. Subsequently, it will be examined, which rules are necessary to achieve this goal of undistorted competition. As the European Union is an already existing common market that has set such rules, the question will be discussed on the basis of the EU competition rules. These shall guarantee the maintenance of undistorted competition through prohibitions in the scope of (1) cooperation of undertakings with continuing legal independence of the undertakings (cartel prohibition, Art. 101 TFEU), (2) unilateral conduct of an undertaking with a dominant position in a market (prohibition of abuse of a dominant position, Art. 102 TFEU) and (3) mergers of undertakings (Art. 2 ECMR).

*

Le maintien d'une concurrence libre et sans distorsion est nécessaire pour le fonctionnement d'un marché commun (intérieur). La conférence expose les conditions pour une concurrence libre et sans distorsions. Par la suite, on examine quelles sont les règles nécessaires pour l'obtention de cet objectif. Comme un tel marché commun existe dans l'Union européenne, qui a établi ces règles, la question est traitée sur la base des règles de la concurrence en droit européen. Celles-ci ont pour objectif de garantir le maintien d'une concurrence sans distorsions par des interdictions dans le domaine (1) de la collaboration des entreprises indépendantes (interdiction des cartels, Art. 101 TFEU), (2) des comportements des entreprises dominantes (interdiction de l'abus de position dominante, Art. 102 TFEU), et (3) des fusions des entreprises (Art. 2 Règlement sur les fusions).

*

1 Parts of this article are taken from Lettl, Kartellrecht, 2. Aufl. 2013. The translation was made by Mario Hein.

Für das Funktionieren eines gemeinsamen Marktes (Binnenmarktes) ist die Aufrechterhaltung eines unverfälschten Wettbewerbs unerlässlich. Der Vortrag stellt die Anforderungen an einen unverfälschten Wettbewerb dar. Im Anschluss daran ist zu untersuchen, welche Regeln zur Erreichung dieses Ziels erforderlich sind. Da mit der Europäischen Union bereits ein gemeinsamer Markt besteht, der solche Regeln aufgestellt hat, sei die Frage auf der Grundlage der EU-Wettbewerbsregeln erörtert. Diese sollen die Aufrechterhaltung eines unverfälschten Wettbewerbs gewährleisten durch Verbote im Bereich (1) des Zusammenwirkens von Unternehmen bei fortbestehender rechtlicher Selbständigkeit der Unternehmen (Kartellverbot, Art. 101 AEUV), (2) einseitigen Verhaltens marktbeherrschender Unternehmen (Verbot des Missbrauchs einer marktbeherrschenden Stellung, Art. 102 AEUV) und (3) des Zusammenschlusses von Unternehmen (Art. 2 FKVO).

*

* *

Introduction

Competition rules are of fundamental importance for an economic area especially for a common market. For it is to protect the freedom of competition and to eliminate economic power where it interferes with the effectiveness of competition and its inherent tendency to improve performance and puts the best possible supply of the consumer into question.[2] Legal regulations therefore have to preserve the freedom of competition for two reasons:

(1) Creation of a competitive market economic system for all market participants in the economic sphere.[3] Therein lies the economic and regulatory objective, to ensure a performance-based income distribution, a composition of the supply according to the desires of consumers, an optimal allocation of resources and technical progress.

(2) Ensuring the individual freedom of action of market participants and limiting economic power. Therein lies a socio-political objective, since only these conditions enable the realization of the benefits of competition and counteract the risk of exploitation of the opposite market side.[4]

---

2 Begr. RegE 1957 Einl. A I.

3 Köhler/Bornkamm/*Köhler*, Einl. UWG Rn. 6.1.

4 Köhler/Bornkamm/*Köhler*, Einl. UWG Rn. 6.1.

Extensive competition rules that aim at the creation of a common economic area of several countries and are therefore of particular interest for our summer university are the EU competition rules. These competition rules are of particular importance for the creation of a common economic area including Reunion simply because according to Art. 355 para. 1 TFEU the European Treaties and therefore these competition rules already apply to Reunion. Hence, already for this reason a closer look at the European competition rules is recommended.

I. Jurisdiction of the European Union (Art. 3 para. 1 lit. b TFEU)

The European Union, the Member States and the European System of Central Banks are committed to the "principle of an open market economy with free competition" (Art. 119 para. 1 TFEU i.c.w. Art. 120 s. 2 TFEU). Accordingly, the TFEU according to its preamble and its content is among other things aimed at eliminating the barriers between the Member States and at opposing the re-establishment of these barriers. For this Title VII of Part Three of the TFEU (common rules on competition, taxation and approximation of laws) provides in Chapter 1 competition rules. Under Art. 3 para. 1 lit. b TFEU the European Union has exclusive competence for establishing the competition rules necessary for the functioning of the internal market. These competition rules are an essential support for the functioning of the internal market,[5] because an internal market requires an "effective competition."[6] In any case there must be so much competition that the fundamental requirements of the Treaties (TEU and TFEU) are fulfilled and that the Union's objectives (see also Art. 3 TEU), in particular the creation of a market with internal market-like conditions, are achieved. The EU competition rules intending the protection of such competition therefore have an integrating function. The Art. 101 and 102 TFEU express this with the phrase "prohibited as incompatible with the internal market." In addition to this the EU competition rules shall enable the achievement of the conventional competition objectives.[7] These include in particular an optimal allocation of resources, the sovereignty of customers, a performance-based distribution of financial resources, ensuring technical progress and the limitation of economic power (economic function).

---

5 *EuGH* Slg. 1978, 207 Rn. 63, 66 – United Brands; 1979, 461 Rn. 38 – Hoffmann-La Roche; 2001, I-6297 Rn. 20 – Courage.

6 *EuGH* Slg. 1977, 1905 Rn. 20 – Metro.

7 *EuGH* Slg. 1977, 1905 Rn. 20 – Metro.

II. Art. 101 and 102 TFEU

A. *Purpose*

While especially the market freedoms of Art. 34, 36 TFEU are intended to prevent the establishment of internal market barriers by Member States, it is the purpose in particular of Art. 101 TFEU (prohibition of anti-competitive agreements or decisions, short Antitrust) and of Art. 102 TFEU (abuse of a dominant position) to prevent undertakings from replacing such barriers by measures of market foreclosure.[8] They limit the economic power to protect the freedom of competition when effective competition and its inherent tendency to increase performance are impaired. The Art. 101 and 102 TFEU are therefore essential to the accomplishment of the Union's tasks and in particular for the functioning of the internal market.[9] They produce direct effects in relations between individuals and create rights for the individuals concerned which the courts of the Member States have to safeguard.[10] The competition rules of the TFEU thus protect the interests of the competitors and consumers as well as the competition as such.[11] The importance of the Art. 101 TFEU arises from the fact that any behaviour prohibited pursuant to this regulation is automatically void (Art. 101 para. 2 TFEU).

The Art. 101 and 102 TFEU are provisions of public order and are to be applied of the courts own motion by the courts of the Member States.[12] They complement each other in achieving the Union's objective to prevent the restriction of competition at the expense of third parties by limiting the economic freedom of undertakings. However, they cover different situations.

Art. 101 TFEU aims to prevent the creation of restriction of competition brought about by agreements, decision or concerted practices. It therefore prohibits any coordination of market behavior of independent undertakings, both in horizontal and vertical relationships and rules them to be automatically void (Art. 101 para. 2 TFEU), unless there is an exemption under Art. 101 para. 3 TFEU. Thus, protection of interests of market participants is primarily left to effective competition. Vertical relationships exist between undertakings/persons of different economic levels meaning between tendering or demanding undertakings on the one hand and the opposite market side on the other hand (e.g. between

---

8 *EuGH* Slg. 1966, 458, 486 – Italien/Rat und Kommission.

9 *EuGH* Slg. 2001, I-6297 Rn. 20 – Courage.

10 *EuGH* Slg. 2001, I-6297 Rn. 23 – Courage.

11 *EuGH* EuZW 2009, 505 Rn. 38 – T-Mobile Netherlands.

12 *EuGH* Slg. 1999, I-3055 Rn. 39 f. – Eco Swiss.

manufacturer and retailer or between retailer and consumer). Horizontal relationships exist between tendering or demanding undertakings/persons on the same economic level (e.g. between manufacturer and manufacturer or between retailer and retailer).

Market structure

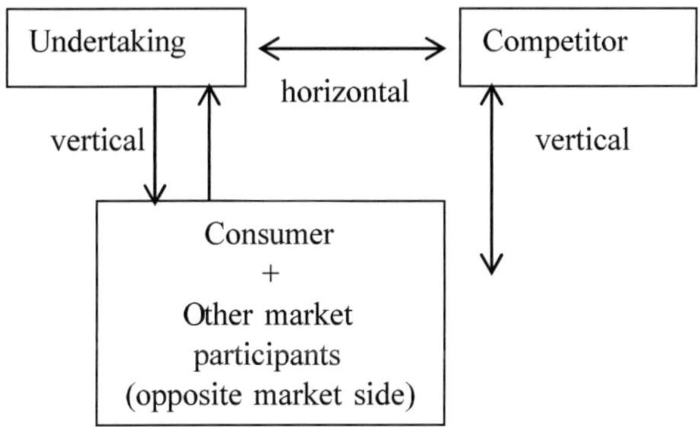

Art. 102 TFEU does not aim to prevent the creation of a dominant position as such. In fact, Art. 102 TFEU presupposes such a position. Art. 102 TFU therefore does not aim to restore effective competition on the relevant market (on the concept of the relevant market, see recital 22 ff.) because its competition structure has already been weakened substantially by the existence of a dominant market position. Art. 102 TFEU limits such a position only to the extent that it must not be abused. This constitutes a barrier for the economic freedom of undertakings that no longer need to align their behavior sufficiently to the requirements of effective competition. There is no possibility of an exemption as under Art. 101 para. 3 TFEU. The abuse of a dominant market position is prohibited.[13]

The Art. 101 and 102 TFEU are applicable on the same facts due to their different factual preconditions and legal consequences (so called concurrence of laws). Therefore Art. 102 TFEU is also applicable in cases of behavior prohibited under Art. 101 para. 1 TFEU or behavior exempted under Art. 101 para. 3 TFEU.[14] However, due to their congruent protective purpose the Art. 101 and 102 TFEU require a "harmonious application of the law."[15] This means that there cannot be exemptions under Art. 101

---

13 *EuGH* Slg. 1989, 838 Rn. 32 – Ahmed Saeed.

14 *EuGH* Slg. 1979, 461 Rn. 116 – Hoffmann-La Roche.

15 *EuGH* Slg. 1987, 3131 Rn. 13 – Ancides.

para. 3 TFEU as far as the same impartible factual circumstances violate Art. 102 TFEU.

B. Addressees of the norm

Addressees of Art. 101 para. 1 TFEU are undertakings and associations of undertakings. Addressees of Art. 102 TFEU are undertakings with a dominant market position. According to Art. 106 para. 2 TFEU the competition rules of the TFEU do not apply to undertakings that are entrusted with operating services of general economic interest insofar as such services would be prevented by the application of the competition rules.

Furthermore, the Art. 101 and 102 TFEU prohibit i.c.w. Art. 4 para. 3 TEU the Member States from taking or maintaining measures – even in the form of laws or regulations – which may neutralize the effect of the competition rules applicable to undertakings.[16] A violation of Art. 4 para 3 TEU i.c.w. Art. 101 TFEU occurs if a Member State prescribes or facilitates a behavior violating Art. 101 TFEU or intensifies the effects of such behavior or transfers the responsibility for decisions affecting the economy to private economic operators.[17]

Since the national competition authority, inter alia, has to ensure the compliance with Art. 101 and 102 TFEU, the impact of the EU competition rules would be reduced if this authority could not find that a national measure constitutes a violation of Art. 101 or 102 TFEU.

C. Relationship to national competition rules

Art. 3 Regulation 1/2003 provides a rule concerning the relationship of Art. 101 and 102 TFEU to the national competition rules. According to this rule Art. 101 and 102 TFEU are always applicable in addition to the national competition rules. This leads to a parallel application of European and national competition rules with the Union law setting certain limits for the national competition rules (see recital 14 and 17). The reason for this is that they evaluate anti-competitive conduct from different points of view. While Art. 101 and 102 TFEU apply to such conduct because of the barriers for the trade between Member States that may result out of it, the national legislators provide competition legislation of their own considerations.[18] Conduct which violates the national competition rules of a Member State may therefore also violate Art. 101 and 102 TFEU, if their conditions are met. The same applies vice versa.[19] Regardless of

[16] *EuGH* Slg. 2003, I-8055 Rn. 45 – CIF.

[17] *EuGH* Slg. 2003, I-8055 Rn. 46 – CIF.

[18] *EuGH* Slg. 2003, I-7975 Rn. 61 – Milk Marque.

[19] *EuGH* Slg. 2001, I-6297 Rn. 23 – Courage.

the provisions of Art. 3 of Regulation 1/2003 the Member States may apply rules which predominantly pursue an objective different from that pursued by Art. 101 and 102 TFEU (Art. 3 para. 3 Regulation 1/2003).

III. Regulations and Directives (Art. 103 TFEU)

Art. 103 para. 1 authorizes the council to adopt the appropriate Regulations or Directives to implement the principles laid down in Art. 101 and 102 TFEU. Particularly, Regulations are of fundamental importance for the applicability of Art. 101 and 102 TFEU.

A. Regulation 1/2003

1. Application of Art. 101 TFEU

a. The legal exemption system

Regulation 1/2003 on the implementation of the rules on competition laid down in Art. 101 and 102 TFEU[20] which is effective since 01.05.2004, directly applicable and binding in its entirety, is of fundamental importance for the application of Art. 101 TFEU. Art. 1 of Regulation 1/2003 abolishes the obligation to notify and the requirement of an approval of anti-competitive conduct within the meaning of Art. 101 TFEU (prohibition with reservation of permission). Instead, the system of legal exemption applies. According to this the assessed conduct is exempt *ipso iure*, that means automatically, if the prerequisites of Art. 101 para. 3 TFEU are given.[21] In the future undertakings therefore will have to decide on their own on the compatibility of their conduct with Art. 101 TFEU without prior regulatory review. An *ex-ante* assessment of the antitrust authorities is replaced by an *ex-ante* assessment of the parties of a particular behaviour and if necessary by an *ex post* assessment of the antitrust authorities or the courts. Thus, undertakings are relieved of bureaucratic effort for notifications which are in many cases related to conduct that is readily admissible in regards to competition law. Conversely, they bear the full risk of the fact-finding and the application of the law (Subsumtionsrisiko) regarding a possible violation of Art. 101 para. 1 TFEU and, if applicable, an exemption under Art. 101 para. 3 TFEU (principle of self-assessment; "Selbstveranlagung").[22] Undertakings therefore encounter significant higher personal responsibility with regard to their conduct in competition. Hence, the system of legal exemption leads to considerable legal

---

[20] ABl. EG 2003, No. 1, S. 1.

[21] *K. Schmidt*, BB 2003, 1237, 1238.

[22] Langen/Bunte/*Sura*, VO No. 1/2003 Rn. 15.

uncertainty compared to the previous legal situation.[23] This applies in any case outside the scope of the block exemption regulations. In this case undertakings can only try to bring about an informal clarification by the Commission. The Commission however, only takes part in this if there is a genuine uncertainty because new or fundamental issues on the application of Art. 101 and 102 TFEU are to be answered. An informal clarification by the Commission is therefore limited to exceptional cases. Within the scope of block exemption regulations certain conduct is automatically and legally certain excluded from the scope of Art. 101 TFEU.[24] If there are doubts whether a conduct falls within the scope of a block exemption regulation the parties should consider whether an exemption in individual cases under Art. 101 para. 3 TFEU is given. For both cases the parties bear the full risk of the application of the law (Subsumtionsrisiko). In this respect no scope of judgement is to be granted to undertakings.[25]

b. Art. 101 para. 1 and para. 3 TFEU as a minimum and maximum standard (full harmonization)

The national competition rules are still formally to be applied on practices which are likely to affect the trade between the Member States (so called inter-state clause). However, the application may only be in line with Art. 101 TFEU, this means without deviation from this regulation,[26] because in such cases Art. 101 TFEU is "also" to be applied (Art. 3 Regulation 3 para. 1 s. 1 Regulation 1/2003). The national law therefore is no longer to be applied independently when Union law is applicable. In fact the "also" applicable Art. 101 TFEU is a priority over national law. In the scope of the inter-state clause of Art. 101 TFEU, which in this respect is the relevant conflict of laws rule,[27] therefore not only the national cartel prohibition (§1 GWB) is the relevant law. Thus, the inter-state clause is of decisive importance. If one – as the ECJ (see § 2 recital 45 ff.) – interprets it broadly, the exclusive application of the national competition rules of the Member States is hardly possible.

2. *Application of Art. 102 TFEU*

Art. 102 TFEU only covers unilateral conduct of dominant undertakings. The national competition rules remain applicable to conduct which may affect the trade between Member States (inter-state clause).

---

[23] Loewenheim/Meessen/Riesenkampff/*Weiß/Creuß*, Art. 1 VerfVO Rn. 9.

[24] *Bechtold/Bosch/Brinker/Hirsbrunner*, Art. 1 VO 1/2003 Rn. 31.

[25] *Bechtold*, WuW 2003, 343; *Dreher/Thomas*, WuW 2004, 8, 14 ff.; a. A. Langen/Bunte/*Sura*, Art. 1 VO No. 1/2003 Rn. 22; *Fuchs*, ZWeR 2005, 1, 21 f.

[26] *Bechtold*, DB 2004, 235.

[27] xxx

Although in this respect Art. 102 TFEU is "also" applicable, the Member State law, however, is unlike with Art. 101 TFEU even applicable if it is stricter and the conditions of the inter-state clause are given (Art. 3 para. 2 s. 2 Regulation 1/2003). Consequently, insofar there is no primacy of Union law and there remains freedom for the Member States.

B. Block Exemption Regulations

Block Exemption Regulations are regulations within the meaning of Art. 288 para. 2 TFEU and are therefore to be respected by court and authorities of the Member States.[28] They constitute general and abstract exemptions of certain types ("groups") of agreements from the prohibition of Art. 101 TFEU. Such a "group" of agreements is characterized by common or comparable characteristics that because of the very extensive uniformity of interests of the parties, their trading partners, their competitors and the consumers can be assessed as typical characteristics.[29] Block exemptions can be adopted for vertical agreements as well as for horizontal agreements as well as for specific economic sectors ("Sektoren") (examples see § 2 recital 138 ff.). In the legal exemption system they have not constitutive but only declaratory value and clarify legally secure which actions are covered by the exemption under Art. 103 para. 3 TFEU.[30]

C. Regulation (EC) 139/2004

The competition rules of the TFEU are supplemented by the Regulation 139/2004 on concentration between undertakings (The Merger Regulation).[31] It sets limits to mergers with a community dimension (see in detail § 6 recital 1 ff.). Whether a concentration (legal definition in Art. 3 of the Merger Regulation) has a community dimension is determined in relation to certain thresholds (Art. 1 para 2 and 3 ECMR i.c.w. Art. 5 ECMR). Concentrations with a community dimension shall be notified to the Commission following the conclusion of the agreement, the announcement of the public bid or the acquisition of a controlling interest and prior to their implementation (Art. 4 para. 1 ECMR). Afterwards, the Commission adopts a decision on the legality of the concentration (Art. 6 ECMR). A concentration with a community dimension shall not be implemented either before its notification or before it has been declared compatible with the common market pursuant to a decision by the Commission (Art. 7 ECMR). Culpable violations of the ECMR can be punished with a fine (Art. 14 ECMR) or a periodic penalty payment (Art.

---

[28] *EuGH* Slg. 1991, I-935 Rn. 45 f. – Delimitis.

[29] *Mestmäcker/Schweitzer*, § 1 II 2 b Rn. 13.

[30] *Heinemann*, Jura 2003, 649, 655.

[31] ABl. EG 2004, No. L 24, S. 1.

15 ECMR). Excluding the national law, only the European merger control law is to be applied to concentrations with a community dimension (Art. 21 para. 3 s. 1 ECMR). The Commission has sole jurisdiction for the application of the European merger control law (Art. 21 para. 2 ECMR). The afore mentioned principles for the relation between Art. 101 TFEU and Art. 102 TFEU on the one hand and the national competition rules on the other hand do not apply for the national merger control laws. These remain – subject to the priority rules in Art. 21 para. 3 regulation 139/2004 – fully applicable (Art. 3 para. 3 Regulation 1/2003). While the ECMR mainly affects the preservation of a particular market structure, the Art. 101 and 102 TFEU are primarily aimed at ensuring certain market behaviour. Accordingly, pursuant to Art. 2 para. 4 ECMR, all actions that object or effect a coordination of competitive behaviour of undertakings that remain independent are excluded from the scope of the ECMR. Hence, only Art. 101 TFEU is applicable to these actions (see also Art. 2 para. 4 and Art. 3 para. 4 ECMR; see § 6 recital 62). Art. 102 TFEU, however, is also applicable to cases within the scope of the ECMR. Therefore Art. 102 TFEU is also applicable to concentrations which would further reinforce the dominant position of an undertaking and thus preclude competition on a substantial part of the common market.[32] This leads to a convergence of market conduct supervision and market structure control. Accordingly, when applying Art. 102 TFEU the European Court of Justice states that a mere distinction between market behaviour and market structure is not sufficient, because any structural measure at the same time influences the market behaviour.[33] Equally, the market behaviour of an undertaking with a dominant position, conversely, would always influence the market structure. Therefore, the ECJ includes the influencing of the market structure in its definition of an abuse of a dominant position (§ 3 recital 24ff.).

D. Directive 2014/104/EU

The directive 2014/104/EU on certain rules governing actions for damages under national law for infringements of the competition law provisions of the Member States and of the European Union[34] shall ensure that the competition in the internal market is not distorted (recital 1 Directive 2014/104/EU). Furthermore, it aims to achieve legal alignment with regard to Member States' rules on damages for infringements of competition laws and create legal certainty (recitals 9 and 10 Directive

[32] *EuGH* Slg. 1973, 215 Rn. 24 – Continental Can unter Heranziehung der Wertung des Art. 81 III lit. b EG (jetzt: Art. 101 III lit. b AEUV).

[33] *EuGH* Slg. 1973, 215 Rn. 21 – Continental Can.

[34] ABl. EU, 5. December 2014, No. L 349 S. 1.

2014/104/EU) because the European legislator considers Art. 101 and 102 TFEU as part of the public policy (recital 1 Directive 2014/104/EU). Therefore, both schemes should be applied effectively in order to ensure that competition in the internal market is not distorted (recital 1 Directive 2014/104/EU). This full effectiveness requires as one element of an effective system of private law enforcement that before the national courts everyone can claim full compensation for the damage that resulted from an infringement of Art. 101 or 102 TFEU or similar provisions of national law. Moreover, procedural rules are required to ensure the effective enforcement of this "right in Union law" (recital 4 sentence 1 Directive 2014/104/EU).

The Directive 2014/104/EU sets out rules

(1) necessary to ensure that anyone who has suffered harm caused by an infringement of competition law by an undertaking or by an association of undertakings can effectively exercise the right to claim full compensation for that harm from that undertaking or association (Art. 1 para. 1 s. 1 Directive 2014/104/EU),

(2) fostering undistorted competition in the internal market and removing obstacles to its proper functioning, by ensuring equivalent protection throughout the Union for anyone who has suffered such harm (Art. 1 para. 1 s. 2 Directive 2014/104/EU) and

(3) coordinating the enforcement of the competition rules by competition authorities and the enforcement of those rules in damages actions before national courts (Art. 1 para. 2 Directive 2014/104/EU).

Art. 2 of Directive 2014/104/EU provides definitions of certain terms like "infringement of competition law" (Art. 2 No. 1 Directive 2014/104/EU), "infringer" (Art. 2 No. 2 Directive 2014/104/EU), "injured party" (Art. 2 No. 6 Directive 2014/104/EU) and "cartel" (Art. 2 No. 14 Directive 2014/104/EU). Art. 3 of Directive 2014/104/EU is entitled "right to full compensation." According to this Member States shall ensure that any natural or legal person who has suffered harm caused by an infringement of competition law is able to claim and to obtain full compensation for that harm (Art. 3 para. 1 Directive 2014/104/EU). Article 3 para. 2 and para. 3 of the Directive 2014/104/EU concern the amount of damages. According to these only full compensation places a person who has suffered harm in the position in which that person would have been had the infringement of competition law not been committed (Art. 3 para. 2 s. 1 Directive 2014/104/EU). Therefore, the claim of damages covers the right to compensation for actual loss and for loss of profit, plus the payment of interest (Art. 3 para. 2 s. 2 Directive 2014/104/EU). However, Full compensation shall not lead to overcompensation, whether by means of punitive, multiple or other types of damages (Art. 3 para. 3 Directive 2014/104/EU). Art. 4 of the Directive lays down the principles of effectiveness and equivalence. Art. 5 to 8 of the Directive concern the disclosure of evidence. Art. 9 of the Directive 2014/104/EU governs the effect of certain national decisions; Art. 10 of Directive 2014/104/EU governs the limitation periods. In Art. 10 para. 2 of the Directive the beginning of the limitation periods is regulated, in Art. 10 para. 3 of the Directive 2014/104/EU the length of the limitation periods is laid down (at least 5 years). Art. 11 of the Directive 2014/104/EU concerns joint and several liability of multiple infringers. Thus, in cases of a joint infringement of competition law the injured party has the right to require full compensation from any the infringers (Art. 11 para. 1 Directive 2014/104/EU). The determination of the share of an undertaking in the infringement of competition law is based on the circumstances of each case as responsibility of an undertaking in the infringement (e.g. role of the undertaking in a cartel), turnover, market share (recital 37 of Directive 2014/104/EU). Only for small and medium-sized enterprises (Art. 11 para. 2 Directive 2014/104/EU) and key witnesses (Art. 11 para. 4 Directive 2014/104/EU) exemptions of this liability are provided. Art. 12 of the Directive 2014/104/EU governs the issue of passing on of overcharges and the right to full compensation. According to this, anyone who suffered harm shall be able to claim compensation of harm, irrespective of whether they are direct or indirect purchasers from an infringer (Art. 12 para. 1 halfsentence 1 Directive 2014/104/EU). There shall be neither a compensation of harm exceeding that caused by the infringement of competition law to the claimant nor the absence of liability of the infringer (Art. 12 para. 1 halfsentence 2 Directive 2014/104/EU). The regulation shall prevent overcompensation and undercompensation. The defendant should be able to argue that the claimant has passed on whole or part of the overcharge resulting from the infringement of competition law (Art. 13 s. 1 Directive 2014/104/EU). Art. 14 of the Directive 2014/104/EU is entitled “indirect purchasers”, Art. 15 of the Directive 2014/104/EU is entitled “actions for damages by claimants from different levels in the supply chain” and Art. 16 is entitled “guidelines for national courts.” Art. 17 of the Directive 2014/104/EU concerns “quantification of harm.” The Art. 18 and 19 of the Directive 2014/104/EU lay down rules for the “consensual dispute resolution.” In the Art. 20 to 24 of the Directive 2014/104/EU final provisions can be found. The Member States shall transpose the Directive 2014/104/EU into national law by December 27th of 2016. A retroactive application of the measures adopted to comply with the Directive is excluded (Art. 22 Directive 2014/104/EU).

IV. Art. 107 to 109 TFEU

The competition necessary for the functioning of the internal market as mentioned in Art. 3 para. 1 lit. b TFEU is created not only by preventing restrictions of competitions by undertakings, but also by preventing restrictions of competition by public authorities outside their own business activities. The public authorities can, for instance, distort the competition by favoring certain undertakings or sectors of the economy by granting public funds. This shall be prevented by the prohibition on aid directed towards the Member States which is laid down in Art. 107 to 109 TFEU.

TTIP and Free Trade Agreements between the European Union and Third Countries

Francesco ROMANO

EU is the largest economy in the world and as an entire economic area is oriented to increase its exportation in third countries. EU's free trade policy in relation to emerging economies enables EU's growth perspectives and the opening of new market opportunities. Free trade is one of the key drivers for the global economy growth. Therefore, the European Union has already signed various FTAs and is negotiating new agreements with other countries. The main objective is to deal with emerging countries (as well as with the ACP group). In addition, negotiations are conducted also with traditional trading partners and competitors among the industrialized countries. Currently, the European Commission is performing negotiations in Brussels with Canada and the United States, which are generating a lot of interest among consumers and businesses. The agreements allow a privileged access to the markets of the countries concerned, they are considered very positive by business organizations, while public opinion does not agree and remains skeptical.

*

L'Union européenne est la plus grande économie du monde. Son économie est orientée en grande partie vers l'extérieur. La politique active de la liberté de commerce et la relation de l'UE avec les pays en développement ouvrent des perspectives de croissance et de l'ouverture des nouvelles chances sur le marché. La liberté du commerce est un des plus importants moteurs de croissance dans l'économie mondiale. De ce fait, l'Union européenne a signé de divers accords de libre-échange et négocie de tels accords avec encore d'autres pays. L'objectif principal est la conclusion des accords avec des pays émergents (ainsi qu'avec les pays du groupe ACP). Mais également les partenaires commerciaux ainsi que les concurrents constituent des partenaires potentiels pour les négociations des accords de libre-échange. En ce moment, à Bruxelles, des négociations avec le Canada et les États-Unis sont en cours, qui rencontrent un grand intérêt de la part des consommateurs et des entreprises. Ces accords prévoient un accès privilégié aux marchés des pays concernés et sont, en principe, regardé d'une manière favorable.

En revanche, ils soulèvent également la critique et de l'opposition d'une partie de la population.

*

Das TTIP und die Freihandelsabkommen zwischen der Europäischen Union und dritten Staaten Die EU ist die größte Volkswirtschaft der Welt und als Wirtschaftsraum in hohem Maße nach außen orientiert. Die aktive Freihandelspolitik der EU in ihrer Beziehung zu wirtschaftlich aufstrebenden Ländern beschert der EU Wachstumsperspektiven und die Eröffnung neuer Marktchancen. Der freie Handel ist einer der wichtigsten Wachstumsmotoren für die Weltwirtschaft. Daher hat die europäische Union verschiedene Freihandelsabkommen unterschrieben und handelt mit anderen Ländern weitere derartige Abkommen aus. Hauptziel ist der Abschluss von Abkommen mit Schwellenländern (sowie mit der AKP-Gruppe). Auch traditionelle Handelspartner und Wettbewerber unter den Industrieländern sind Verhandlungspartner für Freihandelsabkommen. Zurzeit werden in Bruxelles Verhandlungen mit Kanada und den USA durchgeführt, die auf ein hohes Interesse von Verbrauchern und Unternehmen stoßen. Die Abkommen ermöglichen einen bevorrechtigten Zugang zu den Märkten der betreffenden Länder und werden grundsätzlich als sehr positiv angesehen. Gleichzeitig sorgen sie für Kritik und Widerstand bei einem Teil der Bevölkerung.

*

* *

I. Free trade agreements and EU external policy

One of the core objectives of Lisbon Treaty, as also stated in Laeken Declaration[1], was to transform EU in a global actor[2], by improving EU external relations[3]. For achieving this goal, some important changes were adopted in the Lisbon Treaty, as the provision about European legal personality stated in Art. 47 TEU. Even if this article is extremely brief and gives no explication[4], the formal recognition of legal personality is essential for the

1 Laeken Declaration on the Future of Europe was adopted after the Council held in Laeken (Belgium) in 2001. Its purpose was to produce a draft of the European Constitution.

2 For some authors the capability of EU for being a global actor depends on the wish of single member states and not on Lisbon Treaty, see F. Bindi, *The foreign policy of EU: Assessing Europe's role in the world*, Brookings Institute Press, 2010; B. Donnelly, *Europe in the world: All change or no change in EU foreign policy after Lisbon?*, *International Spectator*, 2010, 17 ff.

3 For the European external policy after Lisbon Treaty, see G. Siles-Brügge, *Constructing European Union Trade Policy: a global idea of Europe*, Basingstoke, 2014.

4 It is necessary to remark that art. 335 TFEU explains the content of art. 47 TEU by asserting that "In each of the Member States, the Union shall enjoy the most extensive

European participation into international agreements and for stopping the so-called mixed agreement signed by both EU and single Member States[5]. The lack of other provisions on this topic in the Lisbon Treaty is a different choice compared with the former Euratom Treaty and with the Coal and the Steal Treaty, which included an express mention of international personality[6].

Although Lisbon Treaty does not set reference to international personality, EU plays an important role at international level[7]. EU is the world's largest trading power when it acts as a single entity[8]. Therefore, as affirmed by important authors[9], EU can be defined as laboratory and model for other regions, market player defending and promoting its own economic interests, exporter of norms[10], force for stabilization or magnet for neighbours.

Before Lisbon Treaty, the structure of EU international relations was not clear[11] because of its fragmentation and ECJ played an important role[12]. The court affirmed in some of its judgements European exclusive

---

legal capacity accorded to legal persons under their laws; it may, in particular, acquire or dispose of movable and immovable property and may be a party to legal proceedings. To this end, the Union shall be represented by the Commission. However, the Union shall be represented by each of the institutions, by virtue of their administrative autonomy, in matters relating to their respective operation."

5 For a more detailed analysis on mixed agreement see, J. Heliskoski, *Mixed Agreements as a technique for Organizing the International Relations of the European Community and its Member States*, The Hague, 2001; D. O'Keffe, HG. Schermers (Eds.), *Mixed Agreements*, The Hague, 1983.

6 Art. 101 of Euratom Treaty states "The Community may, within the limits of its powers and jurisdiction, enter into obligations by concluding agreements or contracts with a third State, an international organisation or a national of a third State", while art. 6 (2) of Coal and Steal Treaty declares "In its international relationships, the Community shall enjoy the juridical capacity necessary to the exercise of its functions and the attainment of its ends."

7 For more reference on EU international relations law, see P. Craig, G. De Burca, *EU Law text, cases and materials*, Oxford, 2011, 302 ff.

8 The EU as global actor has already been analysed by E. Cannizzaro (Ed.), *The European Union as an Actor in International Relations*, The Hague, 2002.

9 For more references on this aspect, see M. Cremona, "The Union as a global actor: Roles, models and identity", *CMLRev*, 2004, 553 ff.

10 On the different EU Roles see I. Manners, "Normative power Europe: a contradiction in Terms?", *JCMS*, 2002, 235 ff.

11 For the former European external policy, see S. Collinson, "'Issue-systems', 'multi-level games' and the analysis of the EU's external commercial and associated policies: a research agenda", *Journal of European Public Policy*, Vol. 6, No. 2, 1999, 206 ff.; P. Eeckhout, *External Relations of the European Union. Legal and Constitutional Foundations*, Oxford University Press, 2004; S. Meunier, *Trading Voices: The European Union in International Commercial Negotiations*, Princeton, Princeton University Press, 2005.

12 As for example, in Opinion 1/94, ECJ affirmed that all WTO agreements on trade in goods were a matter for European CCP.

competence on common commercial policy – CCP[13]. This opinion was given to avoid differences of treatment between member states and for preserving the single common market[14]. Now the constitutional structure of external relations has been improved and art. 3 (5) TEU contains principles to be followed in EU international relations[15].

Moreover, the Treaty on European Union dedicates its fifth title (art. 21-46) to Union's external action, in particular art. 21 TEU declares the core objectives of EU external policies, while art. 22 TEU has provided more power to European Council by giving it the task of improving EU external relations by developing foreign policy strategy and giving the power to adopt binding agreements. It is important to remark that according art. 21 TFUE international action of EU should respect the same principles of its own creation.

In addition, the Treaty on the Functioning of European Union contains measures about Union's external action in its fifth part (art. 205-222). This section states in art. 205 a general clause that European external action has to comply to the principles laid down in the TEU[16]. Art. 206 and 207 TFEU declare European competence on trade with third countries under the common commercial policy and art. 217 TFUE entitles EU to conclude association agreements with third countries. This last power is the sole one (together with CCP) that EU has in its external relations starting from the Single European Act of 1987. First example of such agreements is the signature of Yaoundé Convention, which linked EU with African, Caribbean and Pacific (ACP) countries.

Even though, until 2003 first priority of EU was the Doha Development Agenda. Europe aimed to develop multilateral policy instead of regional trade agreements – RTA. Therefore, EU started to negotiate agreements with third countries later than US. Nevertheless, European Union began to launch regional and bilateral agreements, because of stalling mode

---

13 See for instance, N. Lavranos, S. Adam, "How Exclusive is the Common Commercial Policy", 2010, *ELR*, 263 ff.

14 Opinion 1/75, *Understanding on a Local cost standard*, ECR, 1975, 1355.

15 Art. 3 (5) TEU states that "In its relations with the wider world, the Union shall uphold and promote its values and interests and contribute to the protection of its citizens. It shall contribute to peace, security, the sustainable development of the Earth, solidarity and mutual respect among peoples, free and fair trade, eradication of poverty and the protection of human rights, in particular the rights of the child, as well as to the strict observance and the development of international law, including respect for the principles of the United Nations Charter."

16 Art. 205 TFUE contains the following provision: The Union's action on the international scene, pursuant to this Part, shall be guided by the principles, pursue the objectives and be conducted in accordance with the general provisions laid down in Chapter 1 of Title V of the Treaty on European Union.

of Doha Round. This change of perspective from waiting Doha agenda to promote regional agreements has been made because trade has never been as important for EU as it is today. In fact, it has been defined as the "conveyor belt that links Europe to new global growth centres and it is a unique source of productivity gains"[17]. Unlike US that uses the NAFTA as a model for every FTA to negotiate with partners countries[18], EU has not a standard FTA and employs every time another basis for better suiting in the specific case.

II. European strategy on RTAs

Since 2000 more than 10 regional trade agreements come into force yearly in the world, because they are considered essential for boosting prosperity through greater trade and more investments. In EU, last ratified Agreement is with Vietnam in 2015, even if it is still not in force. FTA is a part of Europe 2020 strategy for increasing exports and its external competitiveness. It is a stimulus for profiting of world growth and represents the only possibility for stopping the decline of EU. Besides economic reasons, such agreements are signed with developing countries and neighbours also for maintaining special economic relations. In this perspective Lisbon Treaty has given major attention to neighbouring countries[19]. In fact, art. 8 (1) TEU gives a new legal basis for this form of cooperation[20].

Another modification entered into force with the Treaty of Lisbon is negotiation´s process of a FTA. In fact, according art. 217 TFEU, EU is entitled to sign agreements with third countries. To achieve this scope, EU should negotiate an agreement with a third country by concluding a uniform procedure as described in art. 218 TFUE[21]. According to this provision, negotiating an agreement is task of EU Commission, while the Council with qualified majority (apart some cases where is demanded

---

17 This definition was given by EU Commission, *Trade, Growth and Jobs. Commission contribution to the European Council*, February 2013.

18 For more references S. Woolcock, "European Union policy towards Free Trade Agreements", *ECIPE* Working Paper, No. 3, 2007.

19 About European Neighbourhood Policy, see M. Cremona, C. Hillion, "L'Union fait la force? Potential and Limitations of the European Neighbourhood Policy as an Integrated EU Foreign and Security Policy", *EUI* Working Paper, 39, 2006.

20 Art. 8 (1) TEU states that "the Union shall develop a special relationship with neighbouring countries, aiming to establish an area of prosperity and good neighbourliness, founded on the values of the Union and characterised by close and peaceful relations based on cooperation."

21 A. Dimopoulos, "The Effects of the Lisbon Treaty on the Principles and Objectives of the Common Commercial Policy", *EFAR*, 2010, 153 ff.

unanimity) has to sign the agreement for concluding the process after having obtained the consent of the Parliament[22].

EU has different levels of cooperation[23]. The deepest one is European Union, which is made up of 28 countries. It is based on free movement of goods, services, capital and persons (so-called 4 freedoms). Another form of integration is European Economic Area, a free trade area, which connects EU and three countries of EFTA, namely Iceland, Liechtenstein and Norway. EU has also a Custom Union, which is applicable to industrial products only. This partnership links EU with Andorra, San Marino, Turkey, and Vatican City. Moreover, for EU there is the possibility of negotiating free trade areas, namely bilateral agreements signed by EU for increasing trade with third states and connecting them with EU member states[24]. For instance, CETA, TTIP and TiSA are examples of this agreements form.

In particular, EU has four different types of agreements with developing countries, which are Mediterranean Partnership, ACP preferences under the Lomé Convection that are now being replaced by EPAs[25], Generalised System of Preferences applicable for every developing country and Everything but arms (EBA) initiative.

---

22 For a detailed analysis on the Parliament's power, see M. Cremona, "Balancing Union and States Interests. Opinion 1/08, Choice of Legal Base and the Common Commercial Policy under the Treaty of Lisbon", *ELRev*, 2010, 678 ff.

23 For more references on EU different levels of cooperation see S. Peers, "EC Frameworks of International Relations: Co-operation, Partnership and Association", in *The General Law of EU External Relations*, A. Dashwood, C. Hillion (Eds.), London, 2000, 160 ff.

24 The last signed free trade agreement is with Vietnam, while others are forthcoming.

25 For instance, an example of EPA is the one that connects EU with Mauritius and some other countries. EU is a strategic partner for Mauritius and it is its biggest player in tourism industry. From Europe, it comes the main source of FDI, while 60% of Mauritian export goes to EU. The most important exported goods are sugar, clothing and tuna. EU is the second importer for Mauritian economy. Mauritius imports machinery, transport equipment, food and manufactured goods from Europe. European Union is connected to Mauritius also with legal agreements. The first one is the Cotonou partnership agreement of 2000 (revised in 2005 and in 2010). Currently, the Interim Economic Partnership Agreement (iEPA) links EU and ESA countries (Madagascar, Mauritius, Seychelles and Zimbabwe). The agreement, signed in 2009, entered into force on 14 May 2012. Recently Mauritius is trying to push intra-African trade and therefore, together with other 25 African countries Mauritius has signed recently a free trade agreement called Tripartite free trade area – TFTA, which includes countries of Southern African development community SADC, East African Community EAC and Common market for eastern and southern Africa COMESA. This agreement has been signed for improving intra-African trade, which is at this time very low (only 10%) for creating a single market.

Mediterranean Partnership has been implemented since 1960 and the first cooperation was stipulated with Algeria, Morocco and Tunisia (Maghreb countries) in 1976, followed by the agreement with four Mashreq countries (Egypt, Jordan, Lebanon and Syria) in 1977[26]. These agreements linked these countries until 1996. After some negotiations, actually EU-Mediterranean partnership governs the relationship between northern, southern and eastern Mediterranean[27]. Scope of this cooperation is both increasing trade exchanges and guaranteeing stability in the southern and eastern coasts of Mediterranean for establishing a common area of peace, stability, and shared prosperity in the Euro-Mediterranean region.

ACP preferences can be found already in the Treaty of Rome signed in 1957. This reference was made for connecting European member states with their former colonies and included 71 countries of African, Caribbean and Pacific region[28]. The relationship was stated in the Lomé Convention in 1975, which was renegotiated and renewed three times until 2000. The content of this agreement has been extended in each convention. After the expiry of Lomé Convention, this relationship has been replaced by the Cotonou agreement, which is based on five points, namely comprehensive political dimension, participatory approach, strengthened focus on poverty reduction, new framework for economic and trade cooperation and a reform of financial cooperation.

Another form of cooperation with third countries is the Generalised System of Preferences – GSP. It was created in 1964 for promoting goods exported by developing countries and for guaranteeing them preferential access to EU market. Recently, the system has been modified and a new regulation No. 978/2012 EC, entered into force in January 2014, will be effective for 10 years.

GSP can be divided in three subcategories. The first one is the simple GSP according to which some foreign commodities have a non-reciprocal preferential access to EU. The second one is GSP+ that allows tariffs reductions for countries, which have signed international conventions concerning environment, human and labour rights and good governance. The last one is everything but arms (EBA) initiative, which was adopted in 2001. According to it, it is possible for 49 least-developed countries to

---

26 A. Panagariya, "EU preferential trade arrangements and developing countries", *The World Economy*, 25, 2002, 1415 ff.

27 This partnership includes EU and Algeria, Egypt, Israel, Jordan, Lebanon, Morocco, and Tunisia. It represents 8.6% of total EU external trade. On the contrary, Libya and Syria are not included because negotiations for an agreement between these countries and European Union are currently suspended.

28 These 71 States includes 47 African, 16 Caribbean and 8 Pacific countries.

trade every product without paying duty except for arms. Thank to this initiative, also agricultural products (excluded in other systems) can enter in EU without tariffs.

Nevertheless, it is argued if such agreements are in favour of developing countries or not; some people think that once exporters have achieved free access to the markets of major trading partners, their incentive for using internal liberalisation as an instrument of encouraging the partner to open its market disappears. Alternatively, if exporters fear losing GSP status if exports cross a certain threshold, they may be more accommodating of protectionist policies at home[29].

III. FTAs as a chance for rebuilding the Atlantic Economy

European Union is currently negotiating three major trade agreements: CETA, TTIP and TiSA, which are different from the former signed agreements not only because of their dimension. In fact, until now FTA aimed only to reduce tariff barriers while CETA, TTIP and TiSA are finalised also to liberalise trade in services (including public services), protect rights of foreign investors[30] and reduce regulatory barriers[31] (this means especially for TTIP deregulation)[32]. As seen before, European Commission has the task to negotiate trade agreements for member states. Currently CETA, TTIP and TiSA are being negotiated and they are on a different stage. CETA is an agreement with Canada and EU. It has been already negotiated and should be translated in every official language of EU for being adopted by the Union. It is expected that CETA will enter in force in the next two years. By contrast, TTIP is an agreement between EU and US. It is the most discussed one because of the impact on public opinion. The negotiation is still ongoing and it is not possible to foresee the end. Finally, TiSA is an agreement on services with 23 other countries. The negotiation on this agreement started recently and the process is still far away from the signature. Therefore, it will not be analysed in this contribution.

---

29 A. Panagariya, "EU preferential trade arrangements and developing countries", *The World Economy*, 25, 2002, 1427.

30 This aspect has been criticized a lot, because investments between these two areas are already very high (1.5 trillion dollars). In addition, these countries have a high level of protection for investors. Therefore, TTIP is seen as unnecessary for improving this aspect.

31 This aspect has to be achieved with the mutual recognition of regulatory standards but it can lead to problematic issues that will be faced in the next paragraphs.

32 J.L. Eliasson, "Problems, progress and prognosis in trade and investment negotiations: the transatlantic free trade and investment partnership", *Journal of Transatlantic Studies*, Vol. 6, No. 2, 2014, 119 ff.

Scope of these agreements is to create a trade global market by including public services. This aspect constitutes a first time for EU, which has never included public services in a FTA. All these agreements are based on negative list approach. It means that all services are open to market liberalisation unless a specific reservation is entered.

CETA & TTIP are to be considered as a rebuilding of Atlantic Economy[33]. They are necessary for challenging the Pacific order[34], which is growing a lot and has taken advantages of European recession. As a recent statistic shows EU, Canada and US represent still 43% of global GDP and around 50% of global exports in 2013[35]. These agreements aim also to stop European and American relative decline[36], which is not a new phenomenon. In fact, thirty years ago, Fernand Braudel[37] indicated the new core of history in Pacific region and no more in the Atlantic one[38]. Nowadays Europe has suffered a big crisis in particular for the so-called "PIIGS countries"[39], which has been faced with budgetary rigour and investments reduction. On the contrary, trade with other countries was the only positive factor and external trade was seen as the cheapest stimulus for economic recovery[40]. Finally, they point to link eastern EU countries to USA and Canada[41] for formalising relationship started after the fall of Berlin wall.

In these two RTAs the most important target is not the elimination or reduction of tariffs, which are already low[42] (except for dairy

---

33 In this perspective, K. Hübner, *TTIP and CETA: Remaking of the Atlantic Economy?*, Vancouver, British Columbia University, February, 2014.

34 M. Pollack, *The political Economy of the transatlantic Partnership*, Robert Schuman Centre for Advanced Studies, 2003, 32 ff.

35 D. Hamilton, S. Quinlan, P. Joseph, *The Transatlantic Economy 2013*, Center for Transatlantic Relations Johns Hopkins University, 1, 2013.

36 TTIP has been defined by H.R. Clinton in a speech at the Brookings Institution, Washington D.C. 29 November 2012 as an economic NATO.

37 F. Braudel, *Civilization and Capitalism, 15th–18th Centuries*, 1979 and in particular Vol. 3: *The Perspective of the World.*

38 For understanding the importance of emerging countries, it is sufficient to remind that in 2011 trade between US and EU (excluding intra-European trade) represented 4.4% of world trade while the one of Regional Comprehensive Economic Partnership (RCEP) also known as ASEAN+6 was 16%.

39 This acronym refers to Portugal, Ireland, Italy, Greece and Spain.

40 As the former European Commissioner for Trade K. De Gucht said in a speech about transatlantic trade and investment partnership: opening free trade negotiations with the United States, and which was hold in Brussels on 21 February 2013.

41 C.A. Kupchan, *Parsing TTIP's geopolitical implications*, in D.S. Hamilton (Ed.), *The geopolitics of TTIP Repositioning the Transatlantic Relationship for a Changing World*, Center for transatlantic relations, 2014, 21 ff.

42 For US imports the average tariff is 1.7% for manufactured products and 6.6 for agricultural commodities.

products)[43], but non-tariff measures such as regulation in services, public procurement, geographical indications[44], investments protection and in particular ISDS[45] (Investor-State Dispute Settlement)[46] which is one of the key issue dividing TTIP supporters and critics. About ISDS, the most controversial aspects are its secrecy, the opportunity to bring frivolous claims, arbitrators' ethic and the lack of an appellate body.

These two agreements have some critical points, which are causing discussion under public opinion. In fact, it is argued that negotiations are conducted in secrecy. There is limited access to documents both at national level where only governments are partially informed while the Parliaments have no information and at European one where Parliamentarians have only partial access to documents being negotiated[47]. Other critical aspects regard reduction of regulatory standards, limitation the role of government to act in the public interest[48], low economic impact, loss of jobs, Trade Union rights and strong decrease in the level of economic integration between members of EU[49].

---

43 For dairy products, the average tariff of US imports is about 22%.

44 About Geographical indications see D. Giovannucci *et al.*, *Guide to Geographical Indications: Linking products and their origin*, Geneva, International trade Centre, 2009.

45 One of the critics on ISDS is that this kind of mechanism could advantage the private investors against the States. Statistics of UNCTAD do not support this critic, in fact concluded proceeding in 2014 shows that almost 40% of the issues were concluded in favour of the State, 30% with a settlement and only 25% in favour of the private investor.

46 Even if ISDS has been criticized and is one of most controversial aspect of TTIP, it is to be observed that this system is not new. In effect, it exists from more than 50 years and its first issue was in an agreement between Germany and Pakistan in 1950. Statistics of UNCTAD show that the proceedings at ICSID are growing continuously. In addition, 3268 arbitration clauses have been added in international agreement from 1987 until 2014. Thereof 1400 arbitration clauses regard European countries with third states. For more references European Commission, *Investor-to-State – Dispute Settlement (ISDS), some facts and figures*, DG Trade, 12 march 2015.

47 This lack of transparency has been criticized by ECJ and by European Ombudsman who have constrained EU Commission to publish some documents. In this perspective CETA agreement, that has been already negotiated and is ready for the signature, has been published and is now public.

48 In this perspective emblematic for the public opinion are the cases of Veolia vs. Egypt for blocking the increase of minimum wage in the water industry, Vattenfall vs. Germany for phasing out nuclear power and of Philip Morris International vs. Australia and Uruguay for tobacco packaging restrictions. For more references F. Ainley, *The Investor-to-State Dispute Settlement Clause in the TTIP – An Unsetting dispute?*, in J. Thompson (ed.), *The Atlantic – A bridge too far? TTIP's provenance, prospects and pitfalls*, EU diplomacy Papers, 2, 2015, 32 ff.

49 It is to remark that EU has included the aspect of labour rights almost in every trade agreement, by including references to International labour Organisation – ILO conventions. On the contrary, US has not ratified all ILO conventions and therefore this aspect does not emerge in its agreements with third countries.

In this perspective a part of ISDS, agriculture remains the most controversial issue. Concerns of those who fear that Europe yields on its high standards of food safety and on the invasion of transgenic products or rich anabolic oppose the reassurances of those who highlight the positive economic impact of the agreement. The fundamental problem is that the approach of US and Europe in the food industry is very different, so that they hold an opposite view, since in Europe it is applied the so-called precautionary principle[50]. Faced with a health risk, if scientific data do not allow a full assessment of the extent of the risk, it will be prevented the distribution and consumption. In the US, the product does not hurt until proven guilty, until the science shows otherwise. Therefore, it is to be cleared which kind of solution has to be taken into account into TTIP. Another difference is also the way of farming, in particular OGM crops, use of hormones and antibiotics on livestock, food labelling. While in the US, everything it is intensive, in Europe, treatment with anabolic on livestock is banned and there is more attention on the label of the product.

A. Comprehensive Economic and Trade Agreement – CETA

The Comprehensive Economic and Trade Agreement – CETA negotiations started in Berlin at the EU-Canada Summit in 2007 and the first agreement was reached in October 2013[51]. For EU, it is the first agreement with a G7 country and a sort of trial run and Catalyst for TTIP[52]. In fact, before this agreement EU had negotiated TFA only with developing countries and had never inserted public procurements. Moreover, in some problematic issues of TTIP, negotiators are trying to use the same proposals, which have been agreed in CETA. This is the case

50 An explication of so-called precautionary principle is to find in http://eur-lex.europa.eu/legal-content/EN/TXT/HTML-/?uri=URISERV:l32042&from=EN. EU dedicates COM(2000) 1 final of 2 February 2000 on the precautionary principle. For a more detailed analysis on precautionary principle, see M. Martuzzi, J.A. Tickner, *The precautionary principle: protecting public health, the environment and the future of our children*, World Health Organization, 2004; O. Renn *et al.*, *The application of the precautionary principle in the European Union*, Stuttgart, Centre for Technology Assessment, 2003; S. Grassi, *Prime osservazioni sul principio di precauzione come norma di diritto positivo, Diritto e gestione dell'ambiente*, 2001, 38 ff.; U. Tirelli, *Il principio di precauzione e la salute*, in F. Battaglia, A. Rosati (Eds.), *Il principio di precauzione. I costi della non scienza*, Rome, 2004; P. Pallaro, *Il principio di precauzione tra mercato interno e commercio internazionale: un'analisi del suo ruolo e del suo contenuto nell'ordinamento comunitario*, *Dir. comm. internaz.*, 1, 2002, 17 ff.

51 For a detailed analysis of CETA, see C. Robertson, "CETA and TTIP: Implications and Lessons Learned", in D.S. Hamilton (Ed.), *The geopolitics of TTIP Repositioning the Transatlantic Relationship for a Changing World*, Center for transatlantic relations, 2014, 113 ff.

52 This definition is to find in K. Hübner, *TTIP and CETA. Remaking of the Atlantic Economy*, Institute for European Studies, 2015.

of Audio-visual sector which has been exempted by CETA. About GI in CETA, it has been accepted by both parts a compromise. According to it commercialisation of new products in Canada should respect European GI legislation, while pre-existing conflicting trademarks will enjoy a phasing-out period. Another solution regards translation of product names, which will not be protected. Therefore, while a *Parmigiano Reggiano* cheese will be defended under GI legislation, it will not be the same for a parmesan cheese.

Aim of CETA is besides reduction of tariffs also opening of new markets (public procurement) and the harmonization of regulation. The agreement allows reduction of existing tariff lines of 99% between the two parties. Moreover, there will be significant changes in regulatory practice and opening of new markets. In fact, CETA is applicable also to public procurement, therefore enterprises of these two areas will benefit respectively of Canadian procurement (about 100 billions of dollars) and EU one (2.7 trillions of dollars). Statistics say that if implemented, CETA is expected to increase two-way bilateral trade in goods and services by 23%[53].

With the signature of CETA, EU and Canada want to support the strategic goal of diversifying commercial relations, increase and promote trade between, open government procurement for their enterprises, boost more FDI and give to EU countries same preferred condition as NAFTA members. Today EU represents the second importer of Canadian commodities and around 10% of Canadian export goes to Europe. On the contrary, Canada is the twelfth trading partner for EU and represents around 2% of EU external trade.

B. Transatlantic Trade and Investment Partnership – TTIP

EU and US are respectively the main trade partner of the other. Therefore, they want to sign an agreement of free trade for enhancing transatlantic cooperation[54]. The relationship between EU and US is not new. EU and USA have already signed many agreements, which were targeted to specific fields including EC-US Mutual Recognition Agreement (MRA) and its 6 annexes in 1998 and EU-US understanding on Safe Harbor Principles for Data Protection signed in 2000. They have

[53] In 2012, Canadian major exports to EU were gold, crude oil, diamonds, iron ore, uranium nickel, aircrafts, soya beans, coal and copper. On the contrary, EU exports to Canada especially drugs, luxury cars, wines, medical instruments, light petroleum, motor vehicles, machinery parts and wind generators.

[54] For more references on this topic, see L. Fontagné, J. Gourdon, S. Jean, "Transatlantic Trade: Whither Partnership, Which Economic Consequences?", Policy Brief, *CEPII*, No. 1, September 2013.

also created some institutions to intensify dialogue and cooperation as Transatlantic Consumer Dialogue – TABD[55] and Transatlantic Economic Council – TEC (known as Merkel initiative for a new transatlantic partnership)[56].

Project of TTIP was started during EU-Presidency of Germany in 2007 and it was heavily supported by business organisations. They wanted to achieve larger market, more business opportunities and increase of profits. Expected result was to create the largest free trade zone in the world[57], covering half of global nominal GDP, a third of global trade and $4 trillion in investments[58]. TTIP contains issues not included in prior agreements (public services, "21st century" areas, regulatory coherence) and could have direct implications for the multilateral trading system.

TTIP has supporters and opponents who discuss on some topics as for example its economic impact. This aspect is seen as an opportunity for economy growth but for some others it is an inequitable distribution of costs and benefits[59]. About the impact on transatlantic relations, it is asserted that TTIP could constitute a reinforcing of Atlantic Economy or a rebalancing respect the relationship with China. In addition, it is controversial if TTIP can break the impasse of WTO or could represent the formal victory of bilateral agreements on multilateral trade liberalisation. Finally, it can produce other policy implications for third countries which could improve their legislations for harmonizing the own regulations to the Atlantic one. On the other hand, this aspect has been criticized, because it could lead to infringement of sovereignty of third States.

Actually, European Parliament approved in July 2015, its recommendations to the negotiators of the EU Commission on TTIP. The text was approved with 436 votes in favour, 241 votes against and 32 abstentions. It is the result of a compromise between political groups,

55 The first free trade agreement proposed was called Transatlantic Free Trade Area (TAFTA). It had to cover Europe and North America, including not only USA but also Canada and Mexico. This proposal has been made since the 1990s but was never signed. For more references H. Siebert, "TAFTA – a dead horse or an attractive open club?", *Kiel Working paper*, No. 1240, March 2005.

56 A. Sbragia, "The EU, the U.S. and trade policy: competitive interdependence in the management of globalisation", *Journal of European Public Policy*, Vol. 17, No. 3, 2010, 368 ff.

57 J.M. Barroso, "Statement by President Barroso on TTIP", *European Commission*, Brussels, 13 February 2013.

58 J. Thompson, "Introduction: The Atlantic – A bridge too far?, in The Atlantic – A bridge too far? TTIP's provenance, prospects and pitfalls", *EU diplomacy Papers*, 2, 2015.

59 Studies on economic impact of TTIP have been conducted by CEPR in London or by IFO Institute of Munich. According to these studies, EU economy will profit from TTIP without any disadvantage for European taxpayers.

after weeks of discussions, which provides the tools for a resolution of investor-state dispute, a new judicial system replacing the current, which is based on private arbitration and is common in existing trade agreements.

The faced issues are about Investor-State disputes (ISDS), geographical indications, data protection and public services and procurements. About the first issue, the new formula affirm that ISDS will be replaced by a new system for resolving disputes between investors and state that is subject to democratic principles ensuring that potential cases are dealt in a transparent way by independent judges. A system that includes an appeal mechanism, which both ensure the consistency of legal decisions and respect the jurisdiction of the EU court and those of the United States and where private interests cannot undermine the objectives of public policy. Moreover, the text addresses to Commission the need to ensure that the TTIP guarantees full recognition and strong legal protection of geographical indications. The goal must be to cancel all customs duties, taking account of the fact that there are several sensitive agricultural and industrial products on both sides of the Atlantic.

The text of the resolution regards also data protection. For Parliamentarians it has to be ensured that all EU rights regarding protection of personal data have not to be compromised. In this perspective, they request the introduction of a clause, which fully exempts current and future EU law framework on data protection from the agreement. For the European institution, final approval of TTIP could be at risk as long as the US does not cease indiscriminate surveillance activities. In addition, according to EU approval every service of general interest as water, health, social services and education must be explicitly excluded from the scope of TTIP. Finally for European Parliament, it is necessary to preserve regulatory standards of consumer protection, social dumping, fiscal and environmental fields. TTIP must ensure the highest level of protection of health and safety, guaranteeing the protection of consumers, the legislation on labour, environment, welfare and cultural diversity existing in the EU.

Nowadays there is a situation of stall; in fact, even if European Parliament approved TTIP with some modification in July 2015, the process still has not been concluded and it is expected that negotiators will not finish their job before next year[60].

IV. Economic issues on FTAs

EU, USA and Canada (the so-called Atlantic Economy) represent 43% of global GDP (in PPP), 50% of global exports in goods and services, respectively first destination for exports and investments, strong

60 Last Round of negotiation was held in Miami on 23 October 2015.

productive network. Even though, the relation has not reached its full potential.

About economic effects of CETA and TTIP opinions are very different. However more studies affirm that EU, Canada and US will benefit of an increase of GDP. Therefore it is possible to read in Canadian Government's CETA summary that CETA will generate an implementation of about 1,000 dollars for the income of every Canadian family and create 80,000 new jobs. These kind of studies affirms that every year Europe will gain 98 billions of dollars with TTIP and 11 billions of dollars with CETA.

TTIP stands apart from other FTA because has the potential to be the largest FTA ever negotiated. An agreement which, according to the impact assessment report on the future of EU-US trade relations of EU Commission should allow an average annual growth in GDP – between now and 2027 – of 0.48% (86.4 billion euros) and for the United States of 0.39% (65 billion euro). European exports to the United States would increase by 28% (187 billion euro) while the US by 36.5% (159 billion euros)[61].

Even if these studies show the possible gains linked to TTIP and CETA, some other scientists and institutes have different opinions and support the idea that economic profits are limited, while risks are significant[62]. In fact, some studies report positive, but very limited, effects of TTIP on GDP, trade flows and real wages in the EU[63].

61 This document can be found on http://trade.ec.europa.eu/doclib/docs/2013/march/tradoc_150759.pdf.

62 As for example Werner Reza, director of Öfse (Austrian Foundation for Development research).

63 These studies affirm that estimated benefit of TTIP is an increase of 0.5% in growth rate that means 2 pounds per week per person in the most optimistic scenario or 1.10 pound in the worst one. In addition, increase in GDP and real wages will go from 0.3% to 1.3%. It is assumed that unemployment in the EU remain unchanged or decrease of about 0.42%, that means 1.3 million workers. EU exports will record an increase of 5-10%. In all these cases, it comes to long-term changes that will only be achieved after a period of transition of approximately 10 years. During the implementation phase of TTIP, it is expected that the GDP of the EU register annual increases ranging between 0.005% and 0.01%. Therefore, these studies show that such agreements could not be considered as a short-term boost to the economy of the EU. This is also the case for some macroeconomic costs. For instance, the cost of unemployment, including those of long-term unemployment, might be relevant, in particular during the 10 years of transition. The calculations based on the projections of displacements employment (from 0.4 to 1.1 million), suggests costs between 5 and 14 billion euros for unemployment benefits, excluding the costs of retraining and skills acquisition. For the EU, the public lost revenues related to taxes and social security contributions from unemployment could rise to 4-10 billion euros.

Another critical issue of these two agreements is that reduction of tariffs will contribute only for around 20% of expected economic growth. The rest follows from standardisation of legislation. About 80% TTIP benefits come from the removal or harmonisation of laws, regulations and standards. These measures should not be considered only as costs for companies, because they permit to public authority the pursuit of public interest. This harmonization could lead to penalize, up to threaten the central goals of public policies such as safety of consumers, environment and public health. These critical opinions affirm that until now conducted studies ignore this critical issue. Instead of it, they expect that up to 25% of all non-tariff measures between EU and the US could be removed, harmonized or subject to mutual recognition. Moreover, this applies to critical sectors such as food and beverage, chemical, pharmaceutical, cosmetic and automotive industry[64].

Further evaluation is required by implications on the least developed countries. Firstly, these agreements could penalize exports of least developed countries (LDC) to EU and this could cause a reduction up to 3% of their GDP. Secondly, it is expected that CETA and TTIP will reduce trade within the European Union. It is difficult to foresee the reduction because even if according to some studies, the decrease could be modest for some other the decline in exports within the EU could rise to 30%. This constitutes a threat for the functioning of the European common market and requires further analysis.

Because of these critical points, these agreements are criticized by public opinion. In addition, renowned economists have correctly pointed out, that the most important critical issue on TTIP consists of the political and social implications of regulatory effects that the system of protection of investments (ISDS) might have on democratic governance in the European Union[65].

Conclusion

Stall of multilateral negotiations makes RTAs more attractive and every single country has started a competition for signing more trade agreements as possible. After having recognized the end of multilateral initiative, EU has started (even if later than other countries) to negotiate RTAs for reinforcing its position of global actor. This aspect has been reinforced by modifications included in the Lisbon Treaty, which have improved external policies of EU.

---

[64] For this reason, they request a careful analysis about social costs of changes in regulation imposed by TTIP.

[65] This opinion has been given by Joseph Stiglitz and Dani Rodrik.

Moreover, despite the growth of developing countries, EU, USA and Canada want to defend their leader position in world trade or at least limit their loss of influence. CETA and TTIP represent also a kind of legal basis of the global economy of the future and these countries want to set their rules in international trade. This idea of cooperation is not new. It is from long ago that the United States and European Union are discussing a trade agreement, which should create the largest free trade area in the world. The goal is ambitious and in a context of strong international competition, especially from emerging countries, the agreement is seen as last chance for the West to impose its influence on international trade.

Briefly, economic concerns about slow growth and increased competition of emerging countries have caused an intensive focus on FTAs. In addition, further elimination and reduction of tariffs could produce significant economic gains.

Nevertheless, RTAs and especially TTIP and CETA have to be deeply analysed. These agreements generate also disadvantages and critical opinions. For instance, some problematic issues as geographical indications and data protection remain unsolved. In fact, while they are a key issue in Europe they are not seen as important in the other part of Atlantic Ocean[66]. It is to be added that the European Union, in its agreements with Canada and Vietnam agreed stringent geographical indications, able to guarantee the origin of some products (especially in the agro and textile sector). Instead, in the free trade of the Pacific these GIs are irrelevant.

Finally, it is to remark that already conducted studies on economic effects of TTIP and CETA show different scenarios. Some of them support the positive aspects that these agreements can lead while others evidence the negative one. It seems that costs and benefits of FTA liberalisation affect not equitably among stakeholders both public and private one. In addition, trade of southern European states could lose in importance because these countries export less than the northern countries and their trade is almost internal in EU. Therefore, it is feared that these negotiations could cause the drop of intra-European trade in favour of the transatlantic one. This aspect is controversial because it could lead some countries to exit from EU.

All mentioned points show that before acting and signing an FTA and especially the one with the US – TTIP, European Union should reflect deeply without looking only the achievable economic gains because *omnia tempus habent*.

---

[66] For example, statistics shows that commercialisation of non-GI cheese in the US represents an economic loss of 3 billion euros for Italian producers. For more references see A. Chiariello, *Geographical indications in the TTIP: a lost battle?*, in J. Thompson (Ed.), *The Atlantic – A bridge too far?, TTIP's provenance, prospects and pitfalls*, EU diplomacy Papers, 2, 2015, 41 ff.

The Free Flow of Financial Services in Europe and the Access of Non-European Financial Service Providers to the European Market

Johannes KAPPLER

The article discusses the present degree of integration of the European Internal Market for financial services, as well as the regulations on access for third country firms to the European market. Within this scope the development of the regulation on financial markets supervision in the European Union is of outstanding importance. Especially in border regions of the European Union the subject of market access raises several questions regarding juristic, political and economic barriers of the free flow of financial services. Triggered by the financial crisis and the Euro Monetary Crisis on the European level there developed the political will to overhaul European financial markets regulation, with the objective of a consistent supervision of market participants. The economic impact of the crisis revealed, that systemic risk not only is of relevance for national markets, but also for the transnational and even global economy. Important achievements of the EU financial markets economy have been the establishment of the European System of Financial Supervision, and in the banking sector the building of the European Banking Union. These amendments indicate the political will to assign supervisory competences to the European level. This leads to profound consequences for regulation and supervision of third countries. Consequences from this can inter alia be seen in the new regulations of third country access throughout MiFID II and MiFIR.

*

*La contribution traite l'état actuel de l'intégration du marché des services financiers de l'Union européenne, les développements et l'état actuel de la surveillance et les conditions d'*agreement *des banques et établissements financiers issus de pays non européens. L'accès réciproque au marché est d'une importance particulière dans les régions frontalières de l'Union européenne, mais soulève également des questions diverses relatives aux freins juridiques, politiques et économiques.*

En conséquence de la crise financière, le regard européen sur la régulation financière a changé, dans la mesure où à côté de la mission de réalisation du marché intérieur, les missions de protection des investisseurs et de la garantie du fonctionnement, de l'intégrité et de la stabilité du marché européen des finances, en particulier en évitant des risques systémiques sont venues sur le premier plan. La crise a démontré que les risques systémiques n'ont pas seulement de l'importance pour les marchés nationaux, mais peuvent aussi avoir des effets globaux, au-delà des frontières nationales. Il en suit la revendication d'une harmonisation plus poussée des standards de surveillances ainsi que des conditions-cadres au niveau communautaire pour l'accès aux prestations de service de valeurs mobilières par des établissements des pays tiers. Finalement les règles de MiFID II et MiFIR seront exposées brièvement.

*

Der Artikel geht auf den gegenwärtigen Stand der Integration des Finanzbinnenmarktes der EU und auf die Entwicklungen und den aktuellen aufsichtsrechtlichen Stand der Zulassungsvoraussetzungen von Bank- und Finanzdienstleistungsunternehmen aus Nicht-EU/EWR-Staaten ein. Gerade in den Grenzgebieten der Europäischen Union ist der gegenseitige Marktzugang von besonderer Bedeutung, wirft aber auch verschiedene Fragen zu juristischen, politischen, und wirtschaftlichen Hindernissen auf. Ausgelöst durch die Finanzkrise und die Euro-Währungskrise, entwickelte sich auf Europäischer Ebene der Wille die Finanzmarktregulierung mit dem Ziel einer einheitlichen Überwachung zu überarbeiten. Die wirtschaftlichen Folgen der Krise zeigten auf, dass systemische Risiken nicht nur von Bedeutung für nationale Finanzmärkte sind, sondern auch staatenübergreifend, sogar global, erhebliche Auswirkung haben können. Wichtige Neuerungen der Europäischen Finanzmarktpolitik waren bisher sowohl die Aufsichtskoordinierung durch das Europäische System für Finanzaufsicht (ESFS), als auch im Bankensektor die Europäische Bankenunion. Beide Entwicklungen deuten auf den politischen Willen, wichtige Überwachungskompetenzen auf die europäische Ebene zu übertragen, hin. Daraus ergeben sich weitreichende Konsequenzen für die Regulierung und Aufsicht von Drittstaateninstituten. Dies zeigt sich nicht zuletzt, jedoch sehr eindrucksvoll an den Neuregelungen durch MiFID II und MiFIR, welche kurz im Überblick vorgestellt werden sollen.

*

* *

Introduction

In this time of globalization a free flow of financial services is of crucial importance for international trade and other international economic interactions. From a European point of view its significance in today's economy is not limited to the European Internal Market, but includes market relations with extra-European countries (so called "third countries")[1]. On EU-level there have been a number of directives and regulations to implement and harmonize a European single market for financial services,[2] which through the Agreement of the European Economic Area (EEA-Agreement) has been extended to the participating EEA member states (EU member states and Iceland, Liechtenstein and Norway).[3] Until the financial crisis in 2008 EU financial market policy aspired an integration of the European financial market via harmonization of the different countries' national financial market regulations. However, the ensuing financial crisis and later the European monetary crisis revealed structural deficits in the financial markets architecture, so that the European point of view shifted towards strengthening the supervisory system. Though the following paper focusses on cross-border circulation of financial services within and from outside the EU/EEA, aspects of financial market regulation and financial market supervision will also be considered, as the competent supervisory authorities hold the power to issue or withdraw authorizations.

I. The definition of financial services and financial service providers

Before examining market access for financial service providers within and from outside EEA member states we must ask what the term "financial services" implies. In its broadest sense and as a generally accepted definition financial services are professional services with a connection to financial dealings.[4] This involves the sectors of investment, lending, and management of money and assets[5], as well as insurances and pensions (for individuals)[6]. Furthermore we can distinguish between

1 Cp. Baber, Graeme , "Can financial services be provided across the borders of Europe?" in: Company Lawyer, 2013, 34(7), p. 222-223.

2 Capital Requirements directive (2013/36/EU); Solvency II directive (2009/138/EC) amended by directive 2013/58/EU; Insurance Mediation directive (2002/92/EC); Markets in Financial Instruments directive (2004/39/EC); Undertaking Collective Investment Scheme directive (85/611/EEC); Payment Services directive (2007/64/EC); Second Electronic Money directive (2009/110/EC); Alternative Investment Fund Managers directive (2011/61/EU).

3 The EEA-Agreement establishes an internal market by adopting the European market freedoms. Furthermore roughly two thirds of all European directives and regulations are adopted by the EEA member states. Cp. Kilian, Europäisches Wirtschaftsrecht, 4. Edition, Cit. 135 et seq.

4 Büchler/Thies, "Regulation of Financial Services", *The Comparative Yearbook of International Business*, Special Issue, 2013, p. 129-158 (129).

5 Cp. "financial services" as defined in *Oxford Dictionary of English*. 3. Edition, Oxford University Press, 2010, as consulted online on 29.01.2016: http://www.oxfordreference.com/view/10.1093/acref/9780199571123.001.0001/acref-9780199571123.

6 Büchler/Thies, "Regulation of Financial Services", *The Comparative Yearbook of International Business*, Special Issue, 2013, p. 129-158 (129).

primary financial services and derivative financial services: Primary financial services "are services that contribute toward, or [they] even fully assume, the fulfillment of financial functions."[7] If consultation is carried out in addition to the financial product, we speak of derivative financial services.[8]

Regarding the providers of financial services, the most general economic term is that of financial intermediaries, which describes those entities that connect surplus and deficit agents. However, in some legal provisions, such as the German Banking Act, a narrower definition of financial services is provided. According to Section 1 Subsection 1 and Subsection 1a German Banking Act a distinction is made between "undertakings that conduct banking business commercially or on a scale which requires commercially organized business operations" (so called "credit institutions"),[9] and "undertakings which provide financial services to others commercially" (so called "financial services institutions").[10]

For our purpose of analyzing the aspects of cross-border circulation of financial services within and from outside the EU/EEA, reference is made to the general term of financial services in its broader sense. However the focus of this paper will concern banking business and financial markets.

Therefore, in the following it will concentrate mainly on typical financial service providers such as credit institutions, financial services institutions and marginally on insurances.

II. Modes of supply: Financial services in cross-border trade

In a cross-border trade situation we can distinguish[11] four modes of supply for the delivery of financial services in accordance with the distinction made in the General Agreement of Trade in Services (GATS):

Consumption abroad: The service is delivered from outside the territory of one country into the territory of another country, to a service consumer of the first country, typically when the consumer at his own initiative accesses a credit institute abroad.

---

7 Büchler/Thies, "Regulation of Financial Services", *The Comparative Yearbook of International Business*, Special Issue, 2013, p. 129-158 (129).

8 Büchler/Thies, "Regulation of Financial Services", *The Comparative Yearbook of International Business*, Special Issue, 2013, p. 129-158 (129).

9 Cp. section 1, subsection 1, *German Banking Act* (Kreditwesengesetz) with an exhaustive catalogue of "banking business."

10 Cp. Section 1, subsection 1a, *German Banking Act* (Kreditwesengesetz) with an exhaustive catalogue of "financial services."

11 In accordance with Article I No. 2 General Agreement on Trade in Services (GATS).

Cross-border supply: The service is delivered from the territory of one country to the territory of another country, for example via internet or telecommunication.

Presence of a natural person: The service is delivered for a foreign institute by an agent present as a natural person within the territory of delivery, typically via business calls by agents.

Commercial presence: The service is delivered within the territory of another country, via a commercial presence of the supplier, in the financial services business usually in the form of a subsidiary company or a branch.

In the following the course of the analysis will refer to these modes of supply given by the General Agreement of trade in services.

III. The European Internal Market for financial services

A. Legal basis of the European Internal Market for financial services

According to Article 3 Subsection 3 Treaty of the European Union (TEU) it is an aim of the EU to establish an internal market within its territorial boundaries. The establishment of such a market is with regards to subject matters based on the four European Market Freedoms and the relevant secondary EU-legislation. The European internal market comprises the territories of the EU member states in Europe as well as according to Art. 355 TFEU, and in accordance with Article 349 TFEU, the overseas territories Guadeloupe, French Guiana, Martinique, Réunion, Saint-Barthélemy, Saint-Martin, the Azores, Madeira and the Canary Islands.[12] Furthermore the area of application of the internal market has been extended through the Agreement of the European Economic Area (EEA-Agreement) to include the other participating EEA member states Iceland, Liechtenstein and Norway in addition to the EU member states.[13]

Especially three out of the four European market freedoms are relevant in context of the free flow of financial services within the European Internal Market: the freedom of establishment, the freedom to provide services, and the free movement of capital. Considering these market freedoms the implementation of the European Single Market for financial services is aspired by a number of European directives and regulations.[14]

---

12 For specifications taking account of the structural social and economic situation of the overseas territories, see: Art. 349 TFEU.

13 Cp. Kilian, *Europäisches Wirtschaftsrecht*, 4. Edition, Cit. 135ff.

14 Such as: Capital Requirements directive (2013/36/EU); Solvency II directives (2009/138/EC), and directive 2013/58/EU; MiFID II (directive 2014/65/EU) and MiFIR (regulation 2014/600/EU).

The freedom of establishment, Art. 49 – 55 TFEU

The freedom of establishment is especially relevant for financial service-providers who operate in another member country of the EU permanently. The freedom of establishment, as set out in Article 49-55 TFEU, enables an economic actor, a person or an undertaking, to pursue economic activities stably and continuously in one or more member states, without impediments created by those member states. It concerns the permanent installation in another member state in order to pursue an economic activity in the form of a subsidiary company or a branch.

The freedom to provide services, Art. 56-62 TFEU

The freedom to provide services, as set out in Article 56 TFEU to 62 TFEU, complements the freedom of establishment in the sense that independent economical actions may be pursued within the EU by nationals of member states who are established in a state of the Union other than that of the person for whom the services are intended without restrictions.[15] With regards to the notion "financial services", the provision of financial services within the EU seems to be within the scope of the freedom to provide services. However, this has been subject to controversial discussions, concerning the relation of the freedom to provide services to other European market freedoms. Following the definition given in Art. 57 TFEU, services shall be considered to be "services" within the meaning of the Treaties where they are normally provided for remuneration, in so far as they are not governed by the provisions relating to freedom of movement for goods, capital and persons. According to the Court of Justice of the European Union (CJEU), an objective of this definition given in Art. 57 TFEU is to ensure that all economic activity falls within the scope of the fundamental freedoms.[16] Thus, one or more than only one market freedom may be applied in "financial services." Therefore, Art. 57 TFEU *must not be interpreted as subsidiary market freedom, and does not create a hierarchy of the fundamental freedoms. In the evaluation of which freedom is applicable, the individual product and activity must be considered.*

The free movement of capital, Art. 63-66 TFEU

The free movement of capital according to Article 63 TFEU to Article 66 TFEU forbids all restrictions regarding the movement of capital between member states and between member states and non-member countries. It also demands the abolition of national rules which discriminate the free

[15] Cp. CJEU, C-452/04 "Fidium-Finanz AG" I, 9562 (9565).

[16] Cp. Court of Justice of the European Union, C-452/04 "Fidium-Finanz AG" I, 9562 (9565).

flow of capital. Thus, the realization of free movement of capital is very relevant to the integration of the financial sector. As mentioned above, however, in certain cases the free movement of capital and the freedom to provide services might be considered controversial.[17]

Beyond the European market freedoms a number of European directives and regulations are important for circulation within the internal market of the EU. In the process of establishing a European internal market, these regulations have resulted in the implementation of a so-called "European Passport."

B. *European Passport for European (EEA) Financial service providers*

Financial service providers which have their main seat in the European Economic Area (EEA) are able to obtain a "European Passport", which is an EEA-wide permit to provide financial services. It is based on mutual recognition and supervision by the home country. This is a result of the transposition of EU directives into national law.[18] It enables the access of EU/EEA financial service providers to use the different modes of supply for their financial services in cross-border trade:

The consumption of financial services abroad: Even without an EU-Passport the so-called freedom to provide requested services, i.e. the right of persons and entities domiciled in one country to request the services of a foreign entity on their own initiative is not restricted.[19]

Cross border supply of financial services: The EU-Passport allows EEA financial service providers in one member country to supply their services to the territory of another member country via cross-border supply. In this case authorization through the competent home supervisory authority is necessary,[20] and notification of intent shall be submitted to the competent supervisory authority of the home member

17 Cp. Court of Justice of the European Union, C-452/04 "Fidium-Finanz AG" I, 9562 (9565); Christoph, Zulässigkeit grenzüberschreitender Bankenaufsicht nach dem Marktortprinzip, Zeitschrift für Bankenrecht und Bankwirtschaft 2009, p. 117 et seq.

18 On EU level the implementation was started with different directives for the different sectors of financial services, as for banking business with the Second Banking directive 89/646/EC, today superseded by CRD IV (Capital Requirement directive IV) 2013/36/EU, for investment firms with the Markets in Financial Instruments directive 2004/39/EEC (MiFID), in nearly future superseded by directive 2014/65/EU (MiFID II) and regulation 2014/600/EU (MiFIR), and for Insurers partially with the directive 92/49/EEC, directive 92/96/EEC nowadays superseded by directive 2009/138/EC (Solvency II) amended by directive 2013/58/EU.

19 Cp. Vahldiek, "GATS und Bankenaufsicht", in *Bank- und Kapitalmarktrecht*, 2003, p. 971 et seq.

20 Art. 39 directive 2013/36/EU.

state. The competent authorities of the home member state shall transmit the notification to the ECB and, within one month, to the competent authorities of the host member state.[21]

Presence of a natural person: The EU Passport encompasses the presence of a natural person for the provision of financial services. Usually these are business calls via agents travelling from one member country to their customers in another member country. Authorization is required as for cross-border provision of financial services.[22]

Commercial presence: Via the EU Passport access is allowed to the EU-wide market by the establishment of a subsidiary company or a branch in another EU member state. For commencement of activities through a branch an authorization through the competent home supervisory authority is necessary, and notification of intent shall be submitted to ECB and the competent supervisory authority of the host member state.[23] As an alternative it would also be possible to establish a subsidiary company, operating under a full authorization issued by the competent supervisory authority of the host member state.

Those companies, which benefit from the freedom of establishment, the freedom to provide services, and the free movement of capital may choose, whether they provide their cross-border services by opening a subsidiary, a branch in the foreign country or by operating across borders from a national home country office. The "European Passport" as amended by CRD IV directive 2013/36/EU and regulation 2013/575/EU for credit institutions and investment firms is based on mutual recognition and a harmonized supervision through the competent home-country authority. However, at this point it shall be mentioned that newer developments of the European supervisory architecture, especially the Single Supervisory Mechanism, have brought changes to financial markets supervision.[24]

IV. Newer Developments in European financial markets architecture

The development of the European financial markets is closely linked to supervision and can be divided into the time before and the time after the financial crisis. According to the Financial Services Action Plan

---

21 Art. 12 regulation 2014/17/ECB (SSM-FR).

22 See above: (3) Cross border supply of financial services.

23 Art. 35 et seq. directive 2013/36/EU; Art. 11 regulation ECB/2014/17 (SSM-FR).

24 According to Art. 4 and Art. 14 regulation 1024/2013/EU ECB shall "carry out its task with regard to authorization of credit institutions and withdrawal of the authorization [...] on a proposal by the relevant national competent authorities", cp. recital 21 regulation 1024/2013/EU.

launched by the European Commission in 1999 and the White and Green Paper on Financial Services (2005-2010) published in 2005, in the time before the financial crisis the realization of the requirements for a Single Market was attempted via harmonization of supervision standards to be carried out by the national supervisory authorities.[25]

Until the financial crisis the integration of financial markets within Europe was increasing, also due to the introduction of the Euro. Political and regulatory incentives have led to an increase of foreign activities of the banks.[26] This was an expression of the enhanced integration of the financial market as well as of an enhanced burden of debts, in conjunction with associated risks.[27]

Immediately after the financial crisis the trend concerning integration of financial markets reversed, and an increasing fragmentation of the financial markets was seen.[28] This fragmentation was an expression of a profound crisis concerning trust in the financial markets and concerning trust in an effective system of financial supervision. Moreover, the emerging European Monetary Crisis revealed and increased existing structural problems in the financial markets sector: There was, especially in the banking sector, a susceptibility to market risks, as the financial service providers had too little capital buffers relative to their operational activity.[29] Furthermore, a close connectedness between banks and states was visible. Especially when banks hold a large portion of the domestic debt without having to bolster this with capital, states may be forced to bail out their banks.[30] This in turn induces wrong incentives to displace problems in the banking sector and may lead to a destabilization of the domestic banking sector, as well as to system relevant risks. As a result risks concerning a monetary political union are passed on to European level.

---

25 Eichhorn/Klebeck, "Drittstaatenregulierung der MiFID II und MiFIR", in *Recht der Finanzinstrumente*, 2014, p. 189-197.

26 "The integration of the EU financial sector in global financial markets is intensifying, as demonstrated by the strong increase in its International Investment Position (IIP) from 100 to 140% of GDP – over the period 1999-2005, making international regulatory cooperation ever more important", Commission of the European Communities, Financial Integration Monitor 2006, p. 2, as consulted online on 30.01.2016: http://ec.europa.eu/internal_market/finances/docs/cross-sector/fin-integration/060728fim_en.pdf.

27 Issing/Bluhm, in Hopt/Wohlmannstetter, *Handbuch Corporate Governance von Banken*, p. 78 et seq.

28 European Central Bank, press release on 28.04.2014: as consulted online on 30.01.2016: https://www.ecb.europa.eu/press/pr/date/2014/html/pr140428.en.html.

29 Demary, European Banking Union, Status of implementation and the need for improvement, p. 7.

30 Demary, European Banking Union, Status of implementation and the need for improvement, p. 7.

In consequence of the financial crisis and later of the Euro monetary crisis there developed on European level an increasing desire to overhaul (and harmonize) the regulatory and supervisory guidelines of the financial sector.[31] Following national developments in the establishment of a unified supervisory system, supervisory authorities were created on European level. These authorities are to this day increasingly gaining influence, and support the EU-Commission, the EU-Parliament and European Council in the organization and implementation of the European supervisory specifications. In addition and to antagonize fragmentation of the European financial market, in 2012 the EU-Commission proposed a Banking Union to complete a single market for banking business. Moreover, on 30th of September 2015 the EU-Commission published an Action Plan on building a Capital Markets Union.[32]

European System of Financial Supervision – ESFS

On the 1st of January 2011 the European system of Financial Supervision (ESFS) began its work. It encompasses two levels, the macro-prudential supervision by the European System Risk board – ESRB and the micro-prudential supervision by the three European Supervisory Authorities, the European Central Bank and the National Supervisory Authorities.

European Systemic Risk Board – ESRB

The ESRB is assigned to the ECB in Frankfurt. It is the responsible entity for the macro-prudential supervision of the financial system of the EU and shall assure its stability. Therefore it monitors and assesses systemic risk and negative impact on the internal financial market and the real economy,[33] and if necessary publishes warnings or non-compulsory recommendations for the EU, the member states, or their national supervisory authorities.[34]

European Supervisory Authorities – ESAs

The most significant improvement of the European System of Financial Supervision is the development of the three European Supervisory Authorities: (1) the European Banking Authority, (2) the

---

31 Press release of the European Commission, 14. May 2014, IP 14/564. In February 2009 the "De Larosière Report" recommended the creation of a European System of Financial Supervision, as consulted online on 29.01.2016: http://ec.europa.eu/internal_market/finances/docs/de_larosiere_report_de.pdf.

32 Action Plan on Building a Capital Markets Union, as consulted online on 29.01.2016: http://ec.europa.eu/finance/capital-markets-union/docs/building-cmu-action-plan_en.pdf.

33 Cp. recital 10 of regulation 1092/2010/EU.

34 Claussen, *Bank- und Börsenrecht*, 5. Edition, Section 1, cit. 128.

European Insurance and Occupational Pensions Authority, (3) the *European Securities and Markets Authority*. The establishment of the three European Supervisory Authorities has the following goals:

Harmonization of regulatory conditions by establishing a "single rule book" in the EU for the financial services sector.

Enhancing the quality and consistency of national supervision, through which equal conditions of competition should be created within Europe, as well as improving protection of investors and consumers.

The three EU-authorities hold advisory capacities for the EU-Commission and take part in legislation by developing technical regulation standards and executive standards, which are then codified by the EU-Commission. Additionally, the three European Supervisory Authorities take part in financial supervision not for individual institutes, but for the competent national supervisory authorities themselves. If ESAs find that the application of Union law on national level is insufficient, they may give binding instructions to the national supervisory authority. If the latter does not follow these instructions, supervisory measures may be taken directly regarding the individual institutes. Moreover, regular information exchange with the ESRB and conceptual design and coordination of so called stress tests on the European financial sector are organized by the ESAs.

Joint Committee of the ESAS

The chairpersons of the three ESAs meet at least once every two months in the joint committee to coordinate the European Supervisory Authorities.

National Supervisory Authority / ECB

The immediate supervision of financial service providers lies with the competent national supervisory authorities. For particularly significant system-relevant financial service providers, this responsibility for the supervision is assigned from the national supervisory authorities to the European Central Bank (ECB). This new regulation is part of the European Banking Union started in 2014.

The European Banking Union

The European Banking Union has been set up as an addition to the European System of Financial Supervision as it supplements the coordination of financial supervision via the ESFS with its three pillars:

(1.) The Single Supervisory Mechanism – SSM,[35] assigns supervisory powers from national supervisory authorities to the European Central Bank.

(2.) The Single Resolution Mechanism – SRM,[36] establishes a single mechanism for restructuring and resolution of institutes.

(3.) The Deposit Guarantee Scheme – DGS,[37] gives harmonized Deposit Guarantee Schemes for investors.

As mentioned above, for our purpose, the single supervisory mechanism (SSM) is important, especially, as it distributes competences of and organizes cooperation between the ECB and the competent national supervisory authorities concerning immediate supervision of credit institutions. The objective of the SSM is to ensure consistent, coherent supervision of credit institutions in order to prevent regulatory arbitrage, as well as fragmentation of the financial services market in the Union.[38]

The participating member states are those of the Euro area, as well as those who opted-in for "close cooperation agreement" with the ECB.[39] The scope of supervisory competence by ECB is given in Art. 4 regulation 1024/2013/EU and specified [for cross-border situation] in Art. 11 et seq. regulation ECB/2014/17 (SSM-FR). However, even if ECB is exclusively competent for the supervision of a so-called "significant entity", ECB shall carry out its tasks within the single supervisory mechanism composed of the ECB and the national competent authorities, as stated in Art. 6 (1) regulation 1024/2013/EU (SSM-regulation). Cooperation within the SSM can be seen as specified in Art. 14 SSM-regulation: An application for an authorization to conduct business of a credit institution shall be submitted to the competent national authority of the member state, where the credit institution is to be established, and, if the applicant complies with all conditions of authorization set out in the relevant national law of that member state, the national competent authority shall take a draft decision to propose to the ECB to grant the authorization. The draft decision shall be deemed to be adopted by the ECB unless the ECB objects within a maximum period of ten working days.[40]

---

35 Regulation 1024/2013/EU (SSM-R); ECB regulation 2014/17/ECB (SSM-FR).

36 Regulation (EU) No. 806/2014 establishes the Single Resolution Mechanism (SRM) and Single Bank Resolution Fund (SRF).

37 Directive 2014/49/EU on deposit guarantees schemes.

38 Cp. recital 2, regulation 1024/2013/EU (SSM-R).

39 Cp. Art. 7 regulation 1024/2013/EU (SSM-R).

40 Art. 14 (3) regulation 2013/1024/EU (SSM-regulation).

Interim conclusion

It can be seen, that the free flow of financial services within Europe is on a high level of integration: the achievement of a single market, is enhanced by supervisory coordination within the ESFS, as well as by the European Banking Union.[41] For the banking sector the development of the European Banking Union assigns tasks from national to European level, which confirms the tendency to establish a consistent European supervision of financial services market and to assign competences to European Supervisory Authorities or the ECB.

V. Access to the European Market from Third Countries

The following will focus on market access from outside to the European market. Hereby the objectives of investor protection as well as market integration throughout effective financial supervision also are of crucial importance regarding the access of financial service providers to the European market.

Status quo

EU law on financial services market supervision does not only concern European financial service providers or inner European financial services circulation, but also the access to the European market for financial service providers from third countries. Although the defining provision of the European Union's internal market does not refer to non-member states of the European Union, the so called "third countries" are included in the provisions on the free movement of capital (Art. 63-66 TFEU).[42] Whereas the freedom of establishment is not granted to non-member states (Art. 49-55 TFEU), the freedom to provide services is of limited inclusion by the way of further legislation.[43] Thus, there is secondary EU legislation such as on financial markets,[44] banking,[45] insurance and

[41] Besides the Banking Union it should be mentioned that in October 2015 EU-Commission proposed Capital market Union. In the insurance sector further integration was reached by revision of the Solvency II directive 2009/138/EC through directive 2013/58/EU.

[42] Baber, Graeme, , "Can financial services be provided across the borders of Europe?" in: Company Lawyer, 34 (7), p. 222-223.

[43] Art. 56 (2) TFEU.

[44] Directive 2004/39/EU on markets in financial instruments (MiFID); directive 2009/65/EU on the coordination of laws, regulations and administrative provisions relating to undertakings for collective investment in transferable securities.

[45] Directive 2006/48/EU relating to the taking up and pursuit of the business of credit institutions (Banking Consolidation directive).

reinsurance services[46] and pensions,[47] influencing third country access to the European market. For the following purpose focus shall be placed on banking business and investment firms as financial service providers. Cornerstones of EU law concerning market access for credit institutions and investment firms are the directive 2013/36/EU (CRD IV) as well as the directive 2004/39/EU, the latter amended by directive 2014/65/EU (MiFID II) and regulation 600/2014/EU (MiFIR).

Regarding the current market access regulations for third country firms[48] these must in each European country follow national rules to be permitted to provide financial services. Although there is a desire to harmonize governing rules for the market access of third country firms, authorization in one member state may not give the benefit to take advantage of the freedom to provide services or the freedom of establishment in other member states.[49] Currently, access to Europe for most sectors of the financial market is based on national laws of the member states and is quite different in each country. Meanwhile, relationships to third countries shall only be regulated in a European harmonized way, when difficulties in the process of market access or unequal treatment within the relevant third country occur.[50]

Regarding the Modes of Supply for the delivery of financial services in cross-border trade, market access from third countries conditionally to national laws might be attained through:

The consumption of financial services abroad: As already mentioned the so-called freedom to provide requested services, i.e. the right of persons and entities domiciled in one country to request the services of a foreign entity on their own initiative is not restricted. This is in accordance with the General Agreement of Trade in Services (GATS).[51]

Cross border supply of financial services: Whether market access from third countries via cross-border supply is allowed to the national market, depends on the relevant host country's law. For example UK's law is quite liberal. In contrast German law demands an obligatory

46 Directive 2009/138/EU (Solvency II directive) amended by directive 2013/58/EU.

47 Directive 2003/41 (Occupational Pensions directive).

48 Third Country firms are companies which have their head office in a third country not belonging to the EU.

49 See Recital 23, directive 2013/36/EU (CRD IV); Recital 28, directive 2004/39/EC (MiFID).

50 Eichhorn/Klebeck, "Drittstaatenregulierung der MiFID II und MiFIR", *Recht der Finanzinstrumente*, 3/2014, p. 189-197.

51 Vahldiek, "GATS und Bankenaufsichtsrecht", *Bank- und Kapitalmarktrecht*, 2003, 971 et seq. (973).

physical presence of the service provider.[52] Only if the undertaking does not require supervision in this respect given the nature of the business which it conducts, a release after section 2 subsection 4 German Banking Act (Kreditwesengesetz) can be issued. However, this is only done very restrictively.

Presence of a natural person: Whether market access from third countries via the presence of a natural person for the provision of financial services, usually with business calls via agents travelling from one country to their customers in another country, is allowed, is a question to each national law.

Commercial presence: Another possibility is to access the EU-wide market by the establishment of a subsidiary company or a branch. According to Art. 47 (1) directive 2013/36/EU member states shall not give more favorable treatment to branch authorizations of third country firms than to branches of institutions having their head office in the Union. Therefore branch office requirements demand the fulfillment of a large catalogue of harmonized supervisory obligations. Specifically, it is required to undertake an application of permission, and minimum requirements concerning the available capital must be met. Furthermore the competent national supervisory authority is to inform the EU-Commission and the competent European Supervisory Authority.[53, 54]

As an alternative it would also be possible to establish a subsidiary company, operating under a full authorization issued by the competent supervisory authority of the host member state. This means double supervision through the third country's supervisory authority as well as through the competent host state's supervisory authority. The advantage is that a subsidiary company registered in an EEA member state can use passporting rights for financial service provision in the EEA. In contrast, a branch of a company with its main seat abroad is not allowed to obtain a European passport. The decision to access the German market through a subsidiary company rather than a branch office of a credit institute is influenced especially by the consideration of possibly extending the activities to other European countries by means of a European Passport.

---

52 Cp. BaFin, notes regarding the licensing requirements pursuant to section 32 (1) of the German Banking Act (Kreditwesengesetz – KWG), as consulted online on 29.01.2016: http://www.bafin.de/SharedDocs/Veroeffentlichungen/EN/Merkblatt/mb_050400_crossborder_en.html.

53 This is in case of credit institutions the European Banking Authority (EBA) and in case of investment firms the European Securities and Markets Authority (ESMA).

54 Art. 47 (2) directive 2013/36/EU.

Third country access under MiFID II / MiFIR

When discussing the topic of EU market access of third country investment firms, MiFID II (directive 2014/65/EU) and MiFIR (regulation 600/2014/EU) must be mentioned. However, these new regulations do not concern credit institutions but only third country investment firms wishing to provide investment services or to perform investment activities.[55] In contrast to the market access regime from third countries described above, the MiFID II/MiFIR regulations give harmonized rules for third country access to EU's financial services market. These shall apply from 3rd January 2017.[56]

There are different market access regulations which are described in MiFID II/MiFIR either as direct access to eligible counterparties and per se professional clients,[57] after Art. 46ff. MiFIR, or as optional branch requirement to retail clients or to those retail clients who request to be considered professionals.[58]

A. Direct access to "eligible counterparties" and "per se professional clients"

For the first time, MiFIR allows third country firms to provide investment services or perform activities directly to "eligible counterparties" and "per se professional clients" (as defined in MiFID II) throughout the EU. Under MiFIR, these firms may do so without necessarily having to establish a branch in an EU member state, provided that they have an obligatory registration by ESMA, which according to Art. 46 (2) MiFIR requires that:

the European Commission has determined that the firm's country has a relevant legal and supervisory regime roughly equivalent to the EU's,

the firm is authorized to provide the relevant investment services or activities in the jurisdiction of its head office, and

there exist co-operation arrangements between ESMA and the relevant third country.

If ESMA authorizes registration, EU member states are not allowed to impose stricter rules for third country firms, which ensure a level playing-field.

55 Scope of MiFID II / MiFIR.

56 Cp. Art. 55 regulation 600/2014/EU (MiFIR); Art. 93 directive 2014/65/EU (MiFID II).

57 Section I of Annex II to directive 2014/65/EU.

58 Section II of Annex II to directive 2014/65/EU.

Article 47 (3) MiFIR states that where a third country firm has established an authorized branch in an EU member state and that firm is established in a country with an EU Commission recognized MiFID II equivalent regime according to Art. 47 (2) MiFIR, the firm can provide its investment services to "eligible counterparties" and "professional clients" throughout the EU without having to establish further branches. For that purpose, it shall comply with the information requirements for the cross-border provision of services and activities in Article 34 of directive 2014/65/EU (MiFID II).

B. Access to retail and elective professional clients

According to Art. 39 MiFID II an EU member state may require a third country firm that wishes to access that state's retail clients or retail clients who elect to be considered professionals (so-called elective professionals) to establish a branch. If this (optional) branch requirement is set, authorization shall only be given in accordance with harmonized MiFID II rules implemented by the member states law. According to Art. 39 (2) MiFID II this requires that:

the third country firm is appropriately authorized and under supervision in its home country,

a co-operation arrangement is in place between the EU member state's competent authority and the firm's home supervisory authority,

an agreement between the third country and the host member state is signed and fully complies with the standards laid down in Article 26 of the OECD (Model Tax Convention on Income and on Capital and ensures an effective exchange of information in tax matters),

sufficient initial capital is at free disposal of the branch,

the firm's senior management systems and controls are sufficient, and

the firm belongs to an EU authorized or recognized investor compensation scheme.

As each EU member state may decide whether to establish or not to establish this branch requirement for the provision of investment services to retail and elective professional clients, there is therefore neither a MiFID II passport available to a third country firm with an authorized branch in one EU member state nor the possibility of direct EU wider market access.[59] MiFID II does not clarify the access requirements for third country firms seeking direct access to retail clients or elective professionals in a member state which has no branch requirement.

[59] Art. 6 (1), regulation 1024/2013/EU (SSMR).

According to Art. 42 MiFID II, these regulations shall not apply to the provision of investment services at the own exclusive initiative of the client. However, an initiative by such clients “shall not entitle the third-country firm to market otherwise than through the branch, where one is required in accordance with national law, new categories of investment products or investment services to that client.”[60]

Conclusion and Perspectives

In conclusion, the free flow of financial services within the EU/EEA is on a high level of integration, which is guaranteed by harmonized regulations for authorization as well as for consistent supervision. The latter is on the European level supported by the European System of Financial Supervision with its elaboration of a Single Rule Book by the European Supervisory Authorities. For the banking sector the development of the European Banking Union assigns tasks from national to European level, to be carried out within the Single Supervisory Mechanism[61] in a way of cooperation within the Single Supervisory Mechanism. This confirms the tendency of the European Union’s policy to establish a European standardized supervision of financial services markets and to strengthen the competences of the European Supervisory Authorities and ECB. Regarding the current market access regulations for third country firms these must in each European country follow national rules to be permitted to provide financial services. However, MiFID II and MiFIR, which shall apply from 3rd January 2017, establish that harmonized regulations on market access for third country firms. In addition, MiFIR, for the purpose of direct market access to professional clients and eligible counterparties, gives immediate registration-competence to the European Securities and Markets Authority. For further developments it may be assumed that competences of the European Supervisory Authorities are increasingly taking shape. To complete the view on prospective innovations of European financial supervision architecture, at this point the EU Commissions’ Action Plan on building a Capital Market Union, published on 30. September 2015, must be mentioned. According to the EU-Commissions’ Action plan is remarkable that Building a Capital Markets Union, aims at a further Integration of the European capital market, as well as at a further opening to investments from the rest of the world.

---

60 Art. 42, directive 2014/65/EU (MiFID II).

61 The SSM is composed of the ECB and the national competent authorities, cp. Art. 6 (1), 1024/2013/EU.

L'Association sud-asiatique pour la coopération régionale (ASACR)

Charles Walleit

The SAARC was created in 1985 by India and its neighbor countries to accelerate economic growth, social progress and cultural development. The principles are to promote a cooperation for mutual benefit with respect for the sovereignty of all member States and non-interference in the internal matters. The bilateral issues have to be kept aside to enhance multilateral agreements. All those objectives and principles are close from the European Union principles, the question is how can all member States benefit from the SAARC without being influenced by the political and economical strength of India compare to the other member States. We will first have a short study of the SAARC and after look at the concrete actions resulting from this cooperation.

*

L'ASACR a été créée en décembre 1985 par L'Inde et ses satellites dans le but de renforcer la coopération régionale au niveau économique, social et culturel. Les principes de l'association sont de développer ensemble une coopération qui soit bénéfique pour l'ensemble des États membres dans le respect des souverainetés nationales et sans interférer avec les affaires internes de chaque État membre. Il s'agit également d'écarter les conventions bilatérales existantes et de promouvoir les conventions multilatérales. Parmi ces principes, on retrouve de nombreux principes fondateurs de l'Union européenne, on peut donc se demander avec l'importance politique et économique de l'Inde par rapport aux autres États membres si cette coopération est vraiment efficace et profitable pour ces derniers. Nous étudierons donc d'abord brièvement le rôle de L'ASACR puis quelles actions elle a concrètement menées.

*

Die SAARC wurde in Dezember 1985 von Indien und seine Nachbar-Staaten gegründet, um die Zusammenarbeit auf den wirtschaftlichen, sozialen und kulturellen Ebenen zu fördern. Die Grundprinzipien sind eine für alle Mitgliedsländer vorteilhafte Kooperation zu schaffen, mit Berücksichtigung von den Staatshoheiten. Die bilateralen Abkommen müssen beiseitegelegt und die multilateralen Verträge gefördert werden. Diese Grundprinzipien ähneln den Prinzipien der Europäischen Union. Es stellt sich daher die Frage wie alle Mitgliedsländer von der SAARC profitieren können trotz des Einflusses und der politischen und wirtschaftlichen Übermacht Indiens. Zuerst werden wir kurz die Rolle der SAARC erläutern und uns dann die von ihr konkret ausgeführten Maßnahmen ansehen.

*

* *

Introduction

L'ASACR a été créée en 1985 par l'Inde et ses satellites avec l'ambition de renforcer la coopération régionale au niveau économique, social et culturel. L'association a pour objectif premier de développer une coopération régionale qui soit bénéfique pour l'ensemble des États membres, dans le respect des souverainetés nationales et sans interférer avec les affaires internes de chaque État membre. Il s'agit également d'écarter les conventions bilatérales existantes et de promouvoir les conventions multilatérales. Parmi ces objectifs, on retrouve de nombreux principes fondateurs de l'Union européenne, qui est par ailleurs officiellement observateur de l'ASACR.

On peut donc se demander, eu égard à l'importance politique et économique de l'Inde par rapport aux autres États membres, si cette coopération est vraiment efficace et profitable pour ces derniers.

Nous étudierons donc d'abord les fondements de l'ASACR puis nous analyserons les actions qu'elle a concrètement menées depuis sa création.

I. Les fondements de l'ASACR

L'idée de créer une association pour améliorer la coopération entre les États de la région a germé à l'issue d'une réunion des ministres des Affaires étrangères des sept pays fondateurs que sont le Bangladesh, le Bhoutan, l'Inde, les Maldives, le Népal, le Pakistan et le Sri Lanka à Colombo en 1981. S'ensuivit lors d'une consultation de ces mêmes ministres à New Delhi en 1983, le lancement du programme d'action intégré avec l'adoption de la déclaration de coopération régionale sud-asiatique. Enfin, au premier sommet de Dhaka des 7 et 8 décembre 1985 fut adoptée la charte fondatrice de l'ASACR entre les 7 pays fondateurs. L'Afghanistan a rejoint l'association en 2007. On devine immédiatement les importantes disparités qui existent entre les différents États membres, que ce soit en termes de développement économique ou en termes démographique, l'Inde s'étant naturellement affirmée comme moteur de la région[1].

A. *Les principes fondateurs de l'ASACR*

À l'instar des principes fondateurs de l'Union européenne, la charte pose successivement des objectifs et des principes qui visent principalement à promouvoir le progrès économique et social et le développement culturel au sein de l'espace sud-asiatique, tout en favorisant la coopération avec les autres États en voie de développement.

La charte vise ainsi à :

- Promouvoir le bien-être des populations d'Asie du Sud et améliorer leur qualité de vie,
- Accélérer la croissance économique, le progrès social et le développement culturel de la région et permettre à chaque individu de vivre dignement et de s'épanouir,
- Promouvoir et renforcer l'autonomie des pays d'Asie du Sud,
- Rechercher la confiance mutuelle, la compréhension et la reconnaissance des problèmes des autres États membres,
- Promouvoir une collaboration active et une assistance mutuelle dans les domaines économiques, sociaux, culturels, techniques et scientifiques,
- Renforcer la coopération avec d'autres pays en voie de développement,
- Renforcer la coopération entre les États membres lors des sommets internationaux sur les questions d'intérêt commun,
- Et de coopérer avec les organisations internationales et régionales qui ont des intentions et objectifs similaires[2].

Ces objectifs sont poursuivis dans le respect des principes de :

- Souveraineté, intégrité territoriale, égalité politique et indépendance de tous les États membres,
- Non-ingérence dans les affaires internes,
- Coopération pour un bénéfice mutuel,
- Prise de décisions à l'unanimité et de quorum des huit membres

[1] L. Saez, *The South Asian Association for Regional Cooperation, An emerging collaboration architecture*, Routledge, 2011.

[2] Article 1, Objectives, SAARC Charter.

– Mettre de côté les questions bilatérales au profit des questions multilatérales impliquant de nombreux pays, qui doivent être négociées indépendamment des problèmes bilatéraux[3].

Les principes et objectifs énoncés par la charte apparaissent tout à fait louables en ce qu'ils ne se bornent pas à des considérations économiques mais visent réellement à améliorer les conditions de vie des populations de la région. Toutefois, ils se heurtent logiquement aux différents politiques qui ont résulté de l'éclatement de la région faisant suite à la décolonisation[4]. Le différent frontalier qui oppose l'Inde et le Pakistan ne laisse pas envisager de renforcement de la coopération économique entre ces deux pays. On peut également douter de la réciprocité des rapports qui peuvent exister entre les petits États tels que les Maldives ou le Bhoutan face à leur grand voisin indien[5].

Pour atteindre ces objectifs, la charte de l'ASACR prévoit ensuite la création d'organes et en précise le fonctionnement.

B. Les organes et le fonctionnement de l'ASACR

La charte crée d'abord un secrétariat, qui tient le rôle de coordinateur et de représentant de l'ASACR, puis un conseil des ministres qui est en charge de la négociation et de la signature des accords et enfin plusieurs comités. Ces institutions ont un rôle majoritairement organisationnel, l'association ne disposant d'aucune délégation de pouvoir de la part des États membres.

Le secrétariat de l'ASACR a ainsi été établi par un accord du 17 novembre 1986, signé à Bangalore par les ministres des Affaires étrangères de tous les États membres. Cette institution, sise à Kathmandu au Népal, est présidée par un secrétaire général nommé par le conseil des ministres des États membres pour une durée de 3 ans. Il est assisté par une équipe d'experts aux compétences variées. Le secrétariat coordonne les activités de l'ASACR, prépare les sommets et fait office d'intermédiaire entre l'association et les États membres ainsi que les autres organisations régionales.

Le conseil des ministres est composé des ministres des Affaires étrangères des États membres. Il élabore les textes et définit les nouveaux domaines de coopération. Il se réunit deux fois par an, et peut se réunir extraordinairement en cas d'accord des États membres.

---

3 Article 2, Principles, SAARC Charter.

4 T. Delinic et N. N. Pandey, *SAARC : Towards Meaningful Cooperation*, CSAS and KAS, 2012, p. 96.

5 E. Sudhakar, *SAARC : Origin, Growth and future*, Gyan Publishing House, 1994.

Le comité permanent rassemble le secrétaire des affaires étrangères des États membres. Il coordonne le programme de l'ASACR et son financement, il détermine les priorités et lève les fonds nécessaires. Il peut également rechercher de nouveaux domaines de coopération en effectuant des études. Le comité permanent se réunit autant de fois que nécessaire, en pratique deux fois par an. Il soumet son rapport au conseil des ministres.

Les autres comités dépendent du comité permanent. Le comité de programmation, composé d'officiels expérimentés, se réunit avant chaque session du comité permanent pour voter le budget du secrétariat, finaliser le calendrier des activités et se charger d'éventuelles questions mises à l'ordre du jour par le comité permanent.

Les comités techniques sont quant à eux composés par des représentants des États membres. Ils établissent les programmes de l'ASACR et préparent des projets dans leur domaine de compétence. Ils rendent compte au comité permanent. La direction de chaque comité technique est assurée par un représentant d'un des États membres avec un roulement bi-annuel par ordre alphabétique.

Les comités d'action sont enfin chargés des projets qui concernent plus de deux États membres, mais pas l'ensemble de ces derniers.

La charte de l'ASACR pose ainsi un cadre large de coopération avec des principes à valeur universelle. Ses organes, démunis de pouvoir, ne semblent cependant pas être en mesure de contraindre les États membres à œuvrer unanimement pour la coopération régionale, et les conventions multilatérales impliquant une minorité d'États membres au sein de l'association risquent de se développer.

À ce jour, des statistiques permettant d'analyser l'efficacité de l'ASACR ne sont pas à la portée de tous et on peut immédiatement douter de réelles avancées ailleurs que sur le plan diplomatique. L'ASACR n'aurait ainsi à ce jour réussi qu'à créer l'espace de libre-échange sud-asiatique (SAFTA) et à favoriser les échanges culturels, scolaires et universitaires à travers des manifestations et concours.

II. Les actions concrètes menées par l'ASACR

La seule action concrètement menée par l'ASACR pour une augmentation des échanges économiques entre les États membres, dans la poursuite des objectifs de la charte, a été l'instauration de l'espace de libre-échange sud-asiatique. Par ailleurs, l'ASACR est investie dans le développement des échanges entre les peuples de la région sur les plans culturels et éducatifs.

A. *L'espace de libre-échange sud-asiatique (South Asian Free Trade Area)*

L'idée de créer une zone de libre-échange au sein de l'ASACR est apparue dès les années 1990, partant du postulat que l'augmentation des échanges économiques ne pouvait être atteinte qu'en diminuant les barrières tarifaires. La première étape de la création de cet espace de libre-échange est l'instauration de la South Asian Preferential Trading Area. Lors du 6e sommet de l'ASACR de 1991 à Colombo, les États membres se sont entendus pour établir un groupe intergouvernemental dans le but de créer une zone d'échange libéralisée au sein de l'ASACR.

Après la 16e session du conseil des ministres de l'ASACR, le projet a été lancé en formant un groupe d'experts, composé de membres de chaque État, chargés de rechercher les étapes nécessaires à la création de cet espace. Un second comité d'experts a été mis en place lors du dixième sommet de l'ASACR, chargé quant à lui de rédiger le cadre d'un traité compréhensible, qui tienne compte des disparités de développement entre les États membres, tout en affirmant l'exigence d'objectifs qui soient réalisables.

La convention SAFTA a finalement été signée le 6 janvier 2004 et est entrée en vigueur le 1er janvier 2006, avec les objectifs ambitieux de créer une union douanière, un marché commun et une union économique entre ces États membres[6].

La SAFTA a pour objectifs de renforcer la concurrence au sein de l'espace de libre-échange et d'équilibrer les bénéfices de chaque partie. La convention cherche ainsi à augmenter la quantité des échanges commerciaux et la coopération économique entre les États membres de l'ASACR en réduisant les droits de douane. La convention vise enfin à supprimer les autres barrières non tarifaires telles que les quotas d'importation. L'objectif premier était de réduire les tarifs douaniers à un taux allant de zéro à cinq pourcents à l'horizon 2016, à travers le programme de libéralisation du commerce. Les États furent tenus de baisser leurs droits de vingt pourcents pendant les deux premières années, ensuite ils s'engagèrent à les réduire à zéro par des baisses annuelles dont ils pouvaient fixer le taux librement. Les États les moins développés ont bénéficié de trois ans supplémentaires pour supprimer leurs droits de douane[7].

Tout comme l'ASACR, la SAFTA repose sur les principes de réciprocité et de mutualité des avantages. Tous les États doivent tirer profit de cette libéralisation des échanges sans abuser des différences de développement économique et industriel.

---

6 S. W. Hirantha, *From SAPTA to SAFTA : Gravity Analysis of South Asian Free Trade*, 2004, p. 2.

7 Article 7, SAFTA.

Les réformes tarifaires doivent être négociées au fur et à mesure.

Les besoins des pays les moins développés doivent être pris en compte, des mesures et engagements concrets à leur avantage devant être pris. La convention a enfin vocation à s'appliquer à l'ensemble des produits et matières premières[8].

Pour garantir son fonctionnement, un conseil des ministres du SAFTA a été créé, réunissant les ministres du Commerce des États membres, devant se réunir au moins une fois par an et autant de fois que les États membres le jugent nécessaire. Une présidence annuelle est assurée dans l'ordre alphabétique sur le même principe que le secrétaire général de l'ASACR. Un comité d'expert a été formé pour les assister, il effectue des rapports semestriels au conseil des ministres.

La convention prévoit en outre une procédure de règlement des litiges avec la consultation des comités d'expert et du secrétariat de l'ASACR[9].

Bien que les échanges commerciaux aient manifestement augmenté au sein de la SAFTA durant la dernière décennie, aucune corrélation avec la baisse des droits de douane n'est établie, les hausses résultant davantage du développement individuel de chaque État membre.

B. *Les actions sur le plan culturel et éducatif*

L'ASACR a entrepris des initiatives pour renforcer la coopération aux niveaux culturel et éducatif dans la région, par l'organisation et le financement d'événements tels que des rencontres et des concours.

Un Agenda pour la culture a été fixé en avril 2010 et la création d'un centre culturel a été décidée. Ce dernier siégera au Sri Lanka avec pour principale fonction de promouvoir la culture sud-asiatique.

Une université sud-asiatique a également été créée en 2010. Elle offre des programmes d'études de 3e cycle reconnus par l'ensemble des États membres. Des bourses d'études peuvent également être attribuées pour encourager le partage de la connaissance.

L'ASACR œuvre ainsi effectivement pour le développement de l'interaction culturelle et éducative entre ses États membres même si aucun chiffre ne permet d'en connaître l'impact réel.

Conclusion

L'ASACR ne convainc malheureusement pas au niveau international malgré l'étendue de ses ambitions. Cette association est ainsi active dans tous les domaines mais ne parvient pas à y prouver son efficacité.

---

8 Article 3, SAFTA.

9 Article 10, SAFTA.

L'augmentation des échanges au sein de la SAFTA apparaît selon certaines études n'être que la conséquence du développement individuel des États membres durant la dernière décennie, ce qui n'améliore pas son bilan[10].

D'une part, les différends politiques et militaires qui persistent entre l'Inde et certains de ces voisins constituent une barrière qui ne peut être surmontée par de telles initiatives. D'autre part, la dépendance de ces États à l'Inde sur le plan économique laisse planer le doute sur la réciprocité des bénéfices qu'ils puissent tirer de cette coopération régionale. L'ASACR reste cependant la preuve d'une volonté de ses États membres de tendre à long terme vers une régionalisation qui serait bénéfique à l'ensemble de cet espace et des États limitrophes.

[10] P. Dhanireddy, *Was SAFTA Ben eficial for Regional Trade ?*, 2013, p. 14.

The Example of the Asian-China Free Trade Agreement applied to the Indian Ocean Commission

Marie ROSSIER

While Free Trade Areas (FTA) are controversially discussed as to whom they benefit most, there have been examples of regional integration that strengthened the entire region. One of them is the ASEAN. With regard to the Indian Ocean Commission (IOC) it is thus useful to compare it to ASEAN to draw conclusions from lessons learned about successful FTAs.

*

L'exemple de la zone de libre-échange ASEAN-Chine est appliqué à la Commission de l'océan Indien (COI) pour tirer des leçons du succès de l'ASEAN. La volonté de créer une zone de libre-échange dans l'océan Indien entre quatre États de taille réduite, avec un cinquième plus important, à savoir une île de la République française, la Réunion, rappelle la création de la zone de libre-échange conclue entre les dix états de l'ASEAN et une super puissance locale, la Chine. Par conséquent, la question serait de savoir quels enseignements la COI peut tirer de l'évolution de la situation en Asie du Sud-Est ? Et plus précisément, dans quelle mesure le rôle joué par la Chine dans le développement de la zone de libre-échange ASEAN-Chine devrait-il être copié par l'Union européenne, ou une autre puissance économique locale, vis-à-vis de la COI ? Le suivant consiste en quatre parties : 1. L'ASEAN et la Chine : La première partie retrace tout d'abord l'évolution de la situation de l'ASEAN jusqu'à la conclusion de l'accord de libre-échange avec la Chine. Ensuite, elle met en évidence le rôle joué et l'impacte que la Chine a eu dans le développement de l'ASEAN. 2. La COI et l'Union européenne : La seconde partie est consacrée à la COI. Ensuite, le rôle joué par l'UE dans le développement de cette Commission sera analysé. 3. Les similitudes et différences entre l'ASEAN et la COI : la troisième partie met en évidence les points communs et les différences entre l'ASEAN et la COI, pour démontrer l'intérêt de comparer les deux. 4. Enseignements de la comparaison des deux situations : Enfin, la dernière partie consiste en une comparaison entre le rôle joué par la Chine en tant que partenaire de l'ASEAN et le rôle joué par l'Union européenne dans la construction de la COI, afin de déterminer quels enseignements la création de la zone de libre-échange ASEAN-Chine peut apporter à la construction d'une zone de libre-échange entre les États membres de la COI.

*

Das Beispiel der Freihandelszone AESAN – China wird auf die Kommission des indischen Ozeans angewandt, um aus dem Erfolg der ASEAN Lehren zu ziehen. Die Errichtung einer Freihandelszone im Indischen Ozean zwischen vier kleineren Staaten und einem fünften, größeren Staat, die Réunion, erinnert an die Errichtung der ASEAN-Freihandelszone, ein Abkommen, das zehn kleinere Staaten und eine lokale Supermacht, die Volksrepublik China, umfasst. Folglich stellt sich die Frage, welche Lehren die Kommission des Indischen Ozeans (KIO) aus der Entwicklung der Situation in der Region Südostasien ziehen kann. Im Besonderen lässt sich eruieren, in welchem Maße die Europäische Union oder eine andere lokale Wirtschaftsmacht die Rolle Chinas in der Schaffung der ASEAN-Freihandelszone im Falle der KIO nachahmen könnte. Die Präsentation gliedert sich in vier Teile: 1. ASEAN und China: Der erste Teil zeichnet die Entwicklung der ASEAN bis hin zur Unterzeichnung des Abkommen der Freihandelszone mit China nach. Anschließend wird die Rolle sowie der Einfluss Chinas auf die ASEAN dargestellt., 2. KIO und die Europäische Union: Der zweite Teil beschäftigt sich mit der KIO und ihrer Beziehung zur Europäischen Union. Anschließend wird die Rolle der EU bezüglich der Entwicklung der KIO untersucht. 3. Gemeinsamkeiten und Unterschiede der ASEAN und der KIO: Der dritte Teil erläutert die Gemeinsamkeiten und Unterschiede der ASEAN und KIO, um darzulegen, inwiefern ein Vergleich sinnvoll ist. 4. Lehren aus dem Vergleich der beiden Situationen: Der letzte Teil vergleicht die Rolle Chinas als Partner der ASEAN und die Rolle der Europäischen Union bezüglich der Entstehung der KIO, mit dem Ziel festzustellen, welche Lehren aus der Erschaffung der Freihandelszone ASEAN – China für die Gründung einer Freihandelszone zwischen den Mitgliedsstaaten der KIO gezogen werden können.

*

* *

> *The establishment of free trade agreements can be a critical and progressive step towards greater economic integration, and continues to become more valuable in an increasingly global world.*
>
> Dan Kildee

While Free Trade Areas (FTA) are controversially discussed as to whom they benefit most, there have been examples of regional integration that strengthened the entire region. One of them is the ASEAN. With regard to the Indian Ocean Commission (IOC) it is thus useful to compare it to ASEAN to draw conclusions from lessons learned about successful FTAs.

In order to understand the different Free Trade Areas, it is essential to understand the basic structure of Free Trade Areas. A Free Trade Area is "a group of countries that have few or no price controls in the form of tariffs or quotas between each other. Free trade areas allow the agreeing nations to focus on their comparative advantages and to produce the goods they are comparatively more efficient at making, thus increasing the efficiency and profitability of each country."[1]

Generally speaking there is a worldwide tendency towards regional collaborations; the creation of the European Union, Mercosur and others illustrate this trend. In Asia the so-called Asian financial crisis is often considered as having reinforced the rise of regionalism in the region. This regional crisis, however, demonstrated the reality of an already *de facto* existing integration, showing the economical co-dependency of the Southeast Asian states. The political aspect should not be neglected either as the end of the Cold War also constituted a crucial element in the rise of Asian regionalism.[2]

The primary goal of ASEAN's creation in 1967 – to achieve peace and security in Southeast Asia – was political. Only later were economical objectives taken into consideration. The Preferential Trading Agreement of 1977 had but limited impact, one explanation being that the tariff concessions were not significant enough, another major issue being the development gap between the Member States.[3]

The first real success of economical integration was achieved in the mid-1980s through liberalization of trade. One reason for ASEAN to strive for economical integration was increasing pressure from the IMF and the World Bank. Moreover, the exports of ASEAN goods to the important markets of NAFTA and the European Union required a sustainable framework.[4]

1. The Association of Southeast Asian Nations (ASEAN) and China

"A region, which can stand on its own feet, strong enough to defend itself against any negative influence from outside the region."

---

1 Definition of 'Free Trade Area' available on: http://www.investopedia.com.

2 L. Cuyvers, P. De Lombaerde, S. Verherstraeten, *From AFTA towards an ASEAN Economic Community... and beyond*, UNU-CRIS Occasional Papers O-2005/2.

3 L. Cuyvers, P. De Lombaerde, S. Verherstraeten, *op. cit., supra* 2.

4 *Ibid.*

Adam MALIK, third vice president, Indonesia

In order to assess the development and extension of ASEAN, crucial steps towards integration should be examined. In the first part (1.1) internal development will be traced and in the second part ASEAN's relationships with other nations will be studied (1.2).

1.1 ASEAN: Internal development and structure

The Association of Southeast Asian Nations (ASEAN) was founded on August 8, 1967 in Bangkok as follow up of the Association of Southeast Asia (ASA 1961-1967). The Foreign Ministers of Singapore, the Philippines, Indonesia, Malaysia and Thailand were the first to sign the ASEAN declaration thus creating what was to become one of the most successful intergovernmental organizations[5] of the developing world. The founding negotiations were challenging especially with regard to the heterogenic historical and political experiences of each country. The aim of ASEAN was economic, social, cultural, technical and educational cooperation as well as cooperation in other fields (Article 1 ASEAN Charta).

Another purpose of ASEAN's creation was the promotion of regional peace and stability by the means of abiding respect for justice, the rule of law and the adherence to the principles of the United Nations Charter. One major goal as stressed by Tun Abdul Razak, Malaysia's second Prime Minister, was to reunite the countries of the region with common interests in order to prevent external intervention and interference. Therefore, one of the main objectives of ASEAN is to form an association able to shape the region's future and to avoid intraregional conflicts or balkanization.[6]

One way of achieving these ambitious goals was to reunite the whole Southeast Asian region as Tun Abdul Razak proposed.[7] The ASEAN Charta was shaped in accordance with this vision. Admission criteria for new members are set in Article 6 of the Charta: new members have to be located in the recognized geographical region of Southeast Asia, have to be recognized by all ASEAN Member States, have to agree to be bound and abide by the Charta and need to have the ability and willingness to carry out the obligations of Membership.

Consequently, the accession to the ASEAN is in principle open to all States in the Southeast Asian region. Today, ASEAN consists of the founding states Singapore, the Philippines, Indonesia, Malaysia and

---

5 Article 3 ASEAN Charta.

6 The Founding of ASEAN, available on: http://www.asean.org.

7 *Op. cit., supra* 6.

Thailand, joined by Brunei in 1984, Vietnam in 1995, Laos and Myanmar in 1997 and Cambodia in 1999.

The Cambodian crisis in 1978 raised fears that China might become a strong influence in the ASEAN region, yet at the same time the situation was an occasion to prove the existence of a Southeast Asian identity and the common political will to the international community. It was also an opportunity to reinforce the internal cooperation between Member States.[8]

In 1992, six Member States (Brunei, Indonesia, Malaysia, Philippines, Singapore and Thailand) signed the ASEAN Free Trade Area (AFTA), later joined by Vietnam, Laos, Myanmar and Cambodia. The AFTA aims at gaining a competitive advantage on the international market by abolishing tariff- and non-tariff barriers. Another goal is to be a platform for foreign investors.[9] The Common Effective Preferential Tariff scheme (CEPT) was one of the first instruments to be established.[10] The creation of AFTA was complemented by the AFAS (ASEAN Framework Agreement on Services) in 1995 and the AIA (ASEAN Investment Area) in 1998.[11]

Another major step towards regional integration was the establishment of the ASEAN Economic Community (AEC). The AEC was created to constitute a single market and production base with free movement of goods, services, investments, skilled labor and free capital flow. The objective of this ambitious project is to foster equitable economic development and to reduce poverty and socio-economic disparities in the region.[12] AEC includes a market of US$ 2.6 trillion and a population of over 622 million. Today, AEC is the third largest economy in Asia and the seventh largest in the world.[13]

The implementation of the AEC Blueprint 2015 was estimated to have been successful in, among others, eliminating tariffs and facilitating trade, advancing the services trade liberalization agenda, streamlining and harmonizing the capital market. Therefore, during the Head of States Summit in November 2015, broad directions for the period 2016-2025 were elaborated by the means of strategic measures for the AEC. Regional economic integration is qualified as a dynamic process as the economy,

---

8 S. Sundararaman, *ASEAN Diplomacy in Conflict Resolution: The Cambodian Case*, available on: http://www.idsa-india.org.

9 The ASEAN Free Trade Area (AFTA), http://www.asean.org.

10 Agreement on the Common Effective Preferential Tariff Scheme for the ASEAN Free Trade Area available on: http://www.icnl.org.

11 L. Cuyvers, P. De Lombaerde, S. Verherstraeten, *op. cit.*, *supra* 2.

12 *Ibid.*

13 ASEAN Economic Community, on http://www.asean.org.

domestically or internationally, is constantly evolving. Therefore the AEC Blueprint 2025 was initiated in order to include new developments[14] and several ASEAN bodies will implement it. The final aim is to establish an economic community, to cultivate a collective identity and to create a solid position of the ASEAN on the international platform. The role of the AEC is not only to ensure regional integration but also to ensure that ASEAN is sustainably and gainfully integrated in the global economy.[15]

1.2 ASEAN's Relationship with other nations

In 1989, the Asia-Pacific Economic Cooperation (APEC) was established, including ASEAN, the European Union, Japan, Canada and New Zealand, covering in total four continents and consisting of twenty-one members. The APEC has the objective to facilitate transnational trade for instance by establishing faster customs procedures at the borders and aligning regulations and standards.[16] APEC is an ambitious project but due to the large membership and the divergent opinions on the pace of trade liberalization it could not live up to the expectations[17].

In 1994, the ASEAN Regional Forum (ARF) was created in order to discuss questions related to the security in Southeast Asia.[18] The ARF contains twenty-seven members today, including Russia and North Korea. The main activities were confidence building measures, meeting between defense ministers and searching opportunities for cooperation. Today, the scope of the measures has been enlarged to counterterrorism, cyber justice, drug trafficking, transnational crimes and more.[19]

ASEAN Plus Three (APT) or also called East Asian Economic Caucus (EAEC), is a forum on cooperation at various levels in East Asia, in order to establish a stronger partnership between ASEAN and the People's Republic of China (PRC), South Korea and Japan. Since the foundation in 1997 the cooperation has increasingly deepened, enlarging the areas of collaboration to the fields of finance, tourism, social welfare and culture for instance.[20] The starting idea was to reinforce the economic cooperation of ASEAN with Europe, who proposed to include other East Asian countries. One of the most sizeable impacts of the APT is in the monetary field namely the extension of the ASEAN Currency Swap

---

14 ASEAN Economic Community Blueprint 2015 available on: http://www.asean.org.

15 *Op. cit.*, *supra* 14.

16 What is Asia-Pacific Economic Cooperation? available on: http://apec.org.

17 L. Cuyvers, P. De Lombaerde, S. Verherstraeten, *op. cit.*, *supra* 2.

18 ASEAN Regional Forum, available on: http://aseanregionalforum.asean.org.

19 B.H. Berger, *The critical role of the ASEAN Regional Forum in building co-operation and trust*, available on: http://europesworld.org.

20 ASEAN Plus Three Cooperation, available on: http://www.asean.org.

Agreement, the so-called Chiang-Mai-Initiative, to China, Japan and South Korea in the year 2000.[21]

During the Asian Financial crisis, China and ASEAN started to forge a closer relationship, e.g. through the already mentioned Chiang-Mai Initiative. Finally, in 2010, the ASEAN-China Free Trade Area (ACFTA) entered into force. However, the relationship between China and ASEAN is complex, especially regarding China's policy in the South China Sea. On one hand, China's robust economy exerts a strong pull on the ASEAN economies. On the other hand China's crucial influence on ASEAN economies is also accompanied by the risk of creating a significant structural imbalance that might damage the region in the long run.[22]

The treaty with China allows ASEAN to effectively reduce tariffs on nearly 8,000 products categories or 90% of imported goods to zero. The cooperation between China and ASEAN is also guided by considerations regarding manufacturing capacity; China has long been infamous for cheap and abounding labor force, being the world's manufacture center. Nonetheless the PRC is struggling to maintain this position as its population is growing older while at the same time the population becomes increasingly wealthier, therefore demanding a higher standard in terms of salary and social security. Cheap labor force is not China's strongest feature anymore; meanwhile the PRC is progressively becoming a huge consumer market representing a strong purchasing power (estimations foresee 600 million Chinese of middle class standing by 2020). Consequently, a new "manufacture hub" is required in order to satisfy the demand of the new Chinese consumer market.[23]

The ASEAN Free Trade Agreement with China is illustrating this trend. Foxconn, for instance, a manufacturer of many components of Apple products, intended to outsource 1.3 million jobs out of China to Indonesia[24] which offered lower wages and a large available workforce. Finally Foxconn is considering relocation to Malaysia[25]. This development demonstrates how the ACFTA is benefitting ASEAN countries, which are able to offer lower wages or corporate income taxes and are therefore

---

21 L. Cuyvers, P. De Lombaerde, S. Verherstraeten, *op. cit., supra* 2.

22 N. Salidjanova, I. Klanderman, J. Koch-Weser, "China's Economic Ties with ASEAN: A Country-by-Country Analysis", *U.S.-China Economic and Security Review Commission.*

23 C. Devonshire-Ellis, *Understanding ASEAN's Free Trade Agreements*, available on: http://www.aseanbriefing.com.

24 M. Kan, *Foxconn Considers Expansion Into Low-cost Indonesia*, available on: http://www.cio.com.

25 Foxconn cancels plan to build factory in Indonesia, moves to M'sia, available on: http://www.thejakartapost.com.

attracting investment from China but also from the US or the European Union.

In this regard, it is important to underline that ASEAN has a similar Free Trade Area with India, enabling ASEAN to open up the Indian consumer market to goods produced in the ASEAN Member States. Moreover, there are discussions about including service in the ASEAN-India FTA. The FTA with the PRC and India added to the ASEAN domestic consumer market and the combined market now accounts for 650 million people.[26]

Furthermore, ASEAN has a combined FTA with Australia and New Zealand (AANZFTA), aiming at eliminating 96% of all tariff barriers on trading products between the regions by 2020. ASEAN is currently negotiating a comprehensive Free Trade Agreements covering all sectors, including good and services, investment and intellectual property rights. Finally, ASEAN also signed treaties with Japan and South Korea.[27]

It is sufficient for investors to establish a subsidiary in one the ASEAN Member States in order to benefit from the ASEAN status and to enjoy the advantages of the FTA (so-called *geographical qualification*)[28].

China is one of the largest economies in the world and is among the five biggest trade partners of ASEAN. Nevertheless, the degree of dependence of Member States on China with regard to exports and/or imports varies. Economically weaker countries for instance depend more on imported products from China. Moreover, although the ASEAN's Foreign Direct Investment (FDI) increased, the FDI from China is still marginal. According to China's Ministry of Commerce (MOFCOM) China's FDI merely constituted 2.3% of the ASEAN total FDI inflow in 2013, although ASEAN accounted for 10.7% of China's total trade. It is also crucial to add that Singapore is the major benefactor of China's FDI. The Chinese FDI into Singapore, however, is potentially reinvested into the ASEAN as a whole via Chinese subsidiaries in Singapore. Anyhow, China has not achieved the status of a major investor to ASEAN today.[29]

It seems important to point out that ASEAN did not limit its Free Trade Area policy to China; many preferential trade agreements have been signed, for instance with major economies in Europe and North America. Furthermore, ASEAN initiated the combination of five individual agreements with Australia and New Zealand, China, India, Japan and Korea respectively, into a Regional Comprehensive Economic

[26] C. Devonshire-Ellis, *op. cit.*, *supra* 23.

[27] *Ibid.*

[28] *Ibid.*

[29] N. Salidjanova, I. Klanderman, J. Koch-Weser, *op. cit.*, *supra* 22.

Partnership (RCEP). The RCEP aims to establish deeper economic cooperation between ASEAN and its regional trading partners. The RCEP would account for nearly 30% of the world's trade and represent a population of 3.4 billion[30]. Especially China holds a strong interest in the conclusion of the RCEP, which would constitute an alternative to the TPP agreement including the USA while excluding the PRC.

2. The Indian Ocean Commission (IOC) and the European Union

The Indian Ocean Commission (IOC) is an intergovernmental organization. The IOC was founded in Mauritius in 1982 and later institutionalized in the Seychelles. Today, the IOC has five Member States: Union of the Comoros, France / Réunion, Mauritius, Madagascar and the Seychelles. Comparably to the ASEAN member states the economic development of the respective Member States is not homogeneous; while Réunion is a French department and therefore part of the so-called developed countries, Mauritius and Seychelles are middle-income countries. Meanwhile Comoros and Madagascar belong to the least developed countries.[31] However, the IOC Member States are connected by their geographic proximity and common development issues.

The Secretary General, currently Mr. Jean Claude de l'Estrac (2015), leads the Secretariat of the IOC, which is located in Mauritius. The political and strategic orientation of the IOC is within the competence of the annual meeting of the Council of Ministers. Each Member State is entitled to the Presidency within a rotating system. The summit of the heads of states is the highest level of the IOC structure.[32]

The main aims of the IOC are strengthening the friendship between the respective Member States and constituting a platform of solidarity for the entire population of the Indian Ocean region. Furthermore, the IOC aims at, among other things, ensuring development, improving living conditions of the populations and preserving the natural resources the Member States depend on. The four following elements adopted by the Summit of Heads of States constitute the pillars of the IOC: political and diplomatic cooperation, economic and commercial cooperation, sustainable development in a globalization context and strengthening the cultural identity.[33]

---

[30] S. K. Tang, *RCEP: The next trade deal you need to know about*, available on: http://www.cnbc.com.

[31] Indian Ocean Commission, available on: http://eeas.europa.eu.

[32] *Op. cit.*, *supra* 31.

[33] *Ibid.*

The IOC and the European Union are united by a partnership, which has been in existence for more than twenty-five years. Moreover, the European Union is the main development partner of the IOC, accounting for more than 80% of the total financial support to the IOC. The EU-financed programs implemented by the IOC are mainly focused on the area of environment and natural resources, e.g. programs to develop a sustainable fishing policy, to maintain biodiversity, to prevent coral reef degradation, natural disaster and climate change.[34]

In April 2014, the IOC signed an agreement with the European Union for the sustainable development of the IOC Member States. The funds released amount to a total of 7.5 million euros. The major aim is to ensure the continuity of the project; Jean Claude DE L'ESTRAC states, that the *Island* project in its second stage of European funding until 2017 "*will again give full force to the link between emergency today and the expectations of tomorrow, in the service of the construction of a world where economic growth and social welfare will be synonymous with sustainability of the resource.*" On the European side, Guy SAMZUN (chargé d'affaires of the delegation of the European Union) specified "*With the program Islands, the IOC and all beneficiaries have the opportunity to contribute to the sustainable development of their Islands.*"[35]

3. Similarities and differences between the ASEAN and the IOC

After a brief analysis of the ASEAN-China relationship and the IOC-EU relationship some major similarities and differences appear. First of all, ASEAN and IOC are similar with regard to the cultural heterogeneity, the difference in size of the Member States, their economic capacity, the system of government, religion, demography and more. Yet, these different countries have created a common association in order to unite politically, to advance the mutual interest of the region and to deepen the cooperation with other regions, ensuring a stronger market power of the association. Secondly, in both cases an economically strong region cooperates with a union of smaller countries.

The association structure enables the region to advance the respective economies of each Member State and to become more competitive as a whole against exterior competition. Additionally, both ASEAN and IOC have created a platform and instruments to resolve regional dispute, therefore ensuring more stability in the region leading to harmonious

---

[34] *Ibid.*

[35] Overseas Countries and Territories: Environmental Profiles, January 2015 available on: https://ec.europa.eu.

regional development in the long term. Therefore, the regional integration strengthens the position of the Member States with regard to each other as well as with regard to the exterior relationship with the global economy.

Despite these general similarities there are some major differences to point out. One crucial aspect is that ASEAN is open to accession to all Southeast Asian States (see article 6 of the ASEAN Charta). The accession to the IOC, however, is controversial and was subject of the Head of State summit in August 2014.[36]

Regarding the connection of the regional associations with an economically strong global actor such as the European Union or China, it is important to note that ASEAN and China are geographically close and their economic integration is a result of this. Meanwhile IOC and the European Union do not constitute a geographic unit, yet the European Union has a direct relationship with the IOC based on the common interest and the connection through Réunion, which is a part of the EU Member State France. Consequently, the interest of France and therefore of the European Union are directly linked to the IOC. However, this association is based on political factors and not on geographic proximity.

One consequence of the contentious territories amongst ASEAN Member States and between ASEAN and China, as well as amongst IOC Member States is that a higher economic integration is a suitable instrument to maintain interest in regional peace a priority. Secondly, regarding the IOC and the European Union, the economic integration trough the creation of a Free Trade Area is an aim of the association, however, the economic integration has not been a priority so far. ASEAN is an association with ambitious economic goals to be achieved in specific timeframes.

The structures of ASEAN and IOC are also different in terms of organization; while the ASEAN holds regular head of state summits, the IOC only holds irregular summits. According to article 7 the ASEA Summit meetings shall be held twice annually, hosted by the Member State holding the ASEAN Chairmanship. Summits are crucial for the overall orientation of an association, for instance summits can be forums to decide on priorities.

4. Lessons to be learned by comparing the IOC and the ASEAN

Despite the tendency of worldwide regionalism resulting, among others, in the ASEAN and the European Union, there are noteworthy

---

36 The final declaration of the 4th Summit of the Indian Ocean Commission called its member countries to build the Indianoceanie, available on: http://en.indian-ocean-times.com.

differences between the regional organizations. The AEC for instance does not cover a common external tariff, as the ASEAN Member States did not agree on giving up national economic policies regarding non-members. ASEAN is therefore creating a single market without establishing a customs union or a supranational authority.

The European Union on the other hand disposes of the European Commission. The ASEAN Secretariat does not have the same competences as the European Commission and the correlating support from the Member States. Moreover, ASEAN lacks the legal personality and was founded by a declaration not by a treaty.[37]

The structural divergences between ASEAN and the European Union illustrate that each region needs to find its own form of organization, there is no association structure guarantying success. Therefore, each regional organization should take the typical features of the different Member States and the regional economy into account, in order to establish the suitable type of cooperation.

ASEAN appears to be a rather successful intergovernmental structure, yet, within the AEC there are two tendencies opposing each other. On the one hand, the more developed countries, e.g. Singapore, are stressing a faster extension of ASEAN, while the less developed countries are more focused on a deeper integration between the ASEAN Member States. The *national treatment rule* for foreign investors was blocked for some time by the less developed countries. Still the national treatment rule entered into force in 2012 (Article 6 ASEAN Comprehensive Investment Agreement), yet specific Member States maintained reservation for some areas.

The areas that have not been covered by multilateral agreements are often subject to bilateral initiatives by individual ASEAN members. These strategic measures are justifiable on national level yet significantly undermine the relevance of ASEAN. The negotiating power of the individual states is also weaker than when they are negotiating as an ASEAN Member State. Additionally, the bilateral agreements constitute a potential obstacle to the uniform, region-wide free trade area, installing the so-called "*spaghetti bowl effect*." The main risk is the coexistence of diverging rules of origin, product standards and conformance requirements, creating a highly complex structure. This kind of situation also creates a hostile environment for international companies and foreign investors.[38]

Concerning the IOC, the example of ASEAN can be used as an indicator for the challenge to balance deeper internal integration and

---

37 L. Cuyvers, P. De Lombaerde, S. Verherstraeten, *op. cit.*, *supra* 2.

38 *Ibid.*

exterior expansion of regional organization. The expansion of regional associations needs to be based on a solid internal cooperation between the already existing Member States. However, if the expansion policy is regarded as too slow by economically strong Member States, these Member States might initiate national agendas regarding the relation with non-member States. One solution could be to install a pyramid of norms, establishing a clear hierarchy between the multinational agreements and the bilateral treaties. Bilateral initiatives could find more detailed or specialized solutions while fitting into the general framework. This method could prevent the existence of contradictory rules and allow the more developed countries to pursue their economic agenda without being curbed by other less developed Member States.

With regard to ASEAN's relationship to China it must be noted that China is an important partner but there is cooperation with other dialogue partners to counterbalance the Chinese influence. ASEAN also strengthens its own regional markets in order to enable the Member States to have a stronger position towards China. The ACFTA brings advantages for the ASEAN Member States as well as for China. Yet, China remains a major competitor for the ASEAN countries with regard to the supply of cheap workforce. From the perspective of the ASEAN the ACFTA constitutes an instrument to prevent China from being the single dominating attraction for FDI.

The IOC should focus its internal market and establish positions representing specific and common interest of the IOC Member States. In this field the common IOC interest should be prioritized even if those aims are non-convergent with the goals of the European Union. The financial and other aid from other intergovernmental organization is significant, still it remains import to ensure that the IOC maintains its auto-determination and only allows a minimal influence by other regional powers. The IOC should also pursue alliances with African countries and India in order to be able to rely on several different political and economical powers.

Moreover, the IOC could follow the example of ASEAN in opening up to accession of other states such as Sri Lanka, as debated during head of state summit in 2014. The enlarging of regional integration could ensure a more influential position of the IOC. Another crucial point is the clarification of the position of Mayotte, which belongs to France, yet is claimed by Comoros. If the status of the IOC changes, Mayotte could join, thus forcing Comoros to accept its status as belonging to France.[39]

Finally, the development of ASEAN illustrates the possibilities for the IOC; ASEAN Member States are relatively small countries with a small

---

39 *Océan Indien: un sommet pour développer les échanges*, available on http://www.rfi.fr.

economical impact on the global market. However, the association of the different States to an intergovernmental organization allows the ASEAN Member States to become a global actor on the international scene. The partnership with China and other important global actors enables ASEAN to edict rules of trades, preventing the single Member States from facing the economical giants alone in a relationship that is governed by the rules of the free market.

Part III

Responsible Management for the Success of Sound International Cooperation

Partie III

Une gestion responsable pour le succès d'une coopération internationale réussie

Investigating Alignment of Human Resource Management Strategies to International Human Rights and Labour Standards

The case of the Top 100 Companies in Mauritius

Indeeren VENCATACHELLUM
and Roopanand MAHADEW

The World Trade Organisation (WTO) recognised human rights violations as amounting to a trade barrier. In its General Council Decision (2003), members are prohibited from importing diamonds which are proceeds of human rights violations. Schefer (2005) argued that countries can legally impose restrictions on trade processes where human rights violations are evident. For Trudel and Cotte (2009) customers' ethical expectations of organisations' production process impacted their willingness to pay a premium and even punish companies viewed as unethical. This implies that organisations doing good through their human resource management (HRM) strategies, complying with human rights and labour standards, can reap more trade benefits. Hence, this paper aims at determining the extent of alignment between organisations' HRM strategies and the human rights and labour standards. Secondary data from a study about HRM strategies adopted by Top 100 companies in Mauritius, was the basis for assessing their degree of alignment with international human rights and labour standards. Findings demonstrated a trend towards the adopted HRM strategies being aligned with international human rights and labour standards. Hence, organisations in Mauritius will be able to penetrate markets with high ethical expectations, and claim premium price for their products and services.

*

L'Organisation mondiale du commerce (OMC) a reconnu les violations des droits de l'homme comme un obstacle au commerce. Dans sa décision du Conseil général (2003), les membres ont l'interdiction d'importer des diamants qui sont produits de violations des droits humains. Schefer (2005) a fait valoir que les pays peuvent légalement imposer des restrictions sur les processus commerciaux où les violations des droits de l'homme sont évidentes. Pour Trudel et Cotte (2009), les attentes éthiques des clients du processus de production des organisations influent sur leur volonté de payer une prime et même de punir les entreprises considérées comme contraires à l'éthique. Cela implique que les organisations faisant le bien à travers leurs stratégies de gestion des ressources humaines (GRH), en respectant les droits humains et les normes du travail, peuvent tirer plus d'avantages commerciaux. Par conséquent, le présent document vise à déterminer l'étendue de l'alignement entre les stratégies GRH des organisations et les droits de l'homme et les normes du travail.

Les données secondaires provenant d'une étude sur les stratégies GRH adoptées par les 100 premières entreprises à Maurice ont permis l'évaluation de leur degré d'alignement avec les droits humains et les normes internationales du travail.

Les conclusions ont montré une tendance à l'adoption de stratégies GRH alignées avec les droits humains internationaux et les normes du travail. Par conséquent, les organisations à Maurice pourront pénétrer les marchés avec des attentes éthiques élevées, et réclamer plus cher pour leurs produits et services.

*

Die Welthandelsorganisation (WTO) hat die Verletzung der Menschenrechte als Hindernis für den Handel anerkannt. In ihrer Entscheidung des Generalrates (2003), wurde ein Verbot für die Mitglieder ausgesprochen, Diamanten zu importieren, die unter Verletzung der Menschenrechte hergestellt werden. Schefer (2205) hat festgestellt, dass Staaten, Einschränkungen des Handels auferlegen können, für den Fall von Verletzungen von Menschenrechten. Für Trudel und Cotte (2009) beeinflussen die ethischen Erwartungen der Kunden von Produktionsverfahren ihren Willen eine Prämie zu zahlen und sogar, die gegen ethische Grundsätze verstoßenden Unternehmen, zu bestrafen. Dies führt dazu, dass Unternehmen, die ein gutes Personalmanagement haben und die die Menschenrechte und arbeitsrechtlichen Vorschriften respektieren, hieraus wirtschaftliche Vorteile erlangen können. Der vorliegende Vortrag versucht die Verbreitung der Anpassung zwischen den Personalstrategien der Unternehmen und den Menschenrechten und arbeitsrechtlichen Vorschriften zu bestimmen.

Der zweite Teil der Daten stammt aus einer Studie über die Personalstrategien der 100 besten mauritischen Unternehmen, die es ermöglicht haben, den Grad der Übereinstimmung der Unternehmensstrategien mit den Menschenrechten und den internationalen arbeitsrechtlichen Vorschriften einzuschätzen.

Die Schlussfolgerungen haben eine Tendenz der Unternehmen zur Annahme von Strategien gezeigt, die mit den Menschenrechten und internationalen Arbeitsrechtsnormen in Einklang stehen. Daher können die mauritischen Unternehmen auf Märkte mit hohen ethischen Anforderungen eindringen, und einen höheren Preis für ihre Produkte und Dienstleistungen verlangen.

*

* *

Introduction

Trade is a way by which a country can ensure growth and the advancement of human rights – the right to housing, food, health, water and development. The process of trade involves various stakeholders such as public and private entities. It has been noted that private entities in the form of companies and corporations are very often the authors of various human rights violations that may occur not only at the workplace but in other general spheres of the society. Therefore, the purpose of human rights analysis in trade issues is to explore how "trade affects the enjoyment of human rights and how the promotion and protection of human rights can be placed among the objectives of trade reform."[1] Indeed, the WTO has recognised the importance of studying and debating about the synergy and coherence between trade and human rights. Trade policies can have a negative impact on the enjoyment of human rights, such as the impact of farming subsidies in developed countries on the right to food in developing countries and the adverse impact on the right to health of trade-related intellectual property rights as recognised by Sanya Smith legal advisor of Third World Network.[2]

Companies and corporations have had a crucial role to play in the development of societies around the world. But there proximity with the society has unfortunately sometimes translated into human rights hazards that they have presented to human beings. The world would recall cases such as the Union Carbide, the use of child labour and abuses in the oil, mining and extractive companies.[3] Some may argue that the concept of Corporate Social Responsibility (CSR) has been created to act as a means to address human rights abuses – but it is on a selective basis. Various attempts have been made to come up with a human right comprehensive framework providing for a universally recognised, people-centred approach to companies' social and environmental impacts. The Guiding Principles on Business and Human Rights by consensus in 2011 – Guiding Principle 11 states that business enterprises should respect human rights.[4] This means that they should avoid infringing on the human rights of

1 See more at: http://www.ohchr.org/EN/NewsEvents/Pages/HRInTheTradeArena.aspx#sthash.D8Xb8PtF.dpuf.

2 See more at http://www.twn.my/title2/FTAs/General/TPPHumanRights.pdf.

3 See more at http://www.ohchr.org/EN/NewsEvents/Pages/HRInTheTradeArena.aspx#sthash.D8Xb8PtF.dpuf.

4 See more at: http://www.ohchr.org/en/NewsEvents/Pages/DisplayNews.aspx?NewsID=11164#sthash.FeiCqHqs.dpuf.

others and should address adverse human rights impacts with which they are involved.

The World Trade Organisation (WTO) recognised human rights violations as amounting to a trade barrier. In its General Council Decision (2003), members are prohibited from importing diamonds which are proceeds of human rights violations. Schefer (2005) argued that countries can legally impose restrictions on trade processes where human rights violations are evident.

Bad is stronger than good in the sense that bad impressions have a more lasting impact than good ones. This means that good interactions should be reinforced continuously to have a lasting effect (Baumeister, Bratslavsky, Finkenauer and Vohs, 2001). According to Trudel and Cotte (2009) customers' ethical expectations of organisations' production process impacted their willingness to pay a premium and even punish companies viewed as unethical. Companies doing well are due to them doing good. They have an image of responsible employers and built a positive employer brand with corporate social responsibility high on their agenda (Falck and Heblich, 2007; Cappelli, Singh, Singh and Useem, 2010). Miner, Glomb and Hulin (2005) found that a negative interaction in the workplace had fivefold stronger impact on an employee than a positive interaction. El Faro's corporate social responsibility and progressive labour policies resulted in a deal with Starbucks for provision of high quality coffee beans. Thus, organisations doing good facilitate international trade (Kramer, 2006). This implies that organisations doing good through their human resource management (HRM) strategies, complying with human rights and labour standards, can reap more trade benefits. Hence, this paper aims at determining the extent of alignment between organisations' HRM strategies and the human rights and labour standards.

Stiglitz (2011) addressed the way that Mauritius has been able to sustain the financial crisis and grow as a country over the years, and referred to it as 'The Mauritius Miracle'. This resilience may be explained from a resource based view of the firm, where organisations sustain their competitive advantage by harnessing their intangible assets like human capital and the firm reputation. Together with legal principles and concept, there is the need for human resources management as a field of study to come with business related aspect of human rights. Hence, we posit that doing good through Human Resource Management strategies aligned with Human Rights Standards can improve potential for International Trade. This study looks at the extent to which human resource management strategies of Top 100 companies in Mauritius are abiding by international human rights standards while being involved in general trade and services related activities.

Literature review

From a resource based view of the firm, organisations will sustain their competitive advantage by harnessing their intangible assets like human capital and the firm reputation. This would imply that they need HRM strategies that would create value translated in enhanced organisational financial performance, and a propensity to engage in international trade.

I. High Performance Work Practices/Strategies/Systems (HPWP)

Many researchers investigated the effect of the HRM practices on firm performance and their research results show that human resource strategies/practices have statistically significant influence on the firm financial performance (Levine and Tyson, 1990; Arthur, 1994; MacDuffie 1995; Delaney and Huselid, 1996; Batt, 2002). Thus, high performance work practices and systems contribute to the firm's performance sustaining potential for international trade. HRM strategies of high performance work systems can be categorised as:

1. Recruitment and Selection
2. Training and Development
3. Performance Appraisal/Performance Management
4. Wages and Compensation
5. Employee Participation and Empowerment
6. Information sharing and communication
7. Teamwork
8. Employment Security

Recruitment and selection are processes during which individuals may be exposed to the danger of unfair treatment and discrimination. The state of Mauritius has signed the International Covenant on Civil and Political Rights (ICCPR) which, through its article 4, do not allow for any form of discrimination on the ground of race, colour, sex, language, religion or social origin even in times of emergency. Whether recruitment is based on skill requirements and is fair will be determining of the extent to which the State of Mauritius is fulfilling its legal obligation under the ICCPR. Furthermore, the United Nations Convention on the Elimination of all forms of Discrimination against Women (CEDAW) imposes the legal obligation of providing the same selection criteria for both men and women (Article 11(1) (b)). Remuneration is also an important component in the recruitment and selection practices in companies. The Equal Remuneration Convention No. 100 (1951) of the International Labour Organisation (ILO), to which Mauritius is a State Party, clearly confers a protection on individuals being treated unfairly and in a discriminatory way for remuneration (article 1(a)). Recruitment and selection practices should also be in line with the ILO's Minimum Age Convention No. 138 (1973) in the sense that recruitment age should be one which is in line with the physical and mental development of young persons (article 1) and should not be lower than 18 if the job represents a danger to the health, safety or morals of young persons (article 3(1)).

Training and development are two immensely important components in the career of an individual. International law does provide for legal obligation as to how training and development should be carried out. Article 10 (a) of the CEDAW provides that training and development must be free from discrimination and done in line with equality with men and women. In addition, article 6 (2) of the International Covenant on Economic, Social and Cultural Rights (ICESCR) is to the effect that the right to work of every individual is to be fully achieved by providing technical and vocational training and development opportunities. It implies that training and development opportunities that enhance employees' performance are legal obligations to be fulfilled by the state and companies.

The ICESCR considers wages and compensation are essential component of the right to work, which includes the right of everyone to the opportunity to gain his living by work which he freely chooses or accepts in its article 6. Article 7 further specifies that fair wages and equal remuneration for work of equal value without distinction of any kind fulfils the right to enjoy just and favourable conditions of work. The law demands that state parties ensure a decent living for not only the workers but their families also (article 7(a) (ii)). Article 2(2) of the ILO's Equal Remuneration Convention provides that wages and compensation may be determined by national laws or regulations, legally established or recognised machinery for wage determination, collective agreements between employers and workers or a combination of these various means. This clearly demonstrates the obligation of employers to guarantee decent and fair wages and compensations. ILO's Protection of Wages Convention No. 95 (1949) imposes on state parties legal obligations in view of protecting the wages of employees. For instance, it is the employee's personal right to see how s/he wants to dispose of the salary and wages. Forceful buying of the company's shares for instance is prohibited.

Employees' participation and empowerment are important in order to allow employees to enjoy some autonomy and to be in a position of relative force which will allow them to take, together with employer, crucial decisions. The ILO's Freedom of Association and Protection of the Right to Organise Convention No. 87 (1948) confers the protection to employees on their right to association which includes forming clubs, committees, trade unions and associations. They are also conferred with the right to organise by the same law (article 11) which includes the organisation of protest, demonstration or even strike. The ILO's Right to Organise and Collective Bargaining Convention No. 98 (1949) provides for further protection against acts on behalf of the employer which would prevent employees to join trade union.

We would expect the Top 100 companies in Mauritius to adopt these HRM practices/strategies as part of a system that would reflect the human rights and labour standards.

II. Human Capital Management (HCM) drivers

Bassi and McMurrer (2007) identified a core set of human capital management drivers that predict performance across a broad array of organizations and operations. These drivers fall into five major categories: leadership practices, employee engagement, knowledge accessibility, workforce optimization and organizational learning capacity. Organisations' strengths and weaknesses in human capital management can be assessed by monitoring the performances of the 23 HCM practices that fall within the five broad HCM driver categories. Moreover, the authors added that improvement or declines in organizational performance can be related directly to improvement or decline in HCM practices.

The five HCM drivers and 23 HCM practices are as follows:

Leadership practices: Communication, Inclusiveness, Supervisory skills, Executive skills, and Systems.

Employee Engagement: Job design, Commitment, Time, and Systems.

Knowledge Accessibility: Availability, Collaboration, Information sharing, and Systems.

Workforce Optimisation: Processes, Conditions, Accountability, Hiring and Systems.

Learning Capacity: Innovation, Training, Development, Value and Support, and Systems.

The HCM drivers could find their way in the following Articles:

Article 7 of the ICESCR provides for rest, leisure and reasonable limitation of working hours and periodic holidays with pay, as well as remuneration for public holidays. This could be essential for a good work/life balance.

Article 6 of the ICESCR – The steps to be taken by a State Party to the present Covenant to achieve the full realization of this right shall include technical and vocational guidance and training programmes, policies and techniques to achieve steady economic, social and cultural development and full and productive employment under conditions safeguarding fundamental political and economic freedoms to the individual.

We would expect the Top 100 companies in Mauritius to embrace the HCM drivers and practices that would reflect the human rights and labour standards.

III. Great Place to Work (GPTW) dimensions

For organisations to be successful, it is important to create a great workplace. Levering (2000) defined a great place to work as a place where employees trust the people they work for, have pride in what they do and enjoy the people they work with. Credibility, respect, fairness, pride and camaraderie are the dimensions of the great place to work and these dimensions can facilitate the implementation of HRM strategies for better organisational performance. The great place to work dimensions and characteristics are as follows:

Credibility – Communication, Competence, and Integrity.

Respect – Support, Collaborating, and Caring.

Fairness – Equity, Impartiality, and Justice.

Pride – Personal job, Team, and Company.

Camaraderie – Intimacy, Hospitality and Community.

Respect shown towards the workers/employees would amount to treating them with dignity. The concept of dignity has been enshrined in the ICESCR under the preamble which provides that these rights derive from the inherent dignity of the human person.

Fairness can only be achieved when the work place is one which is free from discrimination or discriminatory acts. Protection from discrimination is one of the pillars of almost every human rights convention including the Universal Declaration of Human Rights, the ICCPR and the ICERSCR by way of their articles 2.

Again, camaraderie could be linked with the obligation to provide for the best possible working conditions which is in article 7 of the ICESCR.

We would expect the Top 100 companies in Mauritius to embrace the GPTW dimensions and characteristics that would reflect the human rights and labour standards.

IV. The Big Idea

Big Idea concept encompasses the link between sources of HR advantage and organisational performance improvement. Organisations with the Big Idea attributes developed strong values and an inclusive culture that covered customers, suppliers and employees, Purcell, Kinnie and Hutchinson (2003). The five attributes are Embedded; Connected; Enduring; Collective; Measured and Managed.

According to Articles 6 and 7 of the ICESCR, managers have the role to ensure that the employees have the best possible environment to work in and that they do not face any discriminatory practice that can hamper their development at work.

We would expect the Top 100 companies in Mauritius to embrace the Big Idea attributes that would match the human rights and labour standards.

Methodology

The research question for this study is whether the companies in Mauritius are adopting HRM strategies and practices in line with the International Human Rights and Labour Standards. Since the Top 100 companies in Mauritius are the most likely to engage in international trade, they were the organisations under investigation. Thus, the research objectives are to identify HR strategies adopted by Top 100 companies in Mauritius, and determine whether the adopted HR strategies are in line with the Human Rights Standards.

Secondary data, from a previous study in 2013, about HRM strategies adopted by Top 100 companies in Mauritius, was the basis for assessing their degree of alignment with international human rights and labour standards. The 2013 study collected data through a questionnaire administered via face-to-face interviews with HR managers of the Top 100 companies in Mauritius. The questionnaire had mostly five point Likert scale questions pertaining to HRM strategies, HCM drivers, GPTW dimensions and the Big Idea attributes, where respondents were asked to rate their organisations on given statements using a 0-to-5 scale (0=not applicable, 1=strongly disagree, 2= disagree, 3= neutral, 4= agree and 5= strongly agree) based on the years 2009, 2010 and 2011, which corresponded to the financial crisis period. Due to confidentiality of information and the busy schedules of managers, information was obtained from 35 companies only, resulting in a response rate of 35%.

It has to be highlighted that the various international human rights instruments mentioned, and used as standards to assess how Top 100 companies are dealing with them, have been signed and ratified by the

State of Mauritius. Mauritius follows the dualism school of legal thought when it comes to international law. In other words, the instrument ratified has to go to parliament and be the subject of an Act of Parliament which is referred to as the process of transposition of norms. However, Mauritius' international commitment to these instruments at the international level can be interpreted as a legal obligation that it has undertaken to be respected in good faith even without the process of transposition of norms being completed.

The study consisted of an assessment of how and to what extent human resources strategies and policies were in line with the international obligations that the State of Mauritius has under international human rights law and labour standards. The website of the United Nations was used as the database providing for information pertaining to human rights instruments that have been signed and ratified or acceded to by Mauritius.[5] The International Labour Organisation was another database that was relied upon as a source of information on the labour principles related obligations to which Mauritius is bound.[6] The full list of treaties and conventions that were relevant to the present study was accessed from the Ministry of Foreign Affairs website which provided for updated information as at December 2007.[7]

Findings and Analysis

The respondents were mainly Human Resources Managers (88.6%) and HR Assistants (11.4%), with 42.9% have been working between 6 to 10 years, 31.4% between 11 years and above, and 25.7% worked less than 5 years in their respective organisations. The respondents were from companies of various sectors: 31.4% Manufacturing sector, 16% Energy sector, 14.3% Automobile sector, 12% Food and Agricultural sector, 11.4% Banking sector, 10% Insurance sector and 4.9% Telecommunication sector.

V. HPWP and Human Rights

When matching the HR strategies/practices with human rights standards, the highly adopted High Performance Work Practices were

5 United Nations Office of the High Commissioner for Human Rights available at http://www.ohchr.org/EN/Pages/Home.aspx.

6 International Labour Organisation available at http://www.ilo.org/global/about-the-ilo/lang--en/index.htm.

7 Ministry of Foreign Affairs, Regional Integration and International Trade – List of Conventions and Treaties available at http://foreign.govmu.org/English/conventons/Pages/List-of-Conventions-and-Treaties.aspx.

namely Recruitment and Selection; Teamwork; and Information Sharing and Communication. The HR practices such as Employee Participation and Empowerment; Performance Appraisal/Management; Training and Development; and Wages and Compensation were moderately adopted, whereas Employment Security was weakly adopted. This adoption, to varying degrees, of the High Performance Work Practices shows a rather pick and mix approach which is not suited for the building of a coherent and integrated HR system supportive of organisational performance.

Table 4.1. Recruitment and Selection

Recruitment and Selection Practices	2009	2010	2011	Average Mean	Applicable law
Consideration is given to internal candidates before outside recruitment begins.	4.14	4.14	4.57	4.28	Article 2 of the ICCPR
Recruitment and selection is done selectively and strictly.	4	4.36	4.5	4.29	Article 11 of the CEDAW
Selection is based on skill requirements.	4.21	3.86	4.57	4.21	Article 1 & 3 of the ILO Minimum Age Convention
The recruitment and selection criteria are in line with the values of the organization.	3.71	4.14	4.07	3.97	Indirectly – All the provisions cited here.
Recruitment and selection is fair.	4	3.71	4.36	4.02	Article 4 of the ICCPR & article 2(2) of the ICESCR
Overall Recruitment and Selection Practices	*4.01*	*4.04*	*4.41*	**4.15**	

The Recruitment and Selection practices of the Top 100 companies were in line with the International Human Rights and Labour Standards namely Article 2 of the ICCPR; Article 11 of the CEDAW; Article 1 & 3 of the ILO Minimum Age Convention; Article 4 of the ICCPR and Article 2(2) of the ICESCR.

Table 4.2. Teamwork

Teamwork practices:	2009	2010	2011	Average Mean	Applicable law
Employees are encouraged to work in teams.	4.21	4.29	4.5	4.33	Article 7 of the ICESCR
Team performance is better than individual performance.	4	4.21	4.36	4.19	Article 6 and 7 of the ICESCR
Teamwork has led to job satisfaction.	3.29	3.43	3.71	3.48	Article 6 and 7 of the ICESCR
Overall Teamwork practices	*3.83*	*3.98*	*4.19*	**4.00**	

The Teamwork practices of the Top 100 companies were in line with the International Human Rights and Labour Standards namely Articles 6 and 7 of the ICESCR.

Table 4.3. Information Sharing and Communication

Information Sharing and Communication practices:	2009	2010	2011	Average Mean	Applicable law
Organizational information is shared with employees.	3.93	4.07	4.14	4.05	Article 19 of the ICCPR
There is an open communication between management and employees.	4	4.21	4.36	4.19	Preamble of the ICESCR on dignity and article 19 of the ICCPR
Sharing of information has increased employee motivation.	3.57	3.64	3.79	3.67	Article 19 of the ICCPR and article 7 of the ICESCR
Overall Information Sharing and Communication practices	*3.83*	*3.97*	*4.1*	**3.97**	

The Information Sharing and Communication practices of the Top 100 companies were in line with the International Human Rights and Labour Standards namely Article 19 of the ICCPR which provides for the freedom of employees to seek, receive and impart information and ideas of all kinds.

Table 4.4. Employee Participation and Empowerment

Employee Participation and Empowerment practices:	2009	2010	2011	Average Mean	Applicable law
Employees are involved in decision making.	3.21	3.29	3.64	3.38	Article 19 of the ICCPR
The management delegates responsibilities to employees.	3.64	3.79	3.86	3.76	Article 1 of the ICCPR and the ICESCR
Employees are given autonomy while performing their jobs.	3.64	3.79	4.07	3.83	Article 7 of the ICESCR and Article 1 of the ICCPR
Employee empowerment has increased employee skills and abilities.	3.79	3.93	4.21	3.98	Article 6 and 7 of the ICESCR
Employee participation has increased employee satisfaction.	3.29	3.29	3.64	3.41	Article 6 and 7 of the ICESCR
Employee participation has reduced absenteeism and turnover.	2.36	2.43	2.64	2.48	Article 6 and 7 of the ICESCR
Employee participation has increased employee productivity.	3.57	3.64	3.71	3.64	Article 6 and 7 of the ICESCR and article 1 of the ICCPR
Overall Employee Participation and Empowerment practices	*3.36*	*3.45*	*3.68*	**3.50**	

The Employee Participation and Empowerment practices of the Top 100 companies were in line with the International Human Rights and Labour Standards namely Article 1 of the ICCPR and the ICESCR; Articles 6 and 7 of the ICESCR; Article 19 of the ICCPR.

Table 4.5. Performance Appraisal/Management

Performance appraisal/management practices:	2009	2010	2011	Average Mean	Application law
Employees regularly (at least once a year) receive an evaluation of their performance.	3.57	3.71	3.86	3.71	Article 1 of the ICCPR and article 1 of the ICESCR
Employees are given constructive suggestions to improve their performance, through regular formal and informal meetings.	3.36	3.57	3.71	3.55	Article 1 of the ICCPR and article 1 of the ICESCR
Your performance appraisal has increased employees skills and abilities.	2.93	3	3.21	3.05	Article 1 of the ICCPR and article 1 of the ICESCR
Overall Performance appraisal/management practices	*3.29*	*3.42*	*3.59*	**3.43**	

The Performance Appraisal/Management practices of the Top 100 companies were in line with the International Human Rights and Labour Standards namely Article 1 of the ICCPR and Article 1 of the ICESCR in relation to protection from discrimination were applied to ensure that employees are subject to a legal and fair appraisal procedure.

Table 4.6. Training and Development

Training and Development practices:	2009	2010	2011	Average Mean	Applicable law
Extensive training is provided to all employees.	3.43	3.71	3.93	3.69	Article 6(2) of the ICESCR
Training needs and objectives are communicated to trainees.	3.14	3.86	4	3.67	Article 19(2) of the ICCPR
Employees are involved in the design of training programs.	3.07	3.21	3.36	3.21	Indirectly related all the discrimination provisions + article 6 of ICESCR and 19 of the ICCPR
There are development programs for all employees.	3.43	3.79	4	3.74	Article 2 of ICCPR and article 2 of the ICESCR
Each employee possesses a personal development plan.	2.86	3	3.14	3.00	Article 1 of the ICCPR and article 1 of the ICESCR
Training has increased employee performance in the organization.	3.57	3.57	3.79	3.64	Article 1 of the ICESCR and article 1 of the ICCPR
Overall Training and Development practices	*3.25*	*3.52*	*3.70*	**3.49**	

The Training and Development practices of the Top 100 companies were in line with the International Human Rights and Labour Standards namely Article 1 of the ICESCR; Article 1 of the ICCPR; Article 2 of ICCPR; Article 2 of the ICESCR; Article 6 of ICESCR, Article 19 of the ICCPR; Article 6(2) of the ICESCR; Article 19(2) of the ICCPR; and all the discrimination provisions.

Table 4.7. Wages and Compensation

Wage and Compensation practices:	2009	2010	2011	Average Mean	Applicable law
Employees earn higher than average wages.	3.5	3.5	3.86	3.62	Article 6 of the ICESCR
Compensations are based on performance.	3.5	3.57	3.86	3.64	Indirectly linked with discrimination provisions and article 1 of the ICESCR
The pay ratio between the CEO and employee does not exceed 20:1.	2.93	2.93	3.21	3.02	Article 6 of the ICESCR and Preamble of the ICCPR on dignity
Everyone in the organization possesses share ownership plans.	2.36	2.5	2.71	2.52	ILO's Protection of Wages Convention No 95 (1949)
Compensation based on performance has increased employee motivation.	3.14	3.29	3.43	3.29	Article 7 of the ICESCR
Overall Wage and Compensation practices	*3.09*	*3.16*	*3.41*	**3.22**	

The Wages and Compensation practices of the Top 100 companies were in line with the International Human Rights and Labour Standards namely Article 1 of the ICESCR; Article 6 of the ICESCR; Article 7 of the ICESCR; Preamble of the ICCPR on dignity; ILO's Protection of Wages Convention No. 95 (1949); and with the discrimination provisions.

Table 4.8. Employment Security

Employment Security practices:	2009	2010	2011	Average Mean	Applicable law
The organization provides job security.	3.57	3.57	3.64	3.59	Article 6 and 7 of the ICESCR
Plans are developed to reduce employees' anxiety about job security.	2.57	3.14	3.14	2.95	Article 6 and 7 of the ICESCR
Eliminating employees' anxiety about job security has increased employee productivity.	2.36	2.57	2.93	2.62	Article 6 and 7 of the ICESCR
Overall Employment Security practices	*2.83*	*3.09*	*3.24*	**3.05**	

The Employment Security practices of the Top 100 companies were in line with the International Human Rights and Labour Standards namely Article 6 and Article 7 of the ICESCR which recognise the right of everyone to the enjoyment of just and favourable conditions of work.

VI. HCM drivers and Human Rights

When considering the Human Capital Management drivers and the Human Rights Standards, Workforce Optimisation, Leadership Practices, and Knowledge Accessibility were highly addressed, whereas Learning Capacity and Employee Engagement were moderately addressed drivers.

Table 4.9. Workforce Optimization

Workforce Optimization:	2009	2010	2011	Average Mean	Applicable law
Work processes are well defined and training is effective.	3.5	3.64	3.71	3.62	Article 1 of the ICESCR and ICCPR
Working conditions support high performance.	3.79	3.93	4	3.91	Article 1 of the ICESCR and ICCPR
High performance is expected and rewarded.	4	4.14	4.29	4.14	Article 1 of the ICESCR and ICCPR
Hires are chosen on the basis of skill; new hires complete a thorough orientation.	3.79	3.93	4.21	3.98	All the discrimination provisions applicable
Employee performance management systems are effective.	3.64	3.71	3.79	3.71	Article 7 of the ICESCR
Overall mean for workforce optimization	*3.74*	*3.87*	*4*	**3.87**	

The Workforce Optimization practices of the Top 100 companies were in line with the International Human Rights and Labour Standards namely Article 1 of the ICESCR and ICCPR; Article 7 of the ICESCR; and all the discrimination provisions.

Table 4.10. Leadership Practices

Leadership Practices:	2009	2010	2011	Average Mean	Applicable law
Management's communication is open and effective.	3.71	4	4.14	3.95	Article 19 of the ICCPR
Management collaborates with employees and invites input.	3.5	3.71	3.71	3.64	Article 1 of the ICESCR and ICCPR
Managers eliminate barriers, provide feedback and inspire confidence.	3.71	3.93	3.93	3.86	Article 19 of ICCPR and Article 1 of the ICESCR
Senior executives eliminate barriers, provide feedback and inspire confidence.	3.71	3.79	3.86	3.79	Preamble of the ICESCR and ICCPR on the concept of dignity
Leadership development and transition systems are effective.	3.36	3.43	3.43	3.41	Article 6 and 7 of the ICESCR
Overall Leadership Practices	*3.6*	*3.77*	*3.81*	**3.73**	

The Leadership practices of the Top 100 companies were in line with the International Human Rights and Labour Standards namely Article 1 of the ICESCR; Articles 6 and 7 of the ICESCR; Article 19 of ICCPR; and the Preamble of the ICESCR and ICCPR on the concept of dignity

Table 4.11. Knowledge Accessibility

Knowledge Accessibility:	2009	2010	2011	Average Mean	Applicable law
Job related information and training are readily available.	3.36	3.64	3.71	3.57	Article 19 of the ICCPR
Teamwork is encouraged and enabled.	4.07	4.14	4.21	4.14	Article 11 of the ILO Convention No 87 and article 7 of the ICESCR
Best practices are shared and improved.	3.79	4	4	3.93	Article 1 of the ICESCR
Collection systems make information easily available.	3.07	3.21	3.29	3.19	Article 19 of the ICCPR
Overall mean for knowledge accessibility.	*3.57*	*3.75*	*3.80*	**3.71**	

The Knowledge Accessibility practices of the Top 100 companies were in line with the International Human Rights and Labour Standards namely Article 1 of the ICESCR; Article 7 of the ICESCR; Article 19 of the ICCPR; and Article 11 of the ILO Convention No. 87.

Table 4.12. Learning Capacity

Learning Capacity:	2009	2010	2011	Average Mean	Applicable law
New ideas are welcomed.	4.14	4.14	4.21	4.16	Article 1 of the ICESCR
Training is practical and supports organizational goals.	3.86	3.93	4.21	4.00	Article 1 of the ICESCR
Employees have formal career development plans.	3.14	3.29	3.57	3.33	Article 1 of the ICESCR
Leaders demonstrate that learning is valued.	3.29	3.5	3.64	3.48	Indirectly right to education also – article 13 of the ICESCR
A learning management system automates aspects of training.	3.07	3.43	3.5	3.33	Article 13 and 7 of ICESR
Overall mean for learning capacity	*3.5*	*3.66*	*3.83*	**3.66**	

The Learning Capacity practices of the Top 100 companies were in line with the International Human Rights and Labour Standards namely Article 1 of the ICESCR; Right to education and Article 13 of the ICESCR; Article 13 and 7 of ICESR.

Table 4.13. Employee Engagement

Employee Engagement:	2009	2010	2011	Average Mean	Applicable law
Work is well organized and taps employees' skills.	3.71	3.71	3.79	3.74	Article 1 of the ICESCR and article 6 and 7 of the ICESCR
Jobs are secure, employees are recognized and advancement is possible.	3.43	3.57	3.64	3.55	Article 7 of the ICESCR
Workload allows employees to do jobs well and enables good work/life balance.	3.14	3.14	3.29	3.19	Article 7 of the ICESCR
Employees' engagement is continually evaluated.	*3.21*	*3.29*	*3.36*	3.29	Article 7 of the ICESR
Overall mean for Employee Engagement	*3.37*	*3.42*	*3.52*	**3.44**	

The Employee Engagement practices of the Top 100 companies were in line with the International Human Rights and Labour Standards namely Article 1 of the ICESCR; Articles 6 and 7 of the ICESCR; Article 7 of the ICESR.

VII. GPTW and Human Rights

When addressing the five dimensions of Great Place to Work and the Human Rights Standards, it can be observed that they were moderately (Fairness and Pride) to highly adopted (Credibility; Respect; and Camaraderie). However, the building of Trust in the organisations is adversely affected by the fact that the Credibility, Respect and Fairness dimensions had been diversely addressed.

Table 4.14. Credibility

Credibility:	2009	2010	2011	Average Mean	Applicable law
Managers freely shares information with people to help them to do their work.	3.71	4	4.21	3.97	Article 19 of the ICCPR
Managers give people clear idea of what is expected from them.	3.64	4	4.07	3.90	Article 19 of the ICESR and article 7 of the ICESCR
Managers regularly share information with people about the industry, operations and financial context.	3.57	3.71	3.86	3.71	Article 19 of the ICESCR
The management understands the mission, vision, and values of the organization and uses this information to communicate/make decisions.	3.71	4	4.14	3.95	Can be indirectly linked with discrimination clauses and article 19 of ICCPR and article 7 of the ICESCR
Managers are the role model of the behaviour expected from people in the organization.	3.07	3.29	3.57	3.31	Article 7 of the ICESCR
The management's actions are consistent with values of the organization and their own public statements.	3.21	3.36	3.43	3.33	Preamble of the ICCPR on dignity and also associated with discrimination clauses
Overall mean	*3.49*	*3.77*	*3.88*	**3.71**	

The Credibility dimension characteristics of the Top 100 companies were in line with the International Human Rights and Labour Standards namely Article 19 of the ICCPR; Article 19 of the ICESR and Article 7 of the ICESCR; Article 19 of the ICESCR; Preamble of the ICCPR on dignity; and the Discrimination clauses.

Table 4.15. Respect

Respect:	2009	2010	2011	Average Mean	
Managers enable people to get the training and development they need for their career success.	3.21	3.43	3.57	3.40	Article 6 of the ICESCR
The management makes sure that people have the resources they need to do their jobs well.	3.71	3.93	4.14	3.93	Article 6 of the ICESCR
Opportunities are created for the management and employees to decide together on the best course of action.	3.43	3.71	3.79	3.64	Article 7 of the ICESCR
Managers make sure that people are involved in the decisions that affect them.	3.21	3.36	3.64	3.40	Article 1 of the ICESCR and ICCPR
Managers allow people to take time off when they need to.	3.57	3.79	3.93	3.76	Article 7 of the ICESCR
Overall mean	*3.43*	*3.64*	*3.81*	**3.63**	

The Respect dimension characteristics of the Top 100 companies were in line with the International Human Rights and Labour Standards namely Article 1 of the ICESCR and ICCPR; Article 6 of the ICESCR; and Article 7 of the ICESCR.

Table 4.16. Camaraderie

Camaraderie:	2009	2010	2011	Average Mean	Applicable law
Everybody express their beliefs and concerns openly while doing the best for the organization and teams.	3.29	3.43	3.43	3.38	Preamble of the ICESCR on dignity and Article 6 and 7 of the iCESCR
Managers take action to help people in times of need.	3.71	3.79	3.79	3.76	Preamble of the ICESCR on dignity and Article 6 and 7 of the iCESCR
The management coordinates and support activities to help new and transferred employees feel welcome.	3.79	3.93	3.93	3.88	Preamble of the ICESCR on dignity and Article 6 and 7 of the iCESCR
Managers help to create and maintain a relaxed atmosphere in the organization.	3.57	3.64	3.71	3.64	Preamble of the ICESCR on dignity and Article 6 and 7 of the iCESCR
The management creates opportunities for people in different departments of the organization to meet.	3.14	3.29	3.36	3.26	Preamble of the ICESCR on dignity and Article 6 and 7 of the iCESCR
The management ensures that new hires are warmly welcomed to the team.	3.71	3.86	3.93	3.83	Preamble of the ICESCR on dignity and Article 6 and 7 of the iCESCR
Overall mean	*3.54*	*3.66*	*3.69*	**3.63**	

The Camaraderie dimension characteristics of the Top 100 companies were in line with the International Human Rights and Labour Standards namely Preamble of the ICESCR on dignity; and Articles 6 and 7 of the iCESCR.

Table 4.17. Fairness

Fairness:	2009	2010	2011	Average Mean	Applicable law
The management communicates about the distribution of profits made by the organization.	3.43	3.43	3.64	3.50	All the discrimination clauses
The management ensures that there is fair pay for the people in the organization.	3.36	3.29	3.36	3.34	All the discrimination clauses
Managers avoid giving employees preferential treatment.	3.07	3.21	3.14	3.14	All the discrimination clauses
Managers give people opportunities and treat people with respect regardless of their age, gender and race.	3.79	3.86	3.86	3.84	All the discrimination clauses
Managers ensure that people are well positioned for promotions when they are ready for advancement.	3.43	3.5	3.57	3.50	All the discrimination clauses
Overall mean	*3.42*	*3.46*	*3.51*	**3.46**	

The Fairness dimension characteristics of the Top 100 companies were in line with the International Human Rights and Labour Standards namely all the discrimination clauses.

Table 4.18. Pride

Pride:	2009	2010	2011	Average Mean	Applicable law
Managers encourage people to share their unique skills and talents with the team.	3.57	3.57	3.64	3.59	Preamble of the ICESCR on dignity and article 6 and 7 of the ICESCR
Managers frequently tell people how their unique skills and talents benefit the team and the organization.	3.43	3.71	3.71	3.62	Preamble of the ICESCR on dignity and article 6 and 7 of the ICESCR
Managers help people to understand how the work they do make a difference.	3.64	3.71	3.79	3.71	Preamble of the ICESCR on dignity and article 6 and 7 of the ICESCR
Team accomplishments are celebrated in the organization.	3.07	3.14	3.14	3.12	Preamble of the ICESCR on dignity and article 6 and 7 of the ICESCR
The management ensures that people gets information about how the organization impacts the community.	2.79	2.86	2.86	2.84	Preamble of the ICESCR on dignity and article 6 and 7 of the ICESCR
Managers help teams to understand how their works together make a difference.	2.86	2.93	2.93	2.91	Preamble of the ICESCR on dignity and article 6 and 7 of the ICESCR
Overall mean	*3.22*	*3.32*	*3.35*	**3.30**	

The Pride dimension characteristics of the Top 100 companies were in line with the International Human Rights and Labour Standards namely the Preamble of the ICESCR on dignity; and Articles 6 and 7 of the ICESCR.

VIII. The Big Idea and Human Rights

The respondents indicated that their organisations possessed the Big Idea attributes, while being in line with the International Human Rights and Labour Standards namely Articles 1, 6 and 7 of the ICESCR; Article 19 of the ICCPR; Preamble on dignity of the ICESCR; and the discrimination clauses.

This confirm that the managers in these organisations are ensuring that the employees have the best possible environment to work in and that they do not face any discriminatory practice that can hamper their development at work.

Table 4.19. The Big Idea attributes

The Big Idea Concept:	2009	2010	2011	Average Mean	Applicable law
The values of the organization are widely shared and are reflected in the everyday actions of employees.	3.29	3.36	3.57	3.41	Article 19 of the ICCPR
The treatment of customers is linked to how staff is managed.	3.79	3.86	4.21	3.95	Preamble on Dignity of the ICESCR
The values of the organization are enduring and stable in difficult and changing circumstances.	4	4.07	4.29	4.12	Discrimination clauses
Established routines are present for sharing best practices and knowledge across the organization.	3.79	3.79	3.93	3.84	Article 19 of the ICCPR and article 6 and 7 of the ICESCR
The balance scorecard or equivalent methods are used to measure performance as a means of integrating different functional areas.	3.5	3.64	3.71	3.62	Article 1 and 7 of the ICESCR
Overall mean	*3.67*	*3.74*	*3.94*	**3.78**	

As a general comment, the findings from the four constructs under investigation namely HPWP, HCM drivers, GPTW and the Big Idea demonstrated a trend towards the adopted HRM strategies of the Top 100 companies being aligned with international human rights and labour standards.

IX. Recommendations and Conclusion

To enhance the propensity for the HR practices and strategies of companies in Mauritius to be aligned with the international human rights and labour standards, some improvements could be made to their approach with regards to the four constructs investigated here.

These organisations would have to consider the great place to work (GPTW) dimensions as a whole and address them in a systemic way. Hence, they will have to enhance the Fairness dimension by considering policies that will ensure that there is fair pay for the people, and that there is avoidance of giving preferential treatment to people. For the Pride dimension they would need to reinforce policies for team accomplishments to be celebrated while ensuring that people get information about how the organisation impacts the community, and help teams to understand how their work together make a difference.

With regards to the high performance work practices (HPWP), the HRM practices and strategies should be viewed as a system and implemented in a coherent and integrated manner, rather than adopting a pick and mix approach. Organisations can also improve on their Training and Development practices by ensuring all employees possess a personal development plan and evaluation of Training and development programmes is done towards demonstrating organisational outcomes achievement. The Performance Appraisal/Management practices could emphasise developmental purposes rather than just being evaluative and reward driven. The Wages and Compensation practices should consider offering share ownership schemes to all employees and ensure that the pay ratio between CEO and employee does not exceed 20:1. As for the Employee Participation and Empowerment practices, the organisations should involve employees in decision-making particularly in situations directly relevant to them, and they need look into improving on the Employment Security practices by setting up plans to enhance employees' employability which could help in reducing employee anxiety about job security.

To improve their maturity in adopting the Human Capital Management drivers and practices, the organisations will have to enhance their Leadership practices by devoting attention to leadership development with the adoption of effective systems and processes of leadership development towards ensuring smooth leadership transitions; improve the Employee Engagement practices by continuously track and evaluate the level of employee engagement which could influence retention policy decisions as well as determining the factors for productivity and customer satisfaction improvement, and adopting work-life balance programmes; for the Knowledge Accessibility practices, develop a knowledge management infrastructure with processes to generate, capture, develop, organise and distribute knowledge for use and reuse; enhance the Workforce Optimisation practices by ensuring work processes are properly designed, with training provided to all employees to use them effectively and efficiently; finally, improve the Learning Capacity practices by providing employees with formal career development plans, while leaders in their behaviours should demonstrate that learning is valued, and adopt e-learning with the implementation of a learning management system.

As for the final construct, the Big Idea concept, organisations would have to consider initiatives to build shared values across the organisations and embed them in the daily actions of the employees, while consolidating the other attributes since they demonstrated that they already possessed them.

Enhancing the HRM practices and strategies identified under these four constructs investigated in this study, can reinforce the impact of positive interactions in the organisations and eliminate negative ones which would contribute to the organisations in Mauritius doing good and subsequently doing well (Miner, Glomb and Hulin, 2005; Falck and Heblich, 2007; Cappelli, Singh, Singh and Useem, 2010).

This study has demonstrated that there is a trend towards the Top 100 companies in Mauritius adopting HRM strategies aligned with international human rights and labour standards, which had contributed to their success in international trade by being able to penetrate markets with high ethical expectations, and claim premium price for their products and services. This alignment could also explain their resilience during the financial crisis which Stiglitz (2011) referred to as the 'The Mauritius Miracle'. Hence, we can say that doing good through Human Resource Management strategies aligned with Human Rights Standards can improve potential for International Trade. However, the fact that this paper considered secondary data from a 2013 study, further research based on primary data could be done to dig deeper into the relationship between the HRM practices adopted by organisations in Mauritius across all sectors and the international human rights and labour standards.

References

Baumeister, R.F., Bratslavsky, E., Finkenauer, C. and Vohs, K.D. (2001) 'Bad Is Stronger Than Good', *Review of General Psychology*, 5.4, 323-370.

Cappelli, P., Singh, H., Singh, J.V. and Useem, M. (2010) 'Leadership lessons from India', *Harvard Business Review*, March, 2-9.

Draft Articles on Responsibility of International Organizations – *The Canadian Yearbook of International Law* – Vol. 50 (2012) 215.

Falck, O. and Heblich, S. (2007) 'Corporate social responsibility: Doing well by doing good', *Business Horizons*, 50, 247-254.

Kramer, L. (2006) 'Doing Well and Good', June 1, http://www.inc.com/.

Miner, A.G., Glomb, T.M. and Hulin, C. (2005) 'Experience sampling mood and its correlates at work', *Journal of Occupational and Organizational Psychology*, 78, 171-193.

New Guiding Principles on Business and Human Rights endorsed by the UN Human Rights Council – See more at: http://www.ohchr.org/en/NewsEvents/Pages/DisplayNews.aspx?NewsID=11164#sthash.FeiCqHqs.dpuf.

Office of the High Commission for Human Rights – http://www.ohchr.org/EN/NewsEvents/Pages/HRInTheTradeArena.aspx#sthash.D8Xb8PtF.dpuf.

Smith, S. 'Potential human rights impacts of the Trans-Pacific Partnership Agreement' http://www.twn.my/title2/FTAs/General/TPPHumanRights.pdf.

Stiglitz, J.E. (2011) *The Mauritius Miracle*, March 7.

Trudel, R. and Cotte, J. (2009), 'Does it pay to be good?', *Sloan Management Review*, 50.2, 61-68.

Part IV

Harmonisation of Law in the Indian Ocean Region

Partie IV

Harmonisation de droit dans la région de l'océan Indien

L'harmonisation des échanges commerciaux par l'harmonisation des droits nationaux

Élise RALSER

The great disparities that exist, between the different internal rights are factors of legal uncertainty for investors, workers, consumers and therefore constitute obstacles to trade between countries that are neighbours. Harmonise the rules appears necessary. But if material harmonization of these is sometimes considered, or even attempted, it remains largely incomplete or illusory and another way of harmonization is possible by harmonization of the rules of conflict of laws and courts. Furthermore, harmonize trade does not necessarily through the harmonization of national rights when the individual wills instead of political wills, play the same agreement.

*

Les grandes disparités qui existent, sur le fond, entre les différents droits internes sont facteurs d'insécurité juridique pour les investisseurs, les travailleurs, les consommateurs et constituent dès lors autant d'obstacles aux échanges commerciaux entre des pays qui sont pourtant voisins. Harmoniser les règles apparaît alors nécessaire. Mais si l'harmonisation matérielle de celles-ci est parfois envisagée, voire tentée, elle reste en grande partie incomplète ou illusoire et une autre voie d'harmonisation est alors possible, par l'harmonisation des règles de conflit de lois et de juridictions. Par ailleurs, harmoniser les échanges commerciaux ne passe pas nécessairement par l'harmonisation des droits nationaux lorsque les volontés, individuelles, au lieu des volontés politiques, jouent le même accord.

*

Die großen Unterschiede, die zwischen den verschiedenen internen Rechten bestehen, sind Faktoren der Rechtsunsicherheit für Investoren, Arbeitnehmer sowie Verbraucher und bilden somit zahlreiche Handelshemmnisse zwischen benachbarten Ländern. Eine Harmonisierung der Regeln erscheint also notwendig. Aber selbst wenn deren sachliche Harmonisierung manchmal in Betracht gezogen oder sogar versucht wird, bleibt sie weitgehend unvollständig oder illusorisch. Ein anderer Weg ist jedoch möglich, nämlich die Harmonisierung des internationalen Privatrechts und der Zuständigkeiten der Gerichte. Im übrigen geschieht die Harmonisierung des Handelsaustausches nicht notwendigerweise durch Harmonisierung der nationalen Rechte, wenn der individuelle Wille statt des politischen dieselbe Wirkung zeigt.

*

* *

Les échanges commerciaux se diversifient et traversent les frontières et il n'est pas besoin d'être une multinationale pour voir son activité se développer : des produits sont fabriqués dans le pays A et sont vendus dans le pays B, et réciproquement. Par exemple, l'artisan malgache (ou sud-africain) qui fabrique des vanneries ou des jouets en canettes recyclées verra ses productions achetées en quantités par quelques intermédiaires étrangers pour se retrouver ensuite sur les différents marchés forains de La Réunion ou de Maurice. Par exemple encore, un marchand de t-shirts établi à La Réunion fera fabriquer ceux-ci dans les usines de confection mauriciennes ou indiennes pour les vendre ensuite dans ses boutiques réunionnaises ou métropolitaines. Les Mauriciens, connus pour leur sens du tourisme et pour la grande qualité de leurs prestations hôtelières, vont publier des offres sur des sites internet accessibles depuis l'étranger, et attirer ainsi le consommateur européen vers les Mascareignes et, dans le même temps, concluent avec lui une opération de nature internationale. Ainsi, même quand leurs dimensions sont modestes, il s'agit là d'opérations qui mettent en jeu les intérêts du commerce international à partir du moment où une valeur économique d'échange (un bien, un service) va traverser une ou plusieurs frontières. Ces différentes opérations, qui entraînent à leur suite la conclusion de plusieurs contrats (contrat d'intermédiaire, contrat de vente, contrat de transport, etc.), vont obliger leurs acteurs à se frotter à la sphère juridique de plusieurs systèmes différents (pays du vendeur/ pays de l'acheteur). Mais s'y frotter est une chose ; s'y heurter en est une autre. Or, les obstacles sont nombreux, sur la scène internationale, et abolir les barrières tarifaires et commerciales est certes un projet ambitieux et peut-être nécessaire, mais cela ne suffit pas. Il faut aussi éliminer les autres obstacles aux échanges interrégionaux.

Quels sont ces obstacles ? Ceux-ci tiennent principalement à la grande diversité des droits nationaux. Les quelque 7 milliards d'individus dont nous faisons partie sont répartis en 197 États (reconnus par l'ONU), dont certains sont des Fédérations ou sont regroupés au sein d'organisations régionales puissantes donnant naissance à de nouveaux ordres juridiques. Chacun de ces États, chacun de ces ordres juridiques a élaboré son propre droit, son « système juridique ». Chacun de ces droits s'arrête aux frontières. Par ailleurs, chaque droit national étant édicté souverainement peut donner, sur le fond, une réponse potentiellement différente à une même question de droit et cela peut nuire à la continuité des situations juridiques et être facteur d'insécurité juridique pour les investisseurs, les travailleurs, les consommateurs. Valable là, un acte juridique peut être considéré comme nul au-delà ; de nature contractuelle ici, une responsabilité sera ailleurs qualifiée de non contractuelle ; une situation créée ou une décision rendue dans un pays peut ne pas être reconnue au-delà de la frontière de ce pays. Les freins au commerce juridique et économique sont alors nombreux : les droits nationaux prévoient des restrictions légales à la libre circulation des personnes, des biens, etc., fondées sur la nationalité, l'origine, la provenance ; ce sont les fameuses « barrières commerciales ou tarifaires », au cœur de ce colloque. Les droits nationaux contiennent aussi des dispositions internationalement impératives, des lois de police, qui s'imposeront au commerçant étranger. Au-delà, la disparité rend la connaissance des droits (l'accès au droit) plus difficile, ce qui représente un coût non négligeable pour les opérateurs économiques, dont le montant parfois élevé ne peut être supporté par les PME. Dans un contexte international, il faut aussi tenir compte des risques liés à l'élévation d'un litige qui se trouvent multipliés. Si une décision est rendue en faveur de l'un des contractants, il faut encore qu'elle puisse être exécutée dans le pays d'établissement de son adversaire ou dans le pays où des biens saisissables se situent. La diversité dissuade les acteurs du commerce international (surtout les consommateurs et les petites et moyennes entreprises) de s'engager dans des opérations régies par des règles différentes. Par conséquent, de nombreuses transactions ne se feront pas. Le droit constituant ainsi un obstacle aux échanges économiques, la nécessité de gommer les disparités entre les droits nationaux se ferait alors ressentir.

Bien entendu, ce ne sont pas là les seuls enjeux et on peut vouloir harmoniser les droits nationaux pour d'autres raisons, en vue d'autres objectifs que des motifs strictement économiques. Il peut s'agir, par exemple, de reconstruire l'état du droit : soit dans un objectif de rationalisation du droit (comme nous l'avons connu dans l'ancien droit) ; soit pour tenir compte de phénomènes sociaux ou démographiques importants (migrations, mutation des mentalités et de la société). On peut aussi vouloir construire un avenir commun, notamment après un évènement historique majeur (par exemple la Seconde Guerre mondiale ou la décolonisation). C'est dans ce contexte que sont nés le Conseil de l'Europe et les Communautés européennes ou encore, après la décolonisation, les pays fraîchement indépendants ont renoué avec leurs règles, leurs coutumes, leur passé, mais en ont aussi créé de nouvelles. Dans tous les cas, les intérêts en jeu, aussi bien publics que privés, sont nombreux. On a intérêt, politiquement, à unifier le droit sur un territoire pour asseoir son autorité et favoriser les rapports diplomatiques sur la scène internationale ou encore pour mettre son droit en accord avec les évolutions d'une société. On a intérêt, économiquement, à faciliter les migrations, la circulation des biens et des décisions de justice. Unifier son droit permet également de l'harmoniser avec d'autres, ce qui sécurise et favorise les échanges, les développe.

D'un autre côté, les obstacles dénoncés précédemment ne sont pas infranchissables et il peut exister, au contraire, des terrains et des domaines favorables à l'harmonisation et aux échanges.

Parmi les terrains favorables à l'harmonisation, on trouve : une volonté politique commune (c'est ce qui fait la force du droit de l'Union européenne) ; une langue commune (vecteur de la règle de droit, elle favorise la compréhension de la règle et permet également de mieux comparer, d'échanger, pour éventuellement amender une règle et pour donner naissance à une nouvelle) ; une culture juridique et une histoire communes (dues notamment à la colonisation, puis à la décolonisation). Ces différents éléments expliquent pourquoi l'harmonisation à l'échelle géographique régionale (Union européenne, Conseil de l'Europe, OHADA…) conduit généralement aux résultats les mieux aboutis. L'harmonisation des droits nationaux s'inscrit également dans une conception universaliste du droit, qui s'exprime aujourd'hui par la protection des droits et libertés fondamentaux, consacrés par différents supports se situant à un niveau très élevé de la hiérarchie des normes[1] et ce, dans pratiquement tous les domaines, y compris celui de la protection des biens et des relations commerciales : droit au respect de ses biens (droit de propriété) ; liberté du commerce et de l'industrie ; liberté de circulation… On assiste même à un mouvement de fondamentalisation du droit des contrats, notamment sous l'effet de plusieurs arrêts de la Cour européenne des droits de l'homme et de la Cour de justice de l'Union européenne[2] et des nouvelles dispositions en droit des contrats[3]. D'une manière générale, on considère que l'harmonisation des droits permet une meilleure protection de la personne et de ses droits[4].

1 Déclaration des droits de l'homme et du citoyen du 26 août 1789 ; Convention européenne de sauvegarde des droits de l'homme et des libertés fondamentales du 4 novembre 1950 ; Charte des droits fondamentaux de l'Union européenne du 18 décembre 2000.

2 Dans un arrêt du *Zolotas n° 2 c/ Grèce* du 29 janvier 2013 la Cour européenne des droits de l'homme a invoqué la bonne foi et la relation de confiance inhérente aux relations contractuelles pour stigmatiser un État qui n'avait pas prévu d'obliger un banquier à informer le titulaire d'un compte inactif de l'arrivée imminente de la fin d'un fatidique délai de prescription.

3 L'article 1102 du Code civil déclare que la liberté contractuelle ne permet pas de déroger aux règles qui intéressent l'ordre public, mais sa version antérieure à 2016 prévoyait qu'elle ne pourrait pas non plus porter atteinte aux droits et libertés fondamentaux reconnus dans un texte applicable aux relations entre les personnes privées (voir le projet d'ordonnance rendu public le 25 février 2015).

4 Le Conseil constitutionnel, à propos de la codification à droit constant, dans une décision

Quant aux domaines de l'harmonisation, il en est certains où, malgré tous les efforts, celle-ci semble impossible ou très difficile, comme en droit des personnes et de la famille ou en droit constitutionnel ; d'autres où elle semble (à tort ?) plus facile, comme en droit des contrats ; et enfin, il y a les domaines où l'harmonisation est tout à fait envisageable, voire même déjà réalisée : c'est celui du droit du commerce international (notamment dans les secteurs de la vente et du transport). Les échanges commerciaux restent donc le terrain d'élection du droit harmonisé à l'échelle internationale.

Mais si l'on ressent le besoin d'harmoniser entre eux les différents droits nationaux, en quoi consiste cette harmonisation ? Dans le langage courant, harmoniser c'est « mettre en accord », « coordonner, équilibrer, arranger, orchestrer »[5]. Dans le langage juridique, l'harmonisation désigne trois choses : une opération consistant à unifier des ensembles législatifs différents par l'élaboration d'un droit nouveau empruntant aux uns et aux autres ; une opération législative consistant à mettre en accord des dispositions d'origine (et souvent de date) différente ; l'opération consiste alors à coordonner, à mettre de l'ordre ou organiser un simple rapprochement entre deux ou plusieurs systèmes juridiques[6]. Ces différentes opérations (coordination, unification, rapprochement) représentent trois degrés d'harmonisation possibles, mais qui ont en commun de vouloir *mettre en accord* des *réglementations différentes.* L'harmonisation serait un remède à la diversité.

Pour illustrer ce qui va dans ce sens, on parle beaucoup, aujourd'hui, de « mondialisation du droit », de droit « transnational » ou de « droit global ». Mais tout ceci n'existe pas et n'est en réalité qu'un mirage ; chatoyant, certes, mais un mirage : la diversité est irréductible (on ne pourra jamais la supprimer) et elle n'est pas un défaut, bien au contraire ; elle devrait apparaître comme une richesse. On perçoit du reste tout ce qu'un droit réellement uniformisé aurait de profondément ennuyeux[7]. Mais comme c'est souvent le cas pour tout ce qui est précieux, il faut

---

notable du 16 décembre 1999, a clairement posé que l'accessibilité et l'intelligibilité de la loi répondaient à un objectif de valeur constitutionnelle et étaient essentielles au respect de l'égalité devant la loi et de la « garantie des droits » des citoyens.

5 Dictionnaire *Le Petit Robert*. On notera que, en musique, des notes harmonieuses constituent un « accord » et qu'« accorder ses violons » est un préalable nécessaire à une bonne entente (au sens figuré) ainsi qu'à la paix de nos oreilles (des instruments non accordés ou une association malheureuse de notes de musique sonnent « faux » torturent les tympans et les victimes ne songent qu'à se détourner de la source de leur désagrément). Il en est ensuite de la musique comme du droit.

6 *Vocabulaire juridique Cornu.*

7 « L'ennui naquit un jour de l'uniformité ; c'est un grand agrément que la diversité » Antoine Houdar de la Motte, *Les amis trop d'accord*, Fables, 1719.

savoir tailler la matière brute pour la mettre en valeur et en révéler l'éclat, comme le disait René David en 1968 : « Le problème n'est pas, de nos jours, de savoir si l'unification du droit se fera ; il est de savoir comment elle se fera »[8]. Mais avec quels outils ? La première réponse qui vient à l'esprit : en adoptant des règles communes. C'est l'harmonisation des échanges commerciaux par la réglementation. Mais en réalité, ce n'est pas là la seule voie possible. Trop de réglementation nuit parfois, voire souvent, à la réglementation. Et si, donc, nous ne faisions rien ? Peut-être pourrions-nous nous passer, pour une fois, de réglementation ? C'est l'harmonisation des échanges commerciaux sans réglementation.

I. L'harmonisation des échanges commerciaux par la réglementation

L'harmonisation des droits nationaux par la réglementation est évidemment la voie la plus classique. L'opération consiste à adopter des règles communes pour faciliter, ensuite, les échanges. Plusieurs méthodes et différents instruments permettent d'y parvenir.

Les différentes méthodes d'harmonisation, tout d'abord, sont principalement les méthodes substantielle et conflictuelle.

La méthode substantielle, d'un côté, consiste à unifier (sur le fond) et uniformiser (sur la forme) des règles matérielles communes à plusieurs droits nationaux qui auront ainsi le même *corpus* de règles positives, ce qui, bien entendu, présente quelques avantages. On peut citer ici la Convention de Vienne du 11 avril 1980 sur la vente internationale de marchandises (CVIM), le droit de l'Union européenne[9], le droit OHADA[10]. Avoir la même règle de droit qu'un autre État permet ainsi, assurément, d'avoir une meilleure connaissance du droit de cet État et expose à moins de risques. La méthode présente, cependant, quelques inconvénients non négligeables, ce qui explique en partie pourquoi les

8 « Les méthodes de l'unification », in *Le droit comparé - droits d'hier, droits de demain,* Economica, 1982, p. 304.

9 Le droit européen matériel forme un ensemble de règles matérielles uniformes (lorsqu'elles prennent la forme d'un règlement) ou voisines (lorsqu'elles prennent celle d'une directive). Cela forme un ensemble cohérent de droit international régional.

10 OHADA : Organisation pour l'harmonisation en Afrique du droit des affaires. Le Traité de Port-Louis du 17 octobre 1993 (révisé en 2008) regroupe 17 États africains et constitue une réalisation tout à fait exceptionnelle en termes d'intégration juridique. L'organisation régionale s'est dotée d'actes uniformes qui sont directement applicables dans les pays membres et couvrent des pans majeurs du droit des affaires (droit commercial général, droit des sociétés commerciales, sûretés, procédures collectives, arbitrage…). Le droit OHADA réalise également une harmonisation à l'échelle nationale puisqu'il ne s'applique pas seulement dans le commerce international, mais aussi dans le commerce interne.

règles matérielles internationales sont si peu nombreuses. Il est souvent difficile, en effet, de trouver un terrain d'entente (l'idée d'avoir un jour un « code civil européen » est devenue utopique)[11] et harmoniser à l'échelle internationale, c'est renoncer à une partie de ses règles internes, ce que beaucoup ne sont pas prêts à assumer. L'harmonisation est ensuite souvent incomplète : ces règles ne concerneront que certains domaines (notamment ceux du commerce ou du transport) et, même dans ces domaines limités, l'harmonisation ne sera pas totale (la CVIM, par exemple, ne traite que de certains aspects de la vente). Enfin, une même règle peut être interprétée et appliquée de façons différentes. Or, il n'existe pas, dans les domaines qui nous intéressent ici, de juridiction transnationale (sauf dans le cadre de l'Union européenne, mais pour les relations intracommunautaires seulement, et dans le cadre du droit OHADA où il a été créé une Cour commune de justice et d'arbitrage). Si l'harmonisation matérielle des règles est parfois envisagée, voire tentée, elle reste donc en grande partie incomplète ou illusoire.

Il reste alors une autre voie d'harmonisation possible des différents droits nationaux, par l'harmonisation des règles de conflit de lois et de juridictions. C'est la méthode conflictuelle. La méthode conflictuelle consiste à harmoniser différents droits nationaux, non pas en les unifiant sur le fond, mais en les coordonnant par l'élaboration de règles de conflit de lois ou de juridiction : la règle de conflit est une règle de répartition des lois dans l'espace à raison de leurs liens avec la situation juridique considérée et désignera abstraitement, au moyen d'un rattachement (le domicile, l'établissement, le lieu de conclusion), le droit (droit mauricien, malgache, français) qui régira au fond la question de droit. Fallait-il, par exemple, un acte authentique pour la validité formelle d'un contrat conclu à Madagascar ? Est-ce qu'on peut agir en garantie contre le vendeur ? La réponse à ces questions dépendra du droit national applicable désigné : si l'on admet, pour la première question, que celle-ci est régie par la loi du lieu de conclusion de l'acte juridique, cela désignera ici le droit malgache, que l'on devra ensuite consulter pour connaître, cette fois-ci sur le fond, le contenu et donc la réponse à la question de droit posée. Nul besoin d'élaborer une règle matérielle commune qui dirait que, dans les rapports interrégionaux, l'acte authentique n'est pas nécessaire, ce qui ne satisferait peut-être pas l'un des droits en conflit (et peut-être même aucun) et nuirait peut-être à la sécurité juridique.

Cette méthode conflictuelle constitue le fonds de commerce du droit international privé, discipline redoutée (à tort) par les étudiants et les praticiens. Réfléchir à l'harmonisation des échanges commerciaux conduit pourtant à s'intéresser de près au droit international privé car,

---

[11] Y. Lequette, « Le Code européen est de retour », RDC 2011, p. 1028.

historiquement, ce sont bien les échanges commerciaux qui ont constitué le berceau de la théorie des conflits de lois, avec la doctrine italienne des statuts et, plus tard, la doctrine hollandaise de la « courtoisie internationale » : parce que cela favorise le commerce, il est bon de respecter et d'appliquer des lois étrangères, ce qui est rendu possible par l'élaboration de règles de conflit de lois.

Cette méthode, sur le plan de l'harmonisation, présente de multiples avantages. Elle a d'ailleurs valu au droit international privé d'être présenté comme étant, par essence, un droit de coordination entre deux ou plusieurs droits nationaux différents et œuvre pour l'harmonisation internationale des *solutions* au lieu de celle des *règles* matérielles. Cela assure (en principe) la continuité des situations juridiques individuelles : valable ici, un acte juridique le sera également là-bas. Le droit international privé s'efforce donc de respecter et d'ordonner la *diversité* des lois nationales[12], sans instaurer de hiérarchie. Le professeur Francescakis, dans un cours donné à l'Académie de droit international de La Haye, décrivait le droit international privé, comme le « droit de la diversité du droit », et comme un « instrument de rapprochement des peuples et des cultures »[13]. Le but à atteindre est de limiter le phénomène de la frontière dans les relations de droit privé, tout en visant l'harmonie internationale et la prévisibilité des solutions, le respect des attentes des parties. Une bonne utilisation de la règle de conflit permet même de faire des économies[14]. Les ordres juridiques intégrés ont d'ailleurs bien compris l'intérêt à utiliser cette méthode : la convention de Bruxelles de 1968 (sur la compétence et l'exécution des décisions en matière civile et commerciale), la convention de Rome de 1980 (sur la loi applicable aux obligations contractuelles) et, depuis le Traité d'Amsterdam, toute une série de règlements dans les domaines les plus divers ont été adoptés pour harmoniser les règles de conflits au sein de l'Union[15]. La méthode peut enfin concerner tous les domaines ou presque (sauf ceux où la souveraineté est trop présente, comme en droit de la nationalité, par exemple).

Le choix de la méthode effectué, on peut ensuite imaginer plusieurs instruments d'harmonisation. À commencer par des instruments juridiques contraignants. On rangera, dans cette catégorie, les conventions internationales et les règles juridiques « intégrées ». Parmi les premières,

---

12 J. Foyer, « Diversité des droits et méthodes des conflits de lois », in *Liber Amicorum*, Hélène Gaudemet-Tallon, Dalloz, 2008, p. 57.

13 Ph. Francescakis, « Problèmes de droit international privé de l'Afrique noire indépendante », *R.C.A.D.I.* 1964, vol. 112, p. 269, n° 90.

14 Voir J. Carrascosa González, « Règle de conflit et théorie économique », *RCDIP*, 2012, p. 521.

15 Le droit OHADA n'est d'ailleurs pas en reste : G. Ngoumtsa Anou, *Droit OHADA et conflits de lois*, LGDJ, Bilithèque de droit privé, t. 543.

dans le domaine du commerce international on pourra citer la convention de La Haye sur la loi applicable à la vente internationale d'objets mobiliers corporels de 1955 ou encore celle sur la loi applicable à la responsabilité du fait des produits et celle sur les contrats d'intermédiaire, toutes deux de 1978. Utiliser la technique, classique, des conventions et accords, a le mérite, pour ceux-ci, de pouvoir être conclus par n'importe quel État et de bénéficier, dans la hiérarchie des normes, d'une place et d'une autorité privilégiées qui obligeront les contractants à un contrôle de conventionnalité. La technique, cependant, souffre d'un certain nombre non négligeable d'inconvénients liés, dès la conception des textes, aux difficiles négociations, à l'obtention tumultueuse des signatures et des ratifications avec, pour conséquence, qu'ils n'entreront peut-être jamais en vigueur ou bien pas dans les pays avec lesquels on souhaiterait développer les échanges commerciaux. On constatera par exemple que, dans l'océan Indien, les conventions intéressant le commerce international ne lient que la France (au 1er octobre 2015). Une fois en vigueur, on pourra également leur opposer une disposition constitutionnelle considérée comme hiérarchiquement supérieure dans l'ordre interne. Enfin, les conflits de conventions ne sont pas que théoriques et le mouvement de mondialisation a suscité des réactions identitaires.

Pour le second type de règles, on pense inévitablement au droit de l'Union européenne et au droit OHADA. Ces organisations offrent en effet le mode le plus intégré et le plus parfait d'harmonisation. Cela reste cependant, en dépit de l'enthousiasme suscité, un mode imparfait d'harmonisation. La technique des directives est la première à faire apparaître les failles du système, relayées ensuite par les clauses de différenciation permettant à certains États membres de ne pas être soumis aux règles instaurées par un nouveau règlement ou encore la technique du renvoi (aux droits nationaux internes) qui vient amoindrir le principe d'harmonisation substantielle des règles de droit. Ce modèle de droit intégré, enfin, ne peut convenir à tout le monde car il suppose, de la part de ses membres, l'abdication d'une part de leur pouvoir normatif.

Avoir des règles communes ne semble donc possible que s'il existe aussi un ou plusieurs organes communs.

Dans l'*élaboration* de règles communes, il faut spécialement souligner le rôle fondamental joué par les organisations internationales, en matière d'échanges économiques transnationaux, par la préparation et l'encouragement à l'adoption de conventions, de lois-modèles ou de guides juridiques. Parmi elles, on citera, en première place, la Commission des Nations unies pour le droit commercial international (CNUDCI), créée par la Résolution 2205 (XXI) de l'Assemblée générale de l'ONU du 17 décembre 1966. Sa constitution a répondu à la nécessité de disposer de « lois bien conçues et modernes propres à assurer l'égalité dans les échanges commerciaux internationaux »[16]. Parmi les principaux sujets traités figurent l'arbitrage[17], les transports maritimes[18] et la vente avec, ayant ce dernier objet, la Convention sur les contrats de vente internationale de marchandises du 11 avril 1980, entrée en vigueur en 1988. La Conférence de La Haye est une autre organisation intergouvernementale d'importance, qui œuvre quant à elle pour l'unification des règles de droit international privé. La première conférence s'est réunie en 1893 et il Il existe actuellement une quarantaine de conventions, dont certaines intéressent le droit économique, et les conflits de juridictions (légalisation des actes, reconnaissance et exécution des jugements étrangers…). De très nombreux États sont membres de la Conférence, ainsi que, depuis le 3 avril 2007, la Communauté européenne, ce qui a pour conséquence essentielle que, désormais, quand l'Union approuve une convention, tous les États membres s'y trouvent liés, sans ratification nationale. Cependant, pour la zone géographique qui nous intéresse, peu d'États de l'océan Indien sont membres de la Conférence (Afrique du Sud, Australie, France, Inde, Maurice, Sri Lanka) et il y a finalement, dans cet espace, peu de conventions en vigueur entre ces pays.

Dans *l'application* de règles communes, il faut cette fois souligner la nécessité de disposer d'organes juridictionnels communs. Adopter des règles communes, en effet, ne suffit pas. Encore faut-il que l'application de ces règles conduise à des solutions harmonieuses. Cela passe nécessairement par l'interprétation de la règle, ce qui rend une harmonisation par les juges, un « dialogue des juges » nécessaire. En Europe, cette harmonisation est rendue possible grâce à la Cour de justice de l'Union européenne et à la Cour européenne des droits de l'homme. En Afrique, l'unification législative réalisée par l'OHADA se double d'une forme d'unification juridictionnelle : la Cour commune de justice et d'arbitrage qui constitue, au lieu et place des juridictions nationales, le juge de cassation pour tout le contentieux relatif à l'application des actes uniformes. Cela contribue à garantir une interprétation commune de ces actes au sein de l'espace commun. Enfin, à une échelle plus étendue, c'est l'arbitrage international qui est le terreau idéal pour l'émergence et le développement d'un droit plus ou moins unifié : les arbitres sont libres dans la détermination du droit applicable, sous réserve de la volonté des parties, et appliquent même parfois la méthode du « tronc commun » : les

---

[16] Rapp. Secrétaire général : Annuaire CNUDCI, vol. I, p. 19 et suiv.

[17] Avec la Résolution de l'Assemblée générale 31/98 du 5 décembre 1976 adoptant le règlement d'arbitrage de la CNUDCI et la Résolution de l'Assemblée générale 40/72, du 11 décembre 1985 relative à la loi type sur l'arbitrage commercial international.

[18] Réglementés par la Convention des Nations unies sur le transport des marchandises par mer du 31 mars 1978 (« Règles de Hambourg ».

arbitres participent ainsi à l'harmonisation des droits nationaux ou, à tout le moins, contribuent à révéler des principes universels.

Voilà donc les quelques ingrédients nécessaires à une harmonisation par la réglementation. Mais si, finalement, on ne faisait rien ? On en vient à l'autre piste que l'on invite à suivre : l'harmonisation des échanges commerciaux, sans nouvelle réglementation.

II. L'harmonisation des échanges commerciaux sans l'harmonisation des réglementations

Le droit, on le sait, a horreur du vide ; mais trop de droit devient vite chaotique. Dès lors, si on ne veut pas que le droit devienne un obstacle dressé contre les opérateurs du commerce international, pourquoi ne pas leur faire tout simplement confiance, pour les laisser réguler eux-mêmes leurs rapports ? Et si, tout simplement, on laissait faire la volonté individuelle ? Et si, l'harmonisation de nos différents droits nationaux consistait à lui laisser la place qu'elle mérite de conserver en matière contractuelle ? Le contrat n'est-il d'ailleurs pas à la base de tout échange commercial ? Après tout, la volonté individuelle est aussi une source du droit et pourrait être envisagée comme un instrument non négligeable d'harmonisation des différents droits nationaux. Les Principes de La Haye sur la loi applicable au contrat, récemment adoptés, ont d'ailleurs pour objet de promouvoir l'autonomie de la volonté, en favorisant la diffusion de la loi d'autonomie, mais aussi par l'admission encadrée du choix de règles non étatiques[19]. Sans aller jusqu'à admettre un « contrat sans loi », entièrement régi et gouverné par la volonté des parties, le pouvoir de la volonté demeure assez grand et se voit même élargi dans un contexte international.

La volonté individuelle permet ainsi de choisir le droit applicable à un contrat international, dans un sens d'ailleurs très large. Il peut s'agir de choisir une convention internationale : on peut, par exemple, choisir la CVIM pour régir le contrat et ce, même si l'État dont les parties relèvent n'est pas un État contractant et même si les règles de conflit de lois ne conduisent pas à désigner un État contractant. On peut choisir un droit étatique (n'importe lequel) ou même plusieurs (dépeçage), par le biais d'une clause d'*electio juris* ou encore par un accord procédural. Ensuite, à partir du moment où les parties à un rapport commercial peuvent choisir

[19] Symboliquement, la Conférence de La Haye n'a pas choisi l'instrument de la convention pour la promotion de ces principes, mais a choisi d'élaborer un droit-modèle, non soumis à la ratification des États, institutionnalisant ainsi une nouvelle forme de droit souple. Voir S. C. Symeonides, « L'autonomie de la volonté dans les principes de La Haye sur le choix de la loi applicable en matière de contrats internationaux », *RCDIP*, 2013, p. 807.

cette loi applicable, cela fait naître une concurrence (finalement assez saine) entre les différents droits nationaux[20].

La concurrence va même plus loin. Peu à peu, en effet, les instruments juridiques contraignants, qui constituent le modèle classique, se trouvent bousculés par d'autres instruments juridiques optionnels, non contraignants, qui ont pour principal avantage de s'ajouter au droit national sans le remplacer. Il en existe déjà en droit processuel européen[21] ; en droit des régimes matrimoniaux (le régime matrimonial franco-allemand), en droit des sociétés (la société anonyme européenne). La proposition de règlement sur le droit commun européen de la vente (DCEV) offre un autre exemple d'utilisation de cette technique. L'objectif est de contribuer à l'harmonisation européenne du droit, par la voie, non d'une directive ou d'un règlement qui se substituerait aux droits nationaux, mais d'un règlement qui s'ajoute aux droits internes et offre un modèle nouveau pour le droit commun européen de la vente. Dans ces exemples, il ne s'agit donc pas d'unifier *en imposant*, mais d'harmoniser *en proposant*, ce qui fait ensuite la part belle à la volonté individuelle.

De fait, cette volonté individuelle explore également, d'elle-même, de nouvelles voies, jusqu'à choisir, comme applicable aux relations entre deux particuliers, un droit non étatique[22]. Tout ce qui n'est pas expressément défendu est permis, en matière contractuelle, surtout dans l'ordre international. Ce choix, certes, n'engagera que les seules parties au contrat. Mais, lorsque le comportement, dérogatoire à la loi nationale, se répète souvent dans les mêmes termes dans une pratique professionnelle constante, cela finit par constituer un droit spontané[23]. Il n'est d'ailleurs pas

20 C. Kessedjian, « Le droit entre concurrence et coopération », in *Liber Amicorum* Hélène Gaudemet-Tallon, Dalloz, 2008, p. 119 ; H. Muir Watt, « Concurrence ou confluence ? Droit international privé et droits fondamentaux dans la gouvernance globale », in *Le droit entre tradition et modernité. Mélanges à la mémoire de Patrick Courbe*, Dalloz, 2012, p. 459.

21 Règlement sur le titre exécutoire européen (TEE) ; règlement sur le règlement des petits litiges (RPL).

22 Selon le règlement « Rome I », il n'est pas interdit « aux parties d'intégrer par mention de référence dans leur contrat un droit non étatique ou une convention internationale » (cons. 13).

23 P. Deumier, *Le droit spontané*, Economica, 2002 ; *Introduction générale au droit*, LGDJ, Lextenso éditions, coll. Manuel, 2e éd., 2013, n° 408 : « À l'origine, rien d'autre qu'une végétation touffue. Il faut pourtant se frayer un chemin et le premier à ouvrir la voie couche les herbes sur son passage. Après lui, chacun, mettant ses pas dans les empreintes laissées, contribue à marquer un peu plus le passage, créant une déclivité, puis un chemin plus ou moins sauvage, pour devenir, enfin le sentier consacré. Personne n'envisagerait plus lors de prendre une autre voie ». Également : F. Gény, *Méthode d'interprétation et sources du droit privé positif*, LGDJ, 2e éd., 1919 (1re éd. de 1899), rééd. 1995 ; J. Deprez, « Pratique juridique et pratique sociale dans la genèse et le fonctionnement de la norme juridique », *RRJ*, 1997-3, 799 ; Ph. Jestaz,

rare d'utiliser des modèles contractuels (contrats types) ou de se référer aux principes généraux du droit, aux usages du commerce, ou à la *lex mercatoria*.

Dans le même ordre d'idées, on se tourne aujourd'hui fréquemment vers les Principes Unidroit qui ont pour ambition de fournir un ensemble de « règles spécialement adaptées aux besoins des opérations du commerce international ». L'ambition de Principes Unidroit relatifs aux contrats du commerce international n'est d'ailleurs pas d'imposer un droit international uniforme (comme la CVIM), mais de proposer un modèle susceptible de favoriser les convergences des droits nationaux et d'être choisis par les parties aux contrats[24]. Les Principes Unidroit ont de nombreuses qualités qui tiennent à leur caractère écrit, à leur diffusion[25], à leur domaine étendu, à leur précision. Par ailleurs, leur succès ne dépend pas du nombre de ratifications, mais de leur adoption par les acteurs de la pratique commerciale internationale. Ils réservent, de plus, l'application des lois étatiques impératives, rassurant ainsi les plus frileux[26]. Enfin, ces principes sont des principes réfléchis, cohérents, équilibrés, adoptés par des juristes hautement qualifiés.

L'étendue des choix, enfin, ne s'arrête pas au choix du droit applicable. Sans développer ici cette possibilité, on rappellera que la volonté individuelle permet de choisir le juge compétent pour connaître d'un litige international (par une « clause attributive de juridiction » ou « accord d'élection de for ») ou encore qu'elle permet de soumettre le litige international à un arbitre (avec tous les avantages que cela représente sur le terrain de l'harmonisation puisque l'arbitrage international permet l'émergence, du moins en droit commercial, d'un droit véritablement transnational).

En tout état de cause, et en conclusion, voilà quelques exemples de régulation de la diversité qui s'effectue sans l'adoption de règles communes. L'harmonisation des échanges commerciaux ne passe donc pas toujours par l'harmonisation (parfois à marche forcée) des droits nationaux. Et là où la volonté politique est parfois défaillante, c'est la volonté individuelle, par le biais d'initiatives privées, et sans ratifications compliquées, qui peut prendre le relais pour faciliter et coordonner les échanges commerciaux.

« Les rapports privés, source de droit privé », in *Autour du droit civil*, Dalloz, 2005, p. 187 ; S. Gerry-Vernières, *Les « petites » sources du droit*, Economica, 2012.

24 B. Fauvarque-Cosson, « La nouvelle édition des principes d'Unidroit relatifs aux contrats du commerce international », in *Le droit entre tradition et modernité. Mélanges à la mémoire de Patrick Courbe*, Dalloz, 2012, p. 179.

25 Unilex et la Revue de droit uniforme d'Unidroit.

26 Soit les Principes peuvent être incorporés au contrat, en tout ou partie (et les règles impératives du droit interne applicable au contrat continuent à s'appliquer), soit les Principes sont choisis en tant que droit applicable au contrat et, dans ce cas, seules les lois de police s'appliqueront.

Coexistence and Harmonization of Company Laws

Tilman BEZZENBERGER

The law of business associations (companies and partnerships) can affect cross-border exchange and be a commercial barrier, in particular, when it comes to conflicts of laws. This is dealt with in the first part of the following presentation. It will be shown that conflict of laws principles can be liberal or restrictive, and it will also be shown how the European Union has, over the last couple of years, adopted more liberal principles, and why this is a good thing. The second part of the presentation deals with law diversity and law harmonization in multinational economic regions such as the European Union. The company and partnership laws of Europe are still national but they are more and more overshadowed by European Union super law that strives to bring national laws in line with it. This law harmonization process has reduced law diversity in Europe. But on the other hand, law harmonization creates new problems that multiply as the process goes on. These problems are not well understood by European law makers and are spinning out of control in Europe these days.

*

Das Gesellschaftsrecht kann den grenzüberschreitenden Handel beeinflussen und eine Handelsbarriere sein, insbesondere wenn es zu Konflikten bei dem anzuwendenden Recht kommt. Es wird gezeigt, dass die Prinzipien des internationalen Privatrechtes liberal oder restriktiv sein können und inwieweit die europäische Union in den letzten Jahren liberalere Grundsätze angewendet hat und aus welchen Gründen dies vorteilhaft ist. Der zweite Teil des Vortrags beschäftigt sich mit der Vielfalt des Rechtes und der Rechtsharmonisierung in multinationalen wirtschaftlichen Regionen, wie der europäischen Union. Das Gesellschaftsrecht in Europa ist immer noch national, wird aber immer mehr überschattet von europäischem Unions-Superrecht das versucht, nationale Rechte in Einklang zu bringen. Dieser Rechtsharmonisierungsprozess hat zu einer Reduzierung der Rechtsvielfalt in Europa geführt. Aber auf der anderen Seite schafft die Rechtsharmonisierung neue Probleme, die sich vervielfältigen, wenn der Prozess fortschreitet. Diese Probleme werden von dem europäischen Gesetzgeber nicht richtig verstanden und geraten heute in Europa außer Kontrolle.

*

La législation du droit des sociétés peut affecter le commerce transnational et constituer une barrière commerciale, notamment s'il existe un conflit de droit applicable. Il est exposé dans la première partie de cet article que les principes de droit international privé peuvent être libéraux ou restrictifs et dans quelle mesure l'Union européenne a appliqué pendant les dernières années des principes libéraux et pour quelle raison ceci a été avantageux. La deuxième partie de la contribution est consacrée à la diversité du droit et à l'harmonisation du droit dans les régions économiques multinationales, comme l'Union européenne. Le droit des sociétés en Europe est encore national, mais il est de plus en plus assombri par le droit omniprésent de l'Union européenne qui tente d'harmoniser les droits nationaux. Ce processus d'harmonisation a engendré une réduction de la diversité des droits en Europe. D'un autre côté, l'harmonisation des droits crée de nouveaux problèmes qui se multiplient avec la progression du processus. Ces problèmes ne sont pas correctement compris par le législateur européen et se retrouvent aujourd'hui hors de contrôle en Europe.

*

* *

I. Introduction

This presentation deals with the international law of business associations in open economic areas. By business associations I mean both companies (*sociétés de capitaux*) and partnerships (*sociétés de personnes*). Business associations are legal constructs, rooted in law. But which country's law? Most often, this is not a problem. For example, a company that is incorporated under Dutch law and has its headquarters in the Netherlands is a Dutch company, governed by the laws of the Netherlands, that's straightforward.

But things are not always so clear. What happens if the company's business shifts to another country and its headquarters follow? Imagine a building company that has been incorporated in the Netherlands under Dutch law and started its business in that country. After some years, however, most of the company's projects are in Germany, and in the end, the management and the central office move there, too. Is this still a Dutch company? And is it a company at all?

II. Alternative Models of International Company Law

In international company and partnership law, there are two alternative and fundamentally different conflict of laws rules to establish the national law that governs the formation and the internal constitution of a company or a partnership. They may be called (a) the incorporation principle and (b) the real seat principle.[1] Let's look at them in turn.

A. The Incorporation Principle

This is the liberal principle. It has for a long time prevailed in the Anglo-American world, the Netherlands and many other countries, especially those long active in international trade. According to the incorporation principle, a company or a business partnership is governed by the laws of the country under which it has been incorporated or established. And since this typically goes along with some kind of registration, we may simplify the matter by saying that a business association is governed by the laws of the country in which it has been formally registered. The building company mentioned above would therefore still be subject to Dutch law and in this sense be a Dutch company, even though all its activities take place in Germany and its headquarters is there. This is good news for the company, for it is Dutch law that gives it legal personality and grants limited liability to the shareholders.

The incorporation principle goes even further. Private actors can right from the beginning freely chose the law under which they arrange or incorporate their business association, even if this is the law of another country. If people from Germany want to establish a company for doing business in Germany, but do not like German company law, they may incorporate their business under Dutch law and have the company registered in the Netherlands as a Dutch company. The incorporation principle can therefore also be called the choice of law principle.

However, the incorporation principle with its free choice of law and its legal forum shopping opportunities can also give rise to abuse. Some sinister folks from a country with high legal standards could establish and register a company in another country with low legal standards and then use this entity to undercut their home country's legal system by defrauding creditors and investors and so on.

B. The Real Seat Principle

Here the alternative conflict of laws principle comes in: the real seat principle. This principle has prevailed in France and Germany and in many other countries, especially those with a Roman Law tradition or a communist past. According to the real seat principle, the law by which a business association is governed is the law of the country in which the association has its real seat. The real seat is the headquarters from where

---

1 Most authors use the terms "incorporation *theory*" and "real seat *theory*", but I can not find anything in these concepts that would elevate them to the rank of a theory.

the management regularly acts. The factual situation matters more than formal registration. And there is no choice of law.

This can have dramatic consequences. Let's look again at the Dutch construction business that has migrated to Germany. If we subject this entity to German law, as the real seat principle says we should, it is not a company. Under the relevant German companies act, a company is formed by a notarial deed complying with the requirements of the German act and by registration in the German commercial register, the *Handelsregister*. None of these requirements have been complied with. So from the perspective of the real seat principle, there is no company at all but merely some individuals doing business together, perhaps as a sort of partnership or constructive partnership, and they are personally liable for the business's debts. By migrating to Germany, our former Dutch construction company has thus lost its legal personality and the shareholders can no longer invoke limited liability. The real seat principle comes down on them like a sledgehammer.

This does justice to the sinister folks mentioned above who assume a foreign corporate mask to do bad business in their home country. They are not a company with any legal standing; they are merely bad individuals doing bad business. But in other cases and most often, the real seat principle is disproportionately repressive and sets up inefficient barriers to international exchange.

C. Europe's Move toward the Incorporation Principle

The real seat principle had been deeply entrenched in most Member States of the European Union. Since the late 1990s, however, a fundamental change has been brought about by the European Court of Justice, the supreme court of the European Union.[2] The court has repeatedly ruled that the real seat principle in its classic form is incompatible with the freedom of establishment. This freedom is squarely enshrined in the Treaty on the Functioning of the European Union[3] which serves as a quasi-constitution of Europe. But Europe has not yet adopted the liberal incorporation principle in its entirety.

EU Member States have to let foreign business associations in. If a company or a partnership is duly incorporated or formed under the laws of one country of the European Union and establishes its headquarters in another country of the Union, this country must accept the business

2 For a recent in-depth study of the subject see Martin Gelter, "Centros, the Freedom of Establishment for Companies, and the Courts Accidental Vision for Corporate Law", *ECGI* Working Paper Series in Law, Law Working Paper No. 287/2015 of February 2015, available online at the Social Science Research Network (SSRN).

3 TFEU articles 49-55.

association in its foreign legal form.[4] Thus, our Dutch building company that has migrated to Germany must be recognized and respected in this country as a Dutch company. The same holds good if economic agents establish a new business association right from the start under the laws of another country of the Union.[5] In these respects, the incorporation principle with its free choice of law is now firmly established within the European Union.

But do Member States also have to let their own business associations out? Most countries do so, including Germany[6] which had traditionally been a real seat country. A company or partnership can now be established under German law even if its real seat (headquarters) is in another EU country. But this is not mandatory under European law,[7] and several national laws still require that a business association established under their laws must have its real seat in the country; otherwise the entity's formation is defective and its legal status is in jeopardy.

Yet these are exceptions and by and large the European Union has now embraced the incorporation principle with its choice of law and its freedom of business migration. This is good news for intra-regional exchange in Europe. Globally, the future belongs to the incorporation principle, and in a common market with high factor mobility, there is no way around it. The shift toward the incorporation principle played out smoothly in Europe. An invasion of rogue companies from lawless foreign lands, such as the real seat doctrine had been designed to wall off, did not take place on any significant scale.

D. *Safeguards against Abuses of the Incorporation Principle*

Even if and where there is a danger that domestic law may be undercut by imported legal forms of business associations, the incorporation principle does not leave national legislators defenseless. Countries can adopt conflict of laws rules according to which foreign legal rules shall not be domestically applied if this would be grossly incompatible with the country's core principles of public policy, its *ordre public*. Such *ordre*

---

4 European Court of Justice, Judgment of 5 November 2002 in Case C-208/00 *Überseering BV v. Nordic Construction Company Baumanagement GmbH*, European Court Reports, 2002, part I, p. 9919.

5 European Court of Justice, Judgment of 9 March 1999 in Case C-212/97 *Centros Ltd. v. Erhvervs- og Selskabsstyrelsen*, European Court Reports 1999 part I, p. 1459; European Court of Justice, Judgment of 30 September 2003 in Case C-167/01 *Kamer van Koophandel en Fabrieken v. Inspire Art Ltd.*, European Court Reports, 2003, part I, p. 10155.

6 German Public Companies Act (*Aktiengesetz*) § 5; German Private Companies Act (*Gesetz betreffend die Gesellschaften mit beschränkter Haftung*) § 4a.

7 European Court of Justice, Judgment of 16 December 2008 in Case C-210/06 *Cartesio Oktató és Szolgáltató bt*, European Court Reports, 2008, part I, p. 9641.

public reservations are quite common in international private law[8] and keep away the worst abuse.

Legislators can also superimpose selected domestic rules on companies and partnerships which have been established under foreign law but are headquartered domestically. In the USA, for example, the states of New York and California have adopted so called outreach statutes which apply to corporations that are incorporated in another US jurisdiction but do business only or mostly in New York or California. In principle, such corporations are subjected to the law of their state of incorporation, but they are also subjected to certain core rules of New York or Californian state law concerning shareholders' information and voting rights, creditor protection and other safeguards which the legislators in these states consider essential for any and all corporations.[9]

In the European Union, such outreach statutes have been bluntly struck down by the European Court of Justice on the grounds that they unduly restrict freedom of establishment.[10] Similar concerns have been raised by the Supreme Court of the United States, though in a much less sweeping way, and the question has not been ultimately settled.[11] On the world stage, however, nothing stands in the way of these kinds of statutes. They are viable tools for national legislators to ensure investor and creditor protection without having full recourse to the overly clumsy and repressive real seat principle.

III. Harmonization of Company Law

A. The European Venture

The incorporation principle with its free choice of law works best if national laws differ the least. When the European Court of Justice imposed the incorporation principle upon the European Union at the turn of the century, European company law had already been harmonized to a remarkable extent over many decades. There are two legislative tools for

---

8 See for example Art. 6 of the German Introductory Act to the Civil Code (*Einführungsgesetz zum Bürgerlichen Gesetzbuche – EGBGB*).

9 New York Business Corporation Law §§ 1317-1320; California General Corporation Law § 2115.

10 European Court of Justice, Judgment of 30 September 2003 in Case C-167/01 *Kamer van Koophandel en Fabrieken v. Inspire Art Ltd.*, European Court Reports, 2003, part I, p. 10155 (concerning a Dutch law that imposed minimum legal capital requirements upon pseudo-foreign companies).

11 Supreme Court of the United States, Decision of 23 June 1982, Edgar v. MITE Corp., United States Reports Vol. 457, p. 624 (holding an Illinois anti take-over act to be unconstitutional).

law harmonization in Europe: regulations and directives. Both are enacted at the Union level and need to be approved by the European Parliament. Regulations are straightforward European acts, addressed directly to the people and businesses of Europe. They abound in the field of securities legislation but some of them also deal with company law. By contrast, directives are addressed to the Member States of the European Union and bind them to bring their legislation in line with the directive. The effect of a directive on private actors is therefore only indirect.

Directives are the method of choice when it comes to company law harmonization in Europe. Their number is large and growing. They range from disclosure requirements[12] to the raising and maintenance of share capital,[13] accounting rules,[14] domestic and cross-border mergers,[15] shareholders' participation and voting rights[16]. The harmonization of European company law that has been brought about in this way is broad and impressive, indeed. But:

B. *Is it Worth the Effort?*

I have doubts about this. Diversity of national laws drives up transaction costs, and information costs in particular, when it comes to international transactions. Businesses and to some extent also consumers need to deal with several sets of national legal rules, which takes time and costs money, and a failure to cope with this can lead to nasty surprises that cost even more. Let's call these transaction costs that are caused by the diversity of national legal systems "law diversity costs" or simply "diversity costs."

---

[12] Directive 68/151/EEC of 9 March 1968, *Official Journal of the European Communities*, 1968, No. L 65, p. 8, now recodified with subsequent additions and changes as Directive 2009/101/EC of 16 September 2009, *Official Journal of the European Union*, 2009 No. L 258, p. 11.

[13] Directive 77/91/EEC of 13 December 1976, *Official Journal of the European Communities*, 1976, No. L 26, p. 1, now recodified with subsequent additions and changes as Directive 2012/30/EU of 25 October 2012, *Official Journal of the European Union*, 2012, No. L 315, p. 74.

[14] Directive 2013/34/EU of 26 June 2013, *Official Journal of the European Union*, 2013 No. L 182, p. 19. A forerunner of this was Directive 78/660/EEC of 25 July 1978, *Official Journal of the European Communities*, 1978, No. L 221, p. 11.

[15] Directive 78/855/EEC of 9 October 1978, *Official Journal of the European Communities*, 1978, No. L 295, p. 36, now recodified with subsequent additions and changes as Directive 2011/35/EU of 5 April 2011, *Official Journal of the European Union*, 2011, No. L 110, p. 1 (on domestic mergers); Directive 2005/56/EC of 26 October 2005, *Official Journal of the European Union*, 2005, No. L 310, p. 1 (on cross-border mergers).

[16] Directive 2007/36/EC of 11 July 2007, *Official Journal of the European Union*, 2007, No. L 184, p. 17.

Law diversity costs go up when a supra-national world region becomes economically more integrated because there are more cross-border transactions. These costs vary from one field of law to another. Company and partnership law is arguably one of the lesser worries, since transactions in this field are cost intensive in any case. The United States of America never had and still does not have federal laws on business associations. Instead, every state has its own business corporation and partnership legislation. This does not appear to be much of a problem for business in the USA. American company and partnership laws, however, have a common language and a common conceptual foundation in English law. This makes them far less diverse than the national laws of Europe. The diversity problem is therefore greater in Europe. Harmonization of national laws can undoubtedly reduce diversity costs and thus make international transactions easier.

On the other hand, law harmonization comes with costs of its own. We may call these costs "law harmonization costs" or just "harmonization costs." They pertain mostly to domestic transactions. And they must by no means be underestimated, for even in an economically highly integrated part of the world like the European Union, by far the most transactions are domestic.

Law harmonization costs come in different guises. A harmonized legal rule that fits one country may not fit other countries well, since law diversity is not all fortuitous but often reflects real economic, social and cultural diversity.[17] Harmonized laws are also difficult to repeal or amend if they turn out to have been bad from the beginning or if they become outdated later on.[18] National legislators can no longer act on their own authority when it comes to harmonized legal rules. Instead, the relevant European directive needs to be amended or repealed first, and this is a very complex and cumbersome legislative process. Harmonization of laws can thus lead to petrification.

Most importantly, law harmonization, while simplifying cross-border transactions (of which there are comparatively few), makes domestic transactions (of which there are many) more complicated. In the old days, a lawyer in Germany who had to resolve a German company law case, would look up the relevant sections of the German companies act, find out if there was any jurisprudence on it, maybe read a few articles from German law journals, and that was it. All these German legal texts were based on one consistent terminology and a coherent set of core concepts

---

17 This point is rightly made by Paul L. Davies and Sarah Worthington, *Gower and Davies' Principles of Modern Company Law*, 9th ed., London (Sweet & Maxwell) 2012, 6-10.

18 See again Davies/Worthington, cited above, at 6-9.

and ideas that had evolved over many generations. This has changed dramatically since European law harmonization set in. Today, the sections of the German companies' act that are relevant for the case or question are very likely mandated by some European Union directive. So the directive has to be taken into consideration as well, and the German companies act must be interpreted in the light of the directive, since Union law stands above Member State law. The terminology of the directive, however, and its key concepts and ideas will differ from the terminology and the leading concepts of German law, for the directive applies to many different national laws based on different languages and understandings. European legal terminology is an artefact, a new and synthetic legal language that often raises more questions than it answers.

This is not well understood by the European legislator who persues law harmonization as an end in itself and as the only legitimate end. The overall and ultimate mission for legislation and law evolution on a supranational level is not simply to minimize law diversity costs. Rather, the task consists in minimizing the total sum of law diversity costs and law harmonization costs. The forces at play are rather intuitive and can hardly be measured in absolute terms. But there is regularity and a pattern in the relationship between the different kinds of costs and in the relationship between each of these costs and the intensity of law harmonization. The two types of costs are inversely correlated. And neither of them is a simple linear function of how far the harmonization process is carried. In a graphic representation, the overall picture might look somewhat like this:

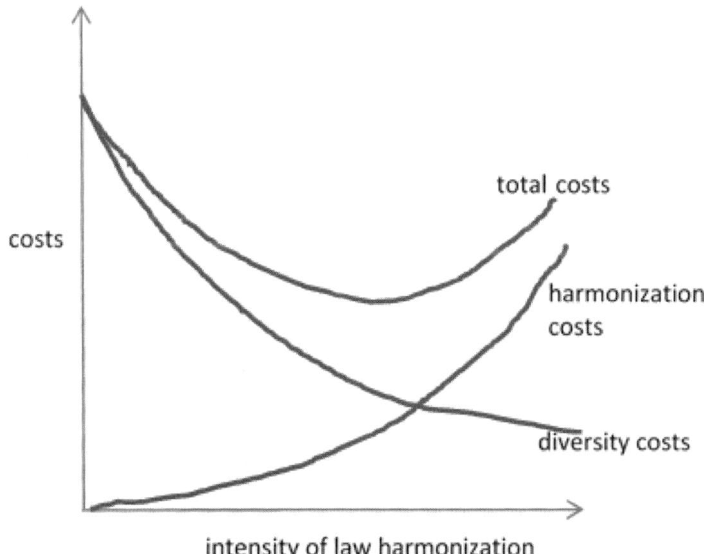

Let's first look at the diversity costs. In the initial phase of the law harmonization process, these costs are brought down sharply as the most obvious and outstanding obstacles to transnational legal work are abolished. As the process continues, however, the marginal cost saving effect of each further harmonization measure decreases, as law harmonization, like so many other things, faces diminishing returns.

While diversity costs fall as the harmonization process goes on, harmonization costs rise. Individual countries are more and more likely to get hurt by harmonized rules that do not fit them, the law becomes more and more petrified and it becomes ever more complicated and less intelligible. The harmonization costs curve is most likely not a linear curve but an exponential curve as the number of actors affected by harmonized law multiplies and the number of relations between these actors multiplies even more.

This brings us to the curve on top of the graph which depicts total costs, meaning the sum of diversity costs and harmonization costs. Total costs fall significantly in the initial phase of the law harmonization process, as diversity costs are brought down sharply while harmonization costs rise only modestly. So all looks good. But as the harmonization process is pushed forward, total costs rise sharply as harmonization costs keep going up while diversity cost saving levels off. This is where we are at the present state in the European Union. Small wonder that enthusiasm for European law harmonization is waning even among German lawyers who had traditionally been most cheerful about it, to say nothing about our colleagues from the UK who had been more sceptical right from the start.

What the future holds is hard to tell. Diversity costs will probably continue to fall only modestly as diversity of core legal concepts is hard to overcome. So it all comes down to the question whether harmonization costs can be brought under control. One could argue that harmonization costs fall over time as people get used to new rules, and ideally something like a common European body of legal thought may evolve and make harmonized law more intelligible. Yet, the same can be said about diversity costs, people also get used to foreign legal rules if hey have to. From a common sense point of view, one may suggest going back along the curve towards the middle of the picture and scrap parts of harmonized law. But this will not fit into the cognitive matrix of European lawmakers as we know them, forever piling harmonization measure upon harmonization measure.

C. *Any Takeaway for the Indian Ocean Region?*

Can the Indian Ocean region draw any lessons from this? The question makes me feel awkward for I know little about this world region and its legal systems. But the question cannot be dodged, for it is squarely put forward by the overall theme of our conference: "Developing Intra-Regional Exchanges through the Abolition of Commercial and Tariff Barriers." Divergence of national company and partnership laws can indeed be a commercial barrier that stands in the way of factor mobility and other forms of intra-regional exchange. Harmonization of these laws can therefore foster the mobility of capital, economic agents and entrepreneurship across the region. But what exactly ought to be harmonized and by which legal tools can this be achieved?

Let's start with the second question about the legal tools of harmonization, for it is simpler. Harmonization along European lines based on regulations and directives is not, in my opinion, a viable option for the Indian Ocean region. It requires a supranational legislature as well as a common supreme court, and I can see none of this over here. The only alternative I can envision is international agreements between sovereign states.

And now for the hard part: What ought to be harmonized? As we have seen, company law harmonization in Europe has been very comprehensive and covers a wide range of fields. Some of these subjects are particularly important for intra-regional exchange, such as cross-border mergers. In order to lay down harmonized rules on cross border mergers, however, one first needs to harmonize the law of domestic mergers. And this in turn requires harmonization of the rules on share capital and membership, for these rules strongly affect mergers. This is indeed how it happened in Europe. We first had a harmonization directive on the raising and maintenance of a company's share capital in 1976 followed by a directive on domestic mergers in 1978, and only then and after a long time the directive on cross-border mergers was passed in 2005.[19] I can not envision how all this could have been achieved by a series of international agreements between sovereign states. A law harmonization program based on such agreements would have to be much more limited and focused.

With a view to possible harmonization, two important fields of law stand out in my opinion. These are (1) disclosure requirements and (2) financial market regulation. It is not by accident that disclosure requirements were the subject of the very first European directive for the harmonization of company laws that was passed as early as 1968.[20] This directive deals with the documents and the data that must be filed with the national company registration authority and made available to the public. This pertains, in particular, to the company's directors and their power of representation. Who can legally act on behalf of the company? What kind

[19] See above at the end of part III. A.

[20] See above at the end of part III. A.

of business are these representatives authorized to do? Does one signature suffice or do there need to be several signatures? All this is obviously of great importance to anyone dealing with a business association, all the more so if the entity is governed by foreign law. And these matters are not very difficult to regulate, even in an international context. It is rather like legislative plumbing.

The second field where much can be achieved with commensurately little effort is financial market regulation. Financial markets are in and of themselves transnational and work best with one single set of rules. What good would it be to protect investors in country A more or less or in a different way than investors in country B if they are buying and selling the same financial instruments in what is, for practical purposes, essentially one and the same financial market? Financial market regulation is, however, very technical and needs to be constantly reviewed and rewritten, as market practices are changing fast. Most financial market regulation is therefore unfit for formal parliamentary legislation and ought instead to be left to a special regulatory and supervisory authority like the U.S. Securities and Exchange Commission or the Financial Conduct Authority in the United Kingdom. Such an authority can also be established jointly by several countries on the basis of an international agreement.

IV. Concluding Summary

So much for the coexistence and harmonization of company laws as a possible means of fostering intra-regional exchange. Let me briefly summarize.

When it comes to conflict of laws rules, the future belongs to the incorporation principle which may also be called the choice of law principle. The real seat principle, which denies this freedom of choice, has some valid points but is overly segregative and repressive.

Harmonization of company law in the European Union has been broad, deep and impressive. But it has come with an enormous amount of red tape and has made company law in Europe much more complicated. This type of law harmonization is not a model for other world regions, at least not for the Indian Ocean region, for it requires a supranational legislature and a common supreme court.

Yet deepening economic integration does make it desirable to harmonize national laws to some extent. This can also be achieved by international agreements between states. The most fertile fields for this kind of harmonization are disclosure requirements and financial market regulation. Much can be achieved here with limited effort.

La Convention sur la vente internationale de marchandises comme droit harmonisé de la vente internationale

Mythe ou réalité ?

Jean-Baptiste Seube

France adhered to the CISG a long time ago. In July 2014, Madagascar deposited their instruments of ratification at the United Nations' headquarters. The CISG is often presented as the global law of international sales which facilitates economical exchanges by avoiding the torments raised by the designation of the applicable law. The reality, however, is not as simple as it may seem: if the CISG can represent a significant economical gain for firms, it contains however some traps compelling the contracting parties to refer to their national laws. This contribution will highlight the respective situations of France, Madagascar and Mauritius.

*

La France a adhéré à la CVIM de longue date. Madagascar a déposé en juillet 2014 les outils de ratification au siège des Nations unies. La CVIM est souvent présentée comme un droit mondial de la vente internationale, facilitant les échanges économiques en évitant les affres de la désignation du droit applicable. La réalité est plus nuancée : si la CVIM peut effectivement constituer un précieux gain économique pour les entreprises, elle contient quelques pièges contraignant alors les contractants à s'en retourner vers leurs droits nationaux. La contribution mettra en évidence les situations respectives de la France, de Madagascar et de Maurice.

*

Frankreich ist der CVIM vor langer Zeit beigetreten. Madagaskar hat im Juli 2014 die Werkzeuge zur Ratifizierung des Abkommens bei dem Sitz der Vereinten Nationen hinterlegt. Die CVIM wird häufig als ein Weltrecht des internationalen Kaufs dargestellt, das den wirtschaftlichen Austausch erleichtert, indem es der Schwierigkeit der Bestimmung des anwendbaren Rechts aus dem Wege geht. Die Wirklichkeit sieht anders aus: auch wenn das CIVM tatsächlich einen wichtigen wirtschaftlichen Gewinn für Unternehmen darstellt, enthält es einige Fallen, die die Vertragspartner dazu bringen, sich wieder ihren nationalen Rechten zuzuwenden. Der Vortrag stellt die Situation für Frankreich, Madagaskar und Mauritius dar.

*

* *

Après avoir rappelé les intérêts de la Convention sur la vente internationale des marchandises (CVIM) pour les opérateurs du commerce international, l'article montre que le texte peut s'appliquer aux entreprises mauriciennes, alors même que l'île Maurice n'a pas ratifié ce texte. Évoquant le champ d'application de la Convention et les principales différences d'avec le droit mauricien des contrats, l'article dévoile certains « pièges » auxquels les praticiens mauriciens devront rester vigilants lorsqu'ils appliqueront ce texte.

1. La question de l'harmonisation du droit dans la région de l'océan Indien renvoie inexorablement à l'histoire : à un moment de leur histoire, la plupart des pays de la zone ont effet appliqué le droit français. Depuis qu'ils sont devenus indépendants, ils ont chacun développé leur propre législation en se tournant vers d'autres modèles.

Même si des vestiges du droit français demeurent, ce n'est sur la base de cet héritage partagé que peut se penser l'harmonisation des pays de la zone. L'harmonisation juridique se conçoit aujourd'hui dans un cadre plus large que le rapprochement de quelques pays voisins.

Dans la zone, on songe évidemment au droit OHADA dont l'intitulé même traduit le souci d'harmonisation. Mais, chacun le sait, alors que les Traités OHADA ont été signés à Port-Louis, ni Maurice, ni Madagascar n'y ont adhéré. Seule la République des Comores l'a fait, mais il ne semble pas que le droit OHADA y soit réellement appliqué. Le droit OHADA ne saurait donc constituer un utile outil d'harmonisation dans la zone.

Un autre système juridique conduit à une véritable harmonisation. C'est la CVIM. Cette convention, qui porte sur la vente internationale, a été ratifiée par 82 États, le dernier en date étant Madagascar le 24 septembre 2014. Elle constitue un réel outil d'harmonisation pour les pays de la zone océan Indien, même si l'île Maurice ne l'a pas ratifiée. Il faut, pour s'en convaincre, rappeler les objectifs de la CVIM.

2. La conclusion d'un contrat international ouvre souvent sur d'épineuses questions, dont la plus urticante est celle de la détermination du droit applicable. Souvent, les contractants ne s'inquiètent pas de cette question si bien que, en cas de litige, il faudra parfois des années pour déterminer le droit applicable au contrat, sans même que le fond du litige ne soit abordé. Par ailleurs, lorsque la question du droit applicable est entrevue par les négociateurs, elle donne lieu à d'inévitables tensions, chacun souhaitant évidemment que « son » droit soit applicable au contrat. Ces questions génèrent des coûts de transaction élevés et sont facteurs d'incertitude juridique.

3. C'est pour éviter de telles difficultés que la CVIM a été proposée. La Convention est en effet un droit uniformisé, équilibré et parfaitement adapté aux impératifs du commerce international.

Un droit uniformisé, car la CVIM peut être qualifiée de droit mondial de la vente internationale de marchandises. Elle est en effet partagée par des États qui ont des traditions juridiques très différentes : les États-Unis, la Chine, la Russie, la France, l'Allemagne, le Japon… Il faut ici relever, pour l'usage des praticiens, que le droit CVIM est très facile d'accès : la Commission des Nations unies pour le Commerce international (CNUDCI) met en effet en ligne un précis de jurisprudence riche de plus de trois mille décisions et très facilement consultable[1]. Les opérateurs économiques, les avocats et les magistrats bénéficient ainsi non seulement d'un droit uniformisé mais aussi d'un droit très facilement accessible.

La CVIM est également un droit équilibré entre les droits du vendeur et ceux de l'acheteur. On sait, sur cette question, que certains contrats portant sur des matières premières sont très fréquemment soumis à des droits nationaux connus pour être très favorables à l'acheteur (par hypothèse, une entreprise d'un pays développé). La CVIM propose au contraire un droit équilibré, ce qui est un facteur rassurant pour les entreprises. Par exemple, l'acheteur (CVIM, art. 49) et le vendeur (CVIM, art. 64) peuvent résoudre le contrat dans des conditions similaires, les deux textes étant d'une rédaction quasi identique. Par exemple encore, les articles 71 et suivants posent des remèdes à l'inexécution (exception d'inexécution, dommages et intérêts, force majeure, résolution…) que peuvent invoquer tant le vendeur que l'acheteur. Cet équilibre est l'une des raisons du succès de la CVIM : les opérateurs économiques ont la certitude de ne pas soumettre leur contrat à un droit qui se révélerait particulièrement contraire à leurs intérêts.

La CVIM est enfin un droit parfaitement adapté aux impératifs du commerce international. Les contrats s'y caractérisent par l'éloignement des contractants, par la nécessité d'un mode de transport, par les risques qui en découlent, par les cas de force majeure (guerre, crise…). La CVIM pose des solutions concrètes et efficaces pour toutes ces difficultés. Elle impose par exemple à l'acheteur de dénoncer les éventuels vices de conformité au vendeur dans un délai raisonnable (CVIM, art. 39 et voir *infra* n° 27) ; elle permet à un contractant de résoudre le contrat s'il est évident que l'autre ne l'exécutera pas (CVIM, art. 72 et voir *infra* n° 30). Ce texte permet par exemple à l'acheteur de ne pas expédier les marchandises s'il est manifeste que le vendeur ne paiera pas le prix.

---

[1] Voir www.uncitral.org. Toutes les illustrations jurisprudentielles sont tirées de ce précis.

4. La CVIM est donc un atout pour les opérateurs économiques. Elle leur permet de réduire leurs coûts de négociation et de renforcer la prévisibilité des contrats qu'ils signent.

Mais on aurait tort de croire que la CVIM règle toutes les difficultés. Le mythe masque peut-être une réalité moins joyeuse.

En effet, même si Maurice n'a pas adhéré à la CVIM, les entreprises mauriciennes peuvent voir le contrat qu'elles ont conclu y être soumis. La détermination du champ d'application est en effet assez subtile. Par ailleurs, une fois assuré que la convention s'applique au contrat, le juriste devra être conscient que certaines règles auxquelles il est habitué s'effaceront au profit de règles nouvelles. Pour savoir si la CVIM est un mythe ou une réalité, il convient donc de préciser le champ d'application de la CVIM (I) et les principaux changements d'avec la législation mauricienne (II).

I. Le champ d'application de la CVIM

Le champ d'application de la CVIM est abordé aux articles 1 à 6 du texte. Ils invitent à distinguer les éléments objectifs (A) et les éléments subjectifs (B) de détermination du champ d'application du texte.

A. Détermination objective du champ d'application

Pour savoir si la CVIM s'applique à un contrat donné, le praticien mauricien aura à s'interroger sur la nature du contrat (1), sur l'identité des parties contractantes (2), et sur la question qui est soumise à son analyse (3).

1. La nature du contrat : « vente » de « marchandises »

5. Toutes les « ventes » ne sont pas concernées par la CVIM. L'article 2 de la Convention exclut expressément les ventes conclues afin de satisfaire un intérêt personnel ou familial, les ventes aux enchères, les ventes sur saisie… Au-delà de ces exclusions formelles, la qualification de « vente » peut parfois être discutée.

D'une part, il est parfois délicat de rattacher certaines opérations à des ventes ou à des contrats d'entreprise. Lorsque, par exemple, un entrepreneur réalise une charpente sur mesure pour un client, s'agit-il d'une vente ou d'un contrat d'entreprise ? L'article 3 de la CVIM dispose que « *la présente Convention ne s'applique pas aux contrats dans lesquels la part prépondérante de l'obligation de la partie qui fournit les marchandises consiste en une fourniture de main d'œuvre ou d'autres services* ». C'est donc un critère quantitatif qui est retenu (alors que d'autres systèmes juridiques privilégient une approche qualitative). Ce critère a été mis en œuvre par des juridictions à propos de la fourniture et de l'installation de logiciels (non-application de la CVIM) ou à propos de la confection et de la fourniture de documents publicitaires (application de la CVIM).

D'autre part, la question des contrats de distribution est également fréquemment débattue. Voici par exemple un contrat de distribution exclusive ou un contrat de franchise conclu entre un fournisseur américain et un distributeur malgache. Ce contrat contient certes des aspects qui le rapprochent de la vente (fourniture de marchandises, approvisionnement…), mais également d'autres qui l'en éloignent (exclusivité, transmission de savoir-faire, assistance…). De nombreuses décisions françaises, suisses ou américaines ont jugé que la CVIM ne s'appliquait pas à la convention-cadre qui fixait les obligations des parties, mais qu'elle s'appliquait en revanche aux contrats d'application conclus dans son prolongement.

6. Encore faut-il que la vente porte sur des « marchandises ». La CVIM exclut expressément de son champ d'application les valeurs mobilières, les bateaux, les aéronefs, l'électricité… mais elle ne définit pas pour autant les « marchandises ». La jurisprudence a alors précisé que les marchandises étaient « des biens mobiliers et tangibles, solides ou non, usagers ou neufs, vivants ou non ». La définition conduit à exclure les droits de propriété intellectuelle et les créances. Un débat existe en revanche sur les logiciels. Des décisions ont distingué entre le logiciel standard, qui était une « marchandise », et le logiciel personnalisé, qui ne l'était pas.

2. Les parties contractantes

7. L'article 1 de la CVIM dispose que « *la présente Convention s'applique aux contrats de vente de marchandises entre des parties ayant leur établissement dans des États différents a) lorsque ces États sont des États contractants ou b) lorsque les règles du droit international privé mènent à l'application de la loi d'un État contractant* ».

C'est donc dire que la CVIM s'appliquera automatiquement lorsqu'une entreprise mauricienne contractera avec une entreprise dont le pays a adhéré à la CVIM (France, Madagascar), et que les règles du droit international privé désigneront la loi de ce pays comme loi applicable au contrat.

De plus, le juriste devra rester vigilant au fait que certains États ont adhéré à la CVIM mais ont émis des déclarations (des réserves). Ces déclarations peuvent substantiellement changer les solutions classiques. Par exemple, les États-Unis et la Chine ont émis une déclaration selon laquelle, lorsque les règles du droit international privé désignent le droit américain ou le droit chinois comme droit applicable au contrat, c'est le droit interne américain ou chinois, et non le droit CVIM, qui s'applique au contrat.

3. La question concernée

8. La CVIM ne régit pas tous les aspects de la vente. L'article 4 de la Convention dispose en effet que « *la présente Convention régit exclusivement la formation du contrat de vente et les droits et obligations qu'un tel contrat fait naître entre le vendeur et l'acheteur. En particulier... celle-ci ne concerne pas a) la validité du contrat ni d'aucune de ses clauses non plus que celle des usages b) les effets que le contrat peut avoir sur la propriété des marchandises vendues* ».

Les opérateurs économiques et les juristes doivent donc être conscients que la CVIM ne réglemente que partiellement la vente internationale. Tout ce qui se rattache à la validité du contrat (respect de l'ordre public, protection du consentement...) ou au transfert de propriété (transfert solo consensu, clause de réserve de propriété...) relève des seuls droits nationaux. Il est donc nécessaire, sous peine d'être confronté aux affres de la détermination de la loi applicable, de prévoir une clause expresse sur cette question.

Les éléments objectifs de détermination du champ d'application de la CVIM doivent être conciliés avec des éléments subjectifs.

B. Détermination subjective du champ d'application

Le droit du commerce international laisse une large place à l'autonomie de la volonté. C'est donc dire que les parties contractantes peuvent soumettre volontairement leur contrat à la Convention (1) ou, au contraire, exclure l'application de la Convention (2).

1. Soumission volontaire à la Convention

9. L'electio juris consiste à « choisir son droit ». De fait, des contractants peuvent volontairement soumettre à la CVIM un contrat qui n'en relève pas naturellement. Ainsi, une entreprise malgache et une entreprise mauricienne peuvent parfaitement soumettre leur contrat à la CVIM, alors que les règles classiques du droit international privé auraient conduit à la désignation de la loi mauricienne comme loi du contrat. On mesure par là la grande liberté laissée aux parties en la matière.

2. Exclusion volontaire de la Convention

10. La même liberté est laissée aux parties qui décideraient d'exclure l'application de la CVIM. L'article 6 de la Convention dispose ainsi que « *les parties peuvent exclure l'application de la présente Convention, ou sous réserve de l'article 12, déroger à l'une quelconque de ses dispositions et en modifier les effets* ». Le texte autorise ainsi tant la dérogation que l'exclusion de la CVIM.

11. La dérogation à la CVIM est très fréquente en pratique lorsque les contractants recourent aux INCOTERMS (International Commercial Terms) : ils contiennent souvent des règles relatives au transfert des risques qui sont différentes de celles prévues par la CVIM (voir art. 66 et suiv. et *infra* n° 25). Le fait de soumettre la vente à tel ou tel INCOTERM implique donc parfois une dérogation aux articles 66 et suivants de la CVIM. Le même raisonnement peut être tenu lorsque les contractants stipulent une clause limitative de responsabilité (cf. *infra* n° 32).

12. L'exclusion de la CVIM en son entier est également possible. Les opérateurs économiques doivent cependant être conscients qu'elle est plus délicate. La jurisprudence exige en effet que l'exclusion de la CVIM soit consciente et dépourvue d'ambiguïté. Or, bien souvent, l'exclusion est tacite, frappée du sceau de l'ambivalence. Il arrivera sans doute que, souhaitant exclure l'application de la CVIM, un contrat prévoit « l'application des lois françaises ». Une telle rédaction serait particulièrement malvenue puisque la CVIM est désormais le droit français de la vente internationale. Il faudrait donc expressément préciser que le contrat n'est pas soumis à la CVIM et qu'il reste soumis, non pas « aux lois françaises », mais « aux seules règles du Code civil ». Le juge éventuellement saisi serait alors tenu et rendrait sa solution en application du droit choisi clairement par les parties.

13. Lorsque la CVIM sera applicable au contrat, les opérateurs économiques et les juristes mauriciens devront appliquer un corps de règles auquel ils ne sont pas habitués. Il importe donc qu'ils saisissent rapidement les principales règles, qui tranchent parfois avec les règles posées par le Code civil mauricien.

II. Les changements d'avec le Code civil mauricien

Les changements les plus importants touchent la formation du contrat (A), son exécution (B) et son inexécution (C).

A. La formation du contrat

De nombreuses particularités concernent la rencontre des volontés (1), l'exigence d'un prix déterminé (2) et la preuve du contrat (3).

1. La rencontre des volontés

15. Le Code civil mauricien ne consacre pas de dispositions à la rencontre des volontés. Le droit de la CVIM en contient au contraire de nombreuses : sur la rétractation de l'offre (CVIM, art. 16 : « *une offre peut être révoquée si la révocation parvient au destinataire avant que celui-ci ait expédié une acceptation* »), l'acceptation par le silence (CVIM,

art. 18-1 : « « *le silence ou l'inaction à eux seuls ne peuvent valoir acceptation* ») et l'admission de la théorie de la réception (CVIM, art. 83 : « *entre absents, le contrat se forme au lieu et au temps où l'acceptation parvient à l'offrant, sauf stipulations contraires ou circonstances particulières* »).

2. L'exigence d'un prix déterminé

16. En droit mauricien, le prix de la vente doit être déterminé par les parties (C. civ., art. 1591). Le prix est un élément essentiel du contrat que seules les parties peuvent déterminer. Lorsque cela n'aura pas été fait, le juge n'aura d'autre solution que d'annuler le contrat : en aucun cas il ne pourra se substituer aux parties pour fixer un élément qui, essentiel, relève de leur seule volonté. En droit du commerce international, une solution différente prévaut : si les parties n'ont rien précisé, c'est qu'elles ont entendu s'en remettre au prix du marché, que le juge est à même de déterminer. On mesure donc que l'annulation du contrat pour indétermination du prix sera rare, le juge cherchant plutôt à sauver le contrat.

17. Reste que la CVIM est ambiguë sur la question. L'article 14 dispose que « *une proposition est suffisamment précise... lorsqu'elle fixe... le prix ou donne des indications permettant de le déterminer* ». On peut donc en déduire que le prix est un élément essentiel du contrat, puisque l'offre doit le préciser. Mais l'article 55 dispose que « *si la vente est valablement conclue sans que le prix des marchandises vendues ait été fixé..., les parties sont réputées... s'être tacitement référées au prix habituellement pratiqué au moment de la conclusion du contrat, dans la branche commerciale considérée, pour les mêmes marchandises vendues dans des circonstances comparables* ». Le contrat sans prix est donc valable.

Cette ambiguïté s'explique par le fait que la CVIM est une œuvre de compromis entre États qui souhaitaient imposer l'exigence de détermination du prix (la France, le Japon) et États favorables à la validité du contrat sans prix (États-Unis). Différentes interprétations de la CVIM sont alors en concours, faisant tantôt prévaloir l'article 14, tantôt l'article 55. Il nous semble que l'article 55 doit l'emporter sur l'article 14, qui ne concerne que la validité de l'offre et non la validité du contrat. De plus, les Principes Unidroit relatifs au commerce international admettent la parfaite validité du contrat sans prix.

18. Pour les praticiens, la prudence commande alors de fixer le prix de leur contrat et, s'ils entendent s'en remettre au prix du marché, de l'écrire clairement après s'être assurés qu'il sera possible de le déterminer. Ils devront alors être conscients que l'article 55 de la CVIM fait référence au

prix du marché « *au moment de la conclusion du contrat* », précision qui peut s'avérer importante si les marchandises ont des prix extrêmement volatiles et fluctuants.

3. *La preuve du contrat*

19. S'il peut être conclu oralement et n'est en principe soumis à aucune condition de forme, le contrat doit en revanche, en droit mauricien, être prouvé par écrit (C. civ., art. 1341). Ce système de la preuve préconstituée incite tous les contractants à se munir d'un écrit pour être à même de prouver l'existence du contrat duquel ils réclameront l'exécution. Toutefois, la matière commerciale échappe à cette exigence et le contrat peut, alors, être prouvé par tous moyens.

La même règle ne vaut pas dans la CVIM. L'article 11 dispose que « *le contrat de vente n'a pas à être conclu ni constaté par écrit et n'est soumis à aucune autre condition de forme. Il peut être prouvé par tous moyens, y compris par témoins* ». Une telle règle sied mieux aux impératifs du commerce international où des commandes importantes sont parfois faites au téléphone.

20. Les praticiens resteront toutefois vigilants en fonction de la nationalité de leur contractant. La Chine, la Russie, la Hongrie et l'Argentine ont par exemple émis des déclarations (des réserves) sur cet article. Un écrit probatoire restera donc souvent nécessaire, même si certaines de ces législations connaissent des adoucissements lorsque les contrats sont conclus entre deux commerçants.

B. *L'exécution du contrat*

Le contrat de vente produit des effets réels (1) et des effets personnels (2). Sur ces deux points, les différences avec le droit mauricien sont notables.

1. *Les effets réels de la vente*

21. L'article 4 de la CVIM exclut la question de la propriété des marchandises de son champ d'application (cf. *supra*, n° 10). Elle relève donc du droit national qui sera applicable au contrat. Le juriste mauricien sera donc particulièrement vigilant sur ce point, se rappelant que certains systèmes juridiques optent pour le transfert de propriété dès accord des parties sur la chose et le prix, et d'autres pour le transfert de propriété au moment du paiement du prix.

22. En ce qui concerne le transfert des risques, la CVIM pose le principe que les risques sont transférés dès la remise des marchandises au premier transporteur (CVIM, art. 67). D'autres hypothèses prévoient

également un transfert des risques lors de la conclusion du contrat (CVIM, art. 68) ou lors du retirement des marchandises par l'acheteur (CVIM, art. 68-1). En tout état de cause, le choix d'un INCOTERM aura souvent pour effet de neutraliser ces dispositions (cf. *supra* n° 13).

2. Les effets personnels de la vente

23. L'article 30 de la CVIM dispose que le vendeur s'oblige à livrer les marchandises, à en transférer la propriété et, s'il y a lieu, à remettre les documents s'y rapportant. Si la CVIM précise l'endroit (CVIM, art. 31) et le délai (CVIM, art. 33) de la livraison, son apport le plus notable concerne la conformité de la livraison.

En droit mauricien, on distingue clairement la délivrance conforme qui suppose que le vendeur délivre à l'acheteur une chose conforme, identique, à celle qu'il avait commandée (C. civ., art. 1604) et la garantie des vices cachés qui impose au vendeur de garantir que la chose délivrée est conforme à l'usage auquel elle était destinée (C. civ., art. 1641). Les deux actions sont bien différentes sur le terrain des délais et des dommages et intérêts éventuellement dus (C. civ., art. 1610 et 1611 à comparer avec C. civ., art. 1645 et 1648) : c'est donc dire que le droit mauricien retient une vision dualiste qui impose à l'acheteur déçu de clairement choisir le terrain sur lequel il entend se situer.

La CVIM retient au contraire une vision moniste selon laquelle le vendeur doit livrer une chose conforme à celle commandée et propre à remplir l'usage auquel on la destinait (CVIM, art. 35). Cette conception est évidemment plus simple à mettre en œuvre.

24. Les obligations de l'acheteur sont abordées aux articles 53 et suivants de la CVIM. Outre son obligation de payer le prix pour laquelle la CVIM prévoit le montant (CVIM, art. 55), le lieu (CVIM, art. 57) et la date (CVIM, art. 58), l'acheteur est tenu d'une obligation de prendre livraison (CVIM, art. 60). Cette obligation est indissociable des diligences et des vérifications qu'il doit accomplir lors de son entrée en possession des marchandises. Les articles 38-1 et 39-1 de la CVIM disposent en effet que l'acheteur doit examiner les marchandises « *dans un délai aussi bref que possible eu égard aux circonstances* » et qu'il « *est déchu du droit de se prévaloir d'un défaut de conformité s'il ne le dénonce pas au vendeur, en précisant la nature de ce défaut, dans un délai raisonnable à partir du moment où il l'a constaté ou aurait dû le constater* ». Ces deux dispositions donnent lieu à un abondant contentieux. Quant à la durée du délai raisonnable, de nombreuses juridictions retiennent le délai d'un mois. Quant à sa nature, il s'agit d'un délai de dénonciation du vice (et non d'un délai de prescription de l'action en justice, lequel doit être recherché dans le droit national), censé permettre au vendeur de

rapidement prendre des mesures adéquates. Les acheteurs mauriciens et leurs conseils veilleront donc scrupuleusement au respect de ces textes, conscients des conséquences néfastes qu'aurait en la matière une attitude passive.

C. L'inexécution du contrat

La CVIM distingue très classiquement entre l'inexécution non fautive (1) et l'exécution fautive (2) du contrat.

1. L'inexécution non fautive

25. L'article 79 de la CVIM dispose qu'« *une partie n'est pas responsable de l'inexécution de l'une quelconque de ses obligations si elle prouve que cette inexécution est due à un empêchement indépendant de sa volonté et que l'on ne pouvait raisonnablement attendre d'elle qu'elle le prenne en considération au moment de la conclusion du contrat, qu'elle le prévienne ou le surmonte ou qu'elle en prévienne ou surmonte les conséquences* ». Si le texte fait penser à la force majeure, il s'en distingue cependant puisque le caractère irrésistible n'est ici nullement exigé. En réalité, l'article 79 de la CVIM peut facilement être mobilisé lorsqu'un contractant est confronté à un cas d'imprévision comme, par exemple, l'augmentation du coût des matières premières. Il y a donc ici une différence importante avec le droit mauricien, lequel refuse la prise en compte de l'imprévision (C. civ., art. 1134, al. 1).

2. L'inexécution fautive

26. Le droit de la CVIM se caractérise par le souci de maintenir le contrat puisque, en matière internationale, la résolution coûte souvent beaucoup d'argent du fait de la nécessaire réexpédition des marchandises à l'expéditeur. Quoi qu'il en soit, en certaines hypothèses, la destruction du contrat sera inévitable. La CVIM distingue donc entre les contraventions essentielles et les contraventions non essentielles.

27. Selon l'article 25 de la CVIM, la contravention est essentielle « *lorsqu'elle cause à l'autre partie un préjudice tel qu'elle la prive substantiellement de ce que celle-ci était en droit d'attendre du contrat* ». Ont par exemple été considérés comme des contraventions essentielles le fait que le vendeur livre en retard alors qu'il savait l'importance du respect de la date fixée ou encore le fait que le vendeur qui devait réserver des marchandises à l'acheteur les ait préalablement exposées. Une pratique contractuelle courante consiste à fixer, par des clauses contractuelles, les manquements qui constitueront des « contraventions essentielles ». En cas de contravention essentielle, le créancier pourra suspendre l'exécution du contrat (CVIM, art. 71), ou le résoudre (CVIM,

art. 72). Sur ce dernier point, le droit mauricien est assez proche de la CVIM puisqu'ils admettent tous les deux la résolution unilatérale du contrat (C. civ., art. 1184 et Cass. civ. 1re, 23 novembre 1998 ; CVIM, art. 26, 49, 64, 72).

28. La résolution doit cependant rester rare pour les raisons sus-évoquées. La CVIM contient donc d'autres remèdes à l'inexécution. Le remplacement des marchandises (CVIM, art. 46), leur réparation (CVIM, art. 48), la réduction du prix (CVIM, art. 50). Il convient ici de relever que l'article 28 rappelle que « *si, conformément aux dispositions de la présente Convention, une partie a le droit d'exiger de l'autre l'exécution d'une obligation, un tribunal n'est tenu d'ordonner l'exécution en nature que s'il le ferait en vertu de son propre droit pour des contrats de vente semblables non régis par la présente Convention* ». C'est donc dire que les Tribunaux mauriciens, saisis d'une demande d'exécution forcée en nature en application de la CVIM, pourront ne pas faire droit à cette demande dès lors que l'article 1142 du Code civil mauricien s'y refuse (mais la jurisprudence a interprété très librement ce texte).

29. Enfin, la CVIM prévoit également que des dommages et intérêts puissent être dus par le contractant responsable de l'inexécution. Les ressemblances entre le droit mauricien et le droit CVIM sont notables : seuls les préjudices prévisibles sont réparables (C. civ., art. 1150 ; CVIM, art. 74) ; le préjudice est égal à la perte subie et au gain manqué (C. civ., art. 1149 ; CVIM, art. 74) … Demeurent cependant deux incertitudes.

- la « mitigation of damages » impose au créancier de prendre des mesures pour diminuer son préjudice. Elle est prévue par la CVIM (CVIM, art. 77) mais demeure, si ce n'est inconnue, du moins discrète en droit mauricien.
- le sort des clauses limitatives de responsabilité, qui sont très fréquentes en pratique, est incertain. L'article 4 de la CVIM précise que la Convention n'a aucun effet sur la validité des clauses du contrat (cf. *supra*, n° 10). La licéité de ces clauses semble cependant probable car l'article 6 permet aux parties de déroger aux dispositions de la CVIM, y compris à celles intéressant le montant des dommages et intérêts (cf. *supra*, n° 13). La licéité des clauses devrait donc être examinée au regard du droit national applicable au contrat.

30. Même si l'île Maurice n'a pas adhéré à la CVIM, les contrats signés par des opérateurs mauriciens peuvent y être soumis. Reste donc aux juristes mauriciens à s'emparer de ce nouvel outil qui contient quelques différences d'avec le droit national mais constitue un bel exemple de l'harmonisation de la vente internationale.

La diversité des droits nationaux dans l'océan Indien, barrière commerciale ou garant d'un droit flexible ?

Jonas KNETSCH

The variety of national legal systems is generally seen as an important trade barrier that needs to be removed through unification or harmonization of law. This assessment, applied to the legal situation in the Indian Ocean, is somewhat surprising. Erasing the differences between national legislations could lead to a legal impoverishment, both from a cultural and economic point of view. It is indeed far from obvious that legal unification may result in a positive effect for economic exchange. Instead, we have to examine whether the trend towards harmonization could have a negative impact on international trade in the Indian Ocean. Reduced political flexibility and high costs of creating international law are only a few examples of the downside of unified legal systems.

*

La diversité des droits nationaux est généralement considérée comme une entrave sérieuse au commerce international, entrave qu'il conviendrait de supprimer au moyen d'une uniformisation ou d'une harmonisation du droit. À l'analyse, cette approche qui voit dans la diversité normative un obstacle au développement économique, suscite des interrogations. Gommer les différences existant entre les systèmes juridiques n'est-ce pas aussi se priver d'une richesse normative qui forme un atout aussi bien culturel qu'économique ? Notre communication se propose d'étudier dans quelle mesure la diversité des droits dans l'océan Indien est une source de flexibilité des systèmes juridiques et quels sont les risques que comporte une uniformisation du droit sur le plan économique et sous l'angle de la politique juridique.

*

Die Vielfalt der nationalen Rechtsordnungen wird regelmäßig als bedeutende Beschränkung des internationalen Handelsverkehrs verstanden, die es durch Rechtsvereinheitlichung oder -harmonisierung zu beseitigen gilt. Eine derartige Einschätzung vermag allerdings nicht darüber täuschen, dass die Rechtsvielfalt im indischen Ozean ebenso als Ausdruck eines Pluralismus verstanden werden kann, dem ein wesentlicher kulturellen und wirtschaftlicher Mehrwert innewohnt. Es ist keineswegs selbstverständlich, dass einheitliche Rechtsnormen auch tatsächlich wirtschaftsfördernde Wirkung entfalten. Vielmehr sind rechtsvereinheitlichende Tendenzen kritisch auf ökonomische und rechtspolitische Nachteile, wie etwa eine verminderte rechtliche Flexibilität, zu prüfen.

*

* *

Affirmer que l'harmonisation du droit participe au développement des échanges économiques internationaux relève aujourd'hui du lieu commun. À l'inverse, la diversité des droits nationaux est généralement perçue comme une entrave sérieuse au commerce international. Une telle vision contrastée est largement partagée en Europe où la construction de l'Union européenne et la création d'un marché unique sont étroitement associées au rapprochement des législations nationales.

Pour les partisans de la construction européenne, l'un des problèmes structurels du marché intérieur européen est précisément la différence entre les droits nationaux, notamment en droit des affaires[1]. Selon ce point de vue, on ne saurait parvenir à un renforcement des liens économiques au sein de l'Union sans l'adoption d'un droit uniforme, tant la concurrence avec les marchés nationaux de pays tiers est intense et l'absence d'unité juridique néfaste pour le développement d'une identité économique européenne[2].

L'argument économique n'est pas le seul à être mis en avant pour promouvoir l'harmonisation du droit. Pour d'autres, en effet, l'élimination des différences entre les réglementations nationales est inhérente à une vision moderne du droit, fondée sur l'idée d'égalité entre les hommes[3]. Traiter

---

NB : Le style oral de la communication a été, pour l'essentiel, préservé.

1 Voir en dernier lieu R. Schulze, « Europäisches Privatrecht im Gegenwind », *Zeitschrift für Europäisches Privatrecht (ZEuP)* 2014, p. 691, spéc. p. 693 (« Zu den grundlegenden Strukturproblemen des Binnenmarktes als Kernprojekt der EU gehört aber gerade die Überwindung seiner privatrechtlichen Defizite. Anders als Märkte vergleichbarer Größe [...] verfügt der europäische Binnenmarkt über kein gemeinsames Handels- oder Vertragsrecht, obwohl ein gemeinsames Recht gerade wegen der Sprach- und Kulturdivergenzen in der EU besonders wichtig wäre »). Voir aussi J. Basedow, « Codification of Private Law in the European Union : the making of a Hybrid », *European Review of Private Law (ERPL)* 2001, p. 35, spéc. p. 41 et suiv. avec d'autres références.

2 Voir par exemple P.-C. Müller-Graff, « Kodifikationsgewinn durch Inkorporation des Inhalts von Schuldrechtsrichtlinien der EG in das BGB ? », *Zeitschrift für Gemeinschaftsprivatrecht (GPR)* 2009, p. 106, spéc. p. 111.

3 J. Kropholler, *Internationales Einheitsrecht – Allgemeine Lehren*, Mohr Siebeck, 1975, p. 9 (« unerträgliche Andersbehandlung von Gleichem »).

différemment des situations juridiques selon leur localisation géographique constituerait une discrimination dont ne peuvent s'accommoder nos sociétés contemporaines. Portalis n'avait-il pas écrit dans l'article 1er du Livre préliminaire de son projet de Code civil qu'« il existe un droit universel et immuable, source de toutes les lois positives [et qu'] il n'est que la raison naturelle en tant qu'elle gouverne tous les hommes »[4] ? Le succès du Code civil français n'est-il pas fondé sur l'idée d'un compromis entre le droit écrit et le droit coutumier et de la création d' un droit commun applicable à tous les Français indépendamment de leur domicile ?

Dès lors, il peut sembler incongru de remettre en cause cette image positive attachée à l'harmonisation du droit. Souvent, le droit uniforme d'origine internationale ou européenne apparaît en effet comme la quintessence même de la coopération internationale et qu'il serait malvenu de remettre en cause, car synonyme de stabilité économique et politique.

Au risque de nous inscrire en porte à faux de l'opinion majoritaire, nous nous permettons cependant de nous interroger sur le bien-fondé de ce mouvement législatif. Séduite par la dimension politique de l'harmonisation du droit, la doctrine juridique ne s'interroge guère sur les méthodes d'élaboration du droit uniforme, son coût et sa réelle utilité économique. Peu étudiés par les auteurs français[5], ces aspects ne doivent pourtant pas être occultés, car l'unification du droit ne peut être une fin en soi. Une harmonisation du droit à tout prix et la dévaluation des textes de droit uniforme qui peut en résulter, sont de nature à nuire l'objectif d'un renforcement des échanges entre les pays.

Pour apporter des éléments de réflexion au débat sur l'avenir du droit uniforme, il nous faudra analyser dans un premier temps la pertinence des deux affirmations qui sont à l'origine de la connotation positive de l'harmonisation du droit[6] : la diversité des droits nationaux serait un obstacle aux échanges commerciaux (I.) et l'harmonisation des législations

---

4 Ce texte est reproduit in P.-A. Fenet (dir.), *Recueil complet des travaux préparatoires du Code civil*, Videcoq, 1836, t. 2, p. 3.

5 C'est essentiellement lors du débat sur la perspective d'un Code civil européen que la pertinence de l'unification du droit a été mise en doute, sans que cette interrogation ait donné lieu à une analyse approfondie de la question, voire à l'élaboration d'une théorie générale du droit uniforme. Voir en particulier V. Heuzé, « À propos d'une initiative européenne en matière de droit des contrats », *JCP G* 2002, I, 152 ; Y. Lequette, « Vers un code civil européen ? », *Pouvoirs* 2003 (n° 4), p. 9 et J.-B. Racine, « Pourquoi unifier le droit des contrats en Europe ? », *ERA-Forum* 2002 (n° 2), p. 67. – Voir aussi R. Sacco, « Les problèmes d'unification du droit », in L. Vogel (dir.), *Unifier le droit : Le rêve impossible*, éd. Panthéon-Assas, 2001, p. 9.

6 Voir déjà F. C. von Savigny, *Vom Beruf unsrer Zeit zur Gesetzgebung und Rechtswissenschaft*, Mohr und Zimmer, 1814, p. 41 (« Daß durch diese Verschiedenheit die Rechtspflege selbst leide und der Verkehr erschwert werde, hat man häufig gesagt, aber keine Erfahrung spricht dafür, und der wahre Grund ist wohl meist ein anderer »).

serait un vecteur de progrès normatif (II.). Ce n'est que dans un second temps que nous pourrons aborder les perspectives de l'harmonisation du droit dans l'océan Indien (III.).

I. La diversité normative est-elle un obstacle aux échanges commerciaux ?

Les auteurs favorables à l'harmonisation du droit mettent en exergue les effets positifs qu'aurait un rapprochement des législations sur le plan économique. Atténuer les différences entre les législations aurait pour effet de réduire les coûts de transaction d'une opération commerciale, c'est-à-dire les frais qu'engendrent sa préparation et sa mise en œuvre[7]. L'adaptation des produits aux normes étrangères, le risque de contentieux devant une juridiction étrangère et le recours à un conseil juridique spécialisé entraîneraient un surcoût qu'un entrepreneur n'est pas toujours prêt à payer[8]. Barrière commerciale, la diversité des droits nationaux constituerait ainsi un frein au développement des relations commerciales transfrontalières et contribuerait à limiter l'activité économique de la plupart des acteurs économiques au marché domestique.

Bien que partagée par de nombreux auteurs, une telle analyse suscite des interrogations sur la nature des obstacles qui freinent la commercialisation de produits ou services sur un marché étranger. On peine à croire, en effet, que la seule différence entre les législations nationales puisse expliquer les réticences à s'engager dans une démarche d'internationalisation d'une activité commerciale. En consultant les études statistiques menées sur cette question, on se rend à l'évidence que les causes de l'attitude timorée de certaines entreprises sont bien plus variées et qu'elles ne sont pas uniquement à chercher du côté de la diversité normative, loin s'en faut[9].

---

7 R. Coase, « The Problem of Social Cost », *Journal of Law and Economics* 1960 (vol. 3), p. 1 et suiv. (trad. fr. « Le problème du coût social », in *Le coût du droit*, PUF, 2000, p. 23).

8 D. Schmidtchen, « Vereinheitlichung des Vertragsrechts in Europa – eine Lösung auf der Suche nach dem Problem ? », in T. Eger/H.-B. Schäfer (dir.), *Ökonomische Analyse der europäischen Zivilrechtsentwicklung*, Mohr Siebeck, 2007, p. 1, spéc. p. 22 et suiv. Voir aussi G. Wagner, « The Economics of Harmonization : the Case of Contract Law », *Common Market Law Review (CML Review)* 2002, p. 995, spéc. p. 1014 et suiv. (une première version de cette étude a été publiée dans *ERA – Forum* 2002 [n° 2], p. 77). Comp. C. von Bar, « Code civil européen », *Les Annonces de la Seine* 3 juin 2002, p. 3 : « l'entrave du droit privé sur le marché interne est une expérience de tous les jours – que la preuve concrète puisse en être apportée ou non ».

9 Lors du débat sur un Code civil européen, plusieurs auteurs ont vigoureusement insisté sur le caractère purement spéculatif, voire illusoire, d'un bilan économique positif. Voir not. V. Heuzé, art. préc. (note 5), *JCP G* 2002, I, 152, spéc. n° 4 et Y. Lequette, art. préc. (note 5), *Pouvoirs* 2003 (n° 4), p. 97, spéc. p. 101.

Selon une enquête commanditée par la Commission européenne, les freins relèveraient davantage de l'ordre psychologique et tiennent également à la barrière de la langue, à l'ignorance des habitudes de consommation locales, mais aussi aux difficultés liées au transport, à une différence de culture de négociation ou encore à l'opacité des procédures administratives[10]. Par ailleurs, dès lors qu'un produit ou service est commercialisé par l'intermédiaire d'un distributeur en charge des rapports avec les acteurs locaux, la différence entre les législations nationales devient imperceptible, car le distributeur est parfaitement informé du contexte normatif sur place[11].

S'il est ainsi nécessaire de relativiser l'incidence de la diversité normative sur les stratégies commerciales des entreprises, il ne faut pourtant pas en déduire que le contexte juridique ne joue aucun rôle dans la décision d'une entreprise d'ouvrir son activité vers l'international. Lors des négociations précontractuelles, il est fréquent que chacune des parties cherche à imposer *sa* législation nationale et *ses* tribunaux nationaux pour régler d'éventuels litiges. La mise en œuvre d'un droit étranger et la compétence d'un tribunal étranger comportent des aléas pour les parties. Aussi est-il bien compréhensible que celles-ci cherchent à les réduire autant que faire se peut, notamment en insérant dans le contrat une clause attributive de juridiction et une clause de choix de lois. Ces stipulations leur permettent d'anticiper le droit substantiel et la procédure applicables à un éventuel litige[12].

En conférant aux acteurs économiques, dans les matières où les droits sont à leur disposition, une faculté d'opter pour une juridiction nationale et un droit applicable, le droit international privé les encourage à adopter une réglementation en adéquation avec leurs intérêts et qui offre un niveau de sécurité juridique optimal. Ce choix aura en outre l'effet d'inciter le législateur à faire preuve de créativité pour revoir périodiquement la réglementation applicable et, le cas échéant, la rendre plus attrayante[13]. Stimulée par le droit international privé, la concurrence normative entre les États peut alors s'avérer bénéfique pour la qualité de la norme.

---

10 Voir en dernier lieu Commission européenne, *Retailers' Attitudes Towards Crossborder Trade And Consumer Protection*, Flash-Barometer, réf. 396, 2015, spéc. p. 13 et suiv. (consultable sur http://ec.europa.eu).

11 Sur ce point, voir surtout G. Schulze, « Ökonomik der Vollharmonisierung im Gemeinschaftsprivatrecht », in B. Gsell/C. Herresthal (dir.), *Vollharmonisierung im Privatrecht*, Mohr Siebeck, 2009, p. 63, spéc. p. 72 et suiv.

12 D. Sindres, « Contrat, principe d'autonomie et analyse économique du droit international privé », in R. Sefton-Green/L. Usunier (dir.), *Concurrence normative, un mythe ?*, éd. Société de Législation Comparée, 2014, p. 171.

13 H. Bouthin-Dumas, « Existe-t-il un marché des systèmes juridiques ? », in R. Sefton-Green/L. Usunier (dir.), *Concurrence normative, un mythe ?*, *op. cit.*, p. 35.

L'exemple des États fédéraux dont le système juridique n'est pas unifié illustre bien que la diversité normative n'est pas nécessairement un obstacle aux échanges commerciaux et synonyme d'immobilisme économique. Rappelons en effet que les États-Unis, la Suisse et le Canada ne connaissent pas de réglementation commerciale unique[14]. Pourtant, en dépit de l'absence d'une réglementation uniforme dans des matières comme le droit des sociétés, le droit fiscal des affaires ou le droit des marchés financiers, les économies nationales de ces pays ne semblent pas pâtir de cette diversité des lois et paraissent même profiter d'une certaine concurrence entre les législations régionales[15].

Plus qu'en Europe, les conséquences juridiques et économiques de l'absence d'unité législative ont été l'objet d'études approfondies aux États-Unis. On sait par exemple que la diversité des statuts sociétaires a conduit une partie des entreprises à s'implanter dans les États qui offrent une législation particulièrement souple, tel que l'État du Delaware[16]. Cependant, à en croire les études consacrées à ce sujet, la compétence concurrente en droit des sociétés n'a pas entraîné un phénomène d'opportunisme législatif conduisant à une dévaluation généralisée des textes de lois. Selon les auteurs américains, la concurrence normative aurait plutôt entraîné une prise de conscience accrue des enjeux économiques et sociaux du droit des affaires et à une redéfinition des choix politiques par les législateurs des différents États fédérés[17].

On est donc loin du spectre d'une « course vers le bas » que l'on a dépeint, en Europe, lors de la libéralisation du choix de la *lex societatis* à la suite des arrêts *Centros*, *Inspire Art* et *Überseering*, libéralisation qui a fait couler beaucoup d'encre[18]. Plus d'une décennie après cette ouverture, ses effets sont moins néfastes que ce que l'on a pu prédire au milieu des années 2000. À l'instar de la situation aux États-Unis, le bilan de cette évolution du droit européen des sociétés semble, aux dires des

---

14 Sur cet argument, voir H. Kötz, « Rechtsvereinheitlichung – Nutzen, Kosten, Methoden, Ziele », *RabelsZ* 1986, p. 1, spéc. p. 9.

15 En ce sens voir V. Heuzé, « À propos d'une initiative européenne en matière de droit des contrats », art. préc. (note 5) et Y. Lequette, « Vers un code civil européen ? », art. préc. (note 5). Voir aussi M. Dreher, « Wettbewerb oder Vereinheitlichung der Rechtsordnungen in Europa ? », *JZ* 1999, p. 105, spéc. p. 106.

16 Sur l'« effet Delaware », voir not. D. Bureau/H. Muir Watt, *Droit international privé*, t. 2, PUF, 2007, n°s 1076 et suiv.

17 Pour une présentation détaillée de la controverse sur les effets législatifs d'une concurrence normative (« *Race to the Bottom vs. Race to the Top* »), voir D. Barth, *Voraussetzungen und Grenzen des legislativen Wettbewerbs in der Europäischen Gemeinschaft auf dem Gebiet des Gesellschaftsrechts*, Peter Lang, 2008, p. 46 et suiv. avec de nombreuses références.

18 L. Enriques, « EC Company Law and the Fears of a European Delaware », *European Business Law Review (EBLR)* 2004, p. 1259.

spécialistes, globalement positif[19].

Au regard de ce qui précède, l'harmonisation du droit n'apparaît pas toujours comme la satisfaction de revendications des milieux économiques, mais plus souvent comme le fruit d'une initiative politique, destinée à renforcer la coopération internationale[20]. Si un tel objectif n'est pas critiquable en soi, on peut cependant émettre des doutes sur le lien qui est établi entre harmonisation et progrès du droit.

II. L'harmonisation du droit est-elle toujours synonyme de progrès ?

Indépendamment des incidences économiques de l'harmonisation normative, le succès d'un texte de droit uniforme semble dépend re de trois séries de facteurs.

En premier lieu, il faut éviter que l'élaboration d'un texte de droit uniforme n'engendre un coût qui soit excessif au regard de l'objectif poursuivi[21]. Ce coût est avant tout celui de l'élaboration du texte, c'est-à-dire celui des rencontres préparatoires entre les délégations des différents États impliqués, de la rédaction matérielle des projets, de la préparation d'études préliminaires et des consultations avec les professionnels du droit. Mais il faudra également tenir compte du coût de l'adaptation du système juridique au nouveau droit, à savoir la formation des professionnels du droit et, le cas échéant, le travail législatif pour mettre en cohérence le droit national avec le droit uniforme.

S'il est vrai que ce coût est également occasionné par des réformes de droit interne, il ne faut pas oublier que les projets de droit uniforme se limitent parfois à des questions extrêmement pointues[22]. Dès lors, le

---

19 En ce sens, M. Menjucq, *Droit international et européen des sociétés*, Lextenso, 3e éd. 2011, n° 132 (« le contexte juridique étant différent du contexte américain, l'existence d'un "Delaware européen" n'est pas certain, même à l'avenir ») ainsi que T. Mastrullo, *Le droit international des sociétés dans l'espace régional européen*, th. Paris 1, PUAM, 2009, p. 495 et suiv. – Voir aussi J. Wuermeling/A. v. Graevenitz, « Europäisches Privatrecht : Wider den Oktroi der Uniformität », *ZEuP* 2001, p. 631, spéc. p. 639.

20 Voir l'analyse très critique de G. Kegel, « Sinn und Grenzen der Rechtsangleichung », in *Angleichung des Rechts der Wirtschaft in Europa*, Carl Heymanns, 1971, p. 9, spéc. p. 43 (« gelegentlich weniger der Sachzwang [...] als vielmehr der Wunsch irgendeiner Organisation, etwas vorzuweisen »).

21 Sur le coût de l'harmonisation du droit, voir not. H. Kötz, art. préc. (note 14), *RabelsZ* 1986, p. 1, spéc. p. 12.

22 Voir par exemple la Convention de La Haye du 5 octobre 1961 sur les conflits de lois en matière de forme des dispositions testamentaires ou, plus récemment, la Convention de La Haye du 5 juillet 2006 sur la loi applicable à certains droits sur des titres détenus auprès d'un intermédiaire.

coût de l'harmonisation du droit peut paraître disproportionné si le champ d'application du texte est très limité et que celui-ci forme, pour reprendre les termes d'un auteur, un îlot de droit uniforme dans un océan de diversité normative[23].

En second lieu, le succès d'un texte d'harmonisation doit également être mesuré à l'aune des modalités de son élaboration. Plusieurs approches sont, en effet, envisageables pour harmoniser les solutions nationales. Faut-il rechercher le dénominateur commun entre les systèmes juridiques et consacrer une règle commune au risque d'aboutir à un texte *a minima* ? Convient-il plutôt d'identifier et de consacrer la « meilleure » des solutions nationales, c'est-à-dire celle qui a fait ses preuves devant les juridictions nationales d'un pays et donne satisfaction à l'ensemble des acteurs ? Ou est-il, au contraire, nécessaire de consacrer à titre de compromis une solution nouvelle, connue d'aucun des systèmes juridiques nationaux ?

Pendant longtemps, on considérait que l'élaboration du droit uniforme était le résultat d'une approche mixte qui repose à la fois sur la reprise de ce qui est commun dans les systèmes juridiques considérés, sur la réception de ce qui est le meilleur et sur la consécration de règles nouvelles[24]. En étudiant de plus près les conditions dans lesquelles sont rédigés les textes de droit uniforme, on ne peut cependant s'empêcher de penser qu'une telle présentation ne rende pas parfaitement compte du contexte dans lequel s'inscrivent les projets d'harmonisation normative.

En effet, l'harmonisation du droit n'est jamais et n'a jamais été un processus purement scientifique, détaché de toute arrière-pensée économique et politique[25]. S'il est déjà difficile, à l'échelle nationale, de concilier les revendications des différents groupes d'intérêt, il est simplement impossible, sur le plan international, d'empêcher les représentants nationaux de faire valoir leurs intérêts propres. Sous couvert d'une consécration de la « meilleure règle », ce sont souvent les solutions promues par les délégations les plus influentes qui sont consacrées par les rédacteurs du texte[26].

---

[23] H. Kötz, art. préc. (note 14), *RabelsZ* 1986, p. 1, spéc. p. 12 (« winzige Inseln vereinheitlichten Rechts »).

[24] Voir not. K. Zweigert/H. Kötz, *Einführung in die Rechtsvergleichung*, t. 1 : *Grundlagen*, Mohr Siebeck, 2e éd., 1984, p. 27. La troisième édition de l'ouvrage est beaucoup plus nuancée, sans doute sous l'influence de H. Kötz (*Einführung in die Rechtsvergleichung*, Mohr Siebeck, 3e éd., 1996, p. 23 et suiv.).

[25] Voir J.-B. Racine, art. préc. (note 5), *ERA-Forum* 2002 (n° 2), p. 67 et les études précitées de V. Heuzé et d'Y. Lequette (note 5).

[26] F. Ranieri, « Vereinheitlichung des Vertragsrechts in Europa », in T. Eger/H.-B. Schäfer (dir.), *Ökonomische Analyse der europäischen Zivilrechtsentwicklung*, *op. cit.* (note 8), p. 46, spéc. p. 55. Sur ce point, voir aussi en langue française G. Canivet/H. Muir Watt, « Européanisation du droit privé et justice sociale », *ZEuP* 2005, p. 517.

En troisième et dernier lieu, il faut éviter que l'harmonisation du droit ne conduise, dans les pays concernés, à une paralysie normative[27]. La marge de manœuvre pour amender un texte de droit uniforme est en effet plus réduite si celui-ci n'émane pas d'une autorité supranationale, mais de la seule volonté de plusieurs États souverains. La modification de conventions internationales nécessitant unaccord unanime, le risque de « pétrification » du droit ne doit donc pas être sous-estimé. Dans plusieurs domaines comme le droit des transports ou le droit de l'environnement, on a pu observer que la lenteur de l'élaboration de droit international empêche les législateurs nationaux de disposer d'instruments normatifs en adéquation avec les besoins actuels[28].

Afin de parer le risque de paralysie normative, il est donc indispensable de prévoir dans un traité des mécanismes de révision qui ne reposent pas sur l'exigence traditionnelle d'un accord unanime de l'ensemble des États signataires. À l'échelle européenne, la problématique semble avoir été perçue par la Commission, plusieurs directives et règlements européens contenant désormais des clauses de réexamen[29]. Il est également envisageable d'insérer dans les conventions internationales des clauses qui permettent à un État signataire d'adopter ponctuellement des règles dérogatoires pour faire évoluer son droit national tout en demeurant lié par la convention internationale[30].

Que l'on ne se méprenne pas, le bilan de l'unification du droit n'est pas exclusivement négatif, malgré les réserves que suscite l'harmonisation du droit. Plusieurs textes de droit uniforme ont fait leur preuve et permis aux acteurs économiques de recourir à un cadre juridique approprié pour sécuriser des opérations commerciales transfrontalières. L'harmonisation du droit revêt également une dimension symbolique

---

27 Sur ce phénomène, voir en particulier P. Behrens, « Voraussetzungen und Grenzen der Rechtsfortbildung durch Rechtsvereinheitlichung », *RabelsZ* 1986, p. 19, spéc. p. 26 et suiv. et H. Kötz, art. préc. (note 14), *RabelsZ* 1986, p. 1, spéc. p. 10 et suiv.

28 Voir not., à propos de la Convention FIPOL en matière de réparation des dommages de pollution marine par hydrocarbures, A. Vialard, *Droit maritime*, PUF, 1997, n° 172 (« toujours en retard d'un accident de pollution »).

29 Voir par exemple art. 27 § 1 du règlement n° 593/2008 sur la loi applicable aux obligations contractuelles (« Rome I ») : « Au plus tard le 17 juin 2013, la Commission présente au Parlement européen, au Conseil et au Comité économique et social européen un rapport relatif à l'application du présent règlement. Ce rapport est accompagné, le cas échéant, de propositions visant à modifier le présent règlement ».

30 Voir par exemple art. 23 § 1 de la Convention de Rome de 1980 sur la loi applicable aux obligations contractuelles : « Si, après la date d'entrée en vigueur de la présente convention à son égard, un État contractant désire adopter une nouvelle règle de conflit de lois pour une catégorie particulière de contrats entrant dans le champ d'application de la convention, il communique son intention aux autres États signataires par l'intermédiaire du secrétaire général du Conseil des Communautés européennes ».

qui n'est pas négligeable. Seulement, nous ne pensons pas que l'harmonisation du droit puisse être une fin en soi, car il faut être conscient de son prix.

Une fois esquissés les buts de l'harmonisation législative et les facteurs qui en conditionnent le succès, il convient à présent de s'interroger sur la faisabilité d'un « droit uniforme de l'océan Indien ».

III. Le « marché de l'océan Indien » se prête-t-il à une harmonisation du droit ?

L'année 2015 a été marquée par l'entrée en vigueur à Madagascar de la Convention de Vienne de 1980 sur la vente internationale de marchandises (CVIM)[31]. Une vente conclue entre un commerçant réunionnais et une société malgache est désormais régie par cette convention, à moins que les parties aient exclu son application[32]. Avec l'essor du droit de l'OHADA, la ratification de la CVIM par le Parlement malgache constituent une des avancées les plus importantes pour l'harmonisation du droit des affaires dans l'océan Indien.

Compte tenu de cette évolution, il faut s'interroger sur les perspectives d'une harmonisation normative à l'échelle régionale, au sein de l'océan Indien. Au-delà des réserves générales déjà exprimées[33], plusieurs facteurs spécifiques conduisent à faire preuve d'un certain scepticisme à l'égard des projets d'unification dans cette zone géographique.

Parmi les facteurs qui font obstacle à un droit uniforme de l'océan Indien, il faut tout d'abord mentionner l'hétérogénéité des pays et territoires qui s'y trouvent. Des pays comme Maurice ou les Seychelles se caractérisent par une superficie et une population bien circonscrite, ce qui est sur le plan de la politique législative davantage un atout qu'un défaut. Les législateurs mauricien et seychellois sont en mesure d' adapter facilement le droit national aux objectifs politiques et économiques du pays. L'évolution du droit bancaire mauricien illustre bien la flexibilité dont dispose le législateur pour aligner le cadre normatif sur les orientations économiques décidées par le Gouvernement[34]. Une telle

[31] Pour plus d'informations, voir le site internet du ministère de la Justice de Madagascar http://www.justice.gov.mg/madagascar-a-adhere-a-la-convention-des-nations-unies-sur-les-contrats-de-vente-internationale-de-marchandises/.

[32] Le caractère supplétif des règles de la CVIM résulte de son article 6 selon lequel « les parties peuvent exclure l'application de la présente Convention ». Sur ce système du *opt-out*, voir not. M. Audit/S. Bollée/P. Callé, *Droit du commerce international et des investissements étrangers*, Lextenso, 2014, n° 362.

[33] Voir *supra* sous I. et II.

[34] La figure juridique originale des « sûretés flottantes » est un exemple de la créativité du législateur mauricien en la matière. Voir L. Célestin, « Les sûretés fixes et flottantes en

flexibilité ne s'offre guère aux parlements nationaux de pays comme l'Inde ou l'Afrique du Sud, pays qui se caractérisent par une population bien plus importante et une économie nationale plus diversifiée.

À ce premier obstacle s'ajoutent les différences structurelles qui existent entre les pays de l'océan Indien sur le plan de l'intégration dans une organisation économique supranationale. Il ne faut pas oublier qu'un projet d'harmonisation "indianocéanique" se heurte au principe d'identité législative applicable à la Réunion et à Mayotte, départements français, ainsi qu'à leur statut de régions ultrapériphériques (RUP) de l'Union européenne. Le droit français et la réglementation européenne y sont applicables de plein droit, ce qui rend très difficile l'adoption d'une convention internationale qui s'écarte du droit de l'Union et du droit national[35]. Les traités européens et la Constitution française n'autorise que très marginalement des dérogations, une harmonisation du droit dans l'océan Indien est ainsi condamnée à se faire sans l'intégration de la Réunion et de Mayotte.

Il est fort probable que la communauté internationale ne parvienne jamais à venir à bout de la diversité des systèmes juridiques, diversité qui est, au fond, directement liée à l'histoire, à la différence de culture et aux disparités économiques et sociales entre les pays. Au lieu de s'engager, sous le couvert de la coopération internationale, dans des projets d'harmonisation du droit sans lendemain, ne vaudrait-il pas mieux d'investir dans la formation d'une nouvelle génération de juristes, maîtrisant plusieurs langues et plusieurs droits nationaux ? L'organisation de rencontres telles que cette université d'été y contribue grandement et il est à espérer que les contacts établis au cours de cette manifestation puissent aider à vaincre les réticences qui existent encore entre les acteurs de nos pays.

---

droit mauricien », *Mauritius Law Review* 1988, p. 1. – Pour une introduction au droit bancaire mauricien, voir B. Dondero/J.-B. Seube, *Droit bancaire mauricien*, Lextenso, 2012.

35 De nombreux travaux ont été consacrés à cette question. Voir en dernier lieu D. Perrot, « Les différenciations territoriales des Outre-mer dans leurs rapports à l'Union », in L. Potvin-Solis (dir.), *L'Union européenne et l'autonomie locale et régionale*, Bruylant, 2015, p. 279. Voir aussi F. Rakotondrahaso, *Le statut de Mayotte vis-à-vis de l'Union européenne*, th. Montpellier 1, PUAM, 2014 et T. M'Saidié, *Les pays et territoires d'outre-mer dans l'Union européenne*, th. Perpignan, Bruylant, 2013. – Voir cependant les travaux parlementaires actuellement en cours en vue de l'adoption d'une loi relative à l'action extérieure des collectivités territoriales et à la coopération de l'outre-mer dans son environnement régional (http://www.assemblee-nationale.fr/14/dossiers/action_exterieure_collectivites_territoriales.asp).

Part V

Technical Rules and Standards and other Major Barriers to Economic Integration

Partie V

Les Rnt et les freins d'autre nature

La sécurité sanitaire des aliments obstacle au développement des échanges commerciaux au sein de la COI ?

Jacques COLOM

Health security has been reinforced in the European Union and in the Indian Ocean Commission (IOC) in particular following the chikungunya epidemic between 2004 and 2006 in the Indian Ocean and Italy. The food safety, which has a strong impact on health and on international trade such as the WTO, has been considered recently and partly by the IOC. It does not been coordinated support of the United Nations, the European Union and Member States of IOC.

The question of the effectiveness of controls at the local, regional and international is vital for the consumer as well as the independence of auditors and experts. The poor governance case study illustrates the limits of food safety. It is learning from knowing that with globalization such an American bad governance case on Teflon has necessarily a health impact in Europe and the Indian Ocean.

*

La sécurité sanitaire a été renforcée dans l'Union européenne et au sein de la Commission de l'océan Indien (COI) notamment suite à l'épidémie de chikungunya entre 2004 et 2006 dans l'océan Indien et en Italie.

La sécurité sanitaire des aliments, qui a un fort impact sur la santé et sur les échanges commerciaux internationaux, notamment selon l'OMC, n'a été prise en compte que récemment et partiellement par la COI. Elle ne fait pas non plus l'objet d'une prise en charge coordonnée du système des Nations unies, de l'Union européenne et des États membres de la COI.

La question de l'efficacité des contrôles au plan local, régional et international est vitale pour le consommateur ainsi que l'indépendance des contrôleurs et des experts. L'étude de cas de mauvaise gouvernance illustre les limites de la sécurité alimentaire. Il s'agit d'en tirer des enseignements sachant qu'avec la mondialisation une crise américaine sur le téflon par exemple a nécessairement un impact sanitaire en Europe et dans l'océan Indien.

*

Die sanitäre Sicherheit wurde sowohl in der europäischen Union als auch im Rahmen der Indien Ocean Commission (IOC), insbesondere nach der Epidemie der Chikungunya zwischen 2004 und 2006 im indischen Ozean und in Italien, verstärkt.

Die Lebensmittelsicherheit, die einen starken Einfluss auf die Gesundheit und nach der WTO auf die internationalen Handelsflüsse hat, wurde erst seit kurzem und nur teilweise von der IOC berücksichtigt. Sie ist ebenso wenig Gegenstand eines koordinierten Systems der vereinten Nationen, der europäischen Union oder der Mitgliedsstaaten der IOC.

Es stellt sich die Frage nach der Wirksamkeit der Kontrollen auf lokaler, regionaler und internationaler Ebene, die lebenswichtig für den Verbraucher sind, sowie die Frage nach der Unabhängigkeit von Kontrolleuren und Sachverständigen. Die Analyse von Fällen schlechten Krisenmanagements veranschaulicht die Grenzen der Lebensmittelsicherheit. Daraus sollten Lehren gezogen werden, insbesondere da durch die Mondialisierung z.B. eine amerikanische Teflonkrise unvermeidbar einen Einfluss auf die sanitäre Sicherheit in Europa und im indischen Ozean hat.

*

* *

I. Introduction

La sécurité sanitaire des aliments n'est qu'un des facteurs qui ont pu limiter le développement des échanges commerciaux au sein de la COI. La modernisation de ce marché et son ouverture à la mondialisation passent notamment par une sécurité sanitaire revue. La sécurité sanitaire est indispensable. En luttant contre les risques, elle protège notre santé :

Dans sa constitution (préambule), l'OMS (Organisation mondiale de la santé), créée en 1946, définit la santé comme « *un état de bien-être complet physique, mental et social. Et pas seulement l'absence de maladie ou d'infirmité* ». L'article 1 de sa constitution ajoute que « *l'objectif de l'OMS est que tous les peuples atteignent le plus haut niveau de santé possible* ». Les législations européenne et française insistent aussi sur la nécessité d'atteindre, de mettre en œuvre, etc. « *un haut niveau de santé* ».

Sur le plan conceptuel, la sécurité sanitaire des aliments (*food safety*) qui garantit la comestibilité des aliments (leur innocuité) doit être distinguée de la sécurité alimentaire : définie par la Banque mondiale comme « *l'accès de toutes les personnes à tout moment à suffisamment de nourriture pour mener une vie active et saine* » ; et par la FAO : « *que la nourriture est disponible en tout temps, que toutes les personnes ont les moyens d'y accéder, que d'un point de vue nutritionnel cette nourriture est adéquate en termes de quantité, de qualité et de variété, et qu'elle est bien acceptée au sein d'une culture donnée* ».

Sur le plan international, l'OMC par son Office des règlements (ORD) applique les ASPS (accord sur l'application des mesures sanitaires et phytosanitaires (ASPS) et sur les obstacles techniques au commerce (AOTC) pour protéger la santé des personnes, des animaux ou des plantes en rejetant des mesures protectionnistes. Les barrières non tarifaires comme les mesures sanitaires peuvent avoir un effet protectionniste. L'OMC, à travers les accords ASPS et AOTC, va imposer la levée de ces barrières sauf si elles sont justifiées scientifiquement pour des raisons de santé et non pas pour des raisons culturelles.

Dès le départ, l'UE va favoriser la circulation des marchandises et s'appuyer sur la science (art. 28 TCE). Les États membres, en cédant leurs compétences en matière de commerce à l'UE, vont entériner cette évolution. Avec le règlement CE 178/2002, elle va réglementer la sécurité sanitaire des aliments et instituer l'EFSA (autorité européenne de sécurité des aliments).

En théorie, la souveraineté des États est respectée. Ils pourront adopter des mesures sanitaires plus contraignantes que les normes internationales, mais en prouvant scientifiquement la légitimité de ces mesures fondées sur des principes scientifiques et non pas sur des valeurs culturelles et religieuses et sur une évaluation des risques[1].

L'OMC a limité le champ d'application du principe de précaution en exigeant des « preuves scientifiques suffisantes » (art. 2/2 de l'accord SPS)[2]. La législation ne doit pas être discriminatoire, par exemple des produits similaires ne peuvent être considérés comme différents sur le seul fondement de traditions locales de consommation (ex : Japon-boissons alcoolisées du 13/10/1987, et concernant l'UE voir décisions Cassis de Dijon (20/2/1979) et Bières (12/3/1987).

Cette approche purement économique a été remise en cause par l'UE et la réunion des ministres de l'OMC en 1999. Si l'ORD (office de règlement des différends) est resté attaché à l'approche économique, l'UE

---

1 Gaëlle Bossis, *La sécurité sanitaire des aliments en droit international et communautaire – rapports croisés et perspectives d'harmonisation*, Bruylant, 2005, 567 p. ; Nathalie Ferraud-Ciandet, *Protection de la santé et sécurité alimentaire en droit international*, Larcier, 2009, 325 p.

2 G. Bossis, voir p. 17 sur l'affaire « hormones » (16 janvier 1998) : « L'organe d'appel a débouté l'UE en confirmant que les mesures communautaires interdisant l'importation de viandes et de produits carnés traités avec des hormones étaient incompatibles avec l'accord… SPS de l'OMC… »

a évolué dans un sens moins économique[3] (par ex. l'introduction de la Charte des droits fondamentaux dans le droit communautaire primaire).

Les FAO/OMS sont allés dans le sens de l'UE et ont reconnu en 1996 que « l'accès à des aliments nutritionnellement appropriés et sans danger est un droit universel ». Les FAO/OMS ont aussi initié la création du codex alimentarius, élaboré par la CCA (commission du codex alimentarius), ayant une valeur de « soft law »[4] mais qui sert de référence à l'ASPS[5].

L'adoption du paquet hygiène à travers le règlement 178/2002, qui a débouché sur 6 règlements en remplaçant 300 directives, a marqué un progrès en matière de sécurité alimentaire. Il a par exemple prévu la responsabilité pénale des exploitants en matière de sécurité alimentaire en cas de mise sur le marché de denrées dangereuses. Les exploitants sont tenus par une obligation de résultat, mais le scandale Volkswagen a montré les faiblesses et les limites de la sécurité sanitaire aux USA, dans l'UE et en France, basée notamment sur l'autocontrôle.

Maurice est soumise à la législation de l'Union européenne pour ses exportations alimentaires envers l'Europe (voir par exemple le rapport de la Commission européenne, Direction générale santé et consommation (SANCO), direction F : alimentation et office vétérinaire : *Final report of an audit carried out in Mauritius from 22 to 30 January 2014 « in order to evaluate the control systems in place governing the production of fishery products intended for export to the European Union », dg(sanco) 2014-7138 – MR final Ares (2014) 1805395).*

Le rapport indique (p. 5) que la mission d'inspection n'est pas encore satisfaite de la législation mauricienne sur certains points : « *However this set of legal documents do not give a clear indication of the rules which the FBOs need to follow with regards to limits for histamine in fishery products and organoleptic criteria for fresh fishery products* » et « *National provisions and procedure for listing establishements exporting to the UE… conclusion ; the provision and procedures for listing facilities for UE export adopted by the CA are, in principle adequate and provide*

---

3 Voir la réforme votée par le parlement européen sur l'amendement de la directive OGM le 13 janvier 2015 demeure ambiguë : si elle permet aux États d'interdire pour des nouveaux motifs (aménagement territorial, politique agricole, conséquences socioéconomiques), elle favorise aussi le développement des OGM dans les autres États par la Commission européenne.

4 Djamel Drider et Gilles Salvat (dir.), *Sécurité sanitaire des aliments – épidémiologie et lutte contre les contaminants zoonotiques*, Economica, 2015, 258 p. Voir p. 211 et suiv. « *chap. 9 Normalisation en microbiologie de la chaîne alimentaire* » sur l'utilisation des « soft normes » (AFNOR, ISO…) mais voir le tableau erroné de la hiérarchisation des documents de références p. 214 contraire à la constitution française de 1958.

5 N. Ferraud-Ciandet, *op. cit.*, note 1, voir p. 183.

satisfactory guarantees. However their implementation allowed the approval of a freezer vessel that performs operations that do not respect standards equivalent to UE rules for the freezing of fishery products ».

II. L'expertise, fondement des dérogations sanitaires à la liberté du commerce, indépendante ou sous influence

A. *Preuve scientifique et principe de précaution*

Le principe de précaution s'applique en droit français et en droit européen :

- Charte française de l'environnement de 2004 : « Article 5. Lorsque la réalisation d'un dommage, bien qu'incertaine en l'état des connaissances scientifiques, pourrait affecter de manière grave et irréversible l'environnement, les autorités publiques veillent, par application du principe de précaution et dans leurs domaines d'attributions, à la mise en œuvre de procédures d'évaluation des risques et à l'adoption de mesures provisoires et proportionnées afin de parer à la réalisation du dommage ».
- Union européenne : Il découle de la jurisprudence de la Cour de justice (de l'Union européenne) que le principe peut être défini comme suit : « *lorsque des incertitudes subsistent quant à l'existence ou à la portée de risques pour la santé des personnes, des mesures de protection peuvent être prises sans avoir à attendre que la réalité et la gravité de ces risques soient pleinement démontrées* » (CJCE, 5 mai 1998, National Farmers' Union, C-157/96, Rec. p. I-2211, point 63 ; Royaume-Uni/Commission, C6180/96, Rec. p. I-2265, point 99 et Monsanto Agricoltura Italia, C-236/01 du 9/9/2003, point 111. Citation de N. de Sadeler, « Grandeur et servitude du principe de précaution en matière de santé publique », 2003, p. 227-253, in P. Billet-M. Durousseau-G. Martin-I. Trinquelle, *Droit de l'environnement et protection de la santé*, L'Harmattan, 2009, 311 p. Voir p. 229.

B. *Concernant l'application du principe de précaution*

L'Union européenne a indiqué dans la « Communication de la Commission sur le recours au principe de précaution (du 2/2/2000, COM (2000) I final. Voir p. 3, point 4 « *La mise en œuvre d'une approche fondée sur le principe de précaution devrait commencer par une évaluation scientifique aussi complète que possible et, si possible, déterminant à chaque stade le degré d'incertitude scientifique* » et point 6 « *Si une action est jugée nécessaire, les mesures basées sur le principe de précaution devraient notamment : Être proportionnées au niveau de protection recherché ; Ne pas introduire de discrimination dans leur application...* »

C. Éthique et pluralisme de l'expertise

Les règles de l'art en matière d'évaluation scientifique sont particulièrement encadrées tant sur le plan des droits français et européens que sur le plan médical[6].

L'évaluation scientifique doit être « *aussi exhaustive que possible sur la base d'avis scientifiques fondés sur les principes d'excellence, de transparence et d'indépendance.*

L'évaluation doit considérer les meilleures données scientifiques disponibles obtenues à partir des résultats les plus récents de la recherche internationale » *(Aff. Pfizer, TPIUE-2004)*[7].

« *Elle doit enfin indiquer les principaux rapports d'expertises sur lesquels elle s'appuie, la cohérence du raisonnement suivi, le lien entre les constatations scientifiques effectuées et les conclusions tirées* »[8].

L'exigence d'excellence est rappelée tant sur le plan international par les organisations gouvernementales que par les juges et le Parlement sur le plan national. L'Office parlementaire d'évaluation des choix scientifiques et technologiques relève que « *Le juge va s'assurer de façon très sourcilleuse et pointilleuse que ces conditions d'évaluation sont convenablement remplies. L'évaluation est pour lui un point si crucial qu'il va vérifier qu'elle ne constitue pas un alibi ou un simple habillage pseudo-scientifique à une décision en réalité purement arbitraire* »[9].

Dans la pratique, l'expertise peut être sous l'influence des institutions : la Commission européenne ou le pouvoir exécutif en France (par ex. la crise du chikungunya) ou des lobbies (par ex. le cas du sucre). Dans

---

6 E. Naim-Gesbert, « Le principe de précaution, pensée du plausible en droit, méthode et raison des juges administratif français et communautaire », *Revue européenne de droit de l'environnement*, 2/2009, p. 1429-1438 ; R. Hanicotte, « Le principe de précaution à l'aune du contrôle de constitutionnalité : Les sages et le risque », *Politeia*, n° 16, 2009, p. 33-63. A. Laude-B. Mathieu-D. Tabuteau, « Droit de la santé », PUF, coll. Thémis droit, 2009, 726 p. ; voir p. 596 et suiv. : chapitre 3 Le respect du principe de précaution, qui souligne l'apport de la charte de l'environnement dans ce domaine depuis son entrée en vigueur le 1er janvier 2005.

7 Union européenne : TPICE 11/9/2002, Pfizer Animal Health c/Conseil, aff. T-13/99, rec. 2002, p. II. 1961. E. Naim-Gesbert, *op. cit.*, n° 9, voir p. 1436.

8 M.-A. Hermitte, « Relire l'ordre juridique à la lumière du principe de précaution », rec. Dalloz, 2007, p. 1518 et suiv. Voir p. 1519 : aff. Artegodan, TPICE 26/11/2002.

9 C. Noiville, Dr de recherche CNRS, « Première table ronde : Le principe de précaution et les juges », p. 13-17, voir note n° 8 : Rapport sur « Le principe de précaution : bilan de son application quatre ans après sa constitutionnalisation ».

des dossiers comme celui des perturbateurs endocriniens ou celui de l'amiante, les institutions et les lobbies sont associés.

III. Études de cas de mauvaises gouvernances : L'épidémie de chikungunya dans l'océan Indien

L'épidémie de chikungunya en 2005 et 2006[10] à la Réunion et à Mayotte[11] a constitué une véritable catastrophe sanitaire nationale et internationale par son ampleur (M.-K. Soumahoro[12] : 266 000 cas à la Réunion, Mayotte : 38 % de la population) et aujourd'hui son impact est encore sous-estimé. Une gouvernance non conforme aux standards européens et français a rendu possible ce drame pour les familles alors que les autorités possédaient depuis 1965 les informations majeures : le chikungunya une arbovirose de type explosif, produisant des formes graves en particulier pour les enfants, répandue par un vecteur l'aedes albopictus à fort potentiel[13]. Au contraire, les experts et le pouvoir exécutif ont aggravé la situation en masquant la vérité au Parlement français et

---

10 Voir numéro spécial chikungunya, *Med Trop*, vol. 72, mars 2012, notamment p. 32-37 : J. Colom, « L'analyse critique du respect des conditions de bonne gouvernance en matière d'évaluation scientifique des risques : le cas de l'épidémie de chikungunya à la Réunion et à Mayotte en 2005 et 2006 ».

11 Concernant Mayotte, F. Taglioni, « Virus-sans-frontières le chikungunya dans le sud-ouest de l'océan Indien et au-delà », in S. Duhamel, F. Moulle, *Frontières et santé. Genèses et maillage des réseaux transfrontaliers*, L'Harmattan, voir p. 256, note 14 : « … suivant des entretiens que nous avons menés à la DDASS de Mayotte, il nous a été rapporté que le premier contact avec un malade du chikungunya aurait eu lieu en février 2005 à l'aéroport de Mayotte. Les premiers contacts ont sûrement eu lieu dès janvier 2005 du fait de la forte immigration clandestine à Mayotte en provenance du reste de l'archipel des Comores ». J.P. Boutin, voir rapport A.N. 3242, p. 241 et suiv. Voir p. 241 : « Pour mémoire, j'ai été alerté à Marseille au moment où des citoyens comoriens ou mahorais y ont importé le chikungunya, avant même que le premier diagnostic virologique ne soit confirmé à Saint-Denis de la Réunion ».

12 M.-K. Soumahoro, « The Chikungunya Epidemic on La Reunion Island in 2005-2006 : A Cost – of_Illness study », *PLoS Negl Trop Dis*, 2011 jun ; vol. 5(6). Sur l'épidémie indienne de 2006, voir K. Krishnamoorty *et al.*, « Burden of Chikungunya in India : estimates of disability adjusted life years (DALY) lost in 2006 epidemic », J. Vector Borne Dis 46, mars 2009, p. 26-35. Concernant l'impact sur les entreprises, voir l'exemple du tourisme : *Réuccir* (bulletin de la CCIR de la Réunion) n° 30, octobre 2006, dossier « Où va notre tourisme ? ». Ex. : Mme C. Frecaut (vice-présidente du syndicat national des agents de voyage, Réunion) depuis le début 2006 « l'activité des agences réceptives a chuté de 75 %. Dans le secteur de l'hébergement, à début octobre, la baisse des réservations est de 60 %. Le tourisme de groupe a quasiment disparu, un tiers de la capacité hôtelière a disparu, 350 emplois ont été perdus. À ce rythme, des établissements majeurs risquent d'être rayés de la carte ».

13 J. Colom, *op. cit.*, note 1 ; voir p. 33.

en ne prenant pas à temps les mesures d'urgence qui s'imposaient dès l'alerte internationale de 2004 déclenchée par les Comores[14].

Sur le plan juridique, ces dysfonctionnements allaient à l'encontre de l'évolution du droit français en faveur d'une protection renforcée du droit à la santé et du principe de précaution, et d'un abandon de l'héritage colonial[15].

Les publications et les équipes de recherches spécialisées en matière de maladies tropicales à virus sont connues tant en France (par ex. bulletin de la société de pathologie exotique, Revue médecine tropicale et équipe du Pharo, équipes de recherches Pasteur) qu'à l'étranger. La réunion d'un collège pluridisciplinaire représentant ces réseaux d'experts tropicalistes internationaux, nationaux et locaux dès 2005 semblait le minimum pour l'épidémie de chikungunya, sachant que la France est la cinquième puissance économique au monde et membre permanent du conseil de sécurité des Nations unies.

La prise en compte du terrain local en matière de comorbidité (importance du diabète et de l'alcoolisme à la Réunion) et des signaux d'alerte doit être repensée : signaux militaires négligés (déposition du médecin général J.P. Boutin[16]...), mobilisation des réseaux diplomatiques... Comme dans l'affaire du Médiator, le lanceur d'alerte a eu des difficultés à se faire entendre sur les formes graves du chikungunya (voir la contribution du Dr Fourmaintraux et celle du Dr Boisson) alors que des cas de transmission materno-fœtale avaient déjà été décrits pour d'autres virus comme la dengue[17].

---

14 *Ibid.*, note 1.

15 *Ibid.*, note 1, voir p. 32 ; voir aussi l'évolution institutionnelle de Mayotte avec la départementalisation en construction, par exemple le manque d'aide médicale d'État, etc. de nombreux acteurs critiquant le grand nombre d'exclus de l'accès aux soins.

16 J.P. Boutin, voir rapport A.N. 3242, p. 241 : « Pour mémoire, j'ai été alerté à Marseille au moment où des citoyens comoriens ou mahorais y ont importé le chikungunya, avant même que le premier diagnostic virologique ne soit confirmé à Saint-Denis (de la Réunion) » quid des médecins militaires en poste à Mayotte qui ont été les premiers au contact de l'épidémie ? Pourquoi la France n'a pas déployé sa bioforce notamment à Mayotte alors qu'elle l'avait déjà fait en 1992 pour le paludisme ? Sur la bioforce, voir J.P. Boutin « La bioforce militaire, exemple de moyen humanitaire gouvernemental », *Med Trop*, 2002, vol. 62, p. 386-390.

17 L. Poli, E. Chungue, O. Soulignac, P. Gestas, P. Kuo, M. Papouin-Rauzy, « Dengue materno fœtale. À propos de cinq cas observés pendant l'épidémie de Tahiti (1989) », *Bull Soc Pathol Exot*, 1991, 84(5 Pt 5), 513-21, abstract disponible sur PubMed. Voir aussi Denis F., Bonis J., Verdier M., Leonard G., David-Prince M., M'boup S., Ranger S., Mounier M., « Transmission du virus HTLV-1 », *Bull Soc Pathol Exot*, 1991, 84(5 Pt 5), 497 et pour le paludisme dans le même numéro : I. Bachschmid, B. Soro, A. Coulibaly, E. Philippe, L. Kingston, T. Kien, J.L. Rey, « Infection palustre à l'accouchement et issue de la grossesse à Bécédi (Côte d'Ivoire) », *Bull Soc Pathol Exot*, 1991, 84(5 Pt. 5), 257. C. Chastel, « Arbovirus, arenavirus et autres virus », in F. Denis, *Les virus transmissibles de la mère à l'enfant*, 1999, p. 365-394.

Concernant l'évaluation et la gestion du risque, elles devaient être aussi développées sans discrimination et conformément au principe d'égalité concernant Mayotte et la Réunion. Les progrès réalisés à Mayotte notamment en matière de santé en 2004[18] restaient insuffisants au regard de l'écart qui la sépare encore de la Réunion et encore plus de la métropole. L'immigration clandestine à Mayotte, dont le traitement critiqué a abouti à des résultats souvent inhumains (décès lors du voyage, séparation des enfants de leurs parents) ne semble pas avoir été prise en compte dans la gestion du risque. L'écart de situation supposait une application plus forte du principe de précaution à Mayotte et non l'inverse,

---

[18] D. Sissoko, M.C. Receveur, G. Medinger, X. Coulaud, D. Polycarpe, « Mayotte : Situation sanitaire à l'ère de la départementalisation », *Med Trop*, 2003, vol. 63.6, p. 553-558. Voir p. 553 : « Mayotte souffre d'une sous-médicalisation importante en termes structurel et fonctionnel malgré les nombreux efforts mis en œuvre depuis quelques années afin de mieux organiser les soins », p. 557 : « Jusqu'à la mise en place en 2002 de la Cellule interrégionale d'épidémiologie (CIRE Réunion-Mayotte). La surveillance épidémiologique à Mayotte n'était pas intégrée au réseau national de surveillance et de veille épidémiologique (Institut de veille sanitaire, InVS) » et « Ces diarrhées sont corrélées aux mauvaises conditions d'hygiène des populations, en particulier les immigrants clandestins, vivant, le plus souvent, dans le dénuement le plus total », p. 558. « Ces besoins (de la population) sont immenses, tant dans les domaines de la périnatalité, des maladies infectieuses et tropicales, des pathologies non transmissibles (cardio-vasculaires, diabète, santé mentale) », et « Du fait de l'importance de l'immigration, cette amélioration (de la santé des mahorais) ne se fera que dans le cadre de la nécessaire coopération sanitaire avec les autres îles de l'archipel comorien ». InVS, « Épidémiologie du paludisme à Mayotte – État des lieux 2003-2004 et propositions », CIRE Réunion Mayotte, novembre 2005. Voir p. 15, « 2.3.1.3 Arboviroses » les auteurs n'évoquent pas le chikungunya, malgré la saisine dès janvier 2005 du bureau Afrique de l'OMS par les Comores, mais souligne l'importance de la dengue comme risque à Mayotte, tout en relevant « Aucune mesure spécifique n'a été mise en œuvre pour le contrôle d'aedes aegypti à Mayotte ». Voir p. 7 où ils relèvent « après 1996, la baisse des efforts de lutte antivectorielle, couplée à une diminution de la surveillance épidémiologique a entraîné la réimplantation endémique du paludisme à Mayotte ». Les auteurs p. 7 soulignent « En l'absence d'état civil fiable et de certificats de décès, la létalité du paludisme est difficilement mesurable au cours des dernières années ». On peut donc s'interroger sur la létalité du chikungunya tant aux Comores qu'à Mayotte qui a pu être sous-estimée. Par comparaison, G. Pavillon *et al.*, « Conséquences des changements de codage des causes médicales de décès sur les données nationales de mortalité en France à partir de l'année 2000 », *BEH*, n° 4/2005, p. 13-16. Les auteurs soulignent les intérêts de la réforme qui ne semble pas prendre en compte les maladies tropicales : paludisme, dengue… ? Voir tout de même, p. 491 : « Au total 25 cas ont nécessité plus de 10 jours d'hospitalisation : deux décès ont été déplorés chez des nouveau-nés infectés avant sept jours de vie », in Le Bonin A., Hebert J.C., Marty P., Delaunay P., « Chikungunya confirmé chez l'enfant à Mayotte. À propos de 50 cas hospitalisés, février-juin 2006 », *Med Trop*, 2008, vol. 68.5, p. 491-495. Voir aussi p. 494 le tableau commenté comparant les données cliniques concernant les enfants de l'épidémie indienne de 1964, de Thaïlande avec la situation mahoraise et réunionnaise.

ex. : le gouvernement ne pouvait pas compter sur des informations fiables concernant les décès à Mayotte[19].

Sans parler d'héritage colonial, les crises sanitaires peuvent s'expliquer outre-mer notamment par une adaptation parfois abusive des normes, inférieures aux standards métropolitains et européens (les revendications mahoraises en faveur de l'égalité réelle). Il a fallu attendre la présidence française de l'UE en 2007 pour que l'UE reconnaisse qu'elle avait négligé la protection de l'environnement en outre-mer. Le tribunal administratif de St Denis de la Réunion (3/2/2015) par exemple, a du annuler l'arrêté préfectoral du 25/5/2013 sur la leucose enzootique bovine pour non-respect des contrôles imposés par *l'arrêté interministériel du 31 décembre 1990* qui prévoit la mise en œuvre d'un dépistage systématique des bovins.

Les lobbies (concernant le sucre, le téflon et les perturbateurs endocriniens) mettent l'expertise sous influence : La preuve des faits de collusion, de conflits d'intérêts, de falsification de la vérité scientifique, de corruption et de trafic d'influence est difficile à prouver et à faire partager au public même quand d'excellents films comme « Erin Brokowitch » ou livres comme « Intoxication » ont traité certains sujets tirés d'histoires vraies.

La révélation par la doctrine des agissements du lobby du sucre aux États-Unis contre la politique sanitaire fédérale est un cas d'école[20]. Les

---

19 D. Sissoko *et al.*, voir note n° 23, relèvent p. 555 : que les différences scolaires avec la métropole sont importantes. Les économistes réunionnais estiment à environ 100 l'indice de développement humain de Mayotte. La Réunion serait à 40 environ et la France à 7 (travaux non encore publiés). Sur l'interdiction de discrimination dans la mise en œuvre du principe de précaution rappelée par la commission européenne dans sa communication, voir note n° 8 ; et sur le principe d'égalité : art. 1 et 6 (égalité devant la loi) DDH 1789, et le préambule de 1958 : « idéal commun de liberté, d'égalité et de fraternité ». N. De Sadeler, « Grandeur et servitude du principe de précaution en matière de santé publique », 2003, p. 227-253, in P. Billet-M. Durousseau-G. Martin-I. Trinquelle, *Droit de l'environnement et protection de la santé*, L'Harmattan, 2009, 311 p. Voir p. 229 : « Il découle de la jurisprudence de la Cour de justice (de l'Union européenne) que le principe peut être défini comme suit : « lorsque des incertitudes subsistent quant à l'existence ou à la portée de risques pour la santé des personnes, des mesures de protection peuvent être prises sans avoir à attendre que la réalité et la gravité de ces risques soient pleinement démontrées (CJCE, 5 mai 1998, National Farmers' Union, C-157/96, Rec. P. I-2211, point 63 ; Royaume-Uni/Commission, C6180/96, Rec. P. I-2265, point 99 et Monsanto Agricoltura Italia, C-236/01 du 9 septembre 2003, point 111 ».

20 Cristin E. Kearns, Stanton A. Glantz, Laura A. Schmidt, « Sugar industry influence on the scientific agenda of the National institute of dental research's 1971 National caries program : a historical analysis of internal documents », *PLOS Medicine*, DOI : 10.1371/journal.pmed. 1001798, 10 mars 2015.

Voir aussi sur la firme Coca-Cola, appartenant au lobby du sucre, l'article de foodwatch.org qui publie la liste des interventions de lobbying de Coca-Cola dans le monde de la chercheurs ont pu analyser les archives d'un professeur lié au lobby du sucre, après son décès en 1971. Ils montrent comment la *sugar association* et ses prédécesseurs ont su faire face aux efforts de l'administration américaine pour lutter contre les caries en participant aux comités compétents sans mentionner les conflits d'intérêts. Les auteurs ont relevé que 78 % d'un rapport de l'*international sugar research foundation* avait été directement intégré dans la publication du programme national sur les caries.

L'histoire montre aussi que l'Agence américaine en charge de la protection de l'environnement (EPA) qui s'appuie sur l'autocontrôle des industries polluantes n'est pas à l'origine de la révélation des scandales sanitaires déjà cités. Au contraire, l'EPA dans le cas du PFOA (*perfluorooctanoic acid*) a assisté la multinationale Dupont dans son combat contre « David » l'avocat Rob Bilott[21] (voir l'affaire Tennant) et la stratégie de Dupont de pénétrer par ses avocats des administrations comme le « *West Virginia Department of Environmental Protection* ». Pour mémoire le PFOA est utilisé dans la fabrication du teflon. Toute personne utilisant des instruments de cuisine au teflon, ainsi que ses enfants peuvent être contaminés durablement ainsi que par la pollution des eaux près des lieux de fabrication. Une étude scientifique à partir de prélèvements sanguins sur 70 000 habitants de la Virginie de l'Ouest publiée en 2011 a montré des liens avec les cancers du rein et des testicules, des troubles de la thyroïde (*high cholesterol, pre-eclampsia and ulcerative colitis*). Sur le plan international, les chercheurs ont montré que la mise en garde de cette toxicité du PFOA devait être étendue à tous les polymères et produits chimiques polyfluorés[22]. Tous les animaux sont aussi concernés même en dehors des USA après un test en plein Océan pacifique.

Concernant les perturbateurs endocriniens, la CJUE a condamné le 16/12/2015 la Commission européenne pour n'avoir pas défini les critères encadrant les perturbateurs endocriniens dès décembre 2013 en application du règlement sur les biocides de 2009, suite aux pressions des États (Allemagne, Royaume-Uni) et des lobbies du secteur privé. Sur ces manœuvres et les impacts sur la santé, l'enquête de la journaliste Stéphane Horel est édifiante[23].

---

recherche médicale française entre 2010 et 2015 notamment les entretiens de Bichat. Les travaux de scientifiques français sous cette influence n'a pas empêché l'ANSES de publier en 2015 un rapport comme quoi les édulcorants intenses n'ont pas d'effet bénéfique sur le contrôle glycémique des personnes diabétiques.

21 Nathaniel Rich, « The Lawyer who became DuPont's Worst Nightmare », *New York Time Magazine*, 10 janvier 2016, p. MM36.

22 Arlene Blum, « The Madrid Statement on Poly- and Perfluoroalkyl Substances (PFASs) », *Environmental Health Perspectives (EHP)*, vol. 123, issue 5, mai 2015, A107-A111.

23 Stéphane Horel, *Intoxication. Perturbateurs endocriniens, lobbyistes et eurocrates :*

Concernant la France, si la présidence de Nicolas Sarkozy avait déjà montré un recul de la politique environnementale française, la présidence de François Hollande a été particulièrement décevante. Les pressions exercées sur la ministre de l'Environnement par le Premier ministre, par le ministre Arnaud Montebourg et par les lobbies en faveur du gaz de schiste s'expliquent pour des raisons bassement financières. Cela confirme l'hostilité de François Hollande et de la majorité des élites socialistes qui avaient appelé à voter contre la charte de l'environnement (voir la position contraire de la ministre et son combat contre le gaz de schiste)[24].

IV. Conclusion

La gouvernance des crises sanitaires progressera si les règles d'encadrement et le principe de précaution sont respectés et si la mise en cause de la responsabilité des décideurs privés, publics et des experts[25] est déclenchée en cas de scandale avéré comme le sang contaminé…, en généralisant les actions collectives.

Il serait bon aussi de développer un véritable pouvoir d'enquête et de contrôle au profit du Parlement, un véritable statut pour les lanceurs d'alerte, un encadrement du lobbying à Bruxelles et en France, et un contrôle renforcé en matière de conflits d'intérêts.

L'intégration d'ONG indépendantes en matière environnementale, sanitaire et en matière de consommation dans la gouvernance sanitaire et environnementale est également à développer.

une bataille d'influence contre la santé, La Découverte, 2015, 303 p.

24 Delphine Batho, « Insoumise », Grasset, 2014, 267 p.

25 T. Hochman, « L'université, l'enseignant-chercheur, et la responsabilité pour les dommages causés par la publication de recherches : une victoire à la Pyrrhus ? », *RDP*, n° 4-2011, p. 863-882. Voir p. 864.

SPS Measures: Friend or Foe of International Trade in Small Island Developing States

Varsha Mooneram Chadee

SPS measures is not a new or hot issue, however, for all countries of the world involved in international trade, these measures remain of utmost importance as they relate to the basic concerns of any government namely agriculture, food security and health. The pro-SPS measures literature claims that these measures aim at protecting human, animal and plant life and health. On the other side, it is affirmed that these measures are protectionist measures towards foreign goods and they are tagged as a barrier to trade.

The Agreement propounds fundamental principles like equivalence, transparency, adequate level of protection (ALOP), inter alia. This article aims at providing an analysis of the legal requirements set out under the SPS Agreement in order to establish whether the legal requirements favor or discourage trade.

It is proposed to pursue with this investigation by scrutinizing the provisions enshrined in the SPS Agreement with particular reference to the application and interpretation provided by the reports of the Dispute Settlement Body. The work shall focus on the 'Small Island Developing States' (SIDS)-context for pointing out the difficulties encountered under the SPS Agreement in the import of local products.

*

Les mesures SPS ne sont ni nouvelles ni d'actualité, néanmoins, tous les pays opérant dans le commerce international sont concernés par ces mesures car elles sont liées aux principaux enjeux d'un gouvernement comme l'agriculture, la sécurité alimentaire et la santé. Pour les pro-mesures SPS, ceci aide à protéger la vie et la santé humaine aussi bien que la faune et la flore. De l'autre côté, les opposants aux mesures SPS affirment que ce ne sont que des mesures protectionnistes et sont donc considérées comme une barrière.

D'un point de vue légal, l'accord SPS de l'OMC propose des principes fondamentaux comme la transparence, l'équivalence, un niveau de protection adéquat, entre autres. Ce travail vise à apporter une analyse critique des exigences légales pour déterminer si cet Accord favorise ou décourage le commerce international.

Cette recherche examinera donc les dispositions de l'Accord tout en se référant à l'application et l'interprétation que l'Organe de règlements de différends a donnée dans ses rapports. Le travail se concentrera sur le cas des PIED pour illustrer le contexte et les difficultés dans l'implémentation de l'accord SPS.

*

Die sanitären und phytosanitären Maßnahmen sind weder neu noch aktuell. Dennoch sind alle Länder, die internationalen Handel betreiben, davon betroffen, denn sie beziehen sich auf grundsätzliche Themen einer Regierung wie z.B. Landwirtschaft, Lebensmittelsicherheit und Gesundheit. Für die Anhänger der PSM trägt dies dazu bei, das Leben und die menschliche Gesundheit, sowie auch die Fauna und Flora zu schützen. Auf der anderen Seite behaupten die Gegner der PSM, dass es sich um protektionistische Maßnahmen handelt, die somit eine Handelsbarriere darstellen.

Aus rechtlicher Sicht schlägt das Übereinkommen der Welthandelsorganisation über sanitäre und phytosanitäre Maßnahmen grundlegende Prinzipien vor, wie z.B. Transparenz, Äquivalenz, adäquates Schutzniveau. Diese Studie versucht eine kritische Analyse der gesetzlichen Anforderungen aufzuzeichnen, um festzustellen, ob das Übereinkommen, den internationalen Handel fördert oder behindert.

Diese Forschungsarbeit untersucht deshalb die Vorschriften des Übereinkommens unter Bezugnahme auf die Anwendung und Auslegung, die der Dispute Settlement Body den Vorschriften in seinen Berichten zukommen lässt. Die Arbeit konzentriert sich auf den Fall der kleinen Entwicklungsinselstaaten um den Zusammenhang zu illustrieren und die Schwierigkeiten bei der Umsetzung des Übereinkommens darzustellen.

*

* *

I. Introduction

WTO came forward with the dream of establishing a world of free trade where barriers of a trade or non-trade nature would be inexistent; it is to be acknowledged that the reality is completely different, especially for Developing Countries (DCs) and Least Developed Countries (LDCs) generally and for Small Island Developing States (SIDS) in particular. Actually, in the arena of international trade, SIDS represent a group of countries that face serious difficulties and constant challenges to sustain their presence, visibility and survival as besides facing the conventional difficulties encountered by DCs and/ or LDCs, they have additional shortcomings to overcome. It is accepted that, over the past decades, the role played by smaller economies in international trade is non-negligible and their contribution to the volume of trade has known a notable expansion, still, they struggle to survive alongside the big economies with incomparable resources, a higher level of research and development and a better mastery of non-trade barriers.

Barriers of a non-trade nature are nowadays recognised as causing a lot of harm to free trade and despite being accepted within the various WTO Agreements, they are often criticised and disapproved especially by DCs and LDCs. One form of barrier that has continuously been in the limelight is the sanitary and phytosanitary measures (SPS measures) as established under the WTO Agreement on the Application of Sanitary and Phytosanitary Measures ('SPS Agreement'). All members of the WTO are bound by this Agreement which aims at protecting and improving human, animal and/or plant life and health. At a time when several countries around the world have been victims to various epidemics like avian flu, mad cow's disease, Ebola, apple tree diseases…etc., it is acknowledged that every country has a legitimate interest in providing a legal framework for food safety and animal and plant life and the importance of adopting SPS measures becomes undisputable. Yet, abuse by quite a few countries in order to restrict their market for foreign goods have led scholars and international trade specialists to have a cautious approach towards the subject.

Studies on the topic have spurred during the last decade. The existing literature, which concentrates on the impact of SPS measures on developing countries, either takes an empirical approach and seeks to quantify and analyse the impact of SPS measures through econometrical models (Iacovone, 2003; Otsuki, Wilson and Sewadeh, 2001; Gebrehiwet, Ngqangweni and Kirsten, 2007) or the literature takes a case-study approach to understand specific country examples (Neeliah *et al.*, 2011; Henson and Loader, 1999). The missing link is a specific analysis of the SIDS within the SPS Agreement thereby delving into the specific quandaries of that group of country. This study aims at investigating the position of the SIDS in the global SPS framework and will try to expound on the legal nature of the Agreement in order to understand and corner the ambit of application in the context of the SIDS of which Mauritius remains an active member.

In a first part, the paper introduces the SIDS background and presents the difficulties inherent to them. Then in a second part, the work provides an understanding of the SPS Agreement whilst investigating the relevance of the concepts and principles of the Agreement, through an analysis of the articles and the various cases that came before the DSB for interpretation, to the SIDS.

II. The SIDS background

Group of countries that have witnessed a growing popularity, the SIDS represent 52 countries regrouped under three geographical zones namely the Caribbean, Pacific, and Africa, Indian Ocean, Mediterranean and South China Sea. Though, on the international level, they are recognised since 1992 by the United Nations, more specifically under the aegis of the Office of the High Representative for the Least Developed Countries, Landlocked Developing Countries and Small Island Developing States (UN-OCHLLR), in the field of international trade, they lack recognition within the WTO as other developed countries as well as some developing countries are opposing the idea of having a further sub-category since they also fit in the broader category of 'developing country' (WTO, Work programme on Small and Vulnerable Economies). Nevertheless, as mentioned by Von Tigerstrom (2005), it must be recognised that they bear certain intrinsic characteristics due to their small size, remoteness, exposure to natural calamities, limited resources, high transportation costs, inter alia, which bring them to face specific social, economic, political and environmental vulnerabilities rendering them a group of countries with distinct specific needs compared to other developing countries (UN-OCHRLL, 2013).

With the multilateral liberalisation of trade happening since the creation of the WTO, countries have been offered a new perception to international trade with more market opportunities and lower costs of trading abroad. SIDS claim that they have not been able to enjoy the full benefits because they face inherent structural difficulties which affect their output capacity and their level of competitivity (WTO, 2000). Two main areas of concern here are the agricultural and food security sectors. Apart from tourism, the agricultural sector represents the very life-blood of many SIDS as these countries either depend on plant-produces or fruit exports or most importantly on the fisheries exports; sectors which are directly concerned by SPS measures.

As a matter of fact, it is noted that on several occasions, various SIDS have encountered difficulties and losses with regard to their fisheries and agricultural products being rejected by the importing countries on the basis that these products do not conform to the SPS measures in place (Ribier, 2005). In fact the costs implications are meaningful for SIDS and at their stage of economic development, they evidently have other priorities than implementation of SPS measures but non-compliance to SPS measures is proving more and more to decrease their exports opportunities causing them, consequently, to lag behind in the global food trade (Neeliah *et al.*, 2011).

At this point, it is worth pointing out a few predicaments related to the SIDS. First of all, the SIDS represent a heterogeneous group of countries both in terms of geographical location and of level of economic development and income group. At times, thousands of kilometres separate them, for example, Mauritius is some 15,000 kilometres away from Jamaica while Singapore is found at about 17,000 kilometres from Belize. As for the income group, they range from upper-middle income to low income groups. Consequently, harmonisation of their plights when they represent countries of such varied backgrounds and grievances become difficult. Secondly, their exports vary therefore their priorities at this point also will diverge. Thirdly, even though the SIDS feel that SPS unnecessarily impede their trade flows and bring additional expenses to them, they find it difficult to assess the real negative impacts as few, if none at all, reliable estimates and studies exist on the matter.

III. The SPS Agreement

With the exponential growth witnessed by international trade, it is worth understanding that the role of agriculture and food trade be it fruits, poultry, seafood and fish, meat, dairy products and flowers in international trade is accentuated (Neeliah *et al.*, 2011). Nonetheless, the previous episodes like salmonella poisoning, sugar-plant pests and foot-and-mouth disease (Gujadhur, 2002) affecting these products bear testimony that it is primordial to offer a framework where this trade can happen in all safety and confidence whereby plants, animals or human life concerned are not endangered. The 14 articles of the SPS Agreement, setting out the substantive as well as procedural aspects linked to SPS measures, are significant and it links agriculture, food security and health issues to international trade and bestows, if rightly used and not abused, a safety net against health hazards and risks posed by pests and diseases.

Right at the outset, it is important to point out that the Agreement applies to sanitary and phytosanitary measures that may, directly or indirectly affect trade. According to Article 1 of the Agreement, these measures aim at protecting human or plant or animal life and/ or health which may be threatened by food-borne risks, additives, contaminants, toxins in foods, beverages or feedstuffs as well as pests, diseases, disease-carrying organisms. Examples include regulations, inspections, quarantine requirements, import bans, conformity assessment certificates, risk assessment methods, etc. (Neeliah *et al.*, p. 105). Since the Agreement must comply with national treatment as stipulated in Article 3 of the WTO Agreement, it is understood it applies to both domestically produced and imported goods and address the characteristics of final products as well as the methods of production, processing, storage and transportation.

As mentioned above, the objective of the SPS Agreement is to provide a safer environment for international trade to happen whereby diseases, pests, and other threats prone to affect human, animal and plant life and health do not spread on an unaffected territory whilst goods and products move across frontiers as this can have devastating effects on local agriculture particularly and international trade generally. At the same time, the Agreement guaranteed that these measures would not be used as protectionist measures and unnecessarily impact negatively on international trade (Zarrilli, 1999).

Locally, in each member state, there is an arsenal of actions that need to be put in place. It needs a domestic regulatory framework encompassing the national regulatory bodies, the compliance agency, domestic policies and a repository of information on the fauna and flora and the threats lurking around them. The responsibility for the above normally lies with the government and related departments which have relevant expertise in the field. For SIDS, it is important that the government is able to reach those requisites as not only does it mean that trade partners would find the SPS system more reliable but it would be a good opportunity to uplift to the same level-playing field as their partners which for most of them are developed countries. By ricochet, it implies that the local people will benefit from safer and better quality products.

A wide ambit is assigned to the application of the Agreement and in those circumstances a debate has aroused between developed countries on one side and developing countries and LDCs on the other (of which SIDS form a sub-category). For the former group of countries, SPS measures have always been flagged as security measures of fundamental importance for the health and life of their population. On the other side, DCs and LDCs, since the beginning of the negotiating stages, have vented out their opposition against SPS measures as they had a strong belief that the latter were being used as a non-tariff barrier to trade and a disguised form of protectionism towards foreign goods (Zarrilli, 1999). They argue, amongst others, that there is an uncertainty prevailing as to the consistency with the SPS Agreement, lack of information on the number of rules affecting their products, lack of an impact assessment and the additional burdens imposed on them through the transparency, harmonisation as well as risk assessment obligations. Neeliah and ors. (2011) explained this issue and reviewed the existing literature in order to determine whether the SPS Agreement is a barrier or a catalyst to agro-food exports from developing countries. They pointed out that the literature gives divergent opinions, yet it tends to demonstrate that developed countries have benefitted more than developing countries of WTO obligations. Since the present paper focusses on SIDS, we shall expound in the coming paragraphs only on those benefits and disadvantages linked to the SPS Agreement affecting this group.

Amidst critics that the Agreement is used as a barrier to trade, it is worth noting that the Agreement is based on a few key concepts that are mentioned in the various articles of the Agreement itself and these concepts, as elucidated in the various DSB reports, should prevent measures that are unnecessary, not science-based or constitute disguised restriction to international trade. In this part of the study, we shall elucidate the purport of these principles in the context of the SIDS. The HEARRT of the SPS Agreement as qualified by Mehta and George (2003) is based on the Harmonisation, Equivalence, Adequate Level of Protection, Risk Assessment, Regional Conditions and Transparency concepts respectively.

A. Harmonisation

No specific set of standards is imposed on the member states and a certain flexibility and sovereignty is granted to the members as they are free to determine their own SPS measures (Sampson, p. 116). The only limitation is that it should be in accordance with the SPS Agreement. Thus, we can believe that this concept in its rationale, may lead to a situation of chaos as each member may impose any level of SPS measures they deem fit. In presence of Article 3, this is not the case as harmonisation is promoted and it is defined in Annex A of the SPS Agreement as 'the establishment, recognition and application of common sanitary and phytosanitary measures by different members' thereby encouraging member states to harmonise their domestic standards with international ones, guidelines and/ or recommendations and bringing some form of uniformity in the standards applicable globally.

The standards of international organisations often qualified as the three sisters (Scott, 2009) are used as benchmark and they are the International Plant Protection Convention (IPPC), the International Office of Epizootics (OIE) and the Codex Alimentarius Commission for plants, animals and food respectively. Compliance to these standards are not mandatory since the sovereign rights of the member must be safeguarded and the level of commitment to international standards highly depend on the economic activities, export trends, capacity of the state concerned. As a result, consistency that the harmonisation process is supposed to bring is put at stake, to the greatest disadvantage of SIDS. Also, it is ironical from the part of the WTO, which is a consensus-based institution to request compliance with international bodies which are non-consensus based (Sampson, 2005; Zarrilli, 1999).

Moreover, despite providing some baselines in fields where none existed and being recognised as less-restrictive, these measures may not totally suit the SIDS context (Neeliah *et al.*, 2011) because first of all, some areas may still not be covered by these institutions, secondly, the SIDS are not active participants in these organisations and may not be expressing matters which are specific to their circumstances and thirdly there may be differences in the interpretation given to these guidelines and their application. Worst even, a leeway exists in the same article as it mentions that higher measures can be imposed if there is a scientific justification which was affirmed in EC-Hormones as 'essential for the maintenance of the delicate and carefully negotiated balance in the … interests of promoting international trade and of protection of life and health of human beings'. Evidently, developed countries like EU, USA, Australia and Japan, which are recognised to be the main markets of the SIDS exports (UN-OHRLLS, 2013), are notorious for using this latitude in imposing stricter SPS requirements than the international norms (Neeliah *et al.*, 2011; Ribier, 2005). Meeting with higher specifications directly implicate higher costs for SIDS which then loses their competitive edge on the global market. In that context, the real benefit of the harmonisation process that the SIDS are supposed to enjoy is questionable.

B. Equivalence

Considered as an advantage to trade (Neeliah *et al.*, p. 110), the equivalence principle promotes the idea that members would recognise the SPS measures of their export trade partners as equivalent if the latter can demonstrate that its measures satisfy the adequate level of protection of the importing country. This is normally achieved through bilateral meetings, local inspections and sharing of information. At the outset, this practice should make the process easier as it avoids duplication of procedures. Developed countries, which are recognised to have achieved a higher standard of research and development, often have a strong tendency of looking down upon those set by lower-income countries, including the SIDS. Instead of looking for equivalence, they tend to search for 'sameness' of measures (Zarrilli, 1999). They affirm that there is a lack of data on and serious deficiencies in these countries' SPS system and lack trust in these systems. On the side of the SIDS, it remains a fact that they do lack, in several of their member states, a properly defined and reliable SPS framework. In spite of this, many SIDS including Mauritius, Jamaica, Singapore and a few Caribbean states have strived very hard during the last decade, to start off their SPS domestic framework and they are faring very well so as to use the option of equivalence to their advantage and facilitate access of their products on the foreign markets.

C. Adequate Level of Protection

To better situate the equivalence principle, it is important to understand the Adequate Level Of Protection (ALOP) prerequisite whereby the level of protection observed in the protection of human, animal and plant life and health is assessed. This objective remains a broad and subjective one as countries around the world may according to their previous sanitary and phytosanitary history determine several different levels of adequate protection applicable on their territory but this should be carried out in an idea of minimising negative trade effects. The determination of the ALOP logically preceded the establishment of an SPS measure and in fixing its level of protection, the country must ascertain that the ALOP is applied consistently so as to avoid arbitrary or unjustifiable distinctions that result in discrimination or a disguised restriction to trade as explained in EC-Hormones (1998). Therefore there remains a hope from the SIDS that developed countries would not be applying procedures that are more stringent and trade restrictive than necessary.

D. *Risk assessment*

In order to present justifications to the SPS measures that an individual state shall apply, particularly in situations where a higher level of protection is applied, a further tenet is adopted in Article 5 namely that WTO members must base their SPS measures on a risk assessment based on scientific rules and appropriate to the circumstances. This will be determined through a process of gathering scientific evidence and relevant economic factors on the risks involved in allowing entry of a particular import. In so doing members are expected to use risk assessment techniques developed by relevant international organisations including the Three Sisters organisations. This is normally evaluated through the likelihood of entry, establishment or spread of a pest or disease within the territory and the associated potential biological and economic consequences and through the potential adverse effects on human and animal health (AusAID, 2005). Risk assessment is carried out so as to ascertain that the adequate level of protection is observed by the exporting country and the scientific evidence to support the action must be sufficient.

This implies that information will need to be collected, processed and stored for use when the risk is being assessed or challenged and for doing so, it requires financial means which is not necessarily readily available for SIDS as they already have other priorities to attend to. Further, to identify the risks and carry out the research work associated with the science-based criteria, skilled and experienced personnel with specific areas of expertise as well as appropriate infrastructure including inspection, testing, certification, metrology and accreditation mechanisms are required and SIDS have a lack of both the trained personnel and the infrastructure. This becomes a serious handicap when compared to their trade partners. Apart from the risk criterion, the countries imposing the ban can rely on the precautionary principle i.e. the measures are taken with an idea of protection and prudence for the population and therefore maintain their decision. It is understood that each government will have a legitimate interest to protect food safety and animal and plant health and life locally. In this case, it becomes difficult for SIDS to argue against. So, if analysed from a different perspective, SIDS could see it as an excellent opportunity to, slowly but surely, revise and upgrade their domestic infrastructure so as to be in line with their prospective export markets.

E. Regional Conditions

Countries around the world are not of the same size and geography and this may have a direct impact on the subject-matter of this paper. The SPS characteristics of a geographical region is known as the regional conditions and these may concern the whole country, part of a country or parts of several countries, depending of the expanse of land or sea affected by particular risks and/or diseases. For areas which are not affected by pests and diseases, the concepts of pest-free/ disease-free and low prevalence pest/disease areas have evolved and onus is on the exporting country to demonstrate the latter. This concept allows for a localised and focussed assessment of the spread of a risk or disease and prevents other regions of the same country from being penalised as prevalence of a disease or pest in one area normally should not negatively affect the exports of another area which is disease-free or pest-free. Accordingly, the SPS Agreement requires WTO members to adapt their SPS measures to the regional conditions from which the product originated and to which the product is destined. For developing countries with vast areas of land, this concept is meaningful but for the SIDS, this concept is not really valid as these states are small in size and when there is an outbreak, it is sure to affect the whole country. Nevertheless, in cases where neighbouring countries are affected, it gives the SIDS an opportunity to fight their case of disease-free or pest-free area.

F. Transparency

Transparency remains one of the pride of the SPS Agreement as it demands member states to publicise information on their SPS measures and to administer notifications whenever the latter changes. The publication of regulations, enquiry points as well as the notification procedures are dealt in Annex B of the Agreement. In this regard, countries are required to nominate a national enquiry point to deal with SPS-related queries from other members. Additionally, there is an obligation to inform the SPS Committee about all the modifications brought to the domestic SPS framework so that all members are then informed. This eventually facilitates exchange of information and compliance of the export country with the needs of the import country, thereby reducing the risks of refusal of cargoes when the latter have already reached their destination. Chart 1 below surveys the number of notifications submitted on a yearly basis. (Source: G/SPS/GEN/804/Rev. 8, 2015)

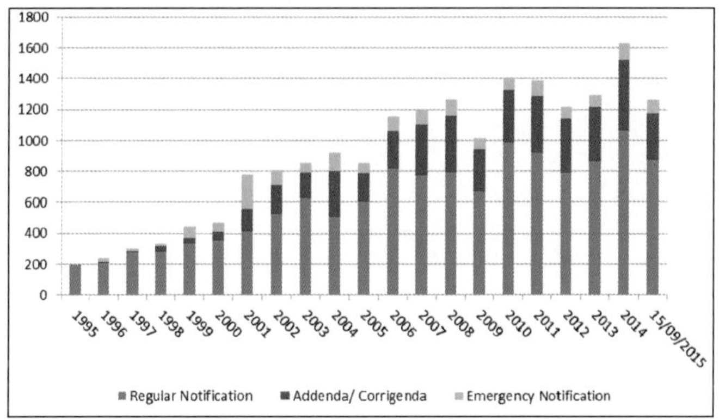

It is noticed that there has been a constant increase in the number of notifications from about 200 in 1995 to over 1600 in 2014. Behind the implementation of the SPS notifications, there are scientific needs, notably for the collection of specimens, carrying out of inspections, laboratories for analysis...etc. Apart from the financial costs, a specialised and technical support is required and as mentioned above, this is desperately lacking in most, if not all, SIDS, thereby rendering the process of compliance and enforcement problematic and complex despite the setting up of the SPS Information Management System and other related mechanisms. A further analysis of the statistics demonstrates that the SIDS, instead of developing better acquaintance with the transparency facilities available, have a rare presence on the notifications system except for a few ones like Barbados, Papua New Guinea, Singapore and Mauritius.

G. *Technical Assistance and Special and Differential Treatment*

Because of the shortcomings of DCs and LDCs (also applicable to SIDS), there is provision for technical assistance being granted to DCs so that they can meet the required SPS standards and boost their trade opportunities. Technical assistance urges developed countries and international organisations to help and support DCs and LDCs to develop their technical capacity and expertise in the field of SPS standards. This mechanism is supposed to mitigate the costs and skills constraints faced by poorer countries. However, technical assistance that have been arranged for countries in need are criticised to be fragmentary and to have not effectively been integrated in the national activities (Gujadhur, 2002). In fact, much more assistance is required especially in the field of dissemination of information and addressing the practical and real constraints of the countries in need.

With regard to the SIDS, technical assistance has been granted to some countries which are however required to establish a minimum framework as precondition to benefitting from the assistance, as has been the case with the Comoros islands which is known to have a rudimentary framework but which has established the Growth and Poverty Reduction Strategy. Furthermore, as explained in the ITC report (Gujadhur, 2002), a more personal approach should be adopted and assistance must be tailor-made in accordance with the country's specific needs, constraints and problems. In addition, donors should establish a better coordination of their actions so as to achieve better results and the aid should be geared towards identifying the most profitable areas and markets so as to benefit from their exports whilst recognizing dangerous products that they may remove from the market as these pose dangers for the health of not only foreigners but also of their local population. By modernising their supply chains, local legislations and management of SPS measures, the government of these countries shall, eventually, encourage spillover effects on the domestic system to the greatest welfare of their citizens (Neeliah *et al.*, 2011). Hence, SIDS should be encouraged to have positive responses to the SPS measures imposed on them rather than always complaining on the difficulties.

Since all countries are not on the same level playing field, Article 10 tries to establish some fairness and makes provisions for special and differential treatment (SDT) to cater for the special needs of developing countries and LDCs. It caters for exceptions and different compliance time-frames applicable to developing countries as well as facilitating the participation of this category of members at the various forums. SDT provisions are often claimed to be rather theoretical than practical (Zarrilli, 1999), thereby offering very little concrete steps in favour of SIDS.

IV. Conclusion

The SPS Agreement is not a phasing-out agreement, on the contrary, it remains one which holds all its importance in a food world rampant with chemicals, contaminants and genetically-modified agricultural products and food. To conclude, SPS measures should be scientifically justified, should not be more trade-restrictive than required, should not be discriminatory nor be a disguised restriction. If these conditions are observed, the gist and perspective of application of the Agreement will remain the creation of a world of free and safe trade and it will be used to make it a friend rather than a foe. Thus, SIDS should seriously consider implementation of the SPS standards and see it as an opportunity to improve their production process and to produce good quality and safe products rather than a hindrance to international trade. In so doing, the local people should benefit on one side from better quality products and on another side from the required training and capacity building to yield those products. If understood and defined in this way, the SPS Agreement becomes the friend of both exporters and importers. Importers from high-income countries should therefore not turn it into a foe of needy countries especially SIDS.

References

AusAID-Australian Government, Department of Agriculture, Fisheries and Forestry, 2005, The WTO Sanitary and Phytosanitary (SPS) Agreement, Why you need to know?, Sanitary and Phytosanitary Capacity Building Program.

Gujadhur, Shyam K., 2002, "Technical Assistance for SPS Measures: Protect Health, Not Trade", *International Trade Forum* (3), 2002, 31-35, available at: http://www. tradeforum.org/news/fullstory.php/aid/460/ Technical_Assistance_for_SPS_ Measures: _Protect_Health,_NotTrade. html, accessed on 11.5.16.

Matsushita M., Schoenbaum T. J. & Mavroidis P., 2006, *The World Trade Organization: Law, Practice, and Policy*, The Oxford International Law Library.

Mehta, R. and George, J., 2003, "SPS Measures and Non-tarif Barriers: Perspectives of Small Holder Livestock Producers in Developing Countries", in *International Workshop on Livestock and Livelihoods: Challenges and Opportunities for Asia, NDDB and FAO, Gujarat, India*, November (p. 10-12).

Neeliah A. S., Goburdhun D., Neeliah H., 2011, "The SPS Agreement: Barrier or Catalyst?", *The Estey Centre Journal of International Law and Trade Policy*, Vol. 12, No. 2, p. 104-130.

Ribier, V., *Mesures Sanitaires et Phytosanitaires, et Obstacles Techniques au Commerce: l'accès aux marchés est-il ouvert aux pays de la sous-région?* Texte de la communication présentée au: Dialogue Régional "L'agriculture ouest africaine à l'épreuve de la libéralisation des échanges: situation, défis et opportunités", organisé par l'ICTSD, le ROPPA et la Coopération Suisse, 9 et 10 mars 2005, Ouagadougou, Burkina Faso.

Sampson G.P., 2005, *The WTO and sustainable development*, United Nations University Press.

Scott, J., 2009, "The WTO agreement on sanitary and phytosanitary measures: a commentary", *OUP Catalogue*.

UN-OHRLLS, 2013, *Small Island developing states in numbers*.

Von Tigerstrom, B., 2005, "Small island developing states and international trade: special challenges in the global partnership for development", *Melb. J. Int'l L.*, 6, p. 402.

WTO, 2000, *WTO Negotiations on Agriculture: Proposals by small island developing states*, G/AG/NG/W/97, 29 December.

WTO, 2015, *Overview regarding the level of implementation of the transparency provisions of the SPS Agreement, Committee of Sanitary and phytosanitary measures*, WTO G/SPS/GEN/804/Rev.87 October.

Zarrilli, S., 1999, *WTO Agreement on Sanitary and Phytosanitary Measures: Issues for developing countries*, South Centre.

Illegal International Trade: Endangered Species of Wild Flora and Fauna

Thomas Le TALLEC

The subject of this article is illegal international trade. In the introduction, I will briefly explain the importance of international law nowadays and I will continue by going deeper into the subject of illegal international trade. In this chapter, I will first of all show how diversified illegal international trade is, in fact, I will give some explanation about illegal arms trafficking, drugs trafficking and also human trafficking. Then comes the main part of the article, which is the illegal international trade of endangered flora and fauna species. After having highlighted the critical situation of our environment and of our biodiversity, I will explain the different methods which are used to fight against this traffic. For instance, the CITES (Convention of Washington) and the WWF respectively a convention and a major organisation which are fighting for the preservation of our environment. Finally, I will conclude this article by explaining how important it is to improve the law and more especially the penalties against the smugglers. However, the law and the penalties are not the only solutions, it is also of a significant importance to help the developing countries in their development, by improving education, by creating new employments and by informing the local population better about the irreversible consequences of this illegal trade.

*

Le sujet traite le commerce international illégal. En tant que courte introduction, quelques notions sur le commerce international seront évoquées pour ensuite, continuer la présentation sur le commerce international illégal. Dans cette partie, il sera question d'évoquer les différents types de commerce international illégal. C'est ensuite que, de façon plus détaillée, le commerce international d'espèces sauvages (entre autres, animales et végétales) sera examiné. Les différents moyens qui sont mis en œuvre (Accords internationaux, associations...) pour lutter contre ce trafic seront présentés. Enfin, étant donné que le commerce international illégal est un sujet extrêmement varié, quelques aspects de cette diversité, comme par exemple le commerce international illégal d'armes, d'êtres humains ou de drogues, seront brièvement mentionnés. Je conclurais en expliquant également quelles peuvent être les moyens les plus efficaces pour lutter contre ce trafic, qui menace dangereusement la diversité de notre environnement. En effet, il est sans aucun doute d'une importance capitale d'améliorer la législation dans ce domaine, mais il est également clair que ce n'est pas la seule solution. Informer les populations, aider les différents pays à se développer avec comme objectif la création d'emploi, améliorer le système éducatif est tout aussi important.

*

Das Thema befasst sich mit dem internationalen illegalen Handel. Zuerst wird die Einleitung den allgemeinen Prinzipien internationalen Handel gewidmet und anschließend dem illegalen internationalen Handel. In der Folge werden die verschiedenen Arten des illegalen Handels vorgestellt. Der Schwerpunkt liegt auf dem illegalen internationalen Handel von Tieren und freilebenden Arten. Das CITES ist von entscheidender Bedeutung für den Schutz freilebender Arten und hat die Vermeidung der übermäßigen Ausbeutung wildlebender Tier- und Pflanzenarten für den Außenhandel zum Ziel. Im Anschluss werden die anderen Schutzmethoden und die möglichen Sanktionen bei Übertretungen vorgestellt. Der illegale internationale Handel ist vielseititig gestaltet. Maßnahmen, die die aktuelle Situation verbessern könnten, werden vorgestellt. Es ist einerseits sehr wichtig, dass das Recht sich beständig weiterentwickelt, dies ist jedoch nicht ausreichend. Es müssen darüber hinaus noch andere Maßnahmen getroffen werden wie z.b. weitreichende Aufklärung über die Umwelt.

*

* *

I. Introduction

We can define international trade as the exchange of goods, services and capital between different countries. International trade existed even a few centuries ago, but it has been on the rise for years due to the blurring of boundaries in the Euro zone and also because of the expansion of globalisation. The development of transport means and transport equipment, the development of technology and the development of communication means are the major causes of globalisation. However, we can say that the development of international trade does not only have positive features because it has also opened up ways for illegal trade. To be qualify as illegal, a trade has to contravene the rules of national law or international law. This paper focuses on illegal international trade.

In fact, it is necessary to have an international view and not only a national view on illegal trade in endangered species of wild flora and fauna. International relationships and international law have both a significant importance for this topic. The international institutions have to create new rules and regulations which meet the needs of our evolving international society. National law and national authorities do their best to fight certain traffics, but the actions of international institutions and international law are needed to fight effectively against those traffics.

One of the main objectives of any law and especially international law, is to make the world more lawful and to make the world better. Of course, the national law is following the same objectives, but international law can have more impact on the whole society, since international law affects all the countries and not only one country as do national law and national regulations. Moreover, national regulations were sometimes different and conflictual from one country to another, there was therefore the need to create international institutions to resolve these conflicts of law and of jurisdiction, but there was also the need the establish international organisations with the attempt to create a unified law in some areas, which could be applicable and enforceable in all countries. Nowadays, the need of international law and the need of international institutions are very clear. In fact, it is not possible these days to imagine a world without rules governing international trade or without officials representing their governments. International cooperation between different countries is needed and it is achieved by international law and international institutions.

This kind of unified law is particularly needed in one area, which is the environment and more especially, the illegal international trade of endangered species of wild flora and fauna. International law and international institutions have to fight to save the environment of our planet. Indeed, we can take for example the Bruntland Commission, also known as the World Commission on Environment and Development, which submitted its report in 1987. The report of this commission highlighted the most proper ways to save the environment and to practice sustainable development. Moreover, international institutions are also organizing international conferences to discuss international issues and to find solutions. The biggest international conference ever on environmental law was held in Brazil, in Rio de Janeiro, in 1992. It was the UN Conference on Environment and Development, also called the Earth Summit. 178 national delegations participated in the Conference, in addition to NGOs, prime ministers and presidents. It is thus very clear that international institutions and organisations have to help the national authorities to maintain a healthy ecosystem. A healthy ecosystem is an ecosystem in which animals, plants, and humans can interact with their physical environment in a way that meets their needs and allows them to functions successfully[1]. To preserve our ecosystem and our biodiversity,

1 Conway W. Henderson, *Understanding International Law*, 2009 (Wiley Blackwel, United Kingdom).

we therefore have to take care on different things. The first thing is the atmosphere. In fact, a lot of different gases and smokes are destroying the atmosphere from the human cigarette to the pollution from the biggest industrial companies. Of course, preserving water and maintaining rich soil are also of significant importance. But this article focuses on a different area, meaning the issue of endangered species of wild flora and fauna, and the different ways to protect these species. On the one hand, we should continue and improve to protect our environment as for instance the preservation of the forests, penalties against the smugglers need to be increased and there should be more information and education.

Some measures need to be immediately taken. The inaction of the international institutions and the inaction of the national authorities has already lead to the extinction of some species, actions must therefore be taken before other species disappear.

Illegal international trade is very large and diversified, there are thus a lot of different traffics and every one is generating a huge amount of money for the dealers or criminals.

One of the very first kinds of traffic we can think about is the drug traffic. First of all, we can have a look at some data regarding the Heroin and the Cocaine traffic. Nowadays, the worldwide consumption of Heroin (340 tons) and the seizures represent an annual flow of 430 to 450 tons on the international market. The seizures of Cocaine represent around 711 tons per year, mostly in North and in South America, but also in European countries. Secondly, we can have a brief look at the data regarding human trafficking. Human trafficking is considered as the biggest infringement of Human Rights. As per the statistics of the UNO and the European Council, human trafficking is generating a turnover of approximately 32 Billions of Dollars and is the world's third biggest traffic, after drug trafficking and weapons trafficking. Every year, 2.5 million people, mostly women and children (often sexually abused) are victims of this traffic. According to a report of the European Commission, the two main purposes of this traffic are sex slavery (62%), and forced labour (25%). Thirdly, the arms traffic is also a huge issue in our society. According to the UNO, the arms traffic is the most lucrative activity in the field of illegal international trade. Indeed, this traffic is evaluated at around 1,200 Billion Dollars per year. 15 new arms are produced every minute in the world and 16 Billion of ammo are produced every year. It is more than two pieces of ammo for each man, woman or child on the planet. Moreover, 60% of the small arms are in civil hands and the annual value of exportations of small arms is more than 25 Billion Dollars.

To fight this traffic, the UNODC, which is the United Nations Office on Drugs and Crime – this leading institution against international crime and drugs was created in 1997 through a merger of the Center for International Crime Prevention and the United Nations Drug Control Programme – has already taken a lot of different measures which considerably improved the situation on those international issues. We are going to have a brief look on a particular measure which was started in 2003, the so called CCP, Container Control Programme[2].

More than 420 million containers are travelling by sea each year. Those containers represent more than 90 per cent of the world's cargo. Most of the containers carry licit goods, but some of them are used to smuggle weapons, people or drugs. The volume of this international maritime traffic and the inventive methods used by drug traffickers make it difficult to catch them. The Container Control Programme, which was started in 2003, was developed to assist Governments to create structures in ports, in order to reduce the risk of shipping containers being used for illicit drug trafficking.

II. Illegal international trade of endangered species of wild flora and fauna

A. Species of wild fauna

Deforestation, urbanisation and pollution are the main causes of species loss. However, the illegal traffic of animals also has a huge impact and this is also a very important cause of species loss. According to the ecologist association World Wide Fund, this traffic could generate an enormous amount of money, approximately 15 Billion of dollars.

The great apes are in danger. Hundreds of great apes – chimpanzees, gorillas and Orangutans –; are indeed violently captured and then sold in Armenia, China, Russia or Thailand. This traffic could lead to the extinction of certain species if no measure is taken. Moreover, Karl Amman, who investigates trade in wild animals, blames certain governments of passivity. According to Karl Amman, the authorities should arrest people involved in this traffic, but this apparently happens only rarely. For instance, 84 Chimpanzees were illegally captured in China, and they had been found in Chines zoos. According to Karl Amman, no particular measure was taken for those Chimpanzees that were illegally captured. Furthermore, as we already mentioned it in the introduction, the destruction of their natural environment is the biggest threat to the animals, especially to the great apes, but according to a report of the UNO

[2] https://www.unodc.org/ropan/en/BorderControl/container-control/ccp.html.

and INTERPOL which was published in June 2015, the illegal trade of great apes is a widespread practice and is also a very serious threat. Some rich and powerful individuals even keep great apes as a pet. This is very difficult to understand, but true.

Ivory trafficking is another huge traffic, which has enormous consequences. All the experts agree that, if drastic measures are not taken immediately, elephants could disappear in one or two decades. We can indeed note the alarming fact, that one elephant is killed every 15 minutes in Africa. With around 25,000 and 30,000 elephants killed every year, the mortality rate is higher than the natality rate. Moreover, the gestation period for elephants is very long, namely 21 Months. To summarize, one elephant is killed every 15 minutes in Africa, they have a very long gestation period and the mortality rate is higher than the natality rate since years. It is therefore crucial to take drastic measures to save the elephants.

More than 20,000 African elephants were poached in 2013. Moreover, the Report of the CITES (Convention on international trade in endangered species of wild fauna and flora) shows also a clear increase of important ivory seizures (with more than 500 KG of Ivory) in 2013 in Africa. For the very first time, seizures were more important in Africa than in Asia. Only three African countries – Kenya, Tanzania and Uganda – accounted for 80% of these seizures. One can ask how the authorities are fighting against this traffic. In March 2015, the Ethiopian authorities burned more than 6 tonnes of ivory. This stock was 12 Billion Dollars' worth. In this pyre we could see natural ivory, ivory jewellery and also figurines already pruned. Max Graham, president of the NGO Space for Giants considers that the pyre is a really important step in this fight. According to Max Graham:

> *By burning this ivory, there is no possibility to sell it anymore; you definitely take it off the illegal market. We now know that every ivory on the market is illegal.*

There is also a pilot project since June 2015 in Congo where a sniffer dog is searching for Ivory in the passenger's luggages on busses crossing the country. Since the beginning of this operation, a lot of smugglers were arrested. This pilot project could therefore also be used in other African countries because of those good results.

The Rhinoceros is also one of the biggest victims of poaching because of his horn, which is in some Asian countries 5 times more expensive than gold. Why? Mainly because of some religious belief, which think that the rhinoceros horn has some medicinal virtue to reduce fever and to fight cancer. In 1983, WWF made a study to prove if this horn has or not, those medicinal virtues. According to the study, the horns of the rhinoceros have absolutely no medicinal virtue. Three species of Rhinoceros are now in a critical situation, the Rhinoceros of Sumatra, the Rhinoceros of Java and the Black Rhinoceros (the Indian Rhinoceros is not yet in a critical situation but the specie is considered to be in danger). The Rhinoceros of Sumatra is close to extinction. Indeed, the number of its population is decreasing faster than any other species. In the last 20 years, the poachers have killed more than 50% of the entire population of the Rhinoceros of Sumatra. According to the WWF, this traffic is killing more than 1,300 Rhinoceros per year.

Tigers are the biggest felines on earth, they can be 4 meters long, they can weigh more than 600 kilos and can also swim more than 6.4 kilometres, even by dragging their victim. Previously, tigers were all across Asia and even in Russia. Nowadays, tigers in their natural habitat are only found in India, Siberia and some parts of south Asia. At beginning of the 20th century, the entire population was estimated at more than 100,000. Today, 97% of those tigers were eradicated with less than 3,200 Tigers left in the world. There were 8 different species of Tigers, 3 of them already disappeared: The Tiger of Bali in 1937, the Tiger of Caspian and the Tiger of Java. The tigers are killed for leather, bones, and other parts of their body.

B. Species of wild flora

There are five times more flora species registered by the CITES than fauna species. First of all, we can focus on one particular plant that is in danger, the Orchid.

The Orchid is a very beautiful plant and is known to be very colourful and it is one of the two biggest plant families on earth, there are therefore a lot of different types of Orchid. It is, however, important to note that not all of them are in danger, only a few species and in general the rarest species are under threat, as for instance the “Phragmipedium kovachii.” Some species of Orchid have already disappeared, because of the bad behaviour of individuals. Indeed, some powerful people or some collectors who believe that their collection is more important than our biodiversity are ready to make a lot of sacrifices to obtain the species there are looking for. Some collectors travel on their own to find and to gather some particular species, but some of them also leave this task to “professionals.” And even if it is possible to duplicate a specific plant with the same genome, only the plant collected from the natural habitat will be worth a huge amount of money. Indeed, in 2002, a collector found a new specie of Orchid in Pero and took it illegally to his home. Nowadays, one single plant of this particular specie is worth 10,000 dollars, even if the duplicated ones are only a few dollars’ worth.

The Snowdrop in Georgia is another plant which was under a huge threat. In fact, Georgia is exporting more than 15 Millions of Snowdrops bulbs every year, mostly to the Netherlands and to Turkey. There is consequently a huge demand for this particular plant, for mainly two reasons. First of all, the Snowdrops are the only plants which can flourish in January. The second reason is that the Snowdrops contain a particular molecule which is called as the "Galantamine" and according to some studies, this molecule could slow down the disease of Alzheimer. Even if there is a legal market, the demand was so huge that an illegal parallel market emerged, mostly on the internet, were a single bulb could be bought for more than 550 dollars. Because of this demand, those Snowdrops almost disappeared in Georgia. The CITES has therefore made a project with the help of the Georgian authorities, to regulate the culture, the exportation and to supervise the international trade, in order to make sure that some species of snowdrops do not disappear. This operation, to supervise the trade of Georgian Snowdrops was successful.

Some species of Cactus are also in danger. Indeed, in Mexico, the illegal traffic of cactuses is the third biggest traffic. Those plants can in fact survive with a very small amount of water in dry habitat, which makes them very attractive in dry countries like Mexico. Some species of cactus can be bought for more than 10,000 Dollars, like for example the "Eriosyce lauii." Sadly (even if this is understandable), this traffic is not the priority for the mexican authorities, even through this traffic is generating an enormous turnover for the smugglers and it really endangers some cactus species. In fact, the mexican authorities are already very busy fighting drug traffic and arms traffic. The traffic of endangered species of wild flora and more especially the illicit traffic of cactuses is therefore a little bit abandoned. This is a perfect example which shows that not only the international institutions have to fight illegal trade, but that the national authorities have also a big role to play. The cactuses in Mexico are direct victims of the lack of time and also the lack of means of the national authorities. This situation needs to be improved. In fact, the demand for cactuses is still growing because gardening techniques are using less and less water. This is a kind of a paradox, the gardening techniques require less and less water, which is good for the preservation of our oceans, but at the same time, they promote and strengthen illegal trade of endangered species of wild flora, as for instance, certain species of cactus.

It is essential to inform the citizens about the situation of our biodiversity, especially for the preservation of endangered species of wild flora. In fact, most of the collectors do not have the impression to act like criminals. In most cases, the collectors are the opinion that their behavior is not affecting our biodiversity. And some of them are also of the opinion that they are participating in the preservation of biodiversity, by collecting and taking outmost care of very rare species. But this behaviour has, on the contrary, a huge impact on our biodiversity. Our environment is therefore under a huge threat, because of the behaviour of individuals, because of deforestation, because of pollution and because of some companies, which prefer to make more and more profit instead of conserving the environment. However, there are some companies, which were able to preserve the environment, which worked with the local people and also made a lot of profits. In fact, the French cosmetic branch "Guerlain" discovered new species of orchid in the jungle of Yunnan in China, the "Vanda Coerlea." This blue orchid gave birth to a new product of the company, the "Orchidée Impériale", which became one of the major products of Guerlain. The company worked along with the local people to see how to use this plant and how to protect the environment at the same time, for example by replanting thousands and thousands of trees.

It is therefore possible for large companies to create new employments in isolated areas and to make profit by using goods from our environment without destroying it.

III. The CITES – also known as the Convention of Washington

The CITES (the Convention on International Trade in Endangered Species of Wild Fauna and Flora) is an international agreement between different governments. The objective of the CITES is to make sure that international trade in species of wild fauna and flora does not threaten their survival. It is dealing with a very diversified trade. From living animals and plants to a vast collection of wildlife products which directly originate from the animals. As for instance leather, wooden instruments, food, medicines and many more. The CITES comes from a resolution, which was adopted in 1963, during a meeting of the members of the WCU (the World Conservation Union). Representatives of 80 countries of this organisation met on 3. March 1973 in Washington and agreed on the text of the Convention. The CITES entered finally into force on 1. July 1975. There is no obligation to adhere to the CITES. In fact, it is an international agreement to which states adhere volontarily. The States that agree to be part of this international organisation are called parties to the agreement. However, even if the states adhere voluntarily to the CITES, the CITES is legally binding on the parties once they adhere to the agreement. However, it does not replace national law. The parties have therefore to implement the Convention. The CITES gives a framework to each party in which they have to adopt their own national law. The Convention of Washington is one of the conservation agreements which has the biggest number of members, with 181 parties.

How does the CITES work? The CITES is controlling the international trade in plants and animal through a licensing system. Indeed, all exports and imports of animals and plants have to be authorized through this licensing system. Each party to the Convention has to appoint at least one Management Authority which will be in charge of administrating the licensing system; and at least one Scientific Authority, which will advise the merchants on the effects of the trade for some species. The species which are covered by the Convention are listed in three Appendices according to the level of protection they need. The first appendix, called "Appendix I", includes the species which are threatened by extinction. The trade of those species is only permitted in exceptional situations. The second appendix, "Appendix II", includes the species which are not threatened by extinction, but the trade of those species has to be controlled, in order to avoid an exploitation which could threaten their survival. The third and last Appendix, called "Appendix III", contains the species which are protected in at least one country, and those countries are asking the other parties of the CITES for assistance in controlling trade. We can also note that there is a different procedure to modify on the one hand, the third Appendix, and on the other hand, to modify the first two Appendices. In fact, each party has the power to make unilateral amendments to the third appendix; this is not the case with regard to the first and the second appendices. Moreover, as per the rules of the CITES, a specimen that is listed in any of those three appendix can be exported and re-exported from a party only if the required document has been obtained and properly presented when needed. It is furthermore always necessary to verify the national laws because it is possible that the national law of one country is stricter that the national law of another country concerning the trade of a specie which is listed in any of the lists of the CITES.

IV. Illegal international trade on endangered species of wild fauna and flora: brief overview on the penalties and solutions

First of all, we can note that the law regarding the international trade of endangered species of wild fauna and flora is evolving. In fact, concerning the law in the European countries, we can briefly discuss about the European Directive (19 November 2008 – 2008/99/EC) which is dealing with the protection of our environment through criminal law. This directive is a perfect example showing that countries and European institutions are trying to improve the law in order to protect our environment and to save some species which are threatened of extinction. The authorities have finally realised the importance and the gravity of this unbearable situation.

The European Directive of 19 November 2008 (2008/99/EC) strives to improve the situation of our biodiversity and to strengthen the sanctions against illegal international trade. The French President Mr. François Hollande announced during a meeting in Africa in December 2013 that the sanctions will be multiplied by ten for the poachers, and this is confirmed by the European directive. Moreover, according to Ms. Segolene Royal, the French ecologist minister, it is necessary to strengthen the sanctions because it permits France to comply with the European Directive but also to fight effectively against this traffic. Indeed, according to section 52 of this text, the penalties will be increased to 150,000€ (15,000€ before) in the case of a single infraction. Moreover, in the case of an illegal traffic organised in a criminal group, the penalties will be increased to 750,000€ (150,000€ before).

Most of the European countries have already complied with this directive. Even if it is a very good step forward in the fight against this traffic, one can still ask if these penalties are enough. In fact, as we already noticed, the illegal trade of endangered species is a very lucrative activity which generates a huge amount of money, millions and millions of dollars.

Even if the law is being improved, some other remedies shall also be considered. In fact, even if there are strict penalties, those penalties are useless if the law is not applied properly, this is the case in some developing countries. There are different reasons for the non-application of the law. It can be because of corruption, or because there is a lack of means, a lack of funds or a lack of information. Moreover, some countries do not even have a strict legislation and strict penalties to fight against this illegal trade. And this is exactly the reason why all the different international organisations and associations have a really important role to play.

The WWF (World Wide Fund for nature), founded the 29 April 1921, is a non-governmental organisation which is doing great work for the preservation of our environment, our biodiversity and our oceans. It is, with more than five million supporters, the world's largest conservation organisation. They get their financial resources from donations of individuals, governments and also from corporations. Along with the CITES, the WWF helps developing countries to comply with the rules of international law regarding the protection of our environment. They help those countries to draft rules, to develop some programs and also help them financially against poaching.

But we can ask ourselves, if there are not other solutions then penalties and strict rules, to fight against this illegal international traffic.

The answer is definitely yes. In fact, even if it may sound strange, every one of us can help to fight this illicit traffic. In other words, governments and big corporations can fight this traffic, but each individual can also improve this unbearable situation, by changing behaviour. Indeed, supply and demand are the main causes of this trade. It is therefore of crucial importance to have a minimum knowledge on this subject. We should know which species is in danger, which are the most endangered animals or plants, which medical drugs contain an ingredient from an endangered species (like for example the horn of a rhinoceros or bones of tigers). Some people can just change their behaviour by having a minimum of common sense. If this could be done – and this can be done very easily – our environment would not be in such a critical situation. Education and information are thus extremely important, local people of developing countries and private collectors should know what are the consequences of their acts, they in fact often underestimate the consequences of their acts.

Furthermore, Ecotourism is also important. Tourists should know and should understand that it can endanger our biodiversity if they take some plants or some animals back to their home after their holidays. It is also possible for tourists to change their destination, to change the routes and the paths they want to take, to make sure that certain areas keep their complete natural state.

Finally, I personally think that the best way to fight this traffic is to provide other legal activities in the developing countries concerned. Indeed, a survey was done by a Non-Governmental Organisation in which they asked questions to arrested poachers about their previous illegal activities. Even though all of them answered that the year or the two years they spend in jail were the worst experience of their life, some of them said that they could imagine to become a poacher again, because there is no legal activity in their village or their city, or the rare possible employments are giving a very low income.

The Abolition of Commercial Barriers Erected by the Regulation of Intellectual Property Rights in International Trade

Stephanie Rohlfing-Dijoux

Professeur, Université Paris Ouest Nanterre

According to the principle of the territoriality, intellectual property rights are created in application of national laws and their protection is limited on the territory of the state, where they are granted. In the framework of the WTO the protection of these rights is granted by international conventions. The coexistence of national rules and the principle of territoriality and the trans-boarder effects of intellectual property rights granted by international conventions may be a source of application difficulties of the rules and redound to a conflict of interests between the protection of a subjective right and the principle of free exchange.

*

Les effets des droits de propriété intellectuelle qui sont fondés sur la législation étatique et nationale sont en principe limités sur le territoire du pays qui les a accordés (principe de territorialité). Dans le cadre de l'OMC, la protection de ces droits est garantie par des conventions internationales. La coexistence des règles nationales et du principe de territorialité et des effets transfrontaliers des droits de propriété intellectuelle accordés par les conventions internationales est parfois source de difficulté d'application de ces règles et entraîne un conflit d'intérêts entre la protection d'un droit subjectif et du principe de libre-échange.

*

Aufgrund des Territorialitätsprinzips entstehen geistige Schutzrechte nach dem Recht des Schutzlandes. Diese sind daher im Prinzip auf das Territorium des Landes begrenzt, das sie erteilt hat. Im Rahmen der WTO wird der Schutz dieser Rechte durch internationale Konventionen garantiert. Die Koexistenz von nationalen Regeln, des Territorialitätsprinzips und der grenzüberschreitenden Wirkung von gewerblichen Schutzrechten, die aufgrund von internationalen Konventionen entstehen, kann zu Anwendungsschwierigkeiten dieser Reglungen führen und einen Interessenkonflikt zwischen dem Schutz eines subjektives Rechtes und den Freihandelsprinzipien hervorrufen.

*

* *

I. Introduction – Economic importance of IPR's

The promotion of creativity and the dissemination and application of its results contribute to the economic development of a whole country. Thereby, IPR's play a role of generator of income and welfare. The main reasons for this privilege are firstly to promote individual creativity and innovation and secondly to encourage fair trade which would contribute to economic and social development of a country. The grade of the economic and social development of a country is often determined by its creative activity. The number of patents, trademarks and industrial designs registered in a year in a given country is regarded as a business barometer. This is due to the economic importance of IPR's in industrial developed countries.

At the macroeconomic level IPR's foster competition by innovation, this in turn, leads to employment and improves the gross national product[1]. Thereby, IPR's play a role of generator of income and welfare. The importance of IPR's in a modern performant commercial world is incontestable, but their interaction with principles of international trade law is complex.

The IPR regulation system is until today still based on the fundamental principle of territoriality developed in the 19th century. In the increasing globalized world of the 21st century, this principle is not anymore adapted to the requirements of a modern economic activity crossing the boarders of countries. Therefore, international and European IP Law becomes of increasing importance.

The principle of territoriality is a paramount element of the international protection of all IPR's. All IPR's are of a national character, unless rights are created under a particular legislation, such as the EU. Hence their effect is limited to the territory of the state under the law of which they have been registered. For this reason, the need of international protection is most important.

1 A. Kur & T. Dreier, *European Intellectual Property Law*, Cheltenham, UK, Edward Elgar, 2013.

In a globalized market, where trade and competition are global, the IPR protection remains national. This leads to a tension between the principle of free movement of goods and services and national rules aiming for protection of IPR's. The main problem is the compatibility of national IP Protection and the principle of free trade between foreign countries in a common market. The implementation of a common market supposes the free movement of goods and free competition between the member states.

The creation of a free market between the island states in the West Indian Ocean as a free trade agreement would lead to this conflict with national IPR's rights, which could be used as a mechanism of protectionism by preventing the importation of goods from other states. There is a fundamental conflict between the national protection of IPR's and the principle of free movement of goods.

The conference is examining the relationship and the compatibility between IPR protection and the rules of a free common market.

II. How the conflict is treated in the European legal framework

The globalization and the increasing influence of European statutory provisions in intellectual property law have almost reached that the level of protection of creators in all member states of the European Union is nearly equal. Other countries often try to adapt similar legislation (4).[2]

However, it should already be noted at this point that in spite of the similarities between all European member states, there are still differences from one national law to one other. The advanced European harmonization of intellectual property law does not erase all the particularities of national laws. National laws still coexists with the European provisions in the field of intellectual property law.

Despite the introduction of EU wide rights, like the community trade mark, the IPR's are still typically granted by national laws and enforced on a national basis, conferring protection on national territories.

The different treaties of firstly the European Economic Community (EEC), such as Rome treaties (1957), that changed its name to European community (EC) by the Maastricht treaty in 1993, the treaties of Amsterdam (1997) and Nice (2001), and treaty of Lisbon (2009) lay the foundation of a close common market where goods and services can move freely (Article 34 treaty of the functioning of the European Union, TFEU). The principle of territoriality governing intellectual property law

[2] S. Rohlfing-Dijoux, "Die Reform des Rechts über den gewerblichen Rechtsschutz in Mauritius: Ende des Paradieses für Markenpiraten?", *GRUR Int.*, 2005, p. 566, 568.

is in contrast to this principle of free movement of goods and services. The owner of a trade mark has no efficient protection if he could not oppose the importation of goods or services bearing a confusing similar or identic sign in the country of protection of his trade mark. This is a main raison why Article 36 TFEU allows derogating from the freedom of movement of goods and services if it's justified on grounds of protection of industrial or commercial property.

The principle of free movement of goods and services constitute the foundation of the implementation of a common market. It aims principally the abolition of customs and other tariff barriers between Member-states as well as quantitative restrictions. Art. 34 TFEU prohibits any obstacle and measure hindering directly or indirectly, actually or potentially trade between Member States[3]. Art. 34 prohibits all measures having an effect equivalent to quantitative restrictions.

Article 34 (ex Article 28 TEC)

Quantitative restrictions on imports and all measures having equivalent effect shall be prohibited between Member States.

In the EU, only Art. 345 of the TFEU contains a general rule about property rights.

Article 345 (ex Article 295 TEC) The Treaties shall in no way prejudice the rules in Member States governing the system of property ownership.

This rule gives a priority to national law concerning IPR's. The EU law recognizes the existence and the protection of national IPR's. But national IPR's can seriously impede the free circulation of goods. Art. 36 TFEU allows an exception of the principle of free circulation of goods for the protection of national IPR's and decides in favour of the protection of IPR's.

Article 36 (ex Article 30 TEC) Hence the provisions of Articles 34 and 35 shall not preclude prohibitions or restrictions on imports, exports or goods in transit justified on grounds of public morality, public policy or public security; the protection of health and life of humans, animals or plants; the protection of national treasures possessing artistic, historic or archaeological value; or the protection of industrial and commercial property. Such prohibitions or restrictions shall not, however, constitute a means of arbitrary discrimination or a disguised restriction on trade between Member States.

Art. 36 is offering a justification only for measures protecting intellectual property. The interpretation of Art. 36 should be done in a restrictive way. The principles were developed in the ECJ landmark case

---

[3] ECJ joined cases C-267/91 and C268/91, Keck and Mithouard, [1993] ECR I-6097.

"Cassis de Dijon"[4]. Since the decision, the distinction between product-related measures and mere selling arrangements got the main criteria for the compatibility of a rule with EU law.

III. IP in the international legal framework

The protection and enforcement of IPR's around the world is different and varies from one country to another. As intellectual property became more and more important in trade, these differences became a source of tension in international economic relations. The settlement of theses tensions is a challenge of the international and worldwide legal cooperation.

In trade mark law a treaty-based international cooperation exists since a longtime among nations. Different types of IP treaties encompass international protection of IPR's according rights to foreigners.

The two early major conventions of international IP law are multilateral treaties: the Paris Convention (1886), which comprises industrial property and the Bern Convention (1886) which covers copyrights. These major IP treaties and most of the international treaties in the field of IP are administrated by the World Intellectual Property Organization – the WIPO – with its main office in Geneva. WIPO was founded in 1967 and is a specialized agency of the United Nations Organization for the promoting of intellectual property protection.

The task of the WIPO was strengthening by the conclusion of the agreement of Trade Related Aspects of Intellectual Property Rights (TRIPS) in 1994 as an annex to the World trade Organization Agreement (WTO).

The WTO's TRIPS Agreement aims to efface the differences in the protection of these rights around the world and to establish common international rules. It establishes minimum levels of protection of intellectual property rights, which each government of WTO member states has to grant.

OMPI and WTO constitute the major institutional actors in international IP protection. The Paris convention provide for certain minimum rights that all member states must grant to all nationals of other member states and contains some general principles for international protection of IPR's. One of the most important principles is 'national treatment' of foreigners. According to this principle, a state promises to protect foreigners in the same way as it protects nationals. The application of this principle may be subject to conditions, like the principle of reciprocity.

[4] ECJ Case 120/78, Rewe v. Bundesmonopolverwaltung für Brandwein, [1979] ECR 649.

The initial point of the intellectual property agreement is some basic principles:

The principle of non-discrimination

The principle of national treatment (equal treatment of nationals and foreigners),

and the principle of the most-favored-nation treatment (equal treatment for foreigners of all trading partners in the WTO).

While the national treatment clause forbids discrimination between a Member's own nationals and the foreigners, the most-favoured-nation treatment clause proscribes discrimination between the nationals of other Member-states.

The three main topics of the TRIPS-agreement are:

Standards: In respect of each of the main areas of intellectual property covered by the TRIPS Agreement, e.g. Trade-marks, patents, copyright and industrial design, the Agreement sets out the minimum standards of protection to be granted by each Member-state and a minimum duration of protection.

Law-enforcement provisions: The second part of the Trips deals with national procedures and means for the enforcement of intellectual property rights. In addition, it contains provisions on civil and administrative procedures and remedies, provisional measures, special requirements related to border measures and criminal procedures;

Alternative Dispute settlement: The Agreement sets up alternative disputes settlement proceedings between WTO Members in respect of the TRIPS obligations, main areas of IPR's covered by the agreement.

A. Standards

1. Trade-marks

The agreement determines what conditions of a sign have to be fulfilled to be eligible for registration as a trademark and what should be the minimum rights conferred on their owners. The conditions for protection are the capacity of distinguishing the goods and services from others and that the sign is visually perceptible.

The minimum duration of protection is seven years. The registration of a trademark shall be renewable indefinitely (Article 18).

Members are free to determine whether to allow the registration of signs that are not visually perceptible (e.g. sound or smell marks).

The TRIPS Agreement contains certain provisions on notorious trade-marks or brands, as statute by Article 6*bis* of the Paris Convention, incorporated by reference into the TRIPS Agreement, which obliges Members to refuse or to cancel the registration, and to prohibit the use of a mark conflicting with a mark which is well known. Furthermore, the protection of registered well-known marks must be extended to goods or services which are not similar to those in respect of which the trademark has been registered.

2. Industrial designs

Under the TRIPS Agreement, industrial designs must be protected for at least 10 years with a possibility of renewal.

3. Patents

In respect of the agreement patent protection must have a minimum duration of 20 years. Patent protection must be available for inventions in products and processes, in almost all fields of technology. Conditions for protection are the novelty of the invention, its inventiveness and its industrial applicability. The agreement describes the minimum rights that a patent owner must enjoy.

B. Licence Agreeements

IPR's may erect barriers to entry to a market and by this way carrying an anticompetition effect. The effect is amplified if the owner of an IPR does not only use his right by his own but is giving licence agreements. The IPR's convey a monopole to his holder who can exploit his monopole right not only by producing products himself, but also by licencing other to use them. The Licence agreement may involve restrictions of competition including territorial restrictions.

The TRIPS agreement recognizes that the terms of a licensing contract could restrict competition or impede technology transfer. It says that under certain conditions, governments have the right to take action to prevent anti-competitive licensing that abuses intellectual property rights.

Article 40 of the TRIPS Agreement recognizes that some licensing practices or conditions pertaining to intellectual property rights which restrain competition may have negative effects on trade. Additionally they may impede the technology and know-how transfer (paragraph 1). Member states may adopt appropriate measures and statutes to prevent or control abusive and anti-competitive practices in the licensing of intellectual property rights (paragraph 2).

C. Enforcement of IPR's

The agreement obliges governments to ensure that intellectual property rights can be enforced under their laws, and that the penalties for infringement are strong enough to avoid further violations. The procedures must be fair and equitable.

The agreement contains rules pertaining evidence, provisional measures, injunctions, damages and other penalties.

Wilful trademark counterfeiting or copyright piracy on a commercial scale should be punished by criminal sanctions. Governments should make sure that intellectual property rights owners can receive the assistance of customs authorities to prevent imports of counterfeit and pirated goods.

These provisions have two basic targets:

- One is to ensure the effective law enforcement for IPR holders;
- The second is to ensure an application of these rules in a way to avoid the creation of barriers to legitimate trade by abuse of the proceedings.

The general obligations pertaining to enforcement are contained in Article 41. Paragraph 1 requires that enforcement procedures have to permit effective action against any act of infringement of IPR's, and that the procedures have to prevent infringements and they must constitute a deterrent to further infringements.

Enforcement of IPR's is much stronger if it is not only achieved by civil remedies but also by criminal sanctions. Criminal sanctions have several advantages; they are administrated by the public prosecutor's office rather than by private action. The DPP has greater powers regarding inspection and enquiries than private parties. Criminal sanctions are more dissuasive than civil remedies and can impose a payment beyond the profits made, thus punishing the infringer and acting against future infringements. However criminal sanctions only seem to be appropriate in cases of wilful infringement.

At the international level, criminal sanctions were addressed in the Article 61 of the TRIPS Agreement. All national IP laws in the European Union provide for criminal sanctions for the infringement of IPR's. A harmonising directive for the European Union was proposed in 2005/6, but halted by the European Parliament.

D. Criminal procedures

The fifth section in the enforcement chapter of the TRIPS Agreement deals with criminal procedures. According to Article 61 of TRIPS agreement, criminal sanctions have to be provided by the national legislation of the member-states at least in cases of wilful trademark counterfeiting or copyright piracy on a commercial scale.

"*Members shall provide for criminal procedures and penalties to be applied at least in cases of wilful trademark counterfeiting or copyright piracy on a commercial scale. Remedies available shall include imprisonment and/or monetary fines sufficient to provide a deterrent, consistently with the level of penalties applied for crimes of a corresponding gravity. In appropriate cases, remedies available shall also include the seizure, forfeiture and destruction of the infringing goods and of any materials and implements the predominant use of which has been in the commission of the offence. Members may provide for criminal procedures and penalties to be applied in other cases of infringement of intellectual property rights, in particular where they are committed wilfully and on a commercial scale.*"

This provision constitutes an obligation for Member states to use criminal sanctions for the protection of IPR's, in particular for trade-marks and copyright. The Agreement leaves it to Members to decide whether to provide for criminal procedures and penalties to be applied in other cases of conscious infringement of intellectual property rights, in particular where they are committed on a commercial scale. In all industrialised countries this protection of IPR's is generally not only limited on trade-marks, patents and industrial design, but also expanded to "know-how" and technology transfer and business secrets.

Provided penal sanctions must include imprisonment and/or monetary fines sufficient to be a disincentive to crime. The applied penalties for crimes have to be corresponding to the gravity of the offence. Criminal remedies in appropriate cases must also include seizure, forfeiture and destruction of the infringing goods and of materials and instruments used to produce them.

1. *The principle of criminal offenses against professionals and consumers*

Nevertheless, the obligation to provide for criminal sanctions is limited to a commercial use of counterfeit IPR's. The member-states are not obliged to provide for an end user liability with criminal sanctions for consumers using counterfeit products on a private scale.

However, the principle of penal sanctions against infringement of intellectual property rights is admitted in all developed countries, the criminal liability for consumers is not generalized. Whilst some countries have established end-user penalties, others have not or render it illegal. Countries using penal sanctions on users and buyers of counterfeit products, such as France, introduce sanctions in form of fines, imprisonment and seizure of counterfeit products.

In mauritian law, the Patents, industrial design and trade mark Act orders in his section 51:

"*(1) The performance of any act referred to in section 21, 32 and 40 in Mauritius by any person other than the owner of the title of protection or the licensee or without the agreement of the owner, shall be unlawful.*

(2) Any person who knowingly performs any act in breach of subsection 1 shall commit an offense and shall, on conviction, be liable to a fine not exceeding 250,000 Rupees and to imprisonment for a term not exceeding five years."

And in his Section 40

"*(1) Any interested person, other than the registered owner, who intends to use a registered mark, in relation to any goods or services, for which it had been registered, shall require the agreement of the owner.*"

The Mauritian law seems to be, compared to other IPR legislations, incomplete and the Mauritian *Patents Industrial Design and Trademarks Act* contains only some provisions pertaining to criminal sanctions for counterfeit and trademark piracy et no accessory sanctions. The Act have only one general provisions relative to criminal sanctions which is applicable to an infringement of patent law as well as infringements of industrial design and trademarks. This provision stipulate a unique sanction and do not handle with the specificities of the different IPR's, although the Act of 6th January 2003 brought a significant improvement of the protection of IPR's in Mauritius and contribute to a gain of confidence for investors[5].

The European Union legislation does not include criminal provisions against the infringement of IPR's. Neither the European Council Regulation (EC) No. 207/2009t of 26 February 2009 on the Community trade mark, neither the Directive 2008/95/EC of the European Parliament and of the Council of 22 October 2008 to approximate the laws of the Member States relating to trade marks include statutes with criminal sanctions. The counterfeiting DIRECTIVE 2004/48/EC of 29 April 2004 on the enforcement of intellectual property rights is limited to a harmonization of provisional measures, procedures of cessation of the infringements of IPR's and procedures of compensation for damages. A proposition for a Directive on criminal measures aimed at ensuring the enforcement of intellectual property rights of 2006 was finally given up in 2013[6]. The proposition for a reform of the directive on the enforcement of intellectual property rights (directive 2004/48/CE) was adopted in 2007 with some major

5 S. Rohlfing-Dijoux, "Die Reform des Rechts über den gewerblichen Rechtsschutz in Mauritius: Ende des Paradieses für Markenpiraten?", *GRUR Int.*, 2005, p. 566, 568.

6 Amended proposal for a Directive of the European Parliament and of the Council on criminal measures aimed at ensuring the enforcement of intellectual property rights; Proposition de règlement de la Commission du 26 avril 2006 (COM(2006) 168 final), *JOCE* C 74 E 2008, p. 529.

amendments pertaining to criminal sanctions[7]. The current regulation of the European Trade Mark does not contain provisions pertaining to criminal sanctions in case of infringement of a European Trade Mark and the regulation relegate to national law. Neither the regulation, neither the directive contain an obligation for Member states to introduce criminal sanctions in case of infringement of a European Trade Mark[8]. This is due to a lack of competence of the European Union in matter of harmonization of criminal sanctions but it was never clearly confirmed by the court of justice[9].

Otherwise the harmonization of criminal sanctions in the European Union is not indispensable with regard to the provision of Art. 61 TRIPS agreement, which provides criminal sanctions for the fight against counterfeiting.

2. *Special requirements related to border measures*

The emphasis in the enforcement part of the TRIPS Agreement is on national enforcement mechanisms, which, if effective, would enable infringing activity to be stopped at source, the point of production.

3. *Destruction, seizure and recall of counterfeit goods*

The destruction of counterfeit good can be ordered if the offender is still owner or possessor of the goods. The right for a recall and seizure of the counterfeit goods, located in a distribution network can be used for counterfeit products, which have been transferred to third persons.

E. Other procedures

1. *The special procedure of seizure for evidence*

The special procedure of seizure of counterfeit goods (*procédure de saisie contrefaçon*) ordered by art L 716-7 du Code de propriété intellectuelle gives a big advantage to the victim, who has an easy measure for collecting and preserving evidence of piracy acts. This procedure is fast and effective and served as basis for the European legislator who has introduced this procedure in European law by the directive 2004/48/CE[10].

---

7 A. Kur, Thomas Dreier, *European intellectuel property law*, 2013, p. 474 et seq.

8 Ingerl/Rohnke, Rn. 1.

9 M. Venencie, *Le droit européen de la lutte contre la contrefaçon des marques et le couple franco-allemand*, Thèse de doctorat, Université Paris Ouest Nanterre, décembre 2014, p. 281.

10 Directive 2004/48/CE du Parlement européen et Conseil du 29 avril 2004 relative au respect des droits de propriété intellectuelle.

2. *Custom measures*

Criminal and civil sanctions for piracy of trademarks allow victims to accumulate requests for damage compensation and restitution of seized goods in a distribution network. The fact to be allowed to accumulate penal and custom procedures allows also acting with efficiency during operation of transhipping, importation, exportation and transit of goods[11]. The faked goods with origin of third countries are forbidden for bringing on the marked inside of the European Union and the custom authorities, who are commissioned to bring to respect this interdiction, have to avoid that such goods entered to the territory of the European Union may move free without control. The custom authorities have therefor an important part in the fight against counterfeit.

F. The problem of parallel importations

Parallel importations are only allowed if done with the approval of the owner of the IPR as provided under section… Parallel importations without the consent of the owner are unlawful and the goods imported are considered as counterfeit.

In the case of parallel importations, the importer imports original goods. This operation can be considered as an illegal counterfeit, if the principle of exhaustion of right is not fulfilled, so to say that the goods have not been introduced in the territory of the European Union with the approval of the owner of the trademark or if the owner has valid reasons to be opposed to the bring the goods in circulation. This means that Art. 36 TFEU can only be invoked to safeguard the essence of the IPR protection[12]. There is no possibility of opposing importation of goods which were sold by or with the consent of the owner or the IPR on other territories[13].

The producers of branded products use often a system of codification in order to recognize the location, where the good has been brought to the market and in this way they can control the distribution network. This codification allows knowing if the goods have been brought to the distribution network with the approval of the owner of the IPR.

---

11 M. Venencie, *Le droit européen de la lutte contre la contrefaçon des marques et le couple franco-allemand*, Thèse de doctorat, Université Paris Ouest Nanterre, décembre 2014, p. 527.

12 A. Kur, Thomas Dreier, *European intellectuel property law*, 2013, p. 47.

13 ECJ Case 78/70, Deutsche Grammophon v. Metro, SB [1971] ECR 487.

IV. Conclusion

These objectives include the reduction of distortions and impediments to international trade, promotion of effective and adequate protection of intellectual property rights, and ensuring that measures and procedures to enforce intellectual property rights do not themselves become barriers to legitimate trade.

Les freins juridiques aux échanges intra-régionaux pour l'entreprise en difficulté

Émilie JONZO

During intra-regional exchanges in the Indian Ocean, the companies have to face various barriers, tariff and commercial. A new obstacle can be added when the company is in difficulty. On the one hand, the disparities of the national laws on the matter can doubtless constitute brakes. First of all, they do not offer necessarily the same security to the company in difficulty. Moreover, the partners of these companies necessarily do not profit from the same warranties. In addition, the presence of international elements giving to the procedure of insolvency a transnational dimension causes important difficulties because of existence of conflicts of laws.

*

Lors d'échanges intra-régionaux dans l'océan Indien, les entreprises doivent affronter diverses barrières, tarifaires et non tarifaires. Un nouvel obstacle peut s'ajouter lorsque l'entreprise est en difficulté. D'une part, les disparités des droits nationaux en la matière peuvent très certainement constituer des freins. Tout d'abord, ils n'offrent pas nécessairement la même sécurité à l'entreprise en difficulté. De plus, les partenaires de ces entreprises ne bénéficient pas nécessairement des mêmes garanties. D'autre part, la présence d'éléments d'extranéité donnant à la procédure d'insolvabilité une dimension transnationale suscite d'importantes difficultés du fait de l'existence de conflits de lois.

*

Bei intra-regionalen Handelsaustauschen im indischen Ozean haben Unternehmen verschiedene Hindernisse tariflicher und außertariflicher Art zu überwinden. Ein weiteres Hindernis kommt hinzu, wenn es sich um ein Unternehmen in einem Sanierungsverfahren handelt. In diesem Fall stellt sich die Frage, wie die verschiedenen betroffenen Rechte es ermöglichen, den Handelsaustausch aufrechtzuerhalten. Die unterschiedlichen Lösungen hierzu nach den verschiedenen betroffenen nationalen Rechtssystemen können Handelshemmnisse begründen. Zunächst, weil sie nicht zwingend dem sich in Schwierigkeiten befindenden Unternehmen die gleiche Sicherheit gewähren. Des Weiteren, weil die Vertragspartner dieser Unternehmen nicht die gleichen Sicherheiten bekommen. Andererseits führt das Vorliegen eines Auslandsbezugs in einem Insolvenzverfahren zu einer transnationalen Dimension, die erhebliche Schwierigkeiten bezüglich des anwendbaren Rechts hervorrufen kann.

*

* *

L'entreprise représente le cœur des échanges. Lorsqu'elle rencontre des difficultés, cela engendre nécessairement des conséquences sur ses relations avec ses partenaires. Cela se vérifie dans une approche purement interne, mais aussi internationale.

Lorsqu'elle est en difficulté, l'entreprise est soumise à une procédure d'insolvabilité. Il peut s'agir de toutes procédures visant à appréhender les difficultés d'un débiteur, ce qui permet d'inclure les situations très diverses que l'on peut rencontrer d'un État à l'autre. Elle est internationale si elle présente un caractère d'extranéité (débiteur propriétaire de biens, d'actifs à l'étranger, présence de créanciers à l'étranger) et si elle produit des effets dans plusieurs États. L'entreprise en difficulté peut aussi bien être un groupe de sociétés qu'une personne morale ou physique.

Alors que les faillites internationales se multiplient, aucun instrument juridique international n'établit de règles communes. La Commission des Nations unies pour le droit commercial international a élaboré une loi type sur l'insolvabilité internationale du 30 mai 1997. Alors qu'elle ne visait qu'une simplification du traitement des difficultés au niveau procédural en cas d'insolvabilité internationale, elle n'a pas reçu l'accueil que ses rédacteurs espéraient. L'exemple à suivre en la matière doit être recherché au sein de l'Union européenne. Celle-ci s'est dotée d'un règlement d'insolvabilité du 29 mai 2000, modifié en 2015[1]. Il vise à harmoniser certaines règles applicables aux entreprises en difficulté et à permettre une prise en compte des entreprises transfrontalières. En effet, la création du marché commun a favorisé le développement transfrontalier des activités des entreprises au sein de l'Union européenne[2], rendant nécessaire une appréhension harmonisée de leurs difficultés. Toutefois, l'application du règlement se limite au territoire européen[3]. Les harmonisations effectives n'existent donc qu'à des échelles territoriales limitées. Cela résulte du fait que les droits nationaux en matière d'insolvabilité ont chacun une originalité qui rend cette harmonisation difficile. De plus, chaque État

1 Règlement n° 1346/2000 du Conseil du 29 mai 2000 relatif aux procédures d'insolvabilité, récemment modifié par le Règlement n° 2015/848 du Parlement européen et du Conseil du 20 mai 2015.

2 Monsèrié-Bon M.-H., *Jurisclasseur commercial*, fasc. 3125, spéc. § 22.

3 Monsèrié-Bon M.-H., *op. cit.*, spéc. § 11.

cherche à protéger les différents intérêts impactés sur son territoire par l'insolvabilité d'un débiteur : l'emploi, le règlement des créanciers… Le principe reste donc celui de l'application du droit international privé des États concernés. Aucune procédure d'insolvabilité ne peut donc, en l'état actuel du droit, appréhender les difficultés d'un débiteur transnational de façon unitaire. Le problème concerne surtout les groupes de sociétés, seuls susceptibles d'avoir une activité transfrontalière. Ces derniers, en cas d'insolvabilité, seront donc soumis à plusieurs procédures nationales, qui ne se reconnaissent pas nécessairement entre elles. Ce qui ne facilite guère le traitement des difficultés.

Cette problématique se rencontre dans la zone océan Indien. Les différents États présents dans cette région règlent le sort des entreprises en difficulté situées sur leur territoire. Mais ils ne disposent d'aucun instrument juridique susceptible de s'appliquer à une entreprise dont l'insolvabilité s'étendrait à plusieurs États de la zone.

Dans ce contexte, l'entreprise en difficulté représente-t-elle un frein aux échanges intra-régionaux ?

La disparité des législations de la zone océan Indien en matière d'insolvabilité (I) ainsi que l'existence de conflits de lois en matière d'insolvabilité internationale (II) peuvent effectivement jouer un rôle perturbateur et freiner les échanges intra régionaux.

I. La disparité des législations en matière d'insolvabilité

Seuls les droits de certains États seront envisagés, ceux qui entretiennent des échanges fréquents. Seront donc pris en compte les droits français, mauricien, OHADA et malgache. L'étude de ces derniers montre une disparité aussi bien pour l'ouverture des procédures d'insolvabilité (A) que pour leur déroulement (B).

A. L'ouverture des procédures d'insolvabilité

Des disparités existent entre les droits de la zone Océan Indien quant aux procédures disponibles, aux débiteurs éligibles et aux conditions d'ouverture des procédures d'insolvabilité.

Une disparité constatée dans les procédures disponibles – En France, de nombreux instruments participent au traitement des difficultés des entreprises. Le droit français est riche en la matière car il propose aussi bien des instruments préventifs que des instruments curatifs. Il propose des procédures amiables fondées sur la négociation avec les créanciers (le mandat *ad hoc* et la conciliation) mais aussi des procédures collectives variées (sauvegarde, sauvegarde financière accélérée, sauvegarde accélérée, redressement judiciaire, liquidation judiciaire, liquidation judiciaire simplifiée, rétablissement professionnel). Cette diversité des procédures disponibles doit être appréciée car cela permet au droit français de mieux s'adapter aux diversités des situations dans lesquelles peut se trouver un débiteur en difficulté.

En droit OHADA, quatre procédures existent. Deux d'entre elles sont préventives. Il s'agit de la conciliation et du règlement préventif. Deux autres sont curatives : le redressement judiciaire et la liquidation des biens. Contrairement au droit français, l'article 5 de l'Acte uniforme portant organisation des procédures collectives d'apurement du passif prévoit que ces procédures préventives visent notamment à apurer le passif avant la cessation des paiements, ce qui sous-entend que pour bénéficier de ces procédures, les entreprises doivent être *in bonis*. Or, en France, la conciliation est accessible aux entreprises qui se trouvent en cessation des paiements depuis moins de 45 jours.

En droit malgache, l'insolvabilité n'est plus régie par le Code de commerce depuis une loi n° 2003-042 du 3 septembre 2004. L'article 286 de ladite loi abroge en effet le titre III du Code de commerce malgache relatif aux procédures collectives. L'article 2 de la loi de 2004 consacre alors une procédure préventive, le règlement préventif, et conserve les deux procédures curatives qui existaient sous l'ancien régime, à présent dénommées « règlement judiciaire » et « liquidation des biens ».

Le droit mauricien offre lui aussi un nombre restreint de procédures d'insolvabilité, parmi lesquelles la « *bankruptcy* » et le « *winding up* », respectivement régies par les parties II et III de l'*Insolvency Act* du 1re juin 2009.

Une disparité constatée quant aux débiteurs éligibles – En France, la liste des débiteurs éligibles aux différentes procédures de traitement des difficultés est large. Elle comprend non seulement les commerçants, mais aussi les artisans, les agriculteurs, les professionnels libéraux et enfin les personnes morales de droit privé.

En droit OHADA, cette liste est toute aussi large. L'article 1-1 de l'Acte uniforme prévoit une application des procédures à « *toute personne physique exerçant une activité professionnelle indépendante, civile, commerciale, artisanale ou agricole, à toute personne morale de droit privé ainsi qu'à toute entreprise publique ayant la forme d'une personne morale de droit privé* ».

En droit malgache, l'article 3 de la loi de 2004 désigne comme éligibles à ces trois procédures « *toute personne physique ou morale commerçante et toute personne morale de droit privé non commerçante, toute entreprise publique ayant la forme d'une personne morale de droit privé* ».

En droit mauricien, l'*Insolvency Act* de 2009 vise à la fois les personnes (« *person* ») et les sociétés (« *company* »). Les procédures d'insolvabilité semblent donc avoir un large champ d'application personnel.

Une disparité constatée dans les conditions d'ouverture – En droit français, les conditions d'ouverture sont différentes d'une procédure à l'autre. Pour le mandat *ad hoc*, aucune précision n'est donnée par l'article L. 611-3 du Code de commerce. Sa nature de procédure préventive pourrait conduire à penser que le débiteur ne doit pas être en cessation des paiements. Mais certains auteurs pensent qu'il ne peut être exclu si cet état dure depuis moins de 45 jours[4]. La conciliation, en vertu de l'article L. 611-4, ne peut être ouverte qu'en cas de difficulté juridique, économique ou financière, avérée ou prévisible, à condition que le débiteur ne soit pas en cessation des paiements depuis plus de 45 jours. L'article L. 620-1 relatif à la sauvegarde exige que le débiteur « *sans être en cessation des paiements, justifie de difficultés qu'il n'est pas en mesure de surmonter* ». Pour la sauvegarde accélérée et la sauvegarde financière accélérée, l'article L. 628-1 vise le « *débiteur engagé dans une procédure de conciliation qui justifie avoir élaboré un projet de plan tendant à assurer la pérennité de l'entreprise* ». L'ouverture d'un redressement judiciaire nécessite l'existence d'un état de cessation des paiements, conformément à l'article L. 631-1. Enfin, la liquidation judiciaire ne vise que les débiteurs en cessation des paiements et dans l'impossibilité de se redresser, comme le prévoit l'article L. 640-1.

En droit OHADA, la conciliation est accessible au débiteur qui fait face à des « *difficultés avérées ou prévisibles mais qui ne sont pas encore en état de cessation des paiements* » (article 5-1). Pour le règlement préventif, l'article 6 de l'Acte uniforme prévoit qu'il est accessible « *au débiteur qui, sans être en état de cessation des paiements, justifie de difficultés financières ou économiques sérieuses* ». Les termes employés ne sont pas identiques, mais cette procédure se rapprocherait de la sauvegarde française. Pour l'ouverture d'un redressement judiciaire, l'article 25 de l'Acte uniforme exige un état de cessation des paiements. L'article 33 du même Acte ajoute que cette procédure est accessible s'il apparaît à la juridiction que le débiteur a proposé un concordat sérieux ou qu'un concordat sérieux a des chances d'être obtenu ou si une cession globale est envisageable. Enfin, pour la liquidation des biens, l'article 25 de l'Acte exige un état de cessation des paiements et l'absence des deux éléments figurant à l'article 33.

---

4 Le Corre P.-M., *Droit et pratique des procédures collectives*, 6e édition, Paris, Dalloz, Dalloz action, 2011, 2499 p., spéc. p. 176 § 123-11.

On peut constater une identité de la définition de la cessation des paiements, en droits français[5] et OHADA[6] : il s'agit de l'impossibilité de faire face à son passif exigible avec son actif disponible, sauf si les réserves de crédit et moratoires/délais de paiement accordés par les créanciers permettent au débiteur de faire face à son passif exigible.

En droit malgache, après avoir longtemps pris en compte non pas le degré de difficulté du débiteur mais son comportement, la loi du 3 septembre 2004 permet un rapprochement avec les droits français et OHADA. Le règlement préventif est ouvert au débiteur dont la « *situation économique et financière* [est] *difficile mais non irrémédiablement compromise* »[7]. Pour les deux procédures curatives que constituent le redressement judiciaire et la liquidation des biens, le critère est celui de la cessation des paiements. La définition retenue par le droit malgache est clairement inspirée du droit français[8].

En droit mauricien, deux critères sont pris en compte pour appréhender l'insolvabilité d'un débiteur. D'une part, est pris en considération son comportement. Ce critère est donc subjectif. Par exemple, le fait qu'il tente d'échapper à une procédure, ou de retarder le paiement d'un créancier en quittant Maurice, signes de sa mauvaise foi, ne joue pas en sa faveur. D'autre part, la situation financière du débiteur, critère classique et objectif, est également prise en compte.

Les disparités constatées au moment de l'ouverture des procédures d'insolvabilité s'étendent au déroulement de celles-ci.

B. Le déroulement des procédures d'insolvabilité

On peut envisager les disparités des droits de la zone océan Indien à travers la situation des débiteurs et des créanciers.

1. Les disparités relatives au sort des débiteurs

Les disparités relatives au dessaisissement du débiteur – Le droit français prévoit un dessaisissement plus ou moins important du débiteur selon la procédure collective à laquelle il fait face. Tout dessaisissement est exclu dans le cadre des procédures amiables telles que le mandat *ad hoc* et la conciliation. Dans le cadre de la sauvegarde, il n'y a pas réellement de dessaisissement : une mission de surveillance (contrôle *a posteriori* des actes réalisés par le débiteur) ou d'assistance (cosignature des actes)

---

5 Article L.631-1 du Code de commerce.

6 Article 25 de l'Acte uniforme.

7 Article 3 de la loi de 2004.

8 L'article 11 de la loi de 2004 qui définit en effet la cessation des paiements comme l'« *impossibilité de faire face à son passif exigible avec son actif disponible* ».

peut être octroyée à l'administrateur judiciaire. Dans le cadre d'un redressement, l'administrateur peut aussi avoir une mission d'assistance ou une mission de représentation. Dans le cadre d'une liquidation, il sera investi d'une mission de représentation. C'est celle-ci qui entraîne le dessaisissement total du débiteur.

Le droit OHADA prévoit également une mission d'assistance ou de représentation dans le cadre des procédures de redressement judiciaire ou de liquidation des biens. Il ressemble donc au droit français sur ce point.

En droit malgache, comme en droit français, il n'existe pas de dessaisissement pour la procédure amiable, le règlement préventif. Il est prévu pour les deux procédures curatives, mais dans des proportions différentes. L'article 42 de la loi de 2004 prévoit uniquement une assistance du débiteur pour les actes d'administration et de dispositions de ses biens en cas de redressement judiciaire. L'article 44 va plus loin pour la liquidation des biens : le débiteur est dessaisi, et s'il est une personne morale est prévue une dissolution.

En droit mauricien, un dessaisissement est également possible. En effet, un administrateur peut être nommé si le débiteur est insolvable ou susceptible de l'être[9].

Les disparités relatives à l'arrêt des poursuites individuelles – Le droit français consacre un principe d'interruption et d'interdiction des poursuites individuelles ainsi que l'arrêt et l'interdiction des procédures d'exécution une fois la procédure collective ouverte[10]. Est également prévu l'arrêt du cours des inscriptions dès l'ouverture desdites procédures[11]. Ces règles favorables au débiteur s'appliquent à toutes les procédures collectives.

Encore une fois, le droit OHADA se rapproche beaucoup du droit français. L'article 75 de l'Acte uniforme prévoit également une interruption et une interdiction des poursuites individuelles ainsi que des procédures d'exécution. L'article 73 prévoit quant à lui l'arrêt du cours des inscriptions de toute sûreté mobilière ou immobilière.

En droit malgache, l'article 71 de la loi de 2004 prévoit la suspension ou l'interdiction des poursuites individuelles. Contrairement au droit français et au droit OHADA, ces poursuites peuvent reprendre leur cours à l'issue de la procédure collective car la loi ne prévoit qu'une suspension, et non une interruption. La loi parle en revanche d'arrêt et

[9] Article 215 § 6 a de l'*Insolvency Act* de 2009.

[10] Ce principe est régi par les articles L. 622-21 du Code de commerce pour la sauvegarde, L. 631-14 du même code pour le redressement judiciaire et L. 641-3 du même code pour la liquidation judiciaire.

[11] Articles L. 622-30 du Code de commerce pour la sauvegarde, L. 631-14 du même code pour le redressement judiciaire et L. 641-3 du même code pour la liquidation judiciaire.

d'interdiction pour les voies d'exécution[12], le cours des intérêts[13] et le cours des inscriptions de toute sûreté mobilière ou immobilière[14].

En droit mauricien, l'*Insolvency Act* prévoit également une suspension et une interdiction des poursuites. Toutefois, il ne s'agit pas d'une règle absolue puisque le juge peut décider de la poursuite des actions contre le débiteur dans des conditions qu'il aura fixées[15].

2. Les disparités relatives au sort des créanciers

Les disparités relatives à la déclaration des créances – Le droit français prévoit une obligation pour tous les créanciers antérieurs de déclarer leur créance[16]. Seuls les salariés ne sont pas soumis à cette formalité. La déclaration des créances est adressée au mandataire judiciaire dans un délai de deux mois à compter de la publication du jugement d'ouverture au Bulletin officiel des annonces civiles et commerciales. Les créanciers étrangers disposent de deux mois supplémentaires pour réaliser cette déclaration.

Cette obligation est connue du droit OHADA, qui impose effectivement à tous les créanciers, sauf alimentaires, de produire leurs créances auprès du syndic[17]. Le délai prévu est de soixante jours à compter de la deuxième insertion de l'ouverture de la procédure dans le Journal d'annonces légales. Les créanciers étrangers bénéficient quant à eux d'un délai de quatre-vingt-dix jours.

En droit malgache, l'article 77 de la loi du 3 septembre 2004 montre que les conditions de cette obligation de déclaration des créances se rapprochent du droit français : le délai est de deux mois, et les salariés en sont exonérés. Le régime n'est toutefois pas identique. En effet, les créanciers non situés dans le ressort du tribunal ayant ouvert la procédure disposent de trois mois pour remplir cette obligation. De plus, le droit malgache prévoit une obligation de prévenir personnellement et immédiatement les créanciers connus n'ayant pas déclaré leur créance 15 jours après l'insertion de la décision d'ouverture de la procédure dans le journal d'annonces légales.

En droit mauricien, les articles 305 à 310 de l'*Insolvency Act* du 1er juin 2009 exigent une preuve des créances. La charge de cette preuve incombe évidemment aux créanciers.

---

12 Article 71 de la loi n° 2003-042 du 3 septembre 2004.

13 Article 76 de la même loi.

14 Article 69 de la même loi.

15 Articles 23, 91 et 105 de l'*Insolvency Act* de 2009.

16 Article L. 622-24 du Code de commerce.

17 Article 78 de l'Acte uniforme.

Les disparités relatives au rang des créanciers – En droit français, sont payés en premier les créanciers super privilégiés, autrement dit les salariés. Ils sont suivis par les créanciers de frais de justice, puis ceux titulaires d'un privilège de new money. Les suivent les créanciers postérieurs, ensuite les créanciers antérieurs titulaires de sûretés et enfin les créanciers chirographaires.

En droit OHADA, le rang des créanciers n'est précisé que pour la liquidation des biens[18]. Contrairement au droit français, le privilège de *new money* prime toutes les autres créances. Il vise des créanciers qui ont consenti « *un nouvel apport en trésorerie au débiteur en vue d'assurer la poursuite de l'activité de l'entreprise débitrice et sa pérennité* » dans le cadre de la conciliation[19], du règlement préventif[20] ou du redressement judiciaire[21]. Le suivent les frais de justice, lesquels ont priorité sur les salaires. Comme en droit français, les créanciers chirographaires se trouvent au dernier rang.

Le droit malgache distingue le rang des créanciers selon que les deniers proviennent de la réalisation d'un immeuble[22] ou de meubles[23]. De façon générale, on peut constater que les frais de justice se trouvent au premier rang, suivis des créances salariales, puis des créanciers titulaires de sûretés publiées, des créanciers postérieurs, des créanciers munis d'un privilège général, et enfin des créanciers chirographaires.

Le droit mauricien exige un paiement des créances privilégiées (« *preferential claims* ») avant celui des créances ordinaires (« *general creditors* »)[24]. L'annexe 4 de cette loi décrit plus précisément l'ordre des créances privilégiées, qui incluent dans un ordre décroissant : les frais relatifs à la procédure d'insolvabilité, une créance équivalente au privilège de *new money* français, les créances de l'État, les créances salariales puis celles des créanciers titulaires de sûretés.

Les explications historiques de ces disparités – L'existence de toutes ces disparités n'est pas surprenante. En effet, comme l'affirmait Montesquieu, « *les lois doivent être tellement propres au peuple pour lequel elles sont faites que c'est un grand hasard si celles d'une nation peuvent convenir à une autre* »[25]. Pour autant, certains droits de la zone

18 Aux articles 166 et 167 de l'Acte uniforme.

19 Article 5-11 de l'Acte.

20 Article 11-1 de l'Acte.

21 Article 33-1 de l'Acte.

22 Article 195 de la loi de 2004.

23 Article 196 de cette même loi.

24 Article 328 de l'*Insolvency Act* de 2009.

25 Montesquieu, *De l'esprit des lois*, Gallimard, Bibliothèque de La Pléiade, p. 237.

océan Indien semblent plus proches que d'autres. Ceci s'explique par des raisons historiques. En effet, la colonialisation des îles de l'océan Indien explique les différentes inspirations des règles juridiques. Ainsi s'explique l'inspiration française du droit malgache[26]. Le droit mauricien quant à lui mélange droit civil français et *Common law*, du fait de son occupation successive par la France puis par le Royaume-Uni, avant d'obtenir son indépendance. Il a donc nécessairement été influencé par les deux systèmes juridiques. Cependant, le droit des affaires « *repose surtout sur le modèle des lois britanniques et du Commonwealth (par exemple de l'Australie, de la Nouvelle-Zélande et de Singapour)* »[27]. En matière d'insolvabilité, le droit néo-zélandais a inspiré la réforme ayant abouti à l'*Insolvency Act* du 1er juin 2009.

Toutefois, certains droits de la zone ont pu prendre du temps à évoluer contrairement aux droits dont ils s'inspirent. Le droit malgache constitue sans doute l'exemple le plus intéressant. La réforme opérée par la loi du 3 septembre 2004 doit être saluée dans la mesure où le droit de l'insolvabilité semblait s'être figé dans le temps. Cet archaïsme des règles de droit dans ce domaine apparaissait de façon flagrante à la fois par l'absence d'application de celles-ci par le juge[28], et à travers la doctrine qui dénonçait notamment l'absence de séparation entre l'homme et l'entreprise et les sanctions beaucoup trop sévères, pouvant aller jusqu'à l'incarcération[29].

L'évolution des droits, du fait de leur inspiration réciproque, semble montrer une réduction progressive de ces disparités, sans pour autant laisser espérer une disparition de celles-ci. L'étude du droit comparé met donc en évidence un premier frein aux échanges intra-régionaux pour l'entreprise en difficulté. Mais il n'est pas le seul : l'entreprise en difficulté est aussi confrontée à des questions complexes lorsqu'elle doit faire face à une procédure d'insolvabilité internationale.

II. L'insolvabilité internationale : théâtre de conflits de lois

L'insolvabilité internationale est le théâtre de conflits de lois tant au moment de l'ouverture (A) que du déroulement de la procédure (B).

---

26 Nicolau G. et Hourquebie F., *Cultures juridiques en quête de dialogue*, Karthala, Cahiers d'Anthropologie du droit, Paris, 2014, 304 p., spéc. p. 66.

27 Nicolau G. et Hourquebie F., *op. cit.*, spéc. p. 66-67.

28 Ratiaray R. et Andrianaivo Ravelona R., « Tendance et évolution du droit des affaires à Madagascar », *Revue internationale de droit comparé*, n° 2, avril-juin 1992, p. 409-454, spéc. p. 431 §33.

29 Ratiaray R. et Andrianaivo Ravelona R., *op. cit.*, spéc. p. 431 §37.

A. L'ouverture de la procédure d'insolvabilité

Le juge français, grâce à des critères de compétence largement interprétés, n'aura aucune difficulté à ouvrir une procédure d'insolvabilité internationale, ce pourra soulever quelques difficultés (1). Se pose alors la question des effets extraterritoriaux d'une décision française d'ouverture d'une telle procédure (2). Réciproquement, il faut aussi s'intéresser aux effets, en France, d'une procédure d'insolvabilité internationale ouverte à l'étranger (3).

1. Une large compétence du juge français pour l'ouverture d'une procédure d'insolvabilité

Une applicabilité de la loi française liée aux critères de compétence des juridictions nationales – La *lex fori concursus* s'applique aux conditions d'ouverture de la procédure (qualité de débiteur, existence d'une cessation des paiements, saisine du tribunal). Une même situation peut donc recevoir un traitement très différent selon la loi applicable. En présence d'une faillite internationale, le débiteur ne peut bénéficier des dispositions d'un droit national que si les juridictions de cet État se reconnaissent compétentes. Or, les juridictions françaises se reconnaissent une compétence large en matière d'insolvabilité. En effet, les deux critères qu'elles utilisent leur permettent d'appréhender des faillites internationales dans de nombreuses hypothèses.

Une large interprétation du critère du siège social – Le premier critère est celui du siège social ou de l'adresse de l'entreprise[30]. L'utilisation de ce critère se justifie par le fait qu'il correspond le mieux à la réalité économique du débiteur, au lieu où ce dernier exerce la gestion de ses intérêts professionnels ainsi que l'administration et la gestion de son entreprise. Le siège social, « *lieu où se trouve la direction juridique, financière, administrative et technique de la société* »[31], répond parfaitement à cette réalité. Il figure en principe dans les statuts. Cependant, la jurisprudence française prend surtout en considération le siège social réel[32]. Ainsi, le fait que les statuts d'une entreprise fixent le siège social à l'étranger n'ôte pas au juge français sa compétence lorsque la réalité démontre une gestion effective en France. Cette position se justifie par le lien économique existant entre la France et l'entreprise. Il en est de même pour le débiteur personne physique : si le texte se réfère à la déclaration effectuée quant à l'adresse de son activité, c'est la réalité du lieu d'exercice

[30] Posé par l'article R. 600-1 alinéa 1 du Code de commerce.

[31] Cass. Com., 24 novembre 1982, n° 79-15.399, *Bull. Civ. IV*, 1982, n° 438, p. 370.

[32] Cass. Civ. 1re, 21 juillet 1987, n° 85-18.504, *Bull. Civ. I*, 1987, n° 242, p. 177.

de l'activité qui prévaut[33]. De plus, le juge français demeure compétent durant les 6 mois suivant un déplacement du siège social ou de l'adresse d'activité du débiteur à l'étranger[34]. Cela permet de limiter l'utilisation du *forum shopping* en matière d'insolvabilité. Mais son application pourrait se heurter au droit étranger du nouveau lieu du siège. En effet, le tribunal étranger pourrait ne pas reconnaître la compétence du juge français. Pourraient alors s'ouvrir deux procédures collectives distinctes pour le même débiteur, ce qui n'est pas sans difficulté dans la mesure où les mêmes biens devront être appréhendés afin de procéder au règlement collectif des créanciers. Cela nuirait indéniablement à l'universalité de la faillite.

Le critère souple du centre principal des intérêts – Le second critère est celui du centre principal des intérêts[35], qui rappelle celui du centre des intérêts principaux consacré par le Règlement européen d'insolvabilité[36]. Il correspond à la notion d'établissement secondaire[37], déjà utilisée par la jurisprudence française[38]. La compétence du juge français se justifie par la réalité de la présence et l'activité commerciale en France[39], donc par les conséquences économiques de la défaillance sur le territoire français. Ce critère s'étend d'ailleurs aux obligations contractuelles localisées en France[40].

Une large compétence des juridictions françaises nuisible à la procédure d'insolvabilité internationale ? – L'objectif de cette interprétation large de la compétence du juge français est d'appréhender les actifs situés en France, au profit des créanciers français. Mais, cela peut nuire au bon déroulement d'une procédure d'insolvabilité ouverte à l'étranger, qui viserait réellement la satisfaction de l'ensemble des créanciers du débiteur. De plus, la poursuite de la satisfaction du créancier n'est plus l'objectif

---

33 Cass. Req., 11 avril 1927 ; Cass. Req., 18 et 26 avril 1932.

34 Article R. 600-1 alinéa 2 du Code de commerce.

35 Article R. 600-1 alinéa 1 du Code de commerce.

36 Article 3 du Règlement n° 1346/2000 du Conseil du 29 mai 2000 relatif aux procédures d'insolvabilité, récemment modifié par le Règlement n° 2015/848 du Parlement européen et du Conseil du 20 mai 2015.

37 En ce sens : Rémery J.-P., *La faillite internationale*, Paris, PUF, Que sais-je ?, 127 p., spéc. p. 39 ; Nabet P., « Droit international et droit des entreprises en difficulté », in Ph. Roussel Galle (dir.), *Entreprises en difficulté*, LexisNexis, Coll. Droit 360°, 2012, 986 p., spéc. n° 2138.

38 Cass. Com., 11 avril 1995, n° 92-20.032, *Bull. Civ. IV*, 1995, n° 126, p. 111, à propos de la faillite internationale de la BBCI Overseas, ayant des succursales en France.

39 Cass. Com., 19 janvier 1988, *Bull. Civ. IV*, 1988, n° 47, p. 33 ; Cass. Com., 21 mars 2006, n° 04-17.869, *Bull. Civ. IV*, 2006, n° 74, p. 73.

40 Cass. Com., 26 octobre 1999, n° 96-12.946, inédit ; Cass. Com., 1er octobre 2002, n° 99-11.858, inédit.

central des procédures d'insolvabilité aujourd'hui. Celles-ci poursuivent davantage la continuation de l'entreprise.

2. *Les effets extraterritoriaux de l'ouverture d'une procédure d'insolvabilité en France*

L'absence d'effet des procédures amiables – Avant tout, une distinction doit être faite s'agissant des effets de l'ouverture d'une procédure d'insolvabilité en France. Si les procédures judiciaires sont susceptibles de produire des effets à l'international, les procédures amiables ne le peuvent, du fait de leur dimension contractuelle, de leur confidentialité, et de l'absence de jugement d'ouverture. Ces caractéristiques des procédures amiables mettent en évidence le problème d'information des créanciers étrangers quant à leur ouverture, mais aussi la difficulté d'établir la chronologie des procédures parallèles ouvertes dans différents États contre un débiteur transfrontalier.

Les limites du principe d'universalité de la procédure d'insolvabilité – La question se pose de savoir si une procédure d'insolvabilité ouverte en France est reconnue à l'étranger, si elle a une portée extraterritoriale. La réponse détermine la possibilité pour la procédure de produire des effets à l'étranger, notamment de permettre la réalisation de biens non situés sur le territoire français. Si la compétence repose sur la présence en France du siège de la société débitrice, l'universalité de la portée de la décision se justifie selon la doctrine[41] et la Cour de cassation[42]. Toutefois, le principe d'universalité n'est pleinement effectif qu'avec la reconnaissance de la décision française par l'ordre juridique étranger. Or, en l'absence de traité ou règlement en ce sens, les États reconnaissent difficilement qu'une décision judiciaire étrangère ouvrant une procédure d'insolvabilité puisse produire des effets sur leur territoire. Aucun accord n'existe entre les États de la zone océan Indien.

Une telle réticence s'est déjà illustrée. Dans l'affaire *Khalifa Airways*, la Cour de cassation réaffirme le principe d'universalité tout en reconnaissant que la procédure d'insolvabilité « *ne peut produire d'effet partout où le débiteur a des biens que dans la mesure de l'acceptation par les ordres juridiques étrangers* », ce qui n'avait pas été le cas[43]. Les juridictions françaises ne peuvent donc qu'affirmer l'universalité de la

---

[41] En ce sens : Ancel B., Le droit français et les situations d'insolvabilité internationale, les réponses du droit international privé, *Gazette du Palais*, 22 et 23 décembre 1999, p. 46, n° 7 ; Menjucq M., « Aspects de droit international privé relatifs aux conflits de compétence et aux conflits de lois », *Revue des procédures collectives*, mars 2003, p. 49, spéc. p. 50 ; Rémery J.-P., *La faillite internationale*, Paris, PUF, Que sais-je ?, 127 p., spéc. p. 36.

[42] Cass. Civ. 1re, 19 novembre 2002, n° 00-22.334, *Bull. Civ. I*, 2002, n° 275, p. 214.

[43] Cass. Com., 21 mars 2006, n° 04-17.869, *Bull. Civ. IV*, 2006, n° 74, p. 73.

procédure d'insolvabilité, mais aucunement n'en assurer l'effectivité. Par conséquent, quand bien même une procédure serait ouverte à l'encontre d'une société ayant son siège ou un établissement sur le territoire de la Réunion, il n'existe aucune assurance qu'elle puisse produire des effets à Maurice, aux Seychelles, à Madagascar, aux Comores…

Les conséquences de la non-reconnaissance de la décision française à l'étranger – L'absence d'effectivité des décisions françaises à l'étranger n'est pas sans conséquence. Par exemple, même si une juridiction impose le remboursement par un créancier étranger payé par le débiteur en violation du principe d'interdiction du paiement des créances antérieures au jugement d'ouverture, sa décision sera fonction de son acceptation par l'ordre juridique étranger[44]. Ainsi, par exemple, si un débiteur français paie une créance antérieure à un créancier mauricien, ce dernier ne pourra être contraint au remboursement que si la décision d'ouverture de la procédure prise par la juridiction française est revêtue de l'exequatur à Maurice. La Cour de cassation a toutefois trouvé un autre moyen d'assurer l'effectivité de ce principe d'universalité : l'injonction au créancier d'agir ou de ne pas agir indépendamment de la localisation des biens du débiteur, qui permet de contourner l'éventuelle absence d'exequatur d'un État étranger où se situe l'un des créanciers[45].

Le Règlement européen d'insolvabilité : éventuelle source d'inspiration – La véritable portée des décisions françaises d'ouverture d'une procédure d'insolvabilité dépend donc de la réaction des États étrangers face à cette décision. L'existence d'un accord supranational réglant ces questions peut alors être une solution avantageuse, favorable à la prévisibilité et la sécurité juridique. Les États de la zone océan Indien pourraient éventuellement s'inspirer du droit européen afin d'éviter l'ouverture de procédures concurrentes. Dans le Règlement européen d'insolvabilité, l'universalité trouve son efficacité dans une articulation nouvelle des procédures ouvertes dans les différents États concernés. Sont distinguées la procédure principale et les procédures secondaires. La première est celle ouverte dans l'État où se situe le siège social, et les secondes celles ouvertes dans les États où se situent des établissements ou des liens commerciaux. Un tel accord entre les pays de la zone océan Indien pourrait éventuellement faciliter l'appréhension des difficultés des groupes possédant des sociétés dans plusieurs d'entre eux. Aujourd'hui, un tel accord n'existe pas, et n'est pas projeté. Les solutions sont donc encore loin d'être encourageantes sur ce point.

---

44 CA Versailles, 20 mars 2008, n° 07/03957.

45 Cass. Civ. 1re, 19 novembre 2002, n° 00-22.334, *Bull. Civ. I*, 2002, n° 275, p. 214.

3. *Les effets en France de la procédure d'insolvabilité ouverte à l'étranger*

Réciproquement, la question se pose de savoir si l'ouverture d'une procédure à l'étranger peut avoir des effets en France, ce qui dépend de l'obtention ou non de l'exequatur en France.

Des effets très limités en l'absence d'exequatur – Les décisions étrangères d'ouverture d'une procédure d'insolvabilité ne produisent que des effets limités en France si elles sont dépourvues d'exequatur. Elles peuvent constituer un titre, qui permet au syndic étranger d'être reconnu en France. Il peut alors agir en justice[46] s'il ne s'agit pas d'actes d'exécution, accomplir des actes d'administration, prendre des mesures conservatoires, transférer les sommes disponibles d'une succursale française vers la société étrangère[47]. Cependant, il ne peut recouvrir les créances qu'en l'absence de procédure française. Il ne peut agir au nom de l'ensemble des créanciers. Ces derniers gardent une liberté d'action individuelle[48], même s'ils ont déclaré leurs créances à la procédure étrangère, puisque l'effacement des dettes obtenu à l'étranger ne joue pas en France à défaut d'exequatur[49]. Ils peuvent pratiquer des voies d'exécution sur les biens du débiteur situés en France[50], faire jouer la compensation[51]. Quant au débiteur, il n'est pas dessaisi en France et peut donc continuer à administrer et céder librement les biens se situant sur le territoire français[52]. Toutefois, dans l'hypothèse où la décision obtiendrait l'exequatur en France, son effet rétroactif[53] pourrait soumettre ces actes à la nullité de la période suspecte dans les conditions de la loi étrangère.

Une procédure d'insolvabilité étrangère dépourvue d'exequatur permet également au juge français d'ouvrir une autre procédure d'insolvabilité en France[54]. Cela fait ensuite obstacle à l'octroi de l'exequatur à la décision étrangère, soumet le syndic étranger au respect des règles françaises, l'obligeant notamment à déclarer les créances étrangères en France[55]. Une telle situation n'est évidemment pas favorable au traitement unitaire

46 Exemples : tierce opposition à l'ouverture d'une procédure en France, saisie-arrêt…

47 CA Paris, 9 septembre 2005, n° 04/03159.

48 Cass. Civ., 11 mars 1913, Arrêt *Nebel.*

49 Cass. Civ. 1re, 28 mars 2012, n° 11-10.639, *Bull. civ. I*, 2012, n° 74, p. 64.

50 Cass. Civ., 11 mars 1913, Arrêt *Nebel.*

51 Cass. Civ., 26 juin 1905, *Bull. Civ.*, 1905, n° 75, p. 116.

52 Cass. Civ., 26 juin 1905, précité.

53 Cass. Civ. 1re, 25 février 1986, n° 84-14.208, *Bull. Civ. I*, 1986, n° 38, p. 34.

54 Cass. Com., 19 janvier 1988, *Bull. Civ. IV*, 1988, n° 47, p. 33 ; Cass. Com., 11 avril 1995, n° 92-20.032, *Bull. Civ. IV*, 1995, n° 126, p. 111.

55 Cass. Com., 14 mai 1996, n° 94-16.186, *Bull. Civ IV*, 1996, n° 131, p. 114.

des difficultés d'un débiteur transfrontalier, car les créanciers devront déclarer leur créance à toutes les procédures ouvertes, ce qui peut entraîner un double paiement de certaines créances. Une reconnaissance réciproque des différentes procédures permettrait évidemment une meilleure appréhension des difficultés du débiteur transfrontalier, mais il semble que les États ne soient pas prêts à partager les compétences en matière de procédures collectives quand bien même les intérêts du débiteur le nécessiteraient.

Les effets étendus en présence de l'exequatur – Premièrement, l'obtention de l'exequatur donne à la décision étrangère autorité de chose jugée et force exécutoire. Elle produit donc ses effets en France si la loi étrangère le prévoit. Mais cela ne signifie pas que la loi étrangère s'appliquera à toutes les questions. Elle devra parfois être combinée à la loi française[56]. Deuxièmement, la jurisprudence donne à la décision étrangère revêtue de l'exequatur un effet rétroactif[57]. Elle est alors reconnue comme effective depuis la date de son prononcé par la juridiction étrangère. L'atteinte à la sécurité juridique se justifie pour les besoins de la procédure d'insolvabilité et son universalité. Cela permet d'assurer le respect de ses principes : interdiction des poursuites individuelles, des inscriptions, égalité des créanciers… On peut regretter qu'aucune publicité du jugement d'exequatur ne soit prévue, malgré les conséquences importantes qu'il entraîne[58]. Par conséquent, les créanciers étrangers ont intérêt à demander l'exequatur afin d'éviter que l'actif du débiteur situé en France ne soit réalisé au profit des créanciers français. Le ministère public y a également intérêt pour favoriser une coopération judiciaire et éviter l'ouverture de procédures concurrentes.

B. Le déroulement de la procédure

Une difficile coordination des procédures préventives – L'une des difficultés en présence d'une insolvabilité internationale provient de la nécessité de coordonner des procédures concurrentes en présence d'un traitement anticipé des difficultés. Une fois ces procédures préventives ouvertes, l'exequatur d'une décision étrangère s'avère impossible. Cela

---

56 Par exemple pour l'exercice de voies d'exécution sur des biens situés en France : Cass. Civ. 1re, 17 novembre 1999, n° 97-20.624, *Bull. Civ. I*, 1999, n° 305, p. 198 à propos d'une hypothèque judiciaire ; Cass. Com., 12 mars 2013, n° 11-27.748 et 11-27.749, *Bull. Civ. IV*, 2013, n° 37, p. 42, s'agissant de la vente judiciaire forcée d'un immeuble.

57 Cass. Civ. 1re, 25 février 1986, n° 84-14.208, *Bull. Civ. I*, 1986, n° 38, p. 34 ; Cass. Civ. 1re, 22 février 2000, n° 96-20.567, *Bull. Civ. I*, 2000, n° 51, p. 35.

58 En ce sens : Mélin F., *La faillite internationale*, LGDJ, Systèmes Droit, 2004, 237 p., spéc. p. 84 ; Martin-Serf A., « La faillite internationale : Une réalité économique pressante, un enchevêtrement juridique croissant », *Journal du Droit International*, janvier 1995, n° 1, p. 31-99, spéc. p. 52.

entraîne donc une multiplication des procédures concurrentes, et donc une coopération plus difficile pour résoudre les problèmes du débiteur. Mais la difficulté la plus courante reste sans doute l'articulation des différentes lois applicables.

La diversité des lois applicables à la faillite internationale – Le principe en droit international privé est celui de l'application de la *lex fori concursus*. Cette règle de conflit de lois est commune à tous les États. En matière de faillite internationale, la *lex fori concursus* a donc aussi un champ d'application très large pendant son déroulement. Mais elle n'est pas nécessairement la seule applicable en présence d'une faillite internationale. Lorsque le débiteur possède des biens dans un État étranger et que ceux-ci doivent être réalisés, la *lex rei sitae* s'applique[59]. Peut encore être appliquée la loi des contrats conclus entre le débiteur et les créanciers s'agissant des conditions d'efficacité du cautionnement, de la validité de la clause de réserve de propriété, ou encore de l'opposabilité à la procédure collective de la clause de réserve de propriété.

Le statut et le pouvoir des organes de la procédure en cas d'insolvabilité internationale – Le statut et le pouvoir du syndic dépendent de la loi du concours. S'ils agissent sur le territoire où a été ouverte la procédure, ils disposent donc de tous les pouvoirs que leur octroie la *lex fori concursus*. Néanmoins, dès lors qu'ils doivent agir à l'étranger, ils se heurtent à l'ordre juridique étranger. Ainsi, même si l'universalité de la procédure est reconnue par la loi du concours, ils doivent solliciter l'exequatur. L'obtention ou non de celle-ci aura un effet sur leurs pouvoirs à l'étranger. Si elle n'est pas obtenue, les pouvoirs du syndic se limitent aux mesures conservatoires, à l'injonction des créanciers étrangers connus de déclarer leurs créances en France dans le respect du droit français et de ne pas saisir les biens se trouvant à l'étranger. Si elle est obtenue, le syndic dispose de tous ses pouvoirs et peut ainsi assurer le respect du dessaisissement du débiteur à l'étranger, la réalisation des actifs situés à l'étranger, le respect par les créanciers étrangers antérieurs de la discipline collective. Cela lui permet aussi d'inclure les biens situés à l'étranger dans le plan (de redressement ou de cession). Il peut également agir en recouvrement des actifs du débiteur situés à l'étranger soit en exerçant des poursuites devant les juridictions étrangères, soit en demandant à celles-ci d'exécuter les décisions de la juridiction ayant ouvert la procédure. Toutefois, malgré ces pouvoirs importants, les syndics doivent respecter la *lex rei sitae* lorsqu'ils exercent une voie d'exécution sur des biens situés à l'étranger. Cependant, ces possibilités offertes par l'exequatur sont peu utilisées en pratique. Cela s'explique par le coût, le temps et l'issue incertaine de cette procédure.

---

59 Cass. Com., 12 mars 2013, n° 11-27.748 et 11-27.749, précité.

Le sort du débiteur en matière d'insolvabilité internationale – La question du sort du débiteur en matière d'insolvabilité internationale nécessite d'aborder plusieurs points.

Le premier est celui de son dessaisissement. Si la procédure est ouverte en France, le débiteur fait l'objet d'un dessaisissement plus ou moins important selon la procédure à laquelle il est soumis. Pour que le dessaisissement soit effectif à l'étranger, la décision française d'ouverture de la procédure doit être revêtue de l'exequatur à l'étranger. Si la procédure est ouverte à l'étranger, c'est la loi étrangère qui fixe les règles de son dessaisissement. Si la décision étrangère obtient l'exequatur en France, les actes accomplis par le débiteur sur ses biens entre l'ouverture de la procédure à l'étranger et la décision d'exequatur sont soumis aux nullités de la période suspecte. Les actes accomplis en violation du dessaisissement décidé à l'étranger pourront donc être remis en cause. Cela permet de garantir aux créanciers le maintien de la consistance de l'actif du débiteur.

Le deuxième point concerne l'issue de la procédure. La *lex fori concursus* fixe les conditions des différentes issues possibles et leur exécution. Quelle que soit la loi du concours, les issues ne pourront produire d'effets à l'étranger qu'en présence d'exequatur. La clôture de la procédure est importante en ce qu'elle met fin au dessaisissement du débiteur. Si la loi du concours est la loi française, le débiteur échappe alors à une reprise des actions de la part des créanciers. À l'étranger, une telle conséquence sera soumise à l'obtention de l'exequatur. À défaut, les créanciers étrangers pourront à nouveau poursuivre le débiteur à l'étranger. La date de clôture de la procédure est également importante en matière de faillite internationale. À partir de cette date, si le débiteur a des difficultés dans un autre État, une procédure pourra y être ouverte sans qu'une coordination des procédures concurrentes ne soit nécessaire. Cela permet aussi au syndic de demander l'exequatur de la décision d'ouverture dans le pays dans lequel la procédure est close.

Concernant ensuite les sanctions à l'encontre du débiteur, c'est encore la loi du concours qui détermine si des sanctions peuvent être appliquées au débiteur. En France, la solution s'impose particulièrement s'il s'agit de sanctions pénales dans la mesure où la loi pénale ne s'applique que si l'infraction est commise en France, même si elle a une dimension internationale. La plupart des droits prévoient des sanctions en cas de faillites frauduleuses.

S'agissant enfin de la dissolution de la société débitrice, il a fallu choisir entre l'application de la loi du concours ou la loi de la société. Que faire si elles s'opposent sur cette possibilité ? Aucune réponse certaine n'existe et la doctrine n'est pas unanime quant à la réponse qui doit être apportée à ce problème[60]. Quelle que soit la réponse apportée, la mesure sera territorialement réduite.

Le sort des créanciers en cas d'insolvabilité internationale – Le sort des créanciers en cas d'insolvabilité internationale dépend tout d'abord de la nature antérieure ou postérieure de la créance. Cette qualification et le régime qui lui est associé sont régis par la *lex fori concursus*. En cas d'insolvabilité internationale, ce sont les créances antérieures qui soulèvent des difficultés. La loi du concours peut en effet prévoir des restrictions (interdiction de paiement, obligation de déclaration…). Certaines ne seront pas effectives à défaut d'exequatur (interdiction des paiements, arrêt du cours des intérêts). Mais parfois, l'exequatur ne suffit pas à assurer l'effectivité de ces règles[61].

L'autre problématique importante réside dans l'obligation de déclaration des créances. Si une procédure est ouverte en France, les créanciers étrangers doivent respecter les conditions de forme et de délai prévus par la loi française. Cependant, plusieurs dispositions peuvent faciliter le respect de cette obligation. Premièrement, depuis l'ordonnance du 12 mars 2014, le débiteur peut porter à la connaissance du mandataire judiciaire une créance, ce qui vaudra déclaration de créance si le créancier n'y procède pas lui-même. Le débiteur peut donc théoriquement pallier l'absence de déclaration par un créancier étranger. Deuxièmement, la décision étrangère reconnaissant la créance constitue un titre dispensant le créancier de prouver la nature, l'existence et le montant de sa créance, même si elle n'est pas dotée d'exequatur. Enfin, le syndic étranger peut produire les créances déclarées dans le cadre d'une procédure à l'étranger. À défaut de déclaration, le créancier étranger ne pourra plus l'opposer à la procédure. Mais la seule déclaration est insuffisante, faut-il encore que la créance étrangère soit admise. Cela suppose une coordination de la loi du concours et de la loi du contrat : la première régit les modalités d'admission de la créance tandis que la seconde permet d'apprécier la validité de la créance contractuelle (*lex loci delicti* pour la créance délictuelle).

Enfin, une procédure d'insolvabilité vise classiquement à satisfaire l'intérêt collectif des créanciers. À ce titre, la Cour de cassation consacre un principe d'égalité des créanciers[62]. Mais cette égalité est-elle effective en

---

[60] Le professeur L.-C. Henry semble pencher en faveur de la loi du concours, alors que le professeur F. Mélin se positionne en faveur de la loi de la société.

[61] Par exemple, le principe français de suspension des poursuites individuelles n'est pas effectif à l'étranger sans une injonction adressée personnellement aux créanciers étrangers : Cass. Civ. 1re, 19 novembre 2002, n° 00-22.334, *Bull. Civ. I*, 2002, n° 275, p. 214.

[62] Elle affirme en effet que « *tous les biens d'un débiteur sont le gage commun de ses créanciers, sans distinction de nationalité et sans condition de réciprocité* » : Cass. Civ., 11 mars 1913, Arrêt *Nebel*.

matière de faillite internationale ? Il semble qu'elle n'existe concrètement que si la procédure connaît une dimension transnationale grâce à l'effet universel ou l'exequatur. Dans les faits, le principe d'égalité reste difficile à appliquer. Les créanciers locaux sont nécessairement favorisés grâce à la proximité avec le débiteur mais aussi par leur connaissance de la loi du concours. Les créanciers étrangers quant à eux, peuvent profiter de l'absence d'exequatur pour solliciter le paiement de leur créance dans plusieurs procédures.

L'efficacité des garanties dans le cadre d'une procédure d'insolvabilité internationale – Une garantie se révèle particulièrement efficace : la clause de réserve de propriété. Mais elle soulève des difficultés : plusieurs lois doivent être articulées et plusieurs conceptions existent. Selon la doctrine, la loi du contrat régit la validité de la clause ainsi que son opposabilité aux tiers, et la loi du concours fixe son sort dans le cadre d'une procédure collective. La jurisprudence, elle, tranche en faveur de l'application de la loi de la faillite[63].

Les garanties réelles imposent une articulation de la loi du concours et de celle de situation du bien. La seconde fixe les conditions d'existence, de conservation, d'exercice ainsi que l'étendue, les effets et les causes d'extinction de ces sûretés. La première régit les causes particulières d'opposabilité, d'efficacité et de rang attribuées à la sûreté dans la procédure[64].

Les garanties personnelles, notamment le cautionnement, nécessitent aussi une combinaison de plusieurs lois : celle du contrat et celle du concours. La première régit les conditions de formation et les effets du cautionnement. La seconde détermine les conditions dans lesquelles le créancier peut agir en paiement contre la caution. Grâce à cette articulation, par exemple, la caution ne pourra être poursuivie pendant la période d'observation et l'exécution du plan de sauvegarde en cas de faillite internationale ouverte en France. Autre exemple : en cas de faillite internationale ouverte en Belgique, le créancier n'ayant pas déclaré sa créance pourra poursuivre la caution en France dans la mesure où le droit belge ne prévoit pas d'extinction de la créance en l'absence de déclaration[65].

---

63 Cass. Com., 8 mars 1988, n° 86-17.410, inédit ; Cass. Civ. 1re, 8 janvier 1991, n° 89-16741, *Bull. Civ. I*, 1991, n° 9, p. 6.

64 Cass. Civ. 1re, 25 février 1986, n° 84-14.208, *Bull. Civ. I*, 1986, n° 38, p. 34.

65 Cass. Com., 16 octobre 2007, n° 06-14.681, *Bull. Civ. IV*, 2007, n° 218.

III. Conclusion

La disparité des droits nationaux conjuguée aux conflits de lois présents lors d'une procédure d'insolvabilité internationale rendent le droit applicable en la matière peu accessible. À travers ces deux aspects de son régime juridique, l'entreprise en difficulté peut effectivement apparaître comme un frein aux échanges intra-régionaux. Pour remédier à cette situation, les États de la zone océan Indien pourraient éventuellement travailler à l'élaboration d'un accord supranational. Le Règlement européen d'insolvabilité pourrait alors servir d'exemple. Il permet en effet au principe d'universalité de la procédure de trouver une certaine consécration aux côtés du principe de territorialité, grâce à une articulation nouvelle des procédures d'insolvabilité ouvertes dans différents États membres selon qu'il s'agisse de la procédure principale ou de procédures secondaires. Il résout donc les difficultés qui pourraient survenir du fait d'une application du principe de territorialité tout en respectant les spécificités des droits nationaux, qui trouveront tout de même application, dans la mesure du respect de la procédure principale. Toutefois, même s'il pourrait faciliter l'appréhension des difficultés des groupes dont les sociétés évoluent dans plusieurs États de la région océan Indien, un tel accord n'a encore jamais été envisagé. Cela ne saurait surprendre dans la mesure où l'insolvabilité est un domaine sensible, rendant les négociations inter-étatiques difficiles. De plus, les États de l'océan Indien, s'ils sont proches géographiquement, ne le sont pas nécessairement dans leur histoire, leur culture, leur droit… Il semble donc que les entreprises en difficulté apparaîtront encore longtemps comme un frein aux échanges intra-régionaux dans l'océan Indien.

L'exception culturelle dans les négociations d'un traité de libre-échange

Juliette Bouloy

Cultural exception has been supported by some States during the Uruguay Round negotiations. According to this position, goods, services and cultural activities do not only comprise a commercial dimension. In fact, their transcendent dimension comprises a set of identities and values, to which no monetary value can be attached. This would explain why the principles of trade liberalisation are not applied to them. Whilst the expression "cultural exception" is well-known, the legal mechanisms pertaining to cultural exception are less known. Even if "cultural exception" has generally been portrayed as a distinctively French position, other States also support it. Amongst the six Indian Ocean countries which have been discussed during the Summer University, three have applied a form of cultural exception in the framework of the WTO. These countries are France (Reunion), India and the Republic of Seychelles. This paper aims at outlining their different interpretations of the principle of "cultural exception." Furthermore, the relevance of the link made by proponents of the cultural exception, between the threat of globalisation for culture and the legal mechanisms established to address that threat, will be examined. In fine, this paper challenges the assumptions underlying their actions.

*

L'« exception culturelle » a été défendue par certains États lors des négociations du cycle d'Uruguay. Selon cette position, les biens, services et activités culturels ne se réduisent pas à leur dimension commerciale. Leur dimension transcendante, porteuse d'identités et de valeurs, est non monnayable, ce qui justifie qu'ils ne soient pas soumis au principe de libéralisation des échanges marchands. Si l'expression « exception culturelle » est très connue, les mécanismes juridiques qu'elle désigne le sont moins. Largement présentée comme une position franco-française, elle est aussi défendue par d'autres États. Parmi les six pays de la région de l'océan Indien dont il a principalement été question au cours de cette université d'été, trois ont ainsi souscrit une forme d'exception culturelle dans leurs engagements OMC : la France (île de la Réunion), l'Inde et la République des Seychelles. Cette contribution est l'occasion de rendre compte des différentes compréhensions de ce principe. Elle vise à interroger la pertinence du lien établi par les défenseurs de l'exception culturelle entre la menace de la mondialisation sur la culture et les mécanismes juridiques mis en place pour y faire face. In fine, ce sont les présupposés mêmes de leur action qu'elle remet en question.

*

Die „kulturelle Ausnahme" wurde bei den Verhandlungen der Uruguay Round verteidigt. Sie bezeichnet eine Stellungnahme, nach der kulturelle Aktivitäten, Güter und Dienstleistungen dem Handelsliberalisierungsprinzip aufgrund ihrer spezifischen Natur nicht unterworfen werden sollen. Sie sind Transzendenz- und Identitätsträger, folglich in Geld nicht umsetzbar. Der Ausdruck „kulturelle Ausnahme" ist bekannter als die im Hinblick auf deren Schutz eingesetzten juristischen Mechanismen. Sie ist keine ausschließlich französische Stellungnahme. Drei Staaten der Region des Indischen Ozeans, von denen bei der Sommeruniversität hauptsächlich die Rede war, haben eine Art kultureller Ausnahme im Rahmen der WTO geltend gemacht: Frankreich (la Réunion), Indien und die Republik Seychellen. Ziel dieser Arbeit ist es, ihre verschiedenen Stellungnahmen zur „kulturellen Ausnahme" zu beleuchten. Von besonderer Relevanz ist die Frage des Zusammenhangs, der von den Vertretern der „kulturellen Ausnahme" zwischen Kulturgefährdung durch Liberalisierung und Kulturschutz durch Rechtsmittel hergestellt wird.

*

* *

La culture est-elle un produit comme les autres ? D'un point de vue commercial, oui : un livre de poche, une performance de Vegard Vinge ou une composition de Ravi Shankar sont, au même titre qu'un kilo de pommes de terre, que la livraison d'une machine à laver ou qu'une expertise juridique, quantifiables en argent et peuvent faire l'objet d'un contrat de vente, de location, de prestation de services, etc. En tant que produits commerciaux, les biens, services et activités culturels sont donc susceptibles de tomber dans le champ d'application des règles de libéralisation du commerce international sous l'égide de l'Organisation mondiale du commerce (OMC).

L'« exception culturelle » désigne la position défendue par certains États lors des négociations du cycle d'Uruguay selon laquelle les biens, services et activités culturels ne se réduisent pas à cette dimension commerciale (nature commerciale mais qu'ils ont une dimension transcendante non monnayable, porteuse d'identités, de valeurs et de sens (nature proprement *culturelle*) qui justifie qu'ils ne soient pas soumis au principe de libéralisation des échanges marchands.

Le présupposé qui anime les négociations des États défenseurs de l'exception culturelle est donc que la libéralisation du commerce international met en danger la nature proprement culturelle des biens, activités et services culturels. En effet, la libéralisation du commerce dans un monde globalisé induit l'ouverture des marchés nationaux aux produits et aux acteurs économiques étrangers, ce qui place les biens, activités et services culturels *nationaux* en situation de concurrence avec les biens, activités et services culturels *étrangers*.

Si cette objection est également valable pour les produits non culturels, l'enjeu de l'exception culturelle est d'ordre identitaire : les biens, activités et services culturels sont les véhicules d'une langue, les miroirs de valeurs, les témoins de modes de vie et de pensée… autant d'éléments dont les défenseurs de l'exception culturelle considèrent qu'ils sont constitutifs de l'identité de leur pays. Dès lors, l'ouverture du marché national à une industrie culturelle puissante (l'industrie nord-américaine en tête) est analysée comme une invasion susceptible de lisser voire d'uniformiser le marché culturel, entraînant la dilution de l'identité culturelle nationale.

Ce sont là les autres présupposés qui sous-tendent les revendications des négociateurs de l'exception culturelle : le pays qu'ils représentent a une culture propre, qui peut et doit être protégée des effets de la mondialisation par l'intervention étatique et au moyen de mécanismes juridiques.

Si l'expression « exception culturelle », abondamment relayée par les médias, est évocatrice, les mécanismes juridiques qu'elle désigne précisément sont moins connus. Largement présentée comme une position franco-française, elle est aussi défendue par de nombreux autres États. Parmi les six pays de la région de l'océan Indien dont il a principalement été question au cours de cette université d'été, trois sont ainsi concernés : la France, mais aussi, dans une certaine mesure, l'Inde et la République des Seychelles[1]. Il est donc probable que l'exception culturelle figure à l'agenda d'hypothétiques et futures négociations relatives à la création d'une zone de libre-échange dans cette région.

Or, la lecture des textes pertinents ainsi que les discussions qui ont eu lieu au cours de l'université d'été, et principalement l'atelier qui a suivi la présentation orale de notre sujet[2], révèlent des différences fondamentales

1 Les six États en question sont l'Inde, l'Union des Comores, la République des Seychelles, Madagascar, Maurice et la France – étant entendu que les Comores ne sont pas encore membres de l'OMC et que la France y est représentée par l'Union européenne au titre du département de la Réunion.

2 Atelier codirigé avec le professeur Jonas Knetsch (Université de la Réunion) en présence d'intervenants et d'étudiants de l'université d'été.

de compréhension de l'exception culturelle. Cette contribution est l'occasion d'en rendre compte. Elle vise à interroger la pertinence du lien entre le danger identifié par les défenseurs de l'exception culturelle et les mécanismes juridiques mis en place pour y faire face. *In fine*, ce sont les présupposés mêmes de leur action qu'elle remet en question.

I. L'exception culturelle, une tour d'ivoire

Les négociations du cycle d'Uruguay virent intervenir différents protagonistes au sujet de la question culturelle. Le Canada, qui avait obtenu une exemption générale pour les industries culturelles dans son accord de libre-échange avec les États-Unis, avait été le seul à défendre une exemption culturelle générale[3]. La Communauté européenne, suite à la mobilisation de professionnels du cinéma et de l'audiovisuel en France, avait ensuite proposé une exception culturelle reposant sur l'exclusion des services audiovisuels du texte final de l'accord, proposition rejetée par le directeur général du GATT, Peter Sutherland[4].

Le texte final de l'*Accord général sur le commerce des services* (GATS) ne contient aucune exception spécifique relative aux services culturels. En tant que telle, l'« exception culturelle » n'existe donc pas en droit positif. Il s'agit d'une qualification empirique qui désigne deux mécanismes distincts et complémentaires : la possibilité pour les parties de ne pas souscrire d'engagements spécifiques de libéralisation dans le domaine culturel, et la possibilité d'inscrire les services culturels sur la liste d'exemptions des obligations énoncées à l'article II du GATS (clause de la nation la plus favorisée).

La Communauté européenne a fait jouer les deux mécanismes : elle n'a contracté aucun engagement de libéralisation spécifique pour les services culturels (des principes tels que l'accès au marché ou le traitement national ne s'y appliquent donc pas)[5], et elle a inclus une liste longue et détaillée de services audiovisuels et cinématographiques à la liste finale d'exemptions de l'article II (le principe de la clause de la nation la plus favorisée ne s'y applique donc pas). Cette liste est si longue qu'il est difficile d'en rendre compte de manière exhaustive. À titre principal, elle comprend des services de production et de distribution de programmes

3 S. Regourd, « Exception, exemption, diversité culturelle… Figures de la dérogation au droit de la concurrence », *R.F.D.A.* 2014, p. 846-850.

4 *Ibid.*

5 *Commerce des services, Communautés européennes et leurs États membres, Liste d'engagements spécifiques*, GATS/SC/31, GATS/SC/31/Suppl.2, GATS/SC/31/Suppl.1, GATS/SC/31/Suppl.1/Rev.1, GATS/SC/31/Suppl.3, GATS/SC/31/Suppl.4, GATS/SC/31/Suppl.4/Rev.1.

télévisuels et d'œuvres cinématographiques ainsi que des services de diffusion télévisuelle et radiophonique[6].

La République des Seychelles n'a inclus que certains services audiovisuels à la liste de ses engagements spécifiques, principalement des services de production et de projection de films cinématographiques[7]. En outre, elle a inscrit trois types de services audiovisuels à la liste finale d'exemptions de l'article II : des mesures relatives à des accords de coproduction et des mesures concernant des programmes ou des œuvres audiovisuels qui satisfont à certains critères de l'origine[8].

De la même façon, l'Inde n'a inclus que certains services audiovisuels à la liste de ses engagements spécifiques : les « services de distribution de films cinématographiques ou de bandes vidéo »[9]. En outre, elle a inscrit à la liste finale d'exemptions de l'article II des mesures relatives à la coproduction d'œuvres cinématographiques et de programmes télévisuels avec des pays étrangers[10].

Cette pluralité de situations révèle une certaine gradation dans la mise en œuvre des mécanismes qui constituent l'exception culturelle, de très protecteurs pour l'Union européenne à peu protecteurs pour l'Inde. Cette gradation se retrouve dans les différentes « conditions qui rendent l'exemption nécessaire » selon les Parties. La liste de l'Union européenne est constituée d'éléments essentiellement identitaires, défensifs et

---

6 *Commerce des services, Communautés européennes et leurs États membres, Liste des exemptions de l'article II (NPF)*, 15 avril 1994, doc. n° 94-1115, GATS/EL/31, p. 1-3.

7 « Production de films cinématographiques ou de bandes vidéo », « Services de projection vidéo (sauf diffusion à la télévision) », « Services de projection de films cinématographiques (sauf diffusion à la télévision) », « Services de distribution de films cinématographiques et vidéo (sauf diffusion à la télévision) », *Commerce des services, République des Seychelles, Liste d'engagements spécifiques*, 30 juin 2015, GATS/SC/153, p. 14-15.

8 « Mesures fondées sur des accords de coproduction qui accordent le traitement national aux œuvres audiovisuelles visées par ces accords », « Mesures accordant le bénéfice de programmes de soutien aux œuvres audiovisuelles qui satisfont à certains critères de l'origine », « Mesures étendant le traitement national aux œuvres audiovisuelles, y compris les programmes télévisés et radiophoniques, qui satisfont à certains critères de l'origine en ce qui concerne l'accès à leur diffusion et à d'autres formes analogues de transmission », *Commerce des services, République des Seychelles, Liste des exemptions de l'article II (NPF)*, 1er juillet 2015, doc. n° 15-3360, GATS/EL/153, p. 2.

9 *Commerce des services, Inde, Liste d'engagements spécifiques*, 15 avril 1994, GATS/SC/42, p. 9.

10 « Mesures définissant les règles applicables à la coproduction d'œuvres cinématographiques et de programmes télévisuels avec des pays étrangers, et accordant le traitement national aux œuvres cinématographiques et aux programmes télévisuels coproduits avec des pays étrangers qui ont conclu un accord de coproduction avec l'Inde », *Commerce des services, Inde, Liste des exemptions de l'article II (NPF)*, 15 avril 1994, doc. n° 94-1123, GATS/EL/42, p. 1-2.

autocentrés : il est question de préserver « l'identité régionale des pays européens », d'« atteindre certains objectifs de politique linguistique », et de protéger les Communautés européennes et leurs États membres des « pratiques déloyales en matière de prix » ou d'« actions unilatérales préjudiciables, déloyales ou déraisonnables d'autres membres »[11]. Parmi les deux éléments mentionnés par la République des Seychelles, « la protection du patrimoine culturel » se rapproche d'une logique identitaire, tandis que le « développement de liens culturels » avec d'autres pays met l'accent sur les échanges culturels avec l'extérieur[12]. Enfin, l'Inde ne fait mention que d'un élément, la promotion des « échanges culturels » avec d'autres pays.

L'exception culturelle mise en œuvre selon la logique européenne a fait l'objet de très nombreuses critiques, qui peuvent être regroupées en deux catégories : d'une part, les critiques qui embrassent les présupposés de l'exception culturelle et considèrent que les mécanismes mis en place à l'issue du cycle d'Uruguay ne garantissent pas une protection suffisante ; d'autre part, les critiques qui remettent en question les présupposés de l'exception culturelle et considèrent qu'une telle position est obsolète.

La première catégorie de critiques se rapporte principalement au caractère provisoire de l'exception culturelle. En effet, le droit de l'OMC prévoit que la libéralisation du commerce international se réalise sur un mode progressif, ce qui implique que les membres prennent régulièrement de nouveaux engagements jusqu'à la libéralisation totale. En parallèle, les exemptions à la clause de la nation la plus favorisée ne sont prévues que pour 5 ans, durée au terme de laquelle elles font l'objet d'un réexamen périodique par le Conseil du commerce des services[13]. Le programme lancé par la conférence de Hong-Kong en décembre 2005 prévoit ainsi la « suppression ou la réduction substantielle des exemptions de l'obligation de traitement de la nation la plus favorisée »[14]. Enfin, la multiplication récente des traités bilatéraux instaurant des zones de libre-échange remet en cause ces engagements OMC qui sont amenés à être constamment renégociés. L'exception culturelle telle qu'éclose au sortir du cycle d'Uruguay a donc vocation à disparaître.

---

[11] *Commerce des services, Communautés européennes et leurs États membres, Liste des exemptions de l'article II (NPF), précité*, p. 1-3.

[12] *Commerce des services, République des Seychelles, Liste des exemptions de l'article II (NPF), précité*, p. 2.

[13] S. Regourd, « Exception, exemption, diversité culturelle… », *supra* note 3, p. 846-850.

[14] OMC, Conférence ministérielle, sixième session Hong Kong, 13-18 décembre 2005, *Programme de travail de Doha*, déclaration ministérielle adoptée le 18 décembre 2005, WT/MIN(05)/DEC, p. C-2.

La seconde catégorie de critiques a trait au caractère obsolète de l'exception culturelle. Érigée en obstacle au commerce, elle apparaît essentiellement défensive et protectionniste. À l'ère de la démocratisation des transports et de l'explosion des échanges internationaux, il apparaît conservateur d'entourer sa culture de barrières invisibles pour la soustraire à la marche de son temps. Après tout, l'identité européenne ne s'est-elle pas aussi formée sur l'impulsion du mouvement humaniste né d'une autre mondialisation de l'Histoire ? En outre, prétendre que les autorités étatiques sont à même de protéger les cerveaux contre la déferlante d'une culture dominante peut être interprété comme une attitude paternaliste. Dans un monde numérisé, elle condamne l'action étatique à être irrémédiablement en retard, essentiellement répressive, inadaptée.

En tout état de cause, s'il n'existait pas de traitement spécifique aux produits culturels dans le cadre de l'OMC, alors les subventions étatiques dans le domaine culturel seraient illicites si elles discriminaient en raison de la nationalité (clause de la nation la plus favorisée). Pour ne parler que du cas français, c'est actuellement le cas : l'examen des lois pertinentes révèle que les aides d'État sont allouées principalement aux institutions culturelles *françaises ou européennes*[15]. L'accent est mis sur les *industries* culturelles, et non sur le contenu culturel[16]. Ce n'est donc pas la culture *en tant que telle* qui est protégée, mais son *marché*. Il apparaît donc que l'exception culturelle aux termes du droit de l'OMC n'assure rien d'autre que la protection provisoire d'un marché national (ou régional), ce qui a pour effet d'inféoder la culture à la logique commerciale. C'est pour pallier ces faiblesses que la communauté internationale s'est mobilisée depuis 2003 autour d'un nouveau concept, dont la consécration en droit positif

---

15 À titre d'exemples : *Loi n° 86-1067 du 30 septembre 1986 relative à la liberté de communication ; Ordonnance n° 2009-901 du 24 juillet 2009 relative à la partie législative du code du cinéma et de l'image animée*, créant l'article L. 111-2 du *Code du cinéma et de l'image animée* ; *Décret n° 2010-416 du 27 avril 2010 relatif à la contribution cinématographique et audiovisuelle des éditeurs de services de télévision et aux éditeurs de services de radio distribués par les réseaux n'utilisant pas des fréquences assignées par le Conseil supérieur de l'audiovisuel*, *JORF* n° 0100 du 29 avril 2010, p. 7774, texte n° 36 ; *Décret n° 2010-747 du 2 juillet 2010 relatif à la contribution à la production d'œuvres cinématographiques et audiovisuelles des services de télévision diffusés par voie hertzienne terrestre*, *JORF* n° 0152 du 3 juillet 2010, p. 12098, texte n° 40 ; *Loi n° 2011-590 du 26 mai 2011 relative au prix du livre numérique JORF* n° 0124 du 28 mai 2011, p. 9234, texte n° 2.

16 J. Bouloy, « La mise en œuvre de la *Convention sur la protection et la promotion de la diversité des expressions culturelles* par la France et l'Allemagne – Illustration de l'émergence du concept juridique de diversité culturelle », mémoire de master 2, Université Paris Ouest Nanterre La Défense, 2015, p. 72-74.

a été confiée à l'Organisation des Nations unies pour l'éducation, la science et la culture (UNESCO) : le concept de diversité culturelle[17].

II. La diversité culturelle, une tour de Babel

Décrite par Claude Lévi-Strauss en 1956 comme existant « en fait, sinon en droit »[18], la diversité culturelle connaît finalement sa consécration en droit international à l'aube du XXIe siècle. Sous l'égide de l'UNESCO, les adoptions successives de deux instruments ont marqué une étape importante dans ce processus normatif : celle de la *Déclaration universelle sur la diversité culturelle*, le 2 novembre 2001, avait eu une forte portée symbolique au lendemain des attentats du 11 septembre[19] ; celle de la *Convention sur la protection et la promotion de la diversité des expressions culturelles* (« la Convention »), le 20 octobre 2005, était destinée à ancrer la diversité culturelle dans le droit positif.

Suite à l'échec de l'exception culturelle, la diversité culturelle a pour vocation de poser la question culturelle en termes non plus antagonistes, mais complémentaires à la question commerciale, selon une logique qui ne lui soit pas inféodée et qui ne repose pas sur un principe d'exception et de retrait sur soi. Le terme « diversité » se veut plus inclusif et propre à rallier les sympathies que celui d'"exception".. Ainsi, alors que 49 États avaient souscrit des mécanismes d'exception culturelle dans leurs engagements OMC[20], la *Convention sur la protection et la promotion de la diversité des expressions culturelles* fait l'objet d'un plus généreux consensus de la communauté internationale : son adoption se fit à une écrasante majorité (148 *oui* contre 2 *non* et 4 abstentions) et fut marquée par un enthousiasme fiévreux[21] qui donna l'impression à ses participants d'avoir été témoins d'un évènement historique : « la communauté internationale [s'était dotée] d'un véritable traité culturel »[22]. Une abondante salve de ratifications

---

17 L'expression « concept » est ici entendue d'une fiction issue d'un processus de défragmentation de la réalité, dont la reconstitution dans un instrument juridique a pour but d'y attacher des règles pourvues d'un véritable effet normatif. Elle n'entend donc pas renvoyer aux principales distinctions doctrinales entre les « notions », les « concepts », ou les « catégories » juridiques.

18 C. Lévi-Strauss, *Race et histoire*, Gonthier, UNESCO, 1961, 130 p., p. 12.

19 C. Thies, *Kulturelle Vielfalt als Legitimitätselement der internationalen Gemeinschaft*, Mohr Siebeck, Tübingen, 2013, 419 p., p. 2-3.

20 S. Regourd, « Exception, exemption, diversité culturelle… », *supra* note 3, p. 846-850.

21 H. Ruiz Fabri (dir.), *La Convention de l'UNESCO sur la protection et la promotion de la diversité des expressions culturelles, premier bilan et défis juridiques*, Paris, Société de législation comparée, 2010, 280 p., p. 57.

22 Extrait du discours de Kader Asmal du 20 octobre 2005 (traduction de l'auteure), « What the Convention means to me », in N. Obuljen (dir.), *The UNESCO's Convention*

permit l'entrée en vigueur de la Convention dès le 18 mars 2007. Aujourd'hui, elle compte 139 États parties, dont l'Inde, Maurice, Madagascar, la République des Seychelles, la France et l'Union des Comores[23].

À Maurice, l'expérience fut probante : lorsqu'il fut question d'imaginer ce que pourrait être une exception culturelle mauricienne, les étudiants qui participaient à l'atelier ont ouvert de grands yeux. Dans un pays comme Maurice, la diversité culturelle est une identité en soi. Cela s'explique notamment par le passé colonial et les occupations successivement néerlandaise, française et anglaise, et par une attitude largement ouverte sur l'extérieur. Il a été très difficile aux étudiants de comprendre que l'on veuille protéger sa culture des effets de la mondialisation. Au contraire, ils en apprécient les bienfaits en regardant à la télévision ou au cinéma des productions américaines, françaises ou indiennes qu'ils estiment meilleures que les productions mauriciennes. Certains notent toutefois une amélioration récente des productions mauriciennes, mais qu'ils attribuent encore aux influences extérieures. Alors que la Constitution de Maurice ne désigne aucune langue officielle[24], l'exemple de l'Académie française, gardienne de la langue, les a beaucoup amusés, eux qui passent indifféremment du français à l'anglais, et qui parlent parfois le créole ou le bhojpuri à la maison. Ce dernier point a permis de nuancer légèrement leur vision idéalisée de la mondialisation : le bhojpuri est une langue ancestrale encore largement parlée à Maurice, mais de moins en moins transmise aux jeunes. Une étudiante a ainsi exprimé son regret de ne pas pouvoir communiquer avec sa grand-mère qui ne parle que le bhojpuri, alors qu'elle-même maîtrise très mal cette langue. Globalement, les étudiants pensent que la mondialisation peut contribuer au recul du bhojpuri en le rendant moins attractif. Ils sont tombés d'accord pour dire qu'une action étatique serait bienvenue pour préserver l'usage de cette langue, qu'ils considèrent comme un des éléments de leur patrimoine culturel.

Afin de réaliser cet objectif de réconciliation entre la libéralisation globale et la culture des États, la *Convention sur la protection et la promotion de la diversité des expressions culturelles* accorde une importance particulière à la coopération internationale. Mentionnée en de nombreux

---

on the Protection and Promotion of the Diversity of Cultural Expressions : making it work, Zagreb, 2006, 402 p., p. 355.

23 http://www.unesco.org/eri/la/convention.asp?order=alpha&language=F&KO=31038 (consulté le 22 janvier 2016).

24 L'article 49 prévoit que l'anglais est la langue officielle de l'Assemblée mais les membres peuvent s'exprimer en français.

endroits du texte[25], elle est le ressort principal sur lequel se réalise le pan inclusif de la Convention. L'article 12, qui prévoit que : « [l]*es parties s'emploient à renforcer leur coopération* [...] *afin de créer des conditions propices à la promotion de la diversité des expressions culturelles* », est cité par les Parties comme étant à l'origine de très nombreuses mesures de coopération culturelle au plan international[26]. Dans le cadre de cette contribution, la multiplication des accords bilatéraux de coproduction et de codistribution en constituera l'illustration principale.

Ces accords sont des accords économiques, destinés à améliorer l'accès aux marchés des activités, biens et services culturels entre pays partenaires, par des dispositifs spécifiques de soutien et d'assistance pour la distribution et la diffusion des produits culturels. Par exemple, l'accord de coproduction cinématographique entre l'Inde et la France[27] prévoit qu'une œuvre cinématographique, si elle est coproduite conformément aux dispositions prévues par l'accord, sera « *réputée être une œuvre nationale sur le territoire de chacune des Parties et* [bénéficiera] *de plein droit de tous les avantages accordés conformément aux dispositions législatives et réglementaires en vigueur sur le territoire de chacune des Parties* » (article 2 § 1). En outre, les conditions d'entrée et de séjour temporaire sur le territoire d'une Partie sont facilitées pour le personnel technique et artistique de l'autre Partie (article 7 a), de même que les conditions d'importation ou d'exportation du matériel technique ou de tout autre matériel nécessaire à la coproduction (article 7 b). Dans la mesure où ils proposent des alliances entre la sphère marchande et culturelle sur un mode non défensif, mais complémentaire, les accords bilatéraux de coproduction et de codistribution représentent donc bien une forme de coopération culturelle indépendamment de la logique de libéralisation des échanges.

---

25 Le Préambule souligne « *la nécessité d'intégrer la culture* [...] *dans la coopération internationale pour le développement* ». Le renforcement de « *la coopération et la solidarité internationales dans un esprit de partenariat afin, notamment, d'accroître les capacités des pays en développement de protéger et promouvoir la diversité des expressions culturelles* » est un objectif de la Convention en vertu de l'article 1 i). Enfin, l'article 2 § 4 énonce que « [l]*a coopération et la solidarité internationales devraient permettre à tous les pays, particulièrement aux pays en développement, de créer et renforcer les moyens nécessaires à leur expression culturelle* ».

26 *Résumé analytique stratégique et orienté vers l'action des rapports périodiques quadriennaux*, Comité intergouvernemental pour la protection et la promotion de la diversité des expressions culturelles, 6e session ordinaire, CE/12/6.IGC/4, p. 15-25.

27 *Accord de coproduction cinématographique entre le gouvernement de la République française et le gouvernement de la République de l'Inde* signé à New Delhi le 6 décembre 2010, http://www.cnc.fr/web/fr/accords-internationaux/-/editoriaux/271932;jsessionid=16098B3EFC7938C22D58F8D8DCE5265F.liferay (consulté le 22 janvier 2016).

Si la Convention s'érige bien en instrument indépendant du droit de l'OMC, elle ne le remplace pas pour autant. Son article 20-2 précise bien que : « [r]*ien dans la présente Convention ne peut être interprété comme modifiant les droits et obligations des parties au titre d'autres traités auxquelles elles sont parties* ». La question de la protection de la spécificité des biens, activités et services culturels, se pose donc à nouveau dans le cadre des négociations d'un traité de libre-échange. Les stratégies mises en place par l'Union européenne lors des négociations du projet de *Partenariat transatlantique de commerce et d'investissement* (TTIP) reflètent l'impossibilité pour la Convention d'être un bouclier efficace à la libéralisation de la culture : c'est un mécanisme de l'exception culturelle – l'exclusion expresse des services audiovisuels du champ des négociations, qui a semblé être la seule voie de protection *effective* des produits culturels[28]. Un retour en arrière qui témoigne peut-être de l'incompatibilité originelle entre libéralisation totale des échanges commerciaux internationaux et protection des intérêts proprement culturels.

---

28 Les services audiovisuels ont été exclus du mandat de la Commission, publié sur son site, http://data.consilium.europa.eu/doc/document/ST-11103-2013-REV-1-DCL-1/fr/pdf (consulté le 22 janvier 2016).

Part VI

Trade Facilitation

Partie VI

La facilitation du commerce

La facilitation du commerce après la Conférence de Bali : l'impact sur les petits États insulaires en développement

Une étude de cas sur l'île Maurice

Vittiyaiye TEEROOVENGADUM

Trade can be considered a powerful engine that can drive economic growth of a country at its peak. Trade facilitation (TF) was introduced to the WTO in 1996 and since then, the concept has evolved over the years. However, with the collapse of the Doha Round in 2004, the TF-related decisions were frozen. At the Bali conference, the different sections of the Trade Facilitation Agreement were discussed and this law can act as a catalyst for global trade. The TF is very important for developing countries, particularly Small Island developing States. SIDS have unique characteristics and therefore require special attention in the WTO. During the Bali conference many important issues relating to SIDS covering the TF, agriculture and development have been considered. This research will be a critical analysis of the evolution of the TF, focusing on SIDS and considering Mauritius as a case study.

*

Le commerce peut être considéré comme un moteur puissant qui peut stimuler la croissance économique d'un pays à son apogée. La facilitation du commerce (FC) a été introduite à l'OMC en 1996 et depuis lors, le concept a évolué au fil des années. Cependant, avec l'effondrement du cycle de Doha en 2004, les décisions relatives à la FC ont été gelées. Lors de la conférence de Bali, les différentes sections de la Loi sur la FC ont été discutées et cette loi peut agir comme catalyseur pour le commerce mondial. La FC est très importante pour les pays en voie de développement, en particulier pour les Petits États insulaires en développement. Les PEID ont des caractéristiques uniques et nécessitent donc une attention particulière à l'OMC. Au cours de la conférence de Bali, de nombreuses questions importantes, relatives aux PEID couvrant la FC, l'agriculture et le développement ont été considérées. Cette recherche consistera en une analyse critique de l'évolution de la FC, en se concentrant sur les PEID et considérant l'île Maurice comme une étude de cas.

*

Der Handel kann als starker Motor angesehen werden, der das Wirtschaftswachstum eines Landes zu seinem Höhepunkt bringen kann. Die Erleichterung des Handels wurde 1996 in die WTO eingeführt und dieses Konzept hat sich stetig im Laufe der Jahre weiterentwickelt. Dennoch wurden die Entscheidungen bezüglich der Handelserleichterungen mit dem Scheitern der Doha-Runde 2004 ausgesetzt. Während der Bali-Konferenz wurden die verschiedenen Regeln des Gesetzes über Handelserleichterungen debattiert und dieses Gesetz könnte als Katalysator für den Welthandel funktionieren. Die Handelserleichterungen sind sehr wichtig für Entwicklungsländer, insbesondere für die kleinen Inselstaaten. Diese haben einmalige Charakteristiken und erfordern daher eine besondere Aufmerksamkeit der WTO. Im Rahmen der Bali-Konferenz wurden viele wichtige Fragen der Handelserleichterungen bezüglich dieser Staaten behandelt, wie die Landwirtschaft und die Entwicklung. Diese Forschungsarbeit besteht darin, eine kritische Analyse der Entwicklung der Handelserleichterungen vorzunehmen, wobei der Schwerpunkt auf den kleinen Entwicklungsinselstaaten liegt und bei der Mauritius als Fallstudie dient.

*

* *

I. Introduction

La facilitation du commerce (FC) est décrite comme étant la simplification et l'harmonisation des procédures du commerce international concernant l'import et l'export. La facilitation du commerce inclut plusieurs activités comme l'amélioration du transport des produits, la diminution de la corruption dans un pays, la modernisation du système douanier ou l'élimination des barrières non tarifaires. La facilitation du commerce est essentielle pour encourager le commerce international surtout pour les Petits Pays en voie de développement (PEIDS). La facilitation du commerce a toujours été présente au sein de l'Organisation mondiale du commerce (OMC) mais avant la conférence de Bali aucune mesure concrète n'a été prise. Durant la conférence de Bali, plusieurs décisions ont été prises dont l'Accord sur la facilitation du commerce. Les différentes sections de l'accord seront analysées et des recommandations seront faites.

II. L'évolution de la Facilitation du commerce

L'objectif de l'OMC est de promouvoir les échanges internationaux mais tout en respectant les droits de douane, de taxes ou de mesures discriminatoires.[1] La prise de décisions à l'OMC est effectuée par le biais d'une approche consensuelle lors des différentes conférences ministérielles.[2] Au cours de ces conférences, les différents accords concernant la promotion du commerce international sont négociés et adoptés. La plus récente conférence ministérielle s'est tenue à Bali en 2013. Il y a eu cinq décisions majeures concernant les droits de propriété intellectuelle, le programme de travail sur le commerce électronique, le programme de travail sur les petites économies, la facilitation du commerce et du transfert de technologie.[3]

La FC est devenue avec le temps un élément important du commerce international. La facilitation du commerce est bien plus que l'aide au commerce qui est accordée normalement aux pays en voie de développent. La facilitation du commerce a un impact considérable sur la participation des pays au commerce international. Le concept de facilitation du commerce existait depuis 1996 au sein de l'OMC. C'est un concept essentiel qui permet au commerce international de se développer sans barrières. Le monde du commerce international est plein d'obstacles. La FC est très considérable pour promouvoir un commerce équitable car elle vise à éliminer les barrières du commerce international

- en simplifiant et harmonisant les lois et procédures ;
- en modernisant les systèmes du commerce (par exemple l'échange d'information entre les commerces et le gouvernement) ;
- en administrant et gérant le commerce et la douane ;
- en promouvant les institutions de la FC ;

Le concept de la facilitation du commerce comprend principalement des problèmes, des procédures et des conditions que les importateurs/exportateurs rencontrent lorsqu'ils transportent des marchandises le long de la chaîne d'approvisionnement. Ces difficultés peuvent globalement être catégorisées en tant que frontière politique et procédure relative aux douanes, telles que la documentation et les exigences en matière de contrôle et aussi le transport de marchandises à leur destination finale avant ou après la frontière, impliquant des facteurs tels que l'infrastructure, la fréquence des barrages routiers et bascules, et les règlements et normes en matière de transport. La facilitation du commerce améliore l'efficacité et la prévisibilité de l'ensemble de ce système commercial et réduit donc

---

1 OMC, « Quel est l'OMC ? » (Organisation mondiale du commerce 2014) <http://www.wto.org/english/thewto_e/whatis_e/whatis_e.htm> accessible le 03/10/14.

2 OMC, « Conférences ministérielles » (Organisation mondiale du commerce 2014) <http://www.wto.org/english/thewto_e/minist_e/minist_e.htm> accédé le 11/09/2014.

3 Ernst-Ulrich Petersmann, « gouvernance à niveaux multiples problèmes du système commercial mondial au-delà de la Conférence de l'OMC à la conférence de Bali 2013 », *Journal du droit économique international*, 2014, 233.

les retards et l'incertitude, ainsi que les coûts pour les importateurs et les exportateurs. Abaisser les coûts commerciaux peut conduire à une multitude de résultats positifs, notamment en développant le commerce et l'investissement, l'amélioration des collections tarifaires, la diversification des échanges commerciaux et la croissance économique. Les avantages de la facilitation du commerce sont plus conséquents lorsque les pays apportent des améliorations dans plus d'un domaine simultanément.[4]

Grâce à l'introduction de la FC, plusieurs points positifs ont pu être relevés ; par exemple, l'efficacité et la prédictibilité du système commercial réduisant les délais et les incertitudes. La réduction des coûts du commerce et de l'investissement conduisent à plus de commerce et d'investissement, au meilleur tarif, à la diversification du commerce et à une amélioration générale de l'économie.

Il y eut plusieurs décisions prises à l'OMC concernant la FC. En 2004, il y a eu la ronde Singapourienne et un « negotiating group » sur la facilitation du commerce a été établi. Toutefois, en 2006, comme le cycle de Doha s'est effondré, les négociations concernant la facilitation du commerce ont été reportées.[5] Néanmoins, au cours de la conférence de Bali, l'accord relatif à la facilitation des échanges qui n'a pas pu être approuvé au cours de la conférence précédente a été finalement adopté.[6] En 2013, durant la conférence de Bali, la convention sur la facilitation du commerce a été adoptée.

III. Les pays en voie de développement

Cet accord relatif à la facilitation des échanges sera d'un grand intérêt pour les pays en voie de développement (PVDs). Le commerce peut être considéré comme un moteur puissant qui peut conduire la croissance économique d'un pays à son apogée et par conséquent, elle peut aider à réduire la pauvreté.[7] En dépit du fait que les PVDs sont bien dotés de ressources, très souvent, ils ne sont pas en mesure de participer activement au commerce international et de bénéficier pleinement des marchés mondiaux à l'exception de pays comme l'Inde ou la Chine. De nombreux spécialistes croient que l'aide au commerce ou la facilitation du commerce

---

4 Albert Makochekanwa, « l'évaluation de l'impact de la facilitation du commerce sur la SADC intra-potentiel commercial », *ICITI*, 2013.

5 Tim Kaeser, *Facilitation du commerce, des services logistiques et accords commerciaux préférentiels (ATP) : Le cas du CARIFORUM EPA*, World Trade Institute, 2011.

6 J. Michael Finger, « Facilitation des échanges : le rôle d'un accord OMC », *ECIPE* Document de travail, 2008.

7 L'OCDE/OMC, *Aide pour le commerce : Est-ce que ça marche ?*, 2010.
Les différentes conférences ont eu lieu à Singapour (1996), Genève (1998), Seattle (1999), Doha (2001), Cancun (2003), Hong Kong (2005), Genève (2009 et 2011).

peuvent aider les PVDs à surmonter leur écart de développement qui souvent les positionne en termes économique et social derrière les pays développés (PDs).[8] Maintenant les PVDs résistent mieux aux pressions des PDs à accepter les politiques commerciales injustes sauf s'ils sont en mesure de bénéficier des accords de commerce pris dans le cadre de l'OMC.[9] L'accord de Bali est un exemple où les PVDs ont exprimé leurs points de vue en ce qui concerne les différentes décisions prises et il est le premier accord multilatéral signé par tous les membres de l'OMC.

L'écart de développement entre les PDs et les PVDs rend la participation des pays pauvres aux échanges mondiaux difficile. En outre, pour les petits États insulaires en développement (PIED), la participation au commerce international est encore plus difficile en raison de leur petite taille. Les PEID sont des pays avec des caractéristiques spécifiques. Ils sont touchés par les questions économiques, environnementales et sociales qui sont au-delà de leur contrôle.[10] Une caractéristique unique des PEID est qu'ils sont entourés par la mer et que les changements climatiques ou l'augmentation du niveau de la mer les affectent directement.[11] En outre, en raison de l'isolement des PEID, ils sont souvent très dépendants des importations.[12] Les petits États insulaires en développement sont également touchés par l'exploitation des ressources et la rareté du marché en raison de leur éloignement.[13] Toutes ces caractéristiques parmi d'autres influent sur la participation des petits États insulaires en développement au commerce mondial. La facilitation du commerce est donc très importante pour permettre à ces pays de surmonter leurs difficultés spécifiques. Les décisions prises à la conférence de Bali sur la facilitation du commerce et les petits états auront un impact certain sur la participation des PEID et donc de l'île Maurice au commerce international. Maurice a été classée 21e des 182 pays de la SADC ayant

---

8 McGillivray M., « Modélisation aide étrangère Allocation : Enjeux, approches et résultats », *Journal du développement économique*, 2003, 171, 188.

9 Antonio Segura-Serrano, « Droit économique international à la croisée des chemins : la gouvernance mondiale et la cohérence normative », *Leiden Journal of International Law*, 2014, 677.

10 Byrne, John et Vernese Innis, « Île la durabilité et le développement durable dans le contexte du changement climatique », *Développement durable des sociétés insulaires : Taiwan et dans le monde*, 2002, 3.

11 Ghina, Fathimath, « Le développement durable dans les petits États insulaires en développement : le cas des Maldives », *Le Sommet mondial sur le développement durable*, 2005, 183.

12 McElroy, Jerry, « Les problèmes de durabilité de l'environnement et de la Société de développement des petites îles : la gestion du tourisme dans les petites îles », *Développement durable des sociétés insulaires : Taiwan et dans le monde*, 2002, 49.

13 McElroy, Jerry, « Les problèmes de durabilité de l'environnement et de la Société de développement des petites îles : la gestion du tourisme dans les petites îles », *Développement durable des sociétés insulaires : Taiwan et dans le monde*, 2002, 49.

une simple structure commerciale en ce qui concerne à la négociation à travers les frontières.[14] Maurice est membre de l'OMC depuis sa création. L'OMC surveille les politiques commerciales nationales de ses membres et la fréquence de l'examen dépend de la participation du pays dans le commerce international.[15] Pour Maurice, en tant que PVD, ses politiques commerciales sont revues tous les six ans.[16]

Maurice peut être décrite comme un pays avec une économie émergente et ayant un climat optimal pour le commerce.[17] La participation de Maurice au commerce international a augmenté au fil des années.[18] Maurice peut être classé comme étant un petit État en développement.[19] C'était une économie basée sur l'agriculture de la cane à sucre, qui s'est diversifiée pour inclure d'autres secteurs comme le tourisme, l'externalisation des processus métier, le commerce marin…[20] Au cours de la conférence de Bali, certaines des décisions prises concernent le domaine de la facilitation du commerce et les petits États.[21] L'accord relatif à la facilitation des échanges a aidé la République de Maurice à réaliser à moindres coûts des transactions commerciales pour les exportations et les importations. L'accord relatif à la facilitation des échanges qui a été conclu en 2013 au cours de la conférence de Bali est le premier accord multilatéral.[22]

---

14 Albert Makochekanwa, « L'évaluation de l'impact de la facilitation du commerce sur la SADC intra-potentiel commercial », *ICITI*, 2013.

15 Export entreprises SA, « Découvrez Maurice : l'étoile et la clé de l'océan Indien » (Maurice commerce facile) <http://www.mauritiustrade.mu/en/trading-with-mauritius> accessibles 2/01/2015.

16 Export entreprises SA, « Découvrez Maurice : l'étoile et la clé de l'océan Indien » (Maurice commerce facile) <http://www.mauritiustrade.mu/en/trading-with-mauritius> accessibles 2/01/2015.

17 Export entreprises SA, « Découvrez Maurice : l'étoile et la clé de l'océan Indien » (Maurice commerce facile) <http://www.mauritiustrade.mu/en/trading-with-mauritius> accessibles 2/01/2015.

18 *Ibid.*

19 S.S. Purmah, « application des mesures de facilitation du commerce de la République de Maurice », OMC, 2011.

20 S.S. Purmah, « application des mesures de facilitation du commerce de la République de Maurice », OMC, 2011.

21 Export entreprises SA, « Découvrez Maurice : l'étoile et la clé de l'océan Indien » (Maurice commerce facile) <http://www.mauritiustrade.mu/en/trading-with-mauritius> accessibles 2/01/2015.

22 Export entreprises SA, « Découvrez Maurice : l'étoile et la clé de l'océan Indien » (Maurice commerce facile) <http://www.mauritiustrade.mu/en/trading-with-mauritius> accessibles 2/01/2015.

L'accord a proposé une authentique approche pour le traitement spécial et différencié des PVDs à l'OMC.[23]

IV. L'accord sur la facilitation du commerce

L'accord sur la facilitation des échanges entrera en vigueur dès que deux tiers des membres de l'OMC auront effectué la ratification de ce nouvel accord. L'accord a plusieurs objectifs dont celui d'accélérer la circulation et le dédouanement des produits, celui de créer une coopération efficace entre les douanes concernées et les autres autorités compétentes et aussi celui de procurer une assistance technique dans ce domaine.

L'accord sur la facilitation du commerce se compose de trois sections et de 15 articles. La première section énonce les différentes disciplines pour les agences de douane sur la base de la Convention Organisation mondiale des douanes de Kyoto révisée. De nombreux articles de l'accord de facilitation des échanges visent à clarifier les articles V, VIII et X du GATT ; qui gèrent la liberté de transit des marchandises, les redevances et les formalités d'exportation et d'importation, la publication et l'administration du commerce régional. Autres questions abordées sont les agences frontalières et l'utilisation de la norme internationale.

L'accord sur la facilitation du commerce contient des dispositions pour accélérer la circulation, la mainlevée et le dédouanement des marchandises, y compris les marchandises en transit. Il prévoit également des mesures pour une coopération efficace entre les douanes et les autres autorités appropriées sur la facilitation du commerce et les questions de respect des procédures douanières. Il contient, en outre, des dispositions relatives à l'assistance technique et le renforcement des capacités dans ce domaine.

SECTION 1

La première section contient des provisions pour accélérer la circulation et le dédouanement des marchandises et pour clarifier les articles V, VII et IX du GATT sur la coopération douanière. Les articles V, VIII et X du GATT n'étant pas clairs et précis, la première section de l'accord sur la FC aide à réglementer la relation entre les tarifs douaniers et le commerce.[24]

---

[23] Export entreprises SA, « Découvrez Maurice : l'étoile et la clé de l'océan Indien » (Maurice commerce facile) <http://www.mauritiustrade.mu/en/trading-with-mauritius> accessibles 2/01/2015.

[24] Organisation mondiale du commerce 2015. *La Facilitation du commerce*. https://www.wto.org/french/tratop_f/tradfa_f/tradfa_f.htm. [26 septembre 15].

SECTION 2

La deuxième section a pris en considération la difficulté des pays en développement par rapport à la transposition de la FC.[25] Cette section prévoit un traitement spécial et différencié pour que les pays en voie de développement puissent adhérer à l'accord sur la facilitation du commerce. Ces dispositions détermineront quand les PVDs pourront mettre en œuvre l'accord sur la FC.[26]

SECTION 3

La troisième section comprend une provision prévoyant la création d'un comité permanent de la FC au Comité national de l'OMC afin de faciliter la coordination des différentes mesures. Les membres devraient publier toutes les informations pertinentes (par exemple, les procédures d'exportation et d'importation, taux et droits, etc.) et ces informations seront disponibles pour les différentes parties prenantes.

Comme toutes les conventions internationales, il est primordial que la ratification de l'accord de FC intervienne dans les différents pays. Une assistance technique et le renforcement des capacités sont prévus par :

- la Banque mondiale
- l'Organisation mondiale des douanes
- la Conférence des Nations unies sur le commerce et le développement
- le Département sur l'Accord sur la facilitation du commerce

V. Les avantages de la convention sur la facilitation du commerce

Un avantage consiste dans l'adoption des règles sur l'accélération de l'expédition et ceci est important pour les entreprises qui font du commerce avec les produits périssables.

Les dispositions sur les décisions préalables constituent également un avantage ; par exemple, si une entreprise souhaite que le tarif ou la règle d'origine exacte soit appliqué, l'entreprise peut demander à l'autorité de la coutume de rendre une décision particulière, donc l'entreprise connaîtra exactement les conditions à remplir avant d'expédier ses produits dans un pays donné. Un autre avantage de la FC est qu'elle permet de réduire la différence entre les prix locaux et les prix internationaux ; ceci permettra

[25] Organisation mondiale du commerce 2015. *La Facilitation du commerce*. https://www.wto.org/french/tratop_f/tradfa_f/tradfa_f.htm. [26 septembre 15].

[26] Organisation mondiale du commerce 2015. *La Facilitation du commerce*. https://www.wto.org/french/tratop_f/tradfa_f/tradfa_f.htm. [26 septembre 15].

aux consommateurs de jouir d'un meilleur prix et d'un meilleur choix de produit.[27]

Toutes ces mesures conduiront à beaucoup plus de transparence et aussi moins de corruption. Les commerçants auront plus de confiance dans le commerce ; ceci augmentera la croissance du commerce international. La simplification des procédures commerciales et le fait de les rendre plus claires ont également été identifiés comme une approche pour augmenter l'accessibilité du commerce international. Il serait alors plus pratique pour les petites et moyennes entreprises d'engager des activités d'importation et d'exportation. Dans le commerce international, il existe de nombreux obstacles au commerce qui doivent être réduits. La question est de savoir ce qu'un accord relatif à la facilitation des échanges devrait contenir. Ceci est considéré ici comme une question d'identification des priorités basées sur les retours, et sur la façon dont les diverses provisions qui composent un tel programme sont considérées et évaluées.[28] Le degré de mise en œuvre de la facilitation du commerce sera différent dans les différents pays.

Il y a eu plusieurs cas d'études qui démontrent que la FC est avantageuse pour les PVDs.[29] Par exemple, l'exportation de fleurs au Kenya a été facilitée grâce à la FC.[30] La cueillette et la transportation des fleurs se font plus facilement et efficacement ; ce qui a permis à ce commerce de s'agrandir et de devenir plus compétitif.[31] Un autre exemple est la hausse importante du taux d'exportation à Maurice de $89 millions en 1970 et de $2.8 billions en 2001 grâce à la FC.

VI. Les problèmes par rapport à la facilitation du commerce

Une raison pour laquelle plusieurs pays hésitent à adhérer à la FC est la question des coûts cachés.[32] En améliorant le système douanier d'un pays, la FC augmentera les demandes sur les ressources limitées du

---

27 Milner, C. *et al.*, « La Facilitation du Commerce dans les Pays en voie de Developement », *CREDIT Research paper*, 2009, 5, 6.

28 La CESAP, « L'impact sur le développement de la technologie de l'Information dans le domaine de la facilitation du commerce une étude réalisée par la région asie-pacifique Réseau de recherche et de formation sur le commerce », la CESAP, 2010.

29 Milner, C. *et al.*, « La Facilitation du Commerce dans les Pays en voie de Developement », *CREDIT Research paper*, 2009, 5, 6.

30 Milner, C. *et al.*, « La Facilitation du Commerce dans les Pays en voie de Developement », *CREDIT Research paper*, 2009, 5, 6.

31 Milner, C. *et al.*, « La Facilitation du Commerce dans les Pays en voie de Developement », *CREDIT Research paper*, 2009, 5, 6.

32 OECD, « The Costs and Benefits of Trade Facilitation », *Policy Brief* [Online], 2005, 1, 6.

pays.[33] Un deuxième inconvénient est que le coût initial des réformes pour transposer la FC peut être élevé.[34] Malgré le fait que le coût sera amorti sur la durée, cela peut poser un problème pour les PVDs ayant une économie instable.[35] Les coûts comprendront des mesures nécessaires prises pour l'introduction des nouveaux règlements sur la FC, des changements dans les institutions, la formation des personnes concernées, les équipements et l'infrastructure.[36] Une barrière à la transposition de la FC correspond à une situation où un pays a un système douanier inefficace et où le changement sera difficile car il devra se faire à plusieurs niveaux.[37]

VII. Les recommandations par rapport à la facilitation du commerce

La facilitation du commerce peut être considérée comme un outil vital pour les PVDs. Cependant, il y a diverses questions qui doivent être abordées afin de s'assurer de l'efficacité des facilités fournies ; par exemple, la disparité entre les besoins du pays et ce que le pays donateur fournit comme aide. Ceci concerne l'aide au commerce ; les ressources fournies par les pays développés peuvent être utilisées pour restructurer le système économique du pays pour qu'il soit efficace sur une longue durée.

Les réductions tarifaires encouragent la libéralisation du commerce graduellement et facilitent l'accès au commerce.[38] La FC agit comme un tremplin pour l'expansion du commerce pour les PVDs mais aussi pour les autres pays.[39] Les bénéfices concrets et quantitatifs de la FC en Asie du Sud ont été démontrés dans l'étude d'Otsuki.[40] Les revenus dans

33 OECD, « The Costs and Benefits of Trade Facilitation », *Policy Brief* [Online], 2005, 1, 6.

34 OECD, « The Costs and Benefits of Trade Facilitation », *Policy Brief* [Online], 2005, 1, 6.

35 OECD, « The Costs and Benefits of Trade Facilitation », *Policy Brief* [Online], 2005, 1, 6.

36 OECD, « The Costs and Benefits of Trade Facilitation », *Policy Brief* [Online], 2005, 1, 6.

37 OECD, « The Costs and Benefits of Trade Facilitation », *Policy Brief* [Online], 2005, 1, 6.

38 Azmat Gani, « La distance est une friction pour le commerce des pays insulaires du Pacifique avec les États-Unis », *Revue de droit du commerce international et de la politique*, vol. 9 Iss : 1, 2010, p. 97-101.

39 Tsunehiro Otsuki, Keiichiro Honda, John S. Wilson, « La facilitation du commerce en Asie du Sud », *l'Asie du Sud Journal of Business Research mondial*, vol. 2 Iss : 2, 2013, p. 172-190.

40 Tsunehiro Otsuki, Keiichiro Honda, John S. Wilson, « La facilitation du commerce en Asie du Sud », l'Asie du Sud Journal of Business Research mondial, vol. 2 Iss : 2, 2013, p. 172-190.

cette région étaient de $31 billions en 2007.[41] Pour que les PVDs puissent bénéficier de la FC, il est important que la transposition soit graduelle car ces pays ont une économie fragile.

Chaque île réagit différemment par rapport à la globalisation du commerce ; par exemple, l'île Curaçao a développé son propre modèle.[42] Les îles pacifiques ont beaucoup de difficultés à atteindre une économie stable due aux tensions entre leurs caractéristiques culturelles et la commercialisation de leurs économies.[43] La transposition de la FC doit se faire selon les pays et en fonction de l'intérêt du pays en question.

Les lois internationales doivent être créées dans le but d'augmenter les revenus nationaux au lieu de se focaliser sur la réduction des conditions de douanes.[44] En d'autres mots, la FC et le commerce équitable doivent prévoir des conditions pour augmenter le revenu national tout en réduisant les conditions tarifaires.[45]

VIII. Conclusion

La facilitation du commerce est un sujet en constante évolution qui change continuellement avec les différentes décisions prises dans le cadre de l'OMC. La facilitation du commerce dans le cadre de l'importation ou l'exportation de marchandises a reçu une attention croissante au cours des dernières années. Les gouvernements se rendent compte de l'impact infructueux considérable que les règlements commerciaux peuvent avoir sur la compétitivité commerciale de leur pays.[46] De nombreux pays n'ont pas la possibilité d'utiliser le système commercial comme un propulseur

---

41 Tsunehiro Otsuki Keiichiro Honda, John S. Wilson, « La facilitation du commerce en Asie du Sud », l'Asie du Sud Journal of Business Research mondial, vol. 2 Iss : 2, 2013, p. 172-190.

42 Miguel Goede, « La mondialisation de petites îles : les modèles de Curaçao », *Revue internationale de commerce et de gestion*, vol. 21 Iss : 2, 2011, p. 192-212.

43 Ron Duncan, « tensions culturelles et économiques dans l'avenir des îles du Pacifique », *International Journal of Social Economics*, vol. 35 Iss : 12, 2008, p. 919-929.

44 Christopher E.S. Warburton, « droit commercial et le commerce international de la théorie », Revue de droit du commerce international et de la politique, vol. 9 Iss : 1, 2010, p. 64-82.

45 Christopher E.S. Warburton, « droit commercial et le commerce international de la théorie », *Revue de droit du commerce international et de la politique*, vol. 9 Iss : 1, 2010, p. 64-82.

46 La CESAP, « L'impact sur le développement de la technologie de l'Information dans le domaine de la facilitation du commerce une étude réalisée par la région asie-pacifique Réseau de recherche et de formation sur le commerce », la CESAP, 2010.

de développement et donc les négociations de l'OMC sur la facilitation du commerce répondent à cette inquiétude.[47]

L'état d'esprit des spécialistes du développement mondial est passé de la « promotion du commerce » et non de « l'aide » à « l'aide pour le commerce ». En outre, la facilitation du commerce aidera les petits États insulaires en développement à contribuer davantage au commerce transfrontalier et à ne pas être bloqués par des barrières commerciales. La situation économique des PEID est souvent affectée par leur petite taille, leur exposition à des épreuves naturelles ou leur isolement.[48] La FC sera sans aucun doute un gros atout pour les différents pays, si elle est transposée correctement.

Références

Biman Chand Prasad, John Asafu – Adjaye (2003), « La libéralisation du commerce et de l'environnement dans les pays insulaires du Pacifique (FIC) : est-ce un cas de deux gains pour l'un ? », *International Journal of Social Economics*, vol. 30 Iss : 12, p. 1288-1305.

Byrne, John et Vernese Innis (2002), « La durabilité et le développement durable dans le contexte du changement climatique », *Développement durable des sociétés insulaires : Taiwan et dans le monde* 3.

Lino Briguglio (1995), « Les petits États insulaires en développement et leurs vulnérabilités économiques », *Développement Mondial* 1615.

Christopher E.S. Warburton (2010), « Droit commercial et le commerce international de la théorie », *Revue de droit du commerce international et de la politique*, vol. 9 Iss : 1, p. 64-82.

J. Michael Finger (2008), « Facilitation des échanges : le rôle d'un accord OMC », *ECIPE* Document de travail.

Azmat Gani (2010), « La distance est une friction pour le commerce des pays insulaires du Pacifique avec les États-Unis », *Revue de droit du commerce international et de la politique*, vol. 9 Iss : 1, p. 97-101.

Azmat Gani, Biman Chand Prasad (2008), « La relation entre la qualité des institutions et le commerce dans les pays insulaires du Pacifique », *Revue de droit du commerce international et de la politique*, vol. 7 Iss : 2, p. 123-138.

Ghina, Fathimath (2005), « Le développement durable dans les petits États insulaires en développement : le cas des Maldives », *Le Sommet mondial sur le développement durable* 183.

---

47 J. Michael Finger, « Facilitation des échanges : le rôle d'un accord OMC », *ECIPE* Document de travail, 2008.

48 Lino Briguglio, « Les petits États insulaires en développement et leurs vulnérabilités économiques », *Développement Mondial*, 1995, 1615.

Miguel Goede (2011), « La mondialisation de petites îles : les modèles de Curaçao », *Revue internationale de commerce et de gestion*, vol. 21 Iss : 2, p. 192-212.

Neelesh Gounder Biman Chand Prasad (2011), « Les accords commerciaux régionaux et la nouvelle théorie du commerce : Implications pour la politique commerciale dans les pays insulaires du Pacifique », *Revue de droit du commerce international et de la politique*, vol. 10 Iss : 1, p. 49-63.

Mike Danson, Kathryn Burnett (2014), « L'entreprise et de l'entrepreneuriat dans les îles », in Colette Henri, Gérard McElwee (ed.), *Explorer Enterprise rural : Nouvelles perspectives sur la recherche, la politique et la pratique* (Contemporary Issues in Entrepreneurship Research, vol. 4) Emerald Group Publishing Limited, p. 151-174.

Ron Duncan (2003), « Tensions culturelles et économiques dans l'avenir des îles du Pacifique », *International Journal of Social Economics*, vol. 35 Iss : 12, p. 919-929.

Elimma Ezeani (2013), « Post Doha de l'OMC : les impasses commerciales et le protectionnisme », *Revue de droit du commerce international et de la politique*, vol. 12 Iss : 3, p. 272-288.

Ernst-Ulrich Petersmann (2014), « Gouvernance à niveaux multiples, problèmes du système commercial mondial au-delà de la Conférence de l'OMC à la conférence de Bali 2013 », *Journal du droit économique international*, 233.

Tim Kaeser (2011), *Facilitation du commerce, des services logistiques et accords commerciaux préférentiels (ATP) : Le cas du CARIFORUM EPA*, World Trade Institute.

La CESAP (2010), *L'impact sur le développement de la technologie de l'Information dans le domaine de la facilitation du commerce*, une étude réalisée par la région asie-pacifique Réseau de recherche et de formation sur le commerce, la CESAP.

Osaretin S. Iyare, L. Leo Moseley (2012), « RE Caraïbes : les politiques, la concurrence et la réglementation », *Management de la Qualité de l'environnement : une revue internationale*, vol. 23 Iss : 3, p. 275-283.

S.S. Purmah (2011), *L'application des mesures de facilitation du commerce de la République de Maurice*, OMC.

Iza Lejárraga, Ben Shepherd, Frank van Tongeren (2013), 4 Transparence dans les mesures non tarifaires : (ed.) Effets sur le commerce agricole, à John C. Beghin, Mesures non tarifaires avec des imperfections du marché : implications commerciales et de l'aide sociale (Frontières de l'économie et de la mondialisation, vol. 12) Emerald Group Publishing Limited, p. 99-125.

Albert Makochekanwa (2013), *L'évaluation de l'impact de la facilitation du commerce sur la SADC intra-potentiel commercial*, ICITI.

McGillivray, M. (2003), « Modélisation aide étrangère Allocation : Enjeux, approches et résultats », *Journal du développement économique*, 171, 188.

McElroy, Jerry (2002), « Les problèmes de durabilité de l'environnement et de la Société de développement des petites îles : la gestion du tourisme dans les petites îles », *Développement durable des sociétés insulaires : Taiwan et dans le monde*, 49.

Milner, C. *et al*. (2009), « La Facilitation du Commerce dans les Pays en voie de Developement », *CREDIT Research paper*, 5, 6.

Clem Tisdell (2000), « La pauvreté dans les îles du Pacifique », *Journal International de sociologie et de politique sociale*, vol. 20 Iss : 11/12, p. 74-102.

Antonio Segura-Serrano (2014), « Droit économique international à la croisée des chemins : la gouvernance mondiale et la cohérence normative », *Leiden Journal of International Law*, 677.

Tsunehiro Otsuki, Keiichiro Honda, John S. Wilson (2013), « La facilitation du commerce en Asie du Sud », l'Asie du Sud, *Journal of Business Research mondial*, vol. 2 Iss : 2, p. 172-190.

OECD (2005), « The Costs and Benefits of Trade Facilitation », *Policy Brief*, [Online] 1, 6.

Anne Tallontire, Valerie Nelson (2013), « Récits de commerce équitable et la dynamique politique », *Social Enterprise Journal*, vol. 9 Iss : 1, p. 28-52.

Organisation mondiale du commerce (2015), *La Facilitation du commerce* https://www.wto.org/french/tratop_f/tradfa_f/tradfa_f.htm. [26 September 2015].

Export entreprises SA, « Découvrez maurice : l'étoile et la clé de l'océan indien » (Maurice commerce facile) <http://www.mauritiustrade.mu/en/trading-with-mauritius> accessibles 2/01/2015.

L'OMC (2014), *Conférences ministérielles* (Organisation mondiale du commerce) <http://www.wto.org/english/thewto_e/minist_e/minist_e.htm> accédé le 11/09/2014.

Le transfert de know how et de technologie par le biais d'open access : frein ou accélérateur du commerce international

Katharina de RESSEGUIER

Nous vivons depuis 20 ans des bouleversements majeurs avec l'arrivée du numérique. L'apparition d'Internet, l'équipement des institutions et des personnes privées avec ordinateurs, Smartphones, tablettes et autres, renforcé par un accès quasi illimité et permanent de toute la société à Internet au niveau mondial pose des défis et offre des opportunités pour l'accès au savoir.

Le numérique n'a pas seulement un impact sur les modes de vie en ce qui concerne l'accès à l'information dans le monde de la consommation, du e-commerce, du transport et des interactions sociales mais offre également une grande chance et un moyen extraordinaire d'accès au savoir en général, et au savoir scientifique en particulier.

Jetons un regard sur le développement et l'utilisation de « open access » dans la zone éventuelle de libre-échange dans l'océan Indien – le partage du savoir scientifique et la diffusion de l'information peuvent-ils accélérer par ricochet le commerce international, ou au contraire, est-ce que les acteurs concernés les jugent sans impact ou même contre-productifs pour le développement du commerce.

*

Die Entdeckung der digitalen Technik hat in den letzten 20 Jahren unsere Welt revolutioniert. Die Entwicklung und Verbreitung von Internet, die Ausstattung von Institutionen und Privatleuten mit Computern, Smartphonen, Pads und sonstigem stellt uns im Hinblick auf einen gleichzeitigen quasi unbeschränkten und ständigen Zugang der Gesellschaft zum Netz weltweit vor neue Herausforderungen, und bietet uns gleichzeitig neue Chancen, was den Zugang zu Wissen angeht.

Die digitale Technik beeinflusst nicht nur unseren Lebensstil beim Zugang zu Informationen in Lebensbereichen wie Konsum, elektronischem Geschäftsverkehr, Transport, sozialen Beziehungen, sondern bietet auch eine große Chance im Bereich des Zugangs zur allgemeinbildenden Information im Allgemeinen, und zur wissenschaftlichen Information im Besonderen.

Wir sollten einen Blick werfen auf den Entwicklungsstand und die Nutzung von Open Access in einer eventuellen Freihandelszone im Indischen Ozean und untersuchen, ob der freie Zugang zu wissenschaftlichen Informationen und ihre Verbreitung den internationalen Handel fördern können oder ob die betroffenen Akteure diese Mittel als unwichtig oder vielleicht sogar als schädlich beurteilen.

*

In the last 20 years, we have witnessed major changes in our lifestyle since the arrival of the digital age. Internet, the computerisation of individuals and institutions, including widespread usage of smartphones, tablets and other hardware, reinforced by a potentially unlimited and permanent access to Internet for everyone represent challenges as well as opportunities for accessing knowledge.

The digital age does not only impact our daily life when it comes to accessing information related to consuming, e-commerce, transport and social interaction but is also a great opportunity for accessing general knowledge, and scientific one in particular.

This article will take a look at the development and use of "Open access" in a free trade area of the Indian Ocean. The question is whether sharing scientific knowledge and facilitating exchange of information may possibly constitute an accelerator for international trade or, on the contrary, will have no impact or be even counterproductive for the development of trade.

*

* *

I. Introduction

Nous vivons depuis 20 ans des bouleversements majeurs avec l'arrivée du numérique. L'apparition d'Internet, l'équipement des institutions et des personnes privées avec ordinateurs, Smartphones, tablettes et autres, renforcé par un accès quasi illimité et permanent de toute la société à Internet, et ceci pas seulement en Europe mais au niveau mondial pose des défis et offre des opportunités pour l'accès au savoir. Certaines personnes parlent même d'une troisième révolution après l'invention de l'écriture et celle de l'imprimerie[1].

1 Michel Serre, « Ce n'est pas une crise, c'est un changement de monde », interview du 30 décembre 2012 dans *JDD*, source : http://www.lejdd.fr/Economie/Actualite/Serres-Ce-n-est-pas-une-crise-c-est-un-changement-de-monde-583645 : Geneviève Fioraso « France université numérique : construire l'université de demain », discours du 2 octobre 2013 ; source : http://www.enseignementsup-recherche.gouv.fr/cid74183/france-universite-numerique-construire-l-universite-de-demain.html.

C'est certain que la révolution digitale a provoqué des changements profonds dans les habitudes de vie et le fonctionnement du marché. Avec Internet les scientifiques ont été confrontés au frottement entre une ancienne tradition d'échange des résultats scientifiques entre pairs dans le but de faire évoluer le savoir et d'avancer la recherche – et une nouvelle technologie qui a révolutionné les moyens de communication.

Le numérique n'a pas seulement eu un impact sur les modes de vie en ce qui concerne l'accès à l'information dans le monde de la consommation, du e-commerce, du transport et des interactions sociales mais offre également une grande chance et un moyen extraordinaire d'accès au savoir en général, et au savoir scientifique en particulier.

La volonté des scientifiques et des universitaires dans des domaines aussi variés que les sciences naturelles, les sciences humaines et sociales est de chercher, de développer et d'augmenter le savoir dans un but désintéressé et non financier pour la science elle-même : « La tradition ancienne est la volonté des scientifiques et universitaires de publier sans rétribution les fruits de la recherche la dérivée savante, pour l'amour de la recherche de la connaissance »[2].

II. Comment naît l'idée de « open access » ?

Partant de ce constat, il faut regarder de près comment naît l'idée de « open acces » ou de « libre accès » et ce que ce concept représente exactement.

Il est utile de différencier des notions suivantes :

A. Open Source[3]

Ce terme s'applique aux logiciels (« software »). Sont appelés open source les logiciels dont la licence garantit à l'utilisateur certains droits comme

le droit de faire des copies du programme, et de distribuer ces copies

le droit d'accéder au code source du logiciel pour pouvoir y apporter des modifications

le droit d'améliorer le programme

---

2 Initiative de Budapest pour l'accès ouvert, introduction du 14 février 2002 ; source : Internet, page web du CNRS : openacces.inist.fr.

3 « La définition de l'Open Source » ; source : linux-France.org.

B. *Open Data*[4]

Ce terme désigne des données numériques. Une donnée ouverte est une information publique, produite par une collectivité, un service public ou une entreprise qui peut être librement utilisée, réutilisée et redistribuée par quiconque sans restriction de copyright, brevets ou autre mécanisme de contrôle.

C. *Open Access*

Regardons maintenant le phénomène de « open access » :

Parallèlement au développement des nouvelles technologies du web s'est développé un phénomène qui met en péril le libre accès au savoir. Malgré le fait que beaucoup de chercheurs ne demandent pas de rémunération financière pour leur recherche et la publication de leurs résultats, l'appropriation citoyenne du savoir est restreinte du fait de la politique éditoriale. Les maisons d'édition scientifique se sont de plus en plus concentrées sur quelques maisons, et dans certains domaines scientifiques cette concentration frôle la situation de monopole.

D'un côté, les consommateurs (lecteurs, autres chercheurs ou curieux) et les acheteurs (les bibliothèques, institutions de recherches, les scientifiques et chercheurs, les doctorants et étudiants) disposent des moyens financiers de plus en plus réduits pour acheter des publications éditoriales. Sur le plan économique, les maisons d'édition pratiquent depuis le début des années 1990 une augmentation des prix des revues scientifiques et rendent l'accès à ces lectures de plus en plus difficile :

Si au début l'augmentation des prix suivait le cours de l'inflation, elle augmentait par la suite rapidement jusqu'à atteindre 30 % par an. Cela concernait avant tout les disciplines qu'on appelle les disciplines STM (science, technologie, médecine), mais pas seulement. La plupart des opinions mettent en cause les pratiques des grandes maisons d'édition qui se partagent le marché entre eux et peuvent donc dicter les prix[5].

Les « consommateurs » par contre ne peuvent pas changer de produits (revue de recherche) et s'orienter vers des magazines moins chers. Ils dépendent des informations publiées dans des magazines d'une certaine renommée et d'une certaine qualité.

---

4 « Définition de l'Open Data », source : http://eduscol.education.fr/cdi/culture-de-l-information/opendata/Opendata-defintion ; « Qu'est-ce que l'Open Data ? », source : http://opendatahandbook.org/guide/fr/what-is-open-data/.

5 Matthias Spielkamp, « Open access – Freies Wissen für alle : Wissenschaftliches Publizieren im digitalen Zeitalter », 14/11/2007 ; source : http://www.bpb.de/gesellschaft/medien/urheberrecht/63380/open access.

D'autre côté, le budget des bibliothèques universitaires et autres n'a pas été augmenté ou – pire – s'est même réduit par mesure d'économie. Par conséquent les bibliothèques ont dû réduire leur offre en se désabonnant d'un certain nombre de revues scientifiques trop coûteuses. Ceci a amorcé une spirale infernale qui a conduit les maisons d'édition à produire leurs revues en nombre plus restreint, donc plus cher, mettant une pression financière supplémentaire sur l'acheteur (bibliothèques, instituts et autres).

De plus en plus de scientifiques ne peuvent plus publier dans des magazines de renommée sans coûts d'édition additionnels ce qui est une vraie barrière économique pour la science.

Dans les pays en voie de développement, le problème se pose de façon accrue. Les consommateurs avertis (chercheurs, étudiants) n'ont pas forcement des moyens pour accéder à des revues internationales reconnues, des journaux scientifiques classiques avec – du coup – des frais de souscription élevés par manque de budget[6].

Ce développement est contraire à l'idée que le savoir scientifique est un bien commun qui doit être disponible pour tous. Ce phénomène a conduit la communauté des chercheurs à penser à d'autres solutions de publication.

L'idée de l'accès libre consiste dans l'approche de publier la littérature scientifique en ligne pour qu'elle puisse être consultée de façon gratuite et sans restriction par tous les scientifiques, enseignants, étudiants, doctorants et autres personnes ayant un intérêt dans la matière à l'échelle mondiale. L'Internet propose une alternative très séduisante à l'impression classique pour économiser des coûts d'impression, de stockage, d'administration et de transport. La facilité technique actuelle pour numériser les œuvres scientifiques et de les mettre à disposition de tout le monde par un simple chargement ou partage de fichiers sur l'ordinateur de l'utilisateur – qui de plus n'a plus à se déplacer – permet d'éviter beaucoup de frais autrement nécessaires.

En même temps ce libre accès n'est pas seulement intéressant d'un point de vue économique mais il présente des avantages pour tous les acteurs, donc les chercheurs :

Idéalement les chercheurs gagnent grâce à cette publication alternative une nouvelle visibilité, un nouvel impact et un nouveau public élargi et quantifiable[7]. L'accès libre à l'information et aux idées des autres

[6] Daniel M. Mutonga, « The power of student advocacy », Medical Student Association, University of Nairobi, 20/11/2013 à Berlin 11 OA Conference Session III « The global perspective : Open Access at Work ».

[7] « Initiative de Budapest pour l'accès ouvert », introduction du 14 février 2002 ; source : page web du CNRS : openacces.inist.fr.

chercheurs dans le monde augmente de façon considérable la distribution du savoir ce qui stimule la discussion, l'échange, la créativité et par conséquent la production de savoir nouveau – et ceci plus largement et rapidement que par la voie traditionnelle des publications sur papier.

Mais un cadre juridique clair est la condition primordiale pour que les documents mis en libre accès puissent être utilisés par les scientifiques sans se soucier d'éventuelles violations des droits d'auteurs. Si la base légale de l'utilisation cédée et l'étendue de cette utilisation ne sont pas clairement établies, le travail de recherche est sérieusement entravé. On discutera ce point en parlant des licences standardisées que les auteurs ou leurs mandataires donnent pour fixer les règles (sans effet de surprise) concernant les droits et les devoirs des utilisateurs[8].

III. Historique du développement de l'accès ouvert

L'idée de l'accès ouvert trouvait déjà en 2001 tellement d'adhérents qu'un premier forum s'est tenu à Budapest. La conviction de tous était alors que la science est une matière vivante qui vit de l'échange entre chercheurs et comme la recherche est souvent financée par des fonds publics elle devrait être librement accessible sur le Net. Ce document fondateur nous donne la première définition exacte du terme « accès libre » :

> Par « accès libre » à la littérature scientifique nous entendons sa mise en disposition gratuite sur le net, permettant à chacun de lire, télécharger, copier, transmettre, imprimer, chercher ou faire un lien vers le texte intégral de ces articles, les disséquer pour les indexer, s'en servir de données pour un logiciel, ou s'en servir à toute autre fin légale, sans barrière financière, légale ou technique autre que celles indissociables de l'accès et l'utilisation d'Internet[9].

[8] « Appel zur Nutzung offener Lizenzen in der Wissenschaft », in *Irnformationen zur Wissenschaft*, n° 68, 20/11/2014 ; source : http://www.dfg.de/foerderung/info_wissenschaft/info_wissenschaft_14_68.

[9] « Initiative de Budapest pour l'accès ouvert », 14/2/2002 ; source : page web du CNRS : openacces.inist.fr/?Initiative-de-Budapeste-pour-l'acces ouvert ; pour la version originale anglaise http://www.budapestopenaccessinitiative.org/read.

A. *Déclaration de Budapest le 14 février 2002*

Dans cette déclaration de Budapest signée le 14 février 2002[10] l'idée de la littérature scientifique à publier en libre accès concernait

- d'un côté les articles dans des revues à comités de lecture (voie verte),
- et de l'autre côté également toute prépublication n'ayant pas encore fait l'objet d'une évaluation des pairs (voie dorée).

1. *Voie verte*

En voie verte, les articles sont d'abord publiés par des voies de publication classiques (magazine scientifique classique, journal spécialisé) ce qui inclut un travail de lectorat organisé par l'éditeur en question qui d'ailleurs souvent impose un format spécifique aux auteurs pour les articles à paraître dans son journal. L'auteur cède donc d'abord ses droits de publication à l'éditeur. Après un « délai de carence ou d'embargo » imposé par celui-ci, souvent 12 mois, l'auteur se voit rétrocéder le droit de publier son article soit seulement en version non revisée, c'est la fameuse version « préprint » avant relecture, soit la version déjà publiée si l'éditeur a recédé ce droit. Les coûts de cette voie sont financés par les lecteurs qui souscrivent aux abonnements des journaux spécialisés, et paient cette souscription (bibliothèques, professeurs, étudiants, chercheurs).

C'est donc un financement par souscription.

La « prépublication » signifie un travail scientifique qui n'a pas encore été commenté par des pairs, donc le travail d'évaluation de la qualité reste à faire. Les droits d'auteur reposent en règle générale encore chez l'auteur et la publication en voie verte ne pose donc normalement pas de problème juridique[11].

---

10 Signée par Leslie Chan : Bioline International ; Darius Cuplinskas : Director, Information Program, Open Society Institute ; Michael Eisen : Public Library of Science ; Fred Friend : Director Scholarly Communication, University College London ; Yana Genova : Next Page Foundation ; Jean-Claude Guédon : University of Montreal ; Melissa Hagemann : Program Officer, Information Program, Open Society Institute ; Stevan Harnad : Professor of Cognitive Science, University of Southampton, Université du Québec a Montréal ; Rick Johnson : Director, Scholarly Publishing and Academic Resources Coalition (SPARC) ; Rima Kupryte : Open Society Institute ; Manfredi La Manna : Electronic Society for Social Scientists ; István Rév : Open Society Institute, Open Society Archives ; Monika Segbert : eIFL Project consultant ; Sidnei de Souza : Informatics Director at CRIA, Bioline International ; Peter Suber : Professor of Philosophy, Earlham College & The Free Online Scholarship Newsletter ; Jan Velterop : Publisher, BioMed Central.

11 « Open-Access-Strategien », Informationsplattform zu open access ; source : http://open-access.net/de/allgemeines/was_bedeutet_open_access/open_access_strategien/.

La publication « verte » se fait dans des dépôts gratuits directement par l'auteur même (chercheurs ou personnes mandatées) soit sur ses propres pages web, ce qu'on appelle « auto-archivage » soit en dépôts institutionnels, centralisée (par example HAL) ou thématiques (comme par exemple « Arxiv » en science physique), donc dans des archives ouvertes qui permettent l'accès gratuit et l'usage des articles scientifiques lors ou peu après publication dans une revue arbitrée par les pairs.

On appelle « auto-archivage » également le stockage sur leurs propres serveurs par des universités et instituts de documents provenant de leurs propres corps scientifiques.

2. Voie dorée

La voix dorée est définie comme la première publication d'articles directement dans des revues en libre accès (donc une première publication sous format digitale), quel que soit leur mode de financement.

Cette publication comprend tous les critères d'une publication scientifique[12], c'est-à-dire :

- l'enregistrement de l'auteur de la recherche,
- le contrôle de la qualité scientifique avant publication,
- la diffusion et la visibilité dans la communauté scientifique,
- l'archivage fiable à long terme.

Cette voie dorée met la charge du financement des coûts de la publication en amont sur l'auteur ou sur l'institution pour laquelle il travaille. Une première publication est coûteuse à cause du processus éditorial à respecter. La validation des pairs, le travail éditorial sont à organiser et à financer en amont, ce qui d'ailleurs peut poser des problèmes. C'est donc un financement par le producteur/auteur.

On revient ici encore une fois au risque de créer des inégalités d'accès à cette voie pour les équipes moins bien dotées ce qui va à l'encontre de l'idée de la « libre circulation du savoir »[13]. Cette remarque ne vaut bien évidemment pas seulement pour des équipes différentes au sein d'un même pays, mais d'autant plus pour une concurrence fructueuse entre différents pays, et plus loin différents continents avec forcement des différences de moyens et de politiques et des priorités.

12 Bargheer/Bellem/Schmidt, « Open Access und Institutional Repositories – rechtliche Rahmenbedingungen », in Gerald Spindler, *Rechtliche Rahmenbedingungen von Open Access-Publikationen*, p. 7 ; source : http://www.univerlag.uni-goettingen.de/OA-Leitfaden/oaleitfaden_web.pdf

13 Discours de Geneviève Fioraso lors des 5e journées Open Access ; source : http://www.enseignementsup-recherche.gouv.fr/cid66992/discours-de-genevieve-fioraso-lors-des-5e-journees-open-access.html.

Idéalement pour les signataires de la déclaration de Budapest l'utilisation de ces deux voies donnerait aux auteurs un retour plus large des pairs, en soumettant le résultat à un public diversifié pour commentaires et/ou pour avertir leurs collègues d'une découverte scientifique importante.

Comme la liberté de l'accès à la formation ne doit pas nuire à l'intégrité des chercheurs, et plus spécifiquement au droit fondamental d'être reconnu comme auteur de son travail, la déclaration de Budapest prévoyait justement comme (seule) contrainte de la reproduction et de la distribution la garantie pour les auteurs de contrôler l'intégrité de leurs travaux et d'avoir le droit à être correctement reconnus et cités.

a. Déclaration de Berlin 2003

La deuxième étape importante du concept de libre accès a été la « Déclaration de Berlin sur le Libre Accès à la Connaissance en sciences exactes, sciences de la vie, sciences humaines et sociales », signée le 22 octobre 2003 à Berlin[14], aujourd'hui considérée comme texte fondamental pour la publication future des résultats de recherche.

Le texte rappelle les fondements de la déclaration de Budapest en définissant le libre accès comme « une source universelle de la connaissance humaine et du patrimoine culturel ». Il concrétise l'idée du libre accès et exige que le contenu des documents d'un côté et les outils logiciels de l'autre côté soient librement accessibles et compatibles entre eux. Pour garantir un libre accès, il ne suffit donc pas de seulement mettre les textes sur le web en libre circulation, mais il faut veiller à ce que les logiciels utilisés par les différents acteurs soient compatibles entre eux.

Selon la déclaration les contributions au libre accès doivent satisfaire deux conditions[15] :

« 1. *Leurs auteurs et les propriétaires des droits afférents concèdent à tous les utilisateurs un droit gratuit, irrévocable et mondial d'accéder à l'œuvre en question, ainsi qu'une licence les autorisant à la copier, l'utiliser, la distribuer, la transmettre et la montrer en public, et de réaliser et de diffuser des œuvres dérivées, sur quelque support numérique que ce soit et dans quelque but responsable que ce soit, sous réserve de mentionner comme il se doit son auteur tout comme le droit d'en faire des copies imprimées en petit nombre pour un usage personnel.*

---

14 « Déclaration de Berlin sur le Libre Accès à la Connaissance en sciences exactes, sciences de la vie, sciences humaines et sociales », objectifs, source : http://openaccess.inist.fr/?Declaration-de-Berlin-sur-le-Libre.

15 Déclaration de Berlin sur le libre accès à la connaissance en sciences exactes, sciences de la vie ; sciences humaines et sociales du 22 octobre 2003 ; source : http://openaccess.inist.fr/?Declaration-de-Berlin-sur-le-Libre.

2. *Une version complète de cette œuvre, ainsi que de tous ses documents annexes, y compris une copie de la permission définie dans ce qui précède, est déposée (et, de fait, publiée) sous un format électronique approprié auprès d'au moins une archive en ligne, utilisant les normes techniques appropriées (comme les définitions des Archives Ouvertes [Open Archives]), archive gérée et entretenue par une institution académique, une société savante, une administration publique, ou un organisme établi ayant pour but d'assurer le libre accès, la distribution non restrictive, l'interopérabilité et l'archivage à long terme* ».

Signée par les grandes organisations économiques et les institutions scientifiques de recherche et de culture internationale, cette déclaration voit son nombre de signataires croître tous les jours[16].

b. Pays ACP

En novembre 2012, la conférence internationale sur le libre accès, la dixième conférence dite « Berlin 10 » a pour la première fois eu lieu en Afrique, à l'Université de Stellenbosch en Afrique du Sud.

Ces conférences rassemblent les chercheurs en sciences et en sciences humaines, ainsi que les institutions et les groupes capables de fournir des financements, et les représentants de la sphère politique autour de la Déclaration de Berlin sur l'accès ouvert au savoir dans les Sciences.

C'était la première conférence à laquelle l'UNESCO (l'organisme des Nations unies pour l'éducation, la science et la culture) participait activement et organisait deux ateliers pour promouvoir l'accès libre à l'information et à la recherche scientifiques.

Le but de cette conférence était d'inciter déjà en amont de nombreuses institutions africaines d'adhérer à la Déclaration de Berlin et d'accepter les principes directeurs du mouvement pour le libre accès. L'effort a payé car aujourd'hui 37 pays ACP (pays d'Afrique, Caraïbes et Pacifiques) ont signé cette déclaration, dont 36 du continent d'Afrique.

IV. Aspects techniques

Pour développer un accès libre, il ne suffirait pas que les chercheurs mettent leurs ouvrages sur leur page web privée. Cette méthode ne garantirait pas que les articles soient de façon durable conservés sur un support fixe pour rester accessibles et de répondre ainsi aux critères d'un débat scientifique sérieux. Un seul crash du disque dur ou un problème

---

16 Le premier signataire était le 22 octobre 2003 l'« Academia Europaea » et le dernier actuellement en tant que numéro 522 le 09.09.2015 l'Université de Luzerne en Suisse.

aussi banal comme une facture impayée du provider d'accès mettraient en péril l'œuvre[17].

Le texte de recherche en question doit être facilement trouvable ce qui nécessite le bon choix du système d'exploitation, des métadonnées pour optimiser la localisation des textes scientifiques selon mots-clefs et un travail poussé sur l'interopérabilité entre réseaux. Cet effort nécessaire n'est pas à la porte de tous les chercheurs qui en règle générale préfèrent s'occuper de la recherche dans leur domaine d'excellence au lieu de perdre leur temps dans les abysses de l'informatique !

À cela s'ajoute la question de l'infrastructure de communication (accès Internet, mobile entre autre) pour les pays en développement[18]. Il existe certes de grandes différences d'un pays à l'autre en ce domaine. En intéressant les pays africains et d'autres pays en voie de développement à cette idée, on promeut en même temps des investissements dans les technologies des voies de communication.

A. Organisation de l'archivage

L'inconvénient de l'« auto-archivage » de la voie verte est que les protocoles de ces serveurs sont souvent individuels et non standardisés et donc pas obligatoirement compatibles entre eux.

De plus en plus d'auteurs utilisent donc des dépôts institutionnels (« Institutional repositories ») interopérables[19].

Les bases techniques nécessaires de la voie verte remontent au chercheur Stevan Harnaden, qui les a développées lors d'une réunion à Santa Fe en octobre 1999[20]. Ce « mouvement Open Archive Initiative » (OAI) avait comme objectif de développer et de promouvoir des standards interopérables pour les bases d'articles scientifiques.

---

17 Matthias Spielkamp, « Open access – Freies Wissen für alle : Wissenschaftliches Publizieren im digitalen Zeitalter », 14 novembre 2007 ; source : http//www.bpb.de/gesellschaft/medien/urheberrecht/63380/open accès.

18 Daniel M. Mutonga, « Poor communication infrastructure – limited internet access / The power of student advocacy », Medical Student Association, University of Nairobi à Berlin 11 OA Conference Session III « The global perspective : Open Access at Work ».

19 Bargheer/Bellem/Schmidt, « Open Access und Institutional Repositories – rechtliche Rahmenbedingungen », in Gerald Spindler, *Rechtliche Rahmenbedingungen von Open Access-Publikationen*, p. 8 source : http://www.univerlag.uni-goettingen.de/OA-Leitfaden/oaleitfaden_web.pdf.

20 Ghislaine Chartron, « Les archives ouvertes dans la communication scientifique » 2003 ; source : urfist.enc.sorbonne.fr/anciensite/archives-ouvertes.htm.

Toutes les archives ouvertes qui suivent le protocole d'échange des données OAI-PMH (« The open archives initiative protocol for metadata harvesting ») présentent l'avantage d'être interopérables. Le fait de se mettre d'accord sur un même protocole d'échange permet aux moteurs de recherche en plus de « moissonner » simultanément tous les réservoirs de documents lors d'une même enquête ce qui augmente de façon considérable les moyens de recherche.

En France en 2001 le Centre pour la communication scientifique et directe (CCSD)[21] a créé une archive ouverte pluridisciplinaire, appelé HAL (hyper article en ligne)[22]. Cette archive ouverte est un site où le principe du libre accès aux documents est mis en œuvre. Les chercheurs peuvent y déposer et diffuser leurs articles de recherche en texte intégral, qu'ils aient été publiés ou non, et des thèses dirigées par des établissements français ou étrangers. C'est un entrepôt de documents.

B. Licences

Pour répondre aux besoins des licences fiables et standardisées, Lawrence Lessig a créé en 2001 une organisation à but non lucratif « Creative Commons » qui développe des licences standardisées et qui sont entre-temps reconnues mondialement. Le Centre d'études et de recherches de science administrative (CERSA)[23] a transposé les licences en droit et en langue française. L'organisation « Creative Commons France » met à la disposition des utilisateurs des licences adaptées au droit français[24].

Le modèle développé est modulable. Il existe six possibilités combinées autour de quatre pôles qui définissent les différents usages possibles d'une œuvre intellectuelle en respectant le droit d'auteur du pays du dépôt. Le principe de base est que tous les droits restent chez l'auteur qui lui garde le droit de pouvoir céder les droits différents aux usagers. La plupart des articles des revues libres sont diffusés sous une licence dite ouverte[25].

---

21 Le CCSD (Centre pour la communication scientifique directe – UMS3668) est une unité mixte de service du CNRS (Centre national de la recherche scientifique), INRIA (Institut national de recherche dédié au numérique) et Université de Lyon, créée fin 2000 et principalement dédiée à la réalisation d'archives ouvertes. L'unité est basée dans les locaux du Centre de calcul de l'IN2P3 et est rattachée à la Direction de l'Information Scientifique et Technique (DIST).

22 https://hal.archives-ouvertes.fr.

23 Le CERSA est une unité mixte de recherche UMR 7106 placée sous la double tutelle de l'Université Panthéon-Assas Parsi 2 et le Centre national de recherche scientifique CNRS ; source : http://cersa.cnrs.fr/presentation-du-cersa/.

24 http://creativecommons.fr/qui-sommes-nous/creative-commons-france/.

25 « Appel zur Nutzung offener Lizenzen in der Wissenschaft », in *Informationen zur Wissenschaft* n° 68, 20/11/2014 ; source : http://www.dfg.de/foerderung/info_wissenschaft/info_wissenschaft_14_68/.

L'intérêt de ces licences de « Creative Common » pour les auteurs est la sécurité du cadre légal et pour les utilisateurs le système facilement repérable d'icônes qui indiquent l'étendue des droits cédés par l'auteur :

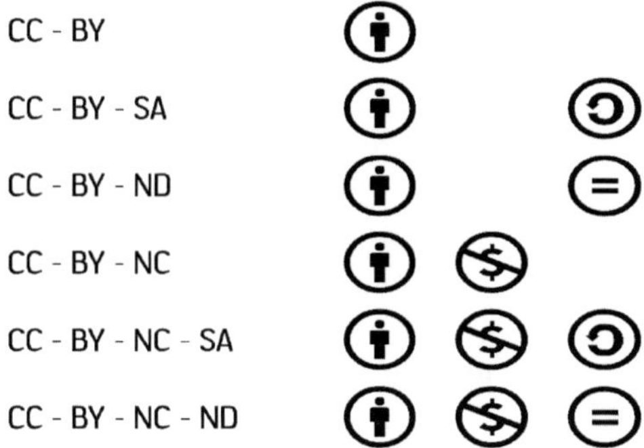

La licence de base est **CC-BY** qui permet la réutilisation illimitée avec seule obligation de citer la paternité de l'œuvre.

Le **CC-BY-SA** cède le droit de toute utilisation de l'œuvre originale (y compris à des fins commerciales) ainsi que la création d'œuvres dérivées, à condition qu'elles soient distribuées sous une licence identique à celle qui régit l'œuvre originale.

Le **CC-BY-ND** cède le droit de toute utilisation de l'œuvre originale (y compris à des fins commerciales), mais n'autorise pas la création d'œuvres dérivées.

Le **CC-BY-NC** permet l'exploitation de l'œuvre, ainsi que la création d'œuvres dérivées, à condition qu'il ne s'agisse pas d'une utilisation commerciale

Le **CC-BY-NC-SA** cède le droit de l'exploitation de l'œuvre originale à des fins non commerciales, ainsi que la création d'œuvres dérivées, à condition qu'elles soient distribuées sous une licence identique à celle qui régit l'œuvre originale.

Le **CC-BY-NC-ND** cède le droit de l'utilisation de l'œuvre originale à des fins non commerciales, mais n'autorise pas la création d'œuvres dérivées[26].

Il faudra par ailleurs se poser la question des moyens de sanction en cas de violation de droit. Une licence qui peut être violée sans sanction

[26] Dlehenaff, « Quelles licences de réutilisation pour les revues en open access ? », 14/02/2014 ; source : http://ist.blogs.inra.fr/openinra/2014/02/14/quelles-licences-de-reutilisation-pour-les-revues-en-open-access.

possible et exécutable restera perfectible. Pour sanctionner il faut une loi prévoyant la sanction applicable, une juridiction compétente pour en juger et des services juridiques pour exécuter le jugement.

V. Développement de l'idée open access au niveau mondial ?

A. Europe

Dans le Programme Cadre de la Commission européenne Horizon 2020 pour la période de 2014 à 2020, un projet pilote « open access » est introduit[27]. Le programme prévoit que les chercheurs auront l'obligation de donner libre accès aux publications et aux données des recherches issues des recherches financées par le programme sur fonds publics.

Néanmoins il semble que des exceptions sont possibles pour des contraintes légales :

> Les projets peuvent rester en retrait de l'initiative pilote pour des raisons de protection de la propriété intellectuelle ou de données à caractère personnel, pour des raisons de sécurité ou pour éviter que l'objectif principal de leurs travaux de recherche soit compromis par le libre accès aux données[28].

La Commission européenne déclare vouloir avec ce projet pilote mieux cerner les besoins en infrastructure et l'impact de facteurs limitatifs tels que la sécurité, le respect de la vie privée ou la protection des données, ou d'autres facteurs pouvant dissuader les projets d'y prendre part. Elle donnera aussi des indications sur la meilleure manière d'inciter les chercheurs à gérer et à partager les données recueillies lors de leurs travaux[29]. Pour le moment il n'y a pas encore de concept légal définitivement mûr pour résoudre les problèmes juridiques liés au respect de la vie privée, la protection des données et le droit d'auteur et le droit fondamental de liberté de la science.

---

27 « La Commission lance un projet pilote de libre accès aux données issues de la recherche financée sur fonds publics », Press release le 16/12/2013 ; source : http://europa.eu/rapid/press-release_IP-13-1257_fr.htm.

28 « Le libre accès aux publications et aux données de recherche », information sur le site du ministère de l'Éducation nationale, de l'Enseignement supérieur et de la recherche ; source : http://www.horizon2020.gouv.fr/cid82025/le-libre-acces-aux-publications-aux-donnees-recherche.html.

29 « La Commission lance le projet pilote de libre accès aux données issues de la recherche financée sur fonds publics », 24/10/2014 ; source : http://europa.eu/rapid/press-release_IP-13-1257_fr.htm.

B. Programme de Nations unies pour après 2015

À l'occasion du congrès annuel de l'IFLA, la Fédération mondiale des bibliothèques et des bibliothécaires (« International Federation of Library Associations and Institutions »), un congrès qui réunissait en août 2014 plus de 4 000 participants internationaux à Lyon sous le thème « Bibliothèques, Citoyenneté, Société : une confluence vers la connaissance », avait mis un fort accent sur l'accès à l'information comme outil au développement.

Le but de cette déclaration appelée « la Déclaration de Lyon »[30] était que l'accès à l'information soit intégré comme objectif à atteindre dans la version finale du « Programme des Nations unies pour l'après 2015 ».

Cet objectif est partagé par la 6e conférence des « OASPA – Open Acces and Scholarly Publishers Association » qui se déroulait au quartier général de l'UNESCO à Paris en septembre 2014. La OASPA[31] regroupe des éditeurs de revues en accès libre de tous genres (à profit, sans profit, universitaires, scientifique, scolaires) pour s'échanger sur ce nouveau business model et ses exigences techniques. Pour eux l'accès libre a une grande importance dans les pistes à explorer par les pays pour éradiquer la pauvreté et d'arriver à un développement durable[32]. Ils demandent également que cet accès libre à l'information fasse partie de l'agenda des Nations unies pour « après 2015 ».

VI. Critiques

Il faut cependant rester critique et se poser quelques questions pertinentes :

A. Problème spécifique pour les pays en voie de développement

Dans les pays en développement, l'accès libre rencontre des obstacles concrets en forme de coût de souscription (pour la voie verte) et des frais de publication (pour la voie dorée)[33]. Selon le pays concerné les budgets accordés aux universités et/ou institutions scientifiques, le budget des

---

30 http://eduscol.education.fr/cdi/actualites/archives/2014/ifla-2014.

31 http://oaspa.org.

32 « Role of open access in the post-2015 development agenda highlighted in a conférence at UNESCO », communication and Information sector, 22 septembre 2014 ; source : http://www.unesco.org/new/en/media-services.

33 Open Access Scholarly Information Sourcebook dated 16/03/2010, Source : http://www.openoasis.org/index.php ?option=com_content&view=article&catid=78:articles&id=28:developing-countries&Itemid=253.

chercheurs individuels ne permet pas d'investir ni dans la voie verte ni la voie dorée[34].

Il s'ajoute le problème du niveau d'équipement technique (infrastructure de communication, dépôts « repositories ») nécessaire à l'utilisation qui dépend majoritairement de la volonté politique des gouvernements d'y investir et d'avoir la possibilité et la priorité d'y investir.

Il ne suffira pas de juste rendre un certain temps la publication, donc la voie dorée, gratuite ; les coûts de publication devront devenir partie intégrante d'un budget de recherche comme d'autres outils (équipement scientifique, matériel) pour trouver une solution pérenne[35]. Ceci est d'autant plus vrai que les journaux locaux ne peuvent pas se permettre de publier gratuitement ou à très bas prix comme ils ont besoin de faire payer la publication pour survivre économiquement. Mais c'est eux qui jouent un rôle nécessaire pour la recherche locale[36].

Un autre point problématique pour les pays en voie de développement est l'utilisation du facteur ISI IF (« Institute for Scientific Information – Impact Factor ») comme référence. Le facteur d'impact est un moyen globalement reconnu pour évaluer la valeur d'un journal scientifique et sa visibilité dans le monde anglophone. On calcule la moyenne de citations d'un article publié dans une revue par les autres revues dans les deux ans précédents. Si deux ou trois articles d'un journal sont souvent cités, cela relève la côte du journal entier et du coup des autres articles du même journal par effet rebondissant. Le focus sur le paramètre de citation par journal au lieu de citation d'un seul article fausse le jeu et il faudrait plutôt utiliser comme critère la citation d'un article même[37].

B. Danger de la voie dorée

Le journal *Libération* publie le 4 octobre 2013 un article intitulé : « Open Acces : Du rêve au cauchemar ». Un journaliste de la revue *Science* avait écrit un faux article de recherche pharmacologique, qu'il fait signer d'un chercheur baptisé Ocorrafoo Cobange, également un

34 Eve Gray, Sumandro Chattapadhyay, Kelsey Wiens, Alostair Scott, « Is open access only for rich countries » 2013, source : https://www.ids.ac.uk/files/dmfile/Is_OpenAccess_only_for_rich_countries.pdf.

35 « Developing world gains open access to science research, but hurdles remain », in *The Guardian*, 3 septembre 12 ; source : http://www.theguardian.com/global-development/2012/sep/03/developing-world-open-access-research-hurdles.

36 Susan Murray, directeur du journal *African Journals Online*, juin 2012 ; source : http://www.theguardian.com/global-development/2012/sep/03/developing-world-open-access-research-hurdles.

37 Eve Gray, Sumandro Chattapadhyay, Kelsey Wiens, Alostair Scott, « Is open access only for rich countries », 2013, source : https://www.ids.ac.uk/files/dmfile/Is_OpenAccess_only_for_rich_countries.pdf.

produit imaginaire, travaillant dans un laboratoire du Wassee Institute of Medicine, soit disant se trouvant à Asmara, la capitale de l'Érythrée.

Si la ville d'Asmara existe vraiment ni l'institut, ni le chercheur n'existaient ! L'article comportait – évidemment exprès – des erreurs scientifiques flagrantes d'un niveau détectable par un étudiant de biologie, et de nombreuses incohérences dans les documents attachés facilement visibles même par un non-scientifique[38].

Ceci n'a pas empêché le *Journal of Natural Pharmaceuticals* d'accepter et de publier cet article. Allant encore plus loin, 157 des 304 revues contactées avaient accepté la publication d'une version quasi identique de ce faux article, avec des noms et des institutions scientifiques tous aussi imaginaires, générés par un programme informatique. Pire, 16 revues l'ont accepté malgré la recommandation d'un « reviewer » – c'est-à-dire un lecteur spécialisé qui évalue les articles avant publication – », de le rejeter. Questionné sur ce problème d'usurpateur, un des premiers signataires de la déclaration de Budapest, le chercheur à l'Université de Montréal et professeur de littérature comparatif, Jean-Claude Guédon, a mis en garde contre deux différents types de gens qui détournent et nuisent au modèle économique de l'« auteur-payeur » dans la voie dorée[39].

D'une part il mentionne des « éditeurs prédateurs », qui profitent de l'« open access » pour faire la publicité de « pseudo-revues scientifiques » qui ne pratiquent pas de relecture réelle par des pairs mais qui gagnent bien en se faisant payer par les auteurs-chercheurs, parfois pas sérieux en publiant de tout.

D'autre part il s'inquiète du fait que certains grands éditeurs ont inventé les revues hybrides, où le chercheur peut payer en amont pour que son article soit en accès libre. Le fait que l'essentiel de la revue demeure toujours aussi coûteux pour les bibliothèques universitaires (version papier et/ou accès au contenu numérique), est un souci dans la mesure où cette proposition assure désormais à ces éditeurs une double source de revenus.

Pour J.-C. Guédon, « la seule solution réaliste, pérenne et raisonnable serait que la recherche publique, financée sur fonds publics, soit dotée de crédits pour organiser la publication des résultats des recherches avec un système purement académique où les comités de lecture seront formés dans la transparence et avec des critères fondés sur la seule qualité des chercheurs ».

---

38 Jean-Claude Guédon, « Open Access : Du rêve au cauchemar ? », *Libération*, 4 octobre 2013 ; source : http://sciences.blogs.liberation.fr/home/2013/10/open-access-du-rêve-au-cauchemar-.html.

39 cf. note 38.

VI. Conclusion

L'accès libre restera un sujet à suivre de près d'autant plus que nous nous en servirons tous un jour – soit en tant qu'auteur soit en tant que lecteur.

Les voies de publication restent la question vitale de la recherche, question brûlante pour un public scientifique qui augmente sans cesse. Certes, l'accès libre est une chance formidable d'ouvrir la science à un large public avec des possibilités d'échanges scientifiques impensable il y a encore quelques années. Mais la prudence s'impose. Il va falloir se questionner sur les moyens de contrôle de qualité entre pairs dans un monde où la quantité des publications croit de façon exponentielle.

Part VII

The Settlement of Disputes in International Trade

Partie VII

Le règlement de litiges en commerce international

Le règlement de litiges en commerce international : les avantages de l'arbitrage international à Maurice

Farouk EL-HOSSENY et Nismah ADAMJEE

Founded in 1899, the Permanent Court of Arbitration ("PCA") is an intergovernmental organization based in The Hague, which today offers services to facilitate arbitration and other forms of dispute resolution to a multitude of entities, whether States, State entities, intergovernmental organizations or private parties. The PCA has extensive experience in administering arbitrations involving Africa and/or States from the Indian Ocean region, including arbitrations between States and those related to investments.

The PCA is particularly well positioned to manage the disputes in Africa and the Indian Ocean region. In 2010, further to the Host-Country Agreement entered into between the PCA and the Government of Mauritius, the PCA opened its first office abroad in Mauritius to assist in the performance of its duties under the Mauritian International Arbitration Act 2008 and promoting the peaceful settlement of international disputes throughout the region.

In the context of intra-regional trade relations, the disparity between the different legal frameworks concerned can act as an additional barrier. Indeed, the prospect of having to resort to national courts can discourage States or private parties to further these relations. International arbitration, among its other advantages, can then be seen as a more neutral option for effectively overcoming such a barrier.

*

Créée en 1899, la Cour permanente d'arbitrage (« CPA ») est une organisation intergouvernementale basée à La Haye qui, aujourd'hui, propose des prestations pour faciliter l'arbitrage et les autres formes de règlement des différends à une multitude d'entités, qu'il s'agisse d'États, d'entités étatiques, d'organisations intergouvernementales ou de parties privées. La CPA possède une grande expérience en matière d'administration d'arbitrages impliquant l'Afrique et/ou des États de la région de l'océan Indien, y compris les arbitrages entre États et ceux relatifs aux investissements.

La CPA est particulièrement bien positionnée pour administrer les différends en Afrique et dans la région de l'océan Indien. En 2010, conformément à l'Accord de siège conclu entre la CPA et le gouvernement mauricien, la CPA a ouvert à Maurice son premier bureau à l'étranger afin de l'assister dans l'exercice de ses fonctions sous la Loi mauricienne sur l'arbitrage international de 2008 et dans la promotion du règlement pacifique des différends internationaux à travers et concernant la région.

Dans le contexte des relations commerciales intra-régionales, la disparité entre les différents cadres juridiques concernés peut agir comme un obstacle supplémentaire. En effet, la perspective d'avoir à recourir aux tribunaux étatiques peut dissuader les États ou les parties privées à nouer de telles relations. L'arbitrage international, parmi ses autres avantages, peut alors être perçu comme une option plus neutre, servant efficacement à surmonter un tel obstacle.

*

Der Ständige Schiedshof (Permanent Court of Arbitration, „PCA") wurde im Jahr 1899 als internationale Organisation in Den Haag gegründet. Gegenwärtig stellt der Schiedshof eine Reihe von Lösungen zur Beilegung von Streitigkeiten zwischen Staaten, zwischenstaatlichen Organisationen und privaten Akteuren bereit. Der PCA hat besondere Erfahrung in der Administrierung von Investitionsschutzverfahren und anderen Schiedsverfahren im afrikanischen Raum und / oder Staaten aus dem Indischen Ozean.

Der Ständige Schiedshof ist in Afrika und der Region des indischen Ozeans mit einem Büro in Mauritius vertreten. Das Büro, welches im Jahr 2010 in Folge eines Gaststaatsübereinkommens mit Mauritius eröffnet wurde, ist mit bestimmten Aufgaben unter dem mauritischen Schiedsverfahrensgesetz – dem Mauritian International Arbitration Act 2008 – betraut. Zudem übernimmt das Büro innerhalb des PCA die Federführung bei der Förderung der friedlichen Streitbeilegung in der Region.

Im Rahmen internationaler Handelsbeziehungen stellen Unterschiede im rechtlichen Regelwerk oft versteckte Handelshemmnisse dar. Die Aussicht, etwaige Streitigkeiten vor nationalen Gerichten austragen zu müssen, kann für Staaten und Privatparteien eine abschreckende Wirkung haben. Internationale Schiedsverfahren haben unter anderem den Vorteil.

*

* *

I. Introduction

Cet article est publié suite à la tenue d'une conférence qui aborda la problématique du développement des échanges inter-régionaux dans l'océan Indien à travers l'abolition des barrières commerciales et tarifaires. La conférence a eu lieu du 19 au 24 octobre 2015 sous les auspices de l'Université de Maurice, en collaboration avec l'Université de Potsdam, l'Université Paris-Ouest Nanterre La Défense, l'Université franco-allemande, et l'Université de la Réunion. La conférence présente la prémisse suivante : 3 à 5 % des échanges impliquant la région de l'océan Indien sont intra-régionaux. Un chiffre qui est beaucoup trop bas, si on le compare par exemple à certains États de l'espace Schengen où le taux atteint presque 80 %[1] ou même l'espace de la communauté économique de l'Association des Nations du Sud-Est asiatique où le taux moyen est de 25 %.[2]

Cette problématique implique de nombreux aspects, tant économiques que juridiques. Un cadre réglementaire et institutionnel pour la résolution des différends qui est fiable est une pierre angulaire de tout échange intra-régional florissant et durable. En tant qu'organisation internationale dédiée à la résolution des différends, dont les différends commerciaux et d'investissement impliquant les États ou les entreprises ayant une participation étatique, la Cour permanente d'arbitrage (la « CPA ») est particulièrement bien positionnée pour administrer les différends dans la région de l'océan Indien. Étant présente dans la région, et ayant une place privilégiée dans la législation mauricienne en matière d'arbitrage international, la CPA pourrait assurer une plus ample stabilité et sécurité dans ces échanges intra-régionaux, permettant ainsi aux acteurs économiques de résoudre leurs différends de manière efficace et conforme aux standards juridiques internationaux.

II. La CPA

A. Historique de la CPA

La CPA est une organisation intergouvernementale qui comprend actuellement 119 États membres, dont 24 sur le continent africain.[3] Le siège de la CPA se situe au Palais de la Paix à La Haye, aux Pays-Bas. La CPA dispose également d'un bureau permanent à l'île Maurice depuis 2010.

---

1 Cela est le cas du Luxembourg ou de la République tchèque par exemple. Voir, *Eurostat*, « International Trade in Goods », août 2015 : http://ec.europa.eu/eurostat/statistics-explained/index.php/International_trade_in_goods#Intra-EU_trade (accédé le 5 mars 2016).

2 A. Foxley, « Regional Trade Blocs : The Way to the Future », *Carnegie Endowment for International Peace*, 2010 : http://carnegieendowment.org/files/regional_trade_blocs.pdf (accédé le 5 mars 2016).

3 Afrique du Sud, Benin, Burkina Faso, Cameroun, Cape Vert, République démocratique du Congo, Djibouti, Égypte, Érythrée, Éthiopie, Kenya, Libye, Madagascar, Maroc, Maurice, Nigeria, Ouganda, Rwanda, São Tomé et Principe, Soudan, Sénégal, Swaziland, Togo, Zambie et Zimbabwe.

La Cour a été créée en 1899 lors de la première Conférence internationale de la Paix de La Haye[4] afin de faciliter le recours à l'arbitrage et aux autres formes de règlement des différends entre États. La CPA a commencé à administrer les différends impliquant des États ainsi que des entités privées à partir de 1934. Aujourd'hui, alors qu'elle connaît un regain d'activité sans précédent, la CPA propose des prestations en matière de règlement des différends impliquant divers États, entités étatiques, organisations intergouvernementales et parties privées. Elle a adopté de nombreux règlements portant non seulement sur l'arbitrage, mais également sur les commissions d'enquête ainsi que la conciliation, des règlements spécialisés en matière des différends relatifs à l'environnement et/ou les ressources naturelles, ou les activités liées à l'espace.

La CPA se projette également sur divers continents afin de réaffirmer sa vocation internationale, et notamment en Afrique grâce à ses Accords de siège conclus avec la République d'Afrique du Sud (2007), et la République de Maurice (2009), ainsi que des ententes de coopération conclues avec l'Association pour la promotion de l'arbitrage en Afrique (2010) et l'Union africaine (2015).

B. Organisation

La CPA est composée de trois organes : le Conseil administratif, les Membres de la Cour, et le Bureau international.

Le Conseil administratif de la CPA supervise la gestion de l'institution dans son ensemble. Il est composé des représentants diplomatiques des États membres accrédités à La Haye. Les décisions du Conseil sont prises à la majorité des voix quoique, en pratique, elles sont souvent prises par consensus.

En vertu de l'article 44 de la Convention de 1907 pour le règlement pacifique des conflits internationaux (article 23 de la Convention de 1899 pour le règlement pacifique des conflits internationaux), chaque État membre peut désigner jusqu'à quatre de ses ressortissants d'une « compétence reconnue dans les questions de droit international, jouissant de la plus haute considération morale et disposés à accepter les fonctions d'arbitres » en tant que Membres de la Cour. Ceux-ci sont nommés pour un mandat de six ans renouvelable.[5] Actuellement, 9 des 24 États membres africains, dont l'île Maurice, ont nommé des Membres de la Cour.

---

[4] Révisée par la Convention pour le règlement pacifique des conflits internationaux de 1907.

[5] Pour accéder à la liste complète des membres de la Cour, voir : https://pca-cpa.org/fr/about/structure/members-of-the-court/.

III. Arbitrages administrés par la CPA

A. *Arbitrages entre investisseurs et États*

En date d'aujourd'hui, la CPA a administré plus de 130 arbitrages entre investisseurs et États initiés sous l'égide de traités bilatéraux ou multilatéraux d'investissement ou de législations nationales relatives aux investissements. 68 affaires de ce type sont actuellement en cours. La plupart des procédures arbitrales administrées par la CPA se déroulent en vertu du Règlement d'arbitrage de la Commission des Nations unies pour le droit commercial international (la « CNUDCI »).

Un grand nombre d'arbitrages d'investissement administrés par la CPA sont fondés sur des traités bilatéraux ou multilatéraux. De nombreux États africains ont conclu de tels traités. Il y'aurait, selon la Conférence des Nations unies sur le commerce et le développement (CNUCED), 943 de ce type de traités impliquant au moins un État africain et/ou des parties de la région de l'océan Indien.[6] Ces traités garantissent aux investisseurs étrangers un traitement équitable, incluant notamment le droit à la compensation suite à l'expropriation de leurs investissements. Ces différends concernent, entre autres, des projets industriels, ou des projets de fourniture de services dans les secteurs du transport, de la construction, de l'électricité, ou des télécommunications.

B. *Arbitrages mixtes sur le fondement de contrats*

En outre, la CPA possède une vaste expérience en matière de soutien administratif dans le cadre d'arbitrages contractuels entre des parties privées et des États ou des entités contrôlées par l'État, dans des secteurs variés de l'industrie y compris le secteur minier, les télécommunications, l'énergétique, et la construction. 32 affaires de ce type sont actuellement en cours, dont 9 impliquant au moins une partie africaine. Les procédures arbitrales fondées sur des contrats administrés par la CPA peuvent être régies par le Règlement d'arbitrage de la CPA de 2012, ou le Règlement d'arbitrage de la CNUDCI par tout autre accord *ad hoc* dont les parties sont convenues. D'ailleurs, la première affaire régie par le Règlement d'arbitrage de la CPA de 2012 implique un État africain de la région de l'océan Indien agissant à titre de partie demanderesse contre une compagnie de construction d'un pays asiatique de cette même région.

---

[6] Voir le site web de la Conférence des Nations unies sur le commerce et le développement (« CNUCED ») : http://investmentpolicyhub.unctad.org/IIA/AdvancedSearchBITResults (accédé le 5 mars 2016).

C. *Arbitrages interétatiques*

La CPA est forte de plus d'un siècle d'expérience en matière d'administration d'arbitrages entre États. Ces arbitrages ont porté sur des questions aussi diverses que des délimitations territoriales et maritimes, des conflits armés, la protection de l'environnement, le droit de la mer, la répartition des recettes douanières ou l'interprétation d'un traité bilatéral d'investissement. La CPA fait actuellement fonction de greffe dans 7 arbitrages interétatiques.

Une des affaires interétatiques les plus importantes impliquant la région de l'océan Indien a été récemment administrée par la CPA. Il s'agit de l'*Arbitrage relatif à l'aire marine protégée des Chagos* (Maurice c/ Royaume-Uni). Cet arbitrage concerne la création par le Royaume-Uni d'une aire marine protégée autour de l'archipel des Chagos. Le fondement de l'arbitrage est l'article 287 et l'annexe VII de la Convention des Nations unies sur le droit de la mer.[7] M. le professeur Ivan Shearer, M. le juge Sir Christopher Greenwood, M. le juge Albert Hoffmann, M. le juge James Kateka et M. le juge Rüdiger Wolfrum siégeaient en tant que membres du tribunal. Il importe ici de noter, qu'effectivement, 11 des 12 affaires soumises à l'arbitrage en vertu de la Convention ont été administrées par la CPA.

IV. Le rôle de la CPA dans les arbitrages internationaux

A. *Services de greffe*

Le Bureau international de la CPA fournit des services de greffe dans plus de 100 affaires pendantes, dont 37 initiés entre 2015 et 2016, et incluant 14 arbitrages d'investissement impliquant au moins une partie africaine et/ou des parties de la région de l'océan Indien. Le Bureau international de la CPA fournit, en particulier, un soutien administratif aux tribunaux tout au long de la procédure d'arbitrage en accomplissant des tâches administratives, telles que la conservation des sommes consignées par les parties et le versement de celles-ci pour le paiement des honoraires

---

7 L'article 287 de l'annexe VII énonce ce qui suit : « 1. Lorsqu'il signe ou ratifie la Convention ou y adhère, ou à n'importe quel moment par la suite, un État est libre de choisir, par voie de déclaration écrite, un ou plusieurs des moyens suivants pour le règlement des différends relatifs à l'interprétation ou à l'application de la Convention : … c) un tribunal arbitral constitué conformément à l'annexe VII … 5. Si les parties en litige n'ont pas accepté la même procédure pour le règlement du différend, celui-ci ne peut être soumis qu'à la procédure d'arbitrage prévue à l'annexe VII, à moins que les parties n'en conviennent autrement ». Voir Convention des Nations unies sur le droit de la mer, adoptée le 10 décembre 1982, entrée en vigueur le 16 novembre 1994 : https://treaties.un.org/pages/ViewDetailsIII.aspx?src=TREATY&mtdsg_no=XXI-6&chapter=21&Temp=mtdsg3&lang=fr (accédé le 5 mars 2016).

et frais du tribunal ; l'organisation d'audiences ; la facilitation de la communication entre les parties et le tribunal ou entre les membres du tribunal ; la conservation des archives et expédie les affaires courantes. L'objectif de la CPA est de réduire les coûts grâce à une administration efficace des affaires.

La CPA est également en mesure de fournir aux parties et au tribunal, gratuitement, des salles d'audience au Palais de la Paix, à La Haye. De plus, les audiences et les réunions peuvent être organisées dans d'autres lieux déterminés par le tribunal ou les parties, notamment dans les pays avec lesquels la CPA a conclu des Accords de siège, tel la République d'Afrique du Sud ou la République de Maurice. La CPA a également conclu des Accords de coopération avec plusieurs institutions arbitrales et organisations internationales, ce qui permet à la CPA de rendre ses services de règlement des différends avec plus de flexibilité à travers le monde.[8]

B. Services afférents aux autorités de nomination

En vertu du Règlement d'arbitrage de la CNUDCI, adopté en 1976 et révisé en 2010, le secrétaire général de la CPA est chargé de désigner une autorité de nomination pour désigner des arbitres, de statuer sur les récusations d'arbitres et d'assister à l'évaluation des honoraires. Avec le consentement des parties, le secrétaire général de la CPA peut agir directement en tant qu'autorité de nomination en vertu de divers régimes procéduraux, traités et législations nationales tels que la Loi mauricienne sur l'arbitrage international de 2008 (ci-après la « Loi »). Ce rôle permet le déroulement efficace des procédures d'arbitrage, notamment lorsque la partie défenderesse est en défaut d'agir ou un désaccord persiste entre les parties quant au choix des arbitres.

---

8 À ce jour, la CPA a conclu des Accords de coopération avec les entités suivantes : le Centre international pour le règlement des différends relatifs aux investissements (CIRDI), l'*American Arbitration Association* (AAA), la *China International Economic and Trade Arbitration Commission* (CIETAC), l'Association pour la promotion de l'arbitrage en Afrique (APAA), l'*Australian Centre for International Commercial Arbitration* (ACICA), le *Singapore International Arbitration Centre* (SIAC), le *Hong Kong International Arbitration Centre* (HKIAC), le *Dubai International Arbitration Centre* (DIAC), la *Bahrain Chamber for Dispute Resolution* (BCDR-AAA), le *Center for Arbitration and Conciliation of the Bogotá Chamber of Commerce* (CAC-CCB), la Cour interaméricaine des droits de l'homme (CIDH), l'*Organization of American States* (OAS), l'*Arbitration Foundation of Southern Africa* (AFSA), la *Central American Court of Justice* (CACJ), le *Centre d'arbitrage et de médiation de la chambre de commerce Brésil-Canada* (CAM-CCBC) et le *Seoul International Dispute Resolution Center* (Seoul IDRC), le *Portuguese Chamber of Commerce and Industry* (CAC-CCIP), et l'Union africaine (UA).

Le secrétaire général a reçu des demandes de désignation d'une autorité de nomination ou appelant celui-ci à agir en tant que tel dans plus de 600 affaires à ce jour et dont plus d'une centaine concernent au moins une partie africaine et/ou des parties de la région de l'océan Indien. Environ 150 demandes de désignation d'autorité de nomination concernent des différends entre investisseurs et États et quelque 100 demandes relèvent de contrats entre des entités étatiques et des parties privées.

C. Le Fonds d'assistance financière de la CPA

Établi par le Conseil administratif en 1994, le Fonds d'assistance financière pour le règlement des différends internationaux vise à aider les pays en voie de développement à supporter les coûts inhérents à l'arbitrage international ou à d'autres moyens de règlement des différends administrés par la CPA. Soutenu par des contributions volontaires versées par des États membres,[9] le Fonds est destiné aux États membres qui, au moment de leur demande d'assistance, sont répertoriés sur la liste des bénéficiaires de l'aide du Comité d'aide au développement de l'Organisation de coopération et de développement économique (OCDE) et ont conclu un accord visant à soumettre un différend, actuel ou futur, à un moyen de règlement quelconque administré par la CPA. Des subventions ont été accordées à plusieurs États africains, dont l'un dans l'arbitrage d'Abyei.[10] Les frais encourus comprennent, par exemple, les honoraires des membres du tribunal, les dépenses liées à l'exécution de la sentence ou encore le coût des agents, experts et témoins.[11]

V. L'arbitrage international en Afrique : Une perspective mauricienne

A. État des lieux

L'Afrique connaît les plus hauts taux de croissance dans le monde, attire de nombreux investissements étrangers, les investissements et échanges interafricains se multiplient également, et la nécessité d'assurer la résolution de différends sur le continent gagne de plus en plus d'ampleur. La région de l'océan Indien connaît en particulier une plus ample intégration

---

9 Des contributions ont déjà été effectuées par : L'Afrique du Sud, l'Arabie saoudite, Chypre, le Costa Rica, la France, le Liban, la Norvège, les Pays-Bas, le Royaume-Uni et la Suisse.

10 *Le Gouvernement du Soudan/ Le Mouvement/Armée populaire de Libération du Soudan (l'arbitrage Abyei)*, sentence arbitrale du 22 juillet 2009.

11 H. Jonkman et L. de Block van Scheltinga, « La Cour permanente d'arbitrage : rôle et avenir d'une institution à l'aube de son centenaire », in A. Yusuf (ed.), *L'Annuaire africain de droit international* (Kluwer Law International, vol. 4, 1997), p. 151.

régionale, ce qui permet la multiplication des échanges. En effet, il existe de nombreux forums où les États de la région se regroupent afin de promouvoir cette intégration, incluant notamment la Commission de l'océan Indien (COI), la *Common Market for Eastern and Southern Africa* (COMESA), la Communauté d'Afrique de l'Est (EAC), la Communauté économique et monétaire de l'Afrique centrale (CEMAC), la Communauté économique des États de l'Afrique de l'Ouest (CEDEAO), la *Southern African Development Community* (SADC), la *Southern Africa and Indian Ocean-ESA-IO-Tripartite*, l'Union douanière d'Afrique australe (SACU), l'Union économique et monétaire ouest-africaine (UEMOA), et à un niveau plus large, l'Union africaine, l'*Indian Ocean Rim Association*, et bien évidemment l'Organisation mondiale de commerce (OMC).

Eu égard de ce potentiel croissant en termes d'échanges commerciaux et d'investissements, tant les États africains et ceux de la région de l'océan Indien que les acteurs économiques de la région et étrangers reconnaissent les avantages de l'arbitrage international tels que le respect de la confidentialité, l'expertise des arbitres internationaux, la flexibilité de la procédure, une plus grande autonomie de la volonté des parties, la rapidité, ou encore l'économie de coûts.

En effet, la CPA administre un nombre croissant d'arbitrages impliquant des parties africaines et/ou des parties de la région de l'océan Indien, avec plus de 100 requêtes d'autorité de nomination, dont plus de 40 requêtes entre 2010 et 2015, comparé à seulement 5 requêtes entre 1990 et 1995, ainsi que 55 arbitrages d'investissement où la CPA a fourni des services de greffe.

B. Le modèle mauricien

En vue de sa position géostratégique, de son histoire, du multilinguisme et de son personnel juridique hautement qualifié – le plus souvent doté d'une double formation en *common law* et en droit civil[12] –, l'île Maurice dispose justement de nombreux atouts pour devenir un centre d'arbitrage privilégié, tant par exemple pour des litiges opposant des parties africaines ou concernant des investissements en Afrique, que pour des litiges concernant les nombreuses sociétés *offshore* d'investissement vers l'Inde ou la Chine. C'est de ce constat qu'est partie la décision du gouvernement de transformer l'île Maurice en une plateforme favorable au développement de l'arbitrage international.[13] La CPA soutient Maurice

---

[12] P. Lalive, « Mauritius : Première Conférence d'Arbitrage », *ASA Bulletin* (Association Suisse de l'Arbitrage ; Kluwer Law International, vol. 29, 2011), p. 233-234.

[13] S. Moollan, « Brève introduction à la nouvelle loi mauricienne sur l'arbitrage international », in *The Mauritian International Arbitration Act 2008, Text and Materials* (2014), p. 10.

dans cette initiative depuis la conclusion d'un Accord de siège avec celui-ci en 2009 et en exerçant son mandat en vertu de la Loi mauricienne sur l'arbitrage international de 2008.

C. Une nouvelle loi sur l'arbitrage international

Le premier pas pour s'affirmer dans le domaine de l'arbitrage international a été la promulgation de la Loi mauricienne sur l'arbitrage international de 2008 (qui est distincte de la loi interne de l'arbitrage, régie par le Code de procédure civile de 1981) le 25 novembre 2008. Elle est fondée sur la loi-type de la CNUDCI telle qu'amendée en 2006 mais inclut quelques spécificités du droit mauricien. De plus, la Loi a été amendée en 2013 et est complémentée par des travaux préparatoires.

La Loi adopte une solution particulièrement novatrice, en ce que la grande majorité des fonctions souvent attribuées à un tribunal étatique, en particulier toutes les fonctions de nomination et les décisions ultimes sur les demandes de récusation, ont été confiées à la CPA. La Loi désigne le secrétaire général de la CPA comme autorité de nomination pour les arbitrages dont le siège est Maurice et lui confie certaines fonctions statutaires.[14] Le but étant d'assurer les usagers internationaux de la Loi que les fonctions accordées par la Loi seraient prises en charge par une institution internationale qui est neutre et spécialisée dans l'arbitrage international.[15]

Le secrétaire général peut prendre toute mesure nécessaire pour constituer un tribunal arbitral, dont : la nomination d'un arbitre unique et que les parties n'ont pu s'accorder sur une procédure de nomination et ne se sont pas entendues sur le choix de cet arbitre dans le délai prescrit ;[16] ou dans les cas où les parties ont convenu d'une procédure de nomination d'un tribunal et une partie n'agit pas conformément à cette procédure ;[17] ou si les parties, ou les arbitres déjà nommés ne peuvent parvenir à un accord conformément à la procédure ;[18] ou si un tiers, y compris une institution arbitrale, ne s'acquitte pas d'une fonction qui lui est conférée dans cette procédure de nomination conclue entre les parties ;[19] ainsi que toute mesure nécessaire dans tous les autres cas où le processus de constitution du tribunal arbitral a échoué, à moins que la convention relative à la procédure de nomination ne stipule d'autres moyens de remédier à cet échec.[20] De plus,

---

14 *Id.*, p. 13.

15 R. Diwan et S. Moollan, « The New Mauritian International Arbitration Act 2008 », *Les Cahiers de l'arbitrage*, 2010, p. 311.

16 Article 12(3)(b) de la Loi.

17 Article 12(4)(a) de la Loi.

18 Article 12(4)(b) de la Loi.

19 Article 12(4)(c) de la Loi.

20 Article 12(5) de la Loi.

le secrétaire général peut statuer sur les demandes de récusations d'arbitres, et ce, dans le cas où un arbitre est récusé et que toute procédure convenue par les parties pour décider de la récusation ou que la procédure prévue par la Loi a échoué.[21] Un rôle de prise de décision lui est également accordé lorsqu'il subsiste un désaccord quant à l'impossibilité ou l'incapacité d'un arbitre de s'acquitter de ses fonctions dans un délai raisonnable.[22] Le secrétaire général peut aussi examiner les honoraires et les dépenses des arbitres[23] et proroger les délais.[24] Enfin, il importe de souligner que les décisions du secrétaire général aux termes de la Loi sont définitives et ne peuvent pas faire l'objet d'un appel ou d'une révision judiciaire, et ce, afin de garantir la finalité des décisions prises par celui-ci.[25]

Enfin, la Loi positionne la Cour suprême en tant que tribunal étatique responsable d'appuyer les procédures d'arbitrage. Par exemple, la Loi prévoit qu'un tribunal arbitral peut prononcer des mesures provisoires à la demande d'une partie à tout moment avant de rendre sa sentence finale.[26] L'article 23 de la Loi énonce que la Cour suprême dispose d'une compétence pleine et entière pour prononcer des mesures provisoires en matière d'arbitrage international si une partie lui en fait la demande et qu'elle a obtenu l'autorisation du tribunal arbitral ou l'accord écrit des autres parties à l'arbitrage. Toutefois, la compétence de la Cour est limitée aux cas où il existe une réelle urgence et que le tribunal arbitral est dans l'incapacité d'agir de manière efficace au moment où la demande est faite. Cette solution a été adoptée afin d'éviter que la Cour ne vienne s'immiscer dans le processus arbitral, et qu'elle intervienne ainsi uniquement pour appuyer, et non pour entraver, l'arbitrage.[27]

Dans la même veine, toute demande formée au titre de la Loi ou de la Loi relative à la Convention pour la reconnaissance et l'exécution des sentences arbitrales étrangères de 2001 est entendue par trois juges désignés par la Cour suprême spécialisés en arbitrage international.[28] L'appel de leurs décisions peut être soumis au Conseil privé.[29]

---

21 Article 14(3) de la Loi.

22 Article 15(2) de la Loi.

23 Article 18(2) de la Loi.

24 Article 30(1) de la Loi.

25 Cependant, elles peuvent uniquement faire l'objet d'un droit de recours tel qu'énoncé à l'article 39 de la Loi à l'encontre des sentences rendues dans les procédures d'arbitrage. Voir l'article 19(5) de la Loi.

26 Article 21 de la Loi.

27 S. Moollan, *op. cit.*, fn. 13, p. 19-20.

28 Article 42 de la Loi.

29 Article 44 de la Loi.

VI. Autres développements à Maurice

Afin d'assurer l'efficacité des procédures énoncées ci-dessus, la CPA a établi un bureau à Maurice en 2010. Cette solution a été choisie afin de renforcer le caractère international de la nouvelle Loi et démontrer aux usagers internationaux que les décisions sur ces points seront prises par un organisme neutre, réputé et expérimenté en la matière, ainsi que pour renforcer le principe de non-ingérence des tribunaux étatiques dans l'arbitrage international. La CPA fournit aussi plusieurs programmes d'assistance technique et de formations à Maurice et sur le continent africain. Ainsi, l'objectif de positionner l'Afrique sur la carte de l'arbitrage en force commence à prendre forme sur cette île de l'océan Indien. La CPA y contribue, en accomplissant son engagement de promouvoir Maurice en tant que destination africaine et mondiale de l'arbitrage. Maurice utilise également ce projet comme élément clé dans sa vision plus large d'attirer des investissements étrangers, et surtout, de soutenir la primauté du droit au sein de son système juridique.

Cette collaboration a déjà rapporté ses fruits. La CPA a organisé une audience en mai 2014 dans un arbitrage sur la base d'un contrat impliquant un État africain et un investisseur africain. Le secrétaire général a également rendu une première décision sur la récusation d'un arbitre en vertu de la Loi mauricienne sur l'arbitrage international de 2008 en décembre 2014. Une seconde demande lui a été soumise en janvier 2016. De plus, la CPA a récemment été mandatée en tant que greffe dans une affaire concernant un projet de crédits de carbone à Maurice, et impliquant une partie mauricienne, et qui est régie par le Règlement de la CPA pour l'arbitrage des différends relatifs aux ressources naturelles et/ou l'environnement de 2001. Enfin, avec l'engagement et le soutien de la CPA, Maurice a été sélectionné par l'*International Council for Commercial Arbitration* (ICCA) comme le premier pays africain à accueillir le Congrès de l'ICCA en mai 2016.

Business Bridge OI ou le développement d'une voie sécurisée des échanges entre les îles de la COI

Johary RAVALOSON et Lalaina Chuk Hen SHUN

In the exchanges inter-islands, the dispute settlement is a stake which can influence their development even their existence. The difficulty increases if there is no one to settle the dispute.

At June 5th, 2013, a Charter committing to the cooperation for the dispute settlement is signed in Antananarivo by the centers of alternative dispute settlement of the region (CACOM, CAMM, MARC-MCCI, CMAR) and creates a Platform of cooperation, called Business Bridge OI. This secure bridge of the exchanges works is based on its pillars, the local Centers, and also on the body of common principles. This body consists, first of all, of general principles of the ADR (agreement of the parties, neutrality and independence, diligence, specialization, confidentiality) and, in the second, principal place of cooperation (principle of subsidiarity and principle of competence of the center of the defendant). The cooperation assuring the impartiality, the harmonious legal environment allows the user to pass from a right to an other one, without being confronted with completely different rules. Finally, to assure the phase post arbitration, all the countries of the region are members of the Convention of New York of 1958 for the recognition and the execution of the foreign arbitration judgments.

*

Dans le cadre échanges inter-îles, le règlement des litiges est un enjeu qui peut influencer sur leur développement voire même leur existence. La difficulté augmente avec l'absence d'interlocuteur pour trancher le litige.

Le 5 juin 2013, une charte engageant à la coopération pour le règlement des litiges est signée à Antananarivo par les Centres alternatifs de règlement de litiges (CARL) de la région (CACOM, CAMM, MARC-MCCI, CMAR) et crée une plateforme de coopération, appelée Business Bridge OI. Ce pont sécurisé des échanges fonctionne grâce à ses piliers, les Centres locaux, mais aussi au corps de principes communs. Ce corps est composé, en premier lieu, des principes généraux des MARL (accord des parties, neutralité et indépendance, diligence, spécialisation, confidentialité) et, en deuxième lieu, de principes de coopération (principe de subsidiarité et principe de compétence du CARL du défendeur). La coopération assurant l'impartialité, l'environnement juridique harmonieux permet à l'utilisateur de passer d'un droit à un autre sans être confronté à des règles complètement différentes. Enfin, pour assurer la phase post-arbitrale, tous les pays de la région sont membres de la Convention de New York de 1958 pour la reconnaissance et l'exécution des sentences arbitrales étrangères.

*

In den Handel zwischen den Inseln, hat die Streitbeilegung eine erhebliche Bedeutung, die einen Einfluss auf ihre Entwicklung und sogar ihr Fortbestehen haben kann. Die Schwierigkeit wird durch die Abwesenheit einer komptenten Stelle für die aussergerichtliche Streitbeilegung erhöht.

Am 5. Juni 2013 wird in Antananarivo durch die Zentren für alternative Streitbeilegung der Region (CACOM, CAMM, MARC-MCCI, CMAR) eine Charta (CARL) unterzeichnet und eine Plattform für Zusammenarbeit geschaffen, die Business Bridge OI genannt wird. Die gesicherte Brücke des Handelsaustausches funktionniert dank ihrer Säulen, der lokalen Zentren, aber auch der gemeinsamen Grundsätze. Sie setzt sich zusammen aus, erstens, den Grundsätzen, wie Parteienvereinbarung, Neutralität und Unabhängigkeit, Sorgfalt, Spezialisierung, Vertraulichkeit) und zweitens, die Kooperationsprinzipien (Subsidiarität, und Zuständigkeit der CARL des Beklagten).

*

* *

I. Introduction

S'il est avéré que la confiance est primordiale aux échanges économiques, pouvoir régler rapidement les problèmes favorise la bonne continuité des affaires. Dans le cadre des échanges inter-îles et des investissements croisés, le règlement des litiges est un réel enjeu qui peut influencer sur leur développement voire même leur existence.

En effet, un conflit quel qu'il soit, fragilise les relations d'affaires et pèse sur les résultats et les performances. Ce problème se double dans les échanges inter-îles par la difficulté de trouver un interlocuteur valable pour servir d'interface de médiation ou trancher le litige. L'absence d'un système de règlement crédible, proche et accessible peut limiter les échanges commerciaux ainsi que les investissements. La sécurisation des affaires n'est pas en l'occurrence l'absence de problème, mais pouvoir les régler lorsqu'ils se présentent.

Or, les acteurs économiques de la région devaient, jusqu'alors, composer avec un système lourd sinon lointain de règlement de litiges entre les îles de l'océan Indien[1]. Ainsi, les grands litiges portant sur des intérêts propres aux îles se retrouvent réglés par les grands centres d'arbitrage tels que la CCI ou le CIRDI, ce qui engendre des coûts conséquents et l'inconfort de l'éloignement entre les intérêts en jeu et le siège de l'institution organisant l'arbitrage. Cette délocalisation des litiges s'opère en dépit de l'existence de Centres alternatifs de règlement de litiges (CARL) dans presque chaque île de la région. Il s'agit de centres locaux dont les activités se focalisaient sur des litiges internes et dont les envergures ne dépassaient pas leurs frontières.

L'existence d'un système de règlement de litiges fiable, efficace, proche des opérateurs et englobant toute la région mettrait de l'huile au moteur du développement des échanges et des investissements inter-îles, lesquels stagnent à moins de 5 % du commerce total des îles pour l'instant[2]. Par ailleurs, un tel développement renforcerait la coopération économique régionale.

La Commission de l'océan Indien (COI) et les États de la région affirment leur volonté d'encourager le commerce et les échanges inter-îles. La COI entend faire émerger un « espace économique et commercial indianocéanique compétitif » dépassant « l'étroitesse des marchés intérieurs »[3]. Cet axe stratégique de la COI passe par la sécurisation des échanges entre les îles.

Dans ce contexte où le besoin d'une structure de coopération se ressent fortement, *Business Bridge OI* constitue un choix pragmatique palliant les manques grevant la dynamique des affaires dans la région (I). Ce choix concorde avec un environnement juridique favorable à la mise en place de la plateforme (II).

---

1 On note des accords de coopération judiciaire entre Madagascar et la France, entre Madagascar et les Comores, et entre Maurice et la France.

2 « *Les échanges commerciaux intra-COI sont encore très limités (3 à 5 % du commerce total), et essentiellement le fait de Maurice, Madagascar et de la Réunion, compte tenu de leurs poids économiques respectifs. L'Europe et les États-Unis restent les plus gros marchés d'exportations de la région. Alors que les produits manufacturés, intermédiaires et les matières premières prédominent dans les exportations intra-régionales (textile semi-fini, fibre, papier, savon, etc.), les exportations vers le reste du monde (EU, USA) sont composées essentiellement de produits primaires. Par ailleurs, alors que les exportations vers le reste du monde sont limitées à quelques produits, le commerce intra-africain est beaucoup plus diversifié. Maurice est le plus gros exportateur intra-COI, tandis que la balance commerciale de la Réunion avec les pays de la COI est structurellement déficitaire (-25 millions d'euros en 2010)* » (COI, http://www.commissionoceanindien.org/archives/economy.ioconline.org/fr/echange-et-commerce.html, consulté le 4 décembre 2015).

3 http://commissionoceanindien.org/index.php?id=36, consulté le 30 mars 2016.

II. Choix pragmatique de *Business Bridge OI* : la création de la plateforme

A. Historique

L'atelier de la COI « Comment faciliter et développer les échanges intra-régionaux », tenu du 20 au 23 novembre 2012 à Maurice, a mis en exergue l'opportunité de développer les Modes alternatifs de règlement de litiges (MARL), notamment l'arbitrage. Ces derniers ont été reconnus comme nécessaires car non seulement représentent une méthode souple et efficace permettant le règlement des litiges entre partenaires commerciaux mais également permettent d'attirer et de sécuriser les investissements en leur offrant un cadre fiable et conforme aux normes internationales[4].

À l'issue du 8e Forum économique des îles de l'océan Indien (FEIOI), début décembre 2012, à St-Denis de La Réunion, l'Union des Chambres de commerce et d'industrie de l'océan Indien (UCCIOI) a annoncé son soutien à « la démarche de convergence, de mise en réseau et d'harmonisation des centres de médiation et de résolution des conflits initiée dans l'atelier dédié à la sécurité des affaires lors du Forum ».

Le 5 juin 2013, une Charte engageant à la coopération pour le règlement des litiges est signée par les CARL de la région (CACOM, CAMM, MARC-MCCI, REMED) à Antananarivo[5]. Elle crée la Plateforme de règlement de litiges pour les opérateurs de la zone, appelée *Business Bridge OI*.

Lors du 9e Forum économique des îles de l'océan Indien (FEIOI) organisé par l'Union des Chambres de commerce et d'industrie de la zone (UCCIOI) à Maurice, en octobre 2013, le projet *Business Bridge OI* est présenté aux opérateurs de la zone et a suscité un réel intérêt. Le 10e FEIOI fut l'occasion pour l'Union de Chambres de commerce et d'industrie des îles de l'océan Indien (UCCIOI) et ses membres d'adhérer à la Charte. Ces adhésions du 25 octobre 2014 à Moroni précèdent la constitution de l'Association *Business Bridge OI*.

L'Association *Business Bridge OI* est constituée à la Chambre de commerce et d'industrie d'Antananarivo (CCI A) le 15 décembre 2014, par l'UCCIOI, ses membres et les CARL de la région afin de supporter l'ensemble du projet et de concrétiser les espoirs de sécurisation des échanges dans la région. L'association a pour objet la sécurisation des

---

4 http://commissionoceanindien.org/fileadmin/resources/Echanges_intra_regionaux/ARBITRATION_PRESENTATION_FRENCH_-_19.11.12.pdf, consulté le 4 décembre 2015.

5 Voir http://camm.mg/index.php?static22/charte-de-cooperation-dantananarivo-du-5-juin-2013.

échanges au profit de tous les opérateurs économiques et acteurs privés du monde des affaires, en particulier ceux de la zone océan Indien, notamment par Médiation et/ou Arbitrage. Son siège est établi au Centre d'arbitrage et de médiation de Madagascar (CAMM), à la CCI d'Antananarivo.

B. Les membres fondateurs

Business Bridge OI naît de l'idée de mettre en place une plateforme coopérative afin de régler les litiges économiques et commerciaux transfrontaliers de la région, par la voie des Modes alternatifs (MARL). Il est composé de la Cour d'arbitrage et de médiation des Comores (CACOM), du Centre d'arbitrage et de médiation de Madagascar (le CAMM), du Mauritius Chamber of Commerce and Industry Arbitration & Mediation Center (MARC-MCCI) et du Centre de médiation et d'arbitrage de la Réunion[6].

Les centres ne souhaitant pas ériger un centre régional qui les phagocyterait optent pour la création de la plateforme de coopération régionale Business Bridge OI. Les CARL en sont les membres fondateurs avec les chambres de commerce et d'industrie des Comores, de Madagascar, de Maurice, de Mayotte et de la Réunion auxquels s'ajoute l'Union de Chambres de commerce et d'industrie des îles de l'océan Indien (UCCIOI)

C. Les principes de fonctionnement

Le 22 octobre 2015, les représentants des CARL membres se sont réunis à Maurice et ont adopté un mode de fonctionnement basé sur le principe de compétence du CARL de la partie défenderesse dans un litige et sur ce qui les unit : les principes fondamentaux des MARL.

Bien qu'il ne s'agisse que d'un rappel de ce sur quoi les CARL initiateurs de la plateforme fondent leurs activités, la réaffirmation des principes fondamentaux des MARL par *Business Bridge OI* gage de leur mise en pratique. Ces principes sont indéniablement les socles permettant d'assurer un règlement des différends efficace, juste et correspondant aux attentes des usagers. Leur respect permet aux médiateurs de réussir et aux arbitres de rendre admissibles leurs sentences par l'ensemble des Droits de l'arbitrage de l'océan Indien.

Ces principes, d'une part, sont exigés par les Lois des îles de l'océan Indien sur les règlements alternatifs des litiges et, d'autre part, répondent aux soucis des usagers des CARL.

---

6 Le Centre de médiation et d'arbitrage de la Réunion créé par la CCI de la Réunion en mai 2015 a remplacé REMED, lequel groupement particulier, ne pouvait pas remplir l'obligation de la Charte d'Antananarivo d'être adossé à une Chambre de commerce afin d'assurer un service quasi public, de façon neutre et indépendante.

III. Les principes exigés par les Lois des îles de l'océan Indien sur les règlements alternatifs des litiges

A. *Le principe de consensus*

Ce principe constitue la base primordiale des MARL et leur principale différence avec le procès judiciaire. Les MARL exigent l'accord des parties :

pour le choix du MARL

pour le choix du CARL

pour le choix d'un tiers intervenant (médiateur, arbitre, expert)

pour la procédure (lieu, langue, durée, échanges argumentaires, etc.).

En affirmant adhérer et obéir à ce principe de consensus, *Business Bridge OI* érige le socle de son autorité vis-à-vis des parties. En effet, l'accord des parties recèle le fondement de la compétence des médiateurs et des arbitres. C'est au sein des conventions de médiation et d'arbitrage que demeure la source leur autorité[7]. Il s'agit de l'expression de la volonté unanime des parties à soumettre leurs différends aux CARL et qui peut, éventuellement, prévoir les procédures qui entourent le mode de règlement des litiges choisi. Sans la volonté initiale des parties, les sentences arbitrales n'auraient aucune valeur. Sous peine d'annulation de la sentence arbitrale, toutes les législations sur l'arbitrage de l'océan Indien exigent l'existence d'une convention d'arbitrage valide, expression de la volonté unanime des parties à soumettre leur litige à l'arbitrage[8].

En ce qui concerne la médiation, le consensus est évidemment crucial car sa recherche est la substance de la procédure. La finalité de la médiation est d'aboutir à un accord entre les parties sur le différend qu'elles souhaitent régler.

[7] Louis-Frederic Pignarre, « Convention d'arbitrage », in *Repértoire de Droit Civil*, Dalloz, par. 120 « *En concluant une convention d'arbitrage, les parties décident de soumettre la résolution de leur différend à un juge privé. Il s'ensuit que le tribunal étatique qui aurait eu vocation à connaître du contentieux, en l'absence de convention, est incompétent. Ce mécanisme de transfert de compétence présente ainsi un double aspect. Le premier qualifié d'« effet positif » de la convention d'arbitrage impose le recours à un arbitre. Le second, qualifié d'« effet négatif » de la convention d'arbitrage emporte renonciation des parties à saisir les juridictions étatiques* ».

[8] *Code de Procédure Civile – Madagascar, art. 462 [CPC malgache] ; International Arbitration Act, Act 37 of 2008 (1er janvier 2009), art. 39 [IAA] ; Acte uniforme de l'OHADA sur le droit de l'arbitrage, art. 26 [AU OHADA sur l'arbitrage] ; Code de Procédure Civile – France, art. 1520 [CPC France].*

Le consensus est ainsi une exigence légale à la naissance de l'arbitrage et une exigence pratique à l'issue de la médiation. Le respect de ce principe est incontournable.

B. Le principe de neutralité et d'indépendance

La neutralité et l'indépendance des arbitres constituent l'une des conditions de validité de la sentence arbitrale selon les droits de l'arbitrage de l'océan Indien[9]. Il s'agit d'un principe fondamental de l'arbitrage[10]. *Business Bridge OI* entend assurer le respect de ce principe dans la constitution du tribunal arbitral et dans la désignation des médiateurs. Dans la médiation, l'inefficacité de la procédure pour défaut de neutralité est évidente car le travail du médiateur est de chercher un accord ; il ne le trouvera sûrement pas en étant partial. Dans l'arbitrage, le défaut d'impartialité des arbitres conduit, au pire, à l'annulation de la sentence arbitrale ou, au mieux, à des litiges relatifs à la constitution du tribunal arbitral que les CARL peuvent régler eux-mêmes.

Par ailleurs, tout CARL de *Business Bridge OI* doit être neutre et indépendant vis-à-vis des parties et de leurs conseils. C'est pour garantir ce principe de neutralité et d'indépendance que *Business Bridge OI* entre en jeu lorsque les parties viennent de deux îles différentes, par la fourniture d'une liste avec des intervenants de tous les CARL dans laquelle les parties peuvent choisir et, éventuellement, par l'intervention d'un CARL neutre.

L'adhésion de *Business Bridge OI* à ce principe est ainsi une nécessité pour l'efficacité des procédures qu'il organise.

C. Les principes répondant aux besoins du monde des affaires

Il s'agit de règles de conduite à tenir vis-à-vis des utilisateurs des MARL, plus un engagement de *Business Bridge OI* qu'une exigence légale. Ces principes sont relatifs à la diligence, la confidentialité et la spécialisation.

Par exemple, ni la Loi malgache 98-019 sur l'arbitrage ni l'International Arbitration Act mauricien ne prescrivent de délai d'arbitrage pour une procédure internationale[11]. En s'imposant un délai, une célérité accrue

---

9 *CPC malgache*, préc., note 9, art. 462 ; *IAA*, préc., note 9, art. 39 ; *AU OHADA sur l'arbitrage*, préc., note 9, art. 26 ; *CPC France*, préc., note 9, art. 1520.

10 Marc Henry, *Le devoir d'indépendance de l'arbitre*, LGDJ, 2001.

11 À l'inverse du *CPC France*, préc., note 9, art. 1463 « Si la convention d'arbitrage ne fixe pas de délai, la durée de la mission du tribunal arbitral est limitée à six mois à compter de sa saisine » ; *AU OHADA sur l'arbitrage*, préc., note 9, art. 12 « Si la convention d'arbitrage ne fixe pas de délai, la mission des arbitres ne peut excéder six mois à compter du jour où le dernier d'entre eux l'a acceptée ».

et une diligence poussée, *Business Bridge OI* va plus loin que les textes en vigueur. L'objectif étant que l'arbitrage ou la médiation ne constitue pas une procédure occupant les parties et les grevant pendant une période trop étalée. En effet, le souci premier de tout CARL est la continuité en général des affaires. S'il se préoccupe de rétablir les liens entre les parties, si possible de trouver une solution amiable, il se doit d'être diligent dans toutes ses actions pour ne pas perturber davantage les activités des parties en litige[12].

L'engagement, sans contrainte légale, est tout aussi vrai en ce qui concerne la confidentialité, son respect relève d'un service fourni aux parties et non de l'application des textes législatifs. Le choix des MARL par les parties peut avoir été motivé par la discrétion des procédures. Les CARL ne sont pas légalement tenus de garder confidentiels les litiges qui lui sont soumis. La nature privée de la procédure d'arbitrage ne suffit pas à garantir aux parties que le litige soit confidentiel[13]. La règle de confidentialité naît de la convention des parties ou du règlement d'arbitrage adopté. En s'exigeant à travers un règlement d'arbitrage et en garantissant aux parties la confidentialité, *Business Bridge OI* participe à la sauvegarde des intérêts des parties. En effet, dans certains cas, la publicité du litige peut porter atteinte aux activités des parties.

Il en est de même pour le principe de spécialisation. La spécialisation assure que le différend soit réglé par des arbitres ou des médiateurs ayant une expertise dans le domaine du litige. Ce principe constitue un avantage que l'arbitrage peut avoir par rapport aux procédures judiciaires mais son inobservation n'est pas sanctionnée par la loi. À travers ce principe, *Business Bridge OI* répond aux besoins des opérateurs économiques mais il ne s'agit pas d'une exigence légale.

IV. La cohérence de *Business Bridge OI* dans l'environnement juridique

A. L'environnement juridique

1. La proximité des textes sur l'arbitrage

Business Bridge OI évolue dans un environnement juridique harmonieux qui permet à l'utilisateur de passer d'un droit de l'arbitrage à un autre sans être confronté à des règles complètement différentes. Une

---

12 Cf. Johary Ravaloson, « Les modes alternatifs de règlement des litiges et la continuité des affaires », *Revue juridique et fiscale de MCI*, n° 59, 3e trimestre 2012, p. 19-27.

13 Bertrand Moreau, « Arbitrage international », in *Repértoire de procédure civile*, Dalloz, par. 5.

grande similarité unit les textes sur l'arbitrage. En effet, les législations en matière d'arbitrage dans la région sont assez récentes pour en intégrer tous les principes modernes. Cette modernité uniforme concerne le principe de compétence-compétence, la constitution du tribunal arbitral, les règles relatives à l'instance arbitrale et celles entourant le contrôle, la reconnaissance et l'exécution des sentences arbitrales.

La proximité des textes mauricien et malgache est particulièrement affirmée. Outre qu'elles aient été adoptées à des dates voisines, et intègrent ainsi les mêmes courants d'idées, les grandes similarités entre les lois s'expliquent par leur inspiration commune : la loi-type CNUDCI. L'Intenational Arbitration Act mauricien s'inspire du texte modèle tel qu'amendé en 2006, et la loi 98-019 malgache s'inspire de la version antérieure cependant elle a été modifiée par la suite pour adopter la plupart des amendements de la loi type de 2006. D'une manière générale, l'AU de l'OHADA ne s'écarte pas des lois mauriciennes et malgaches. L'utilisateur de l'arbitrage ne sera pas confronté à un tout autre régime juridique en passant d'un droit à un autre.

En ce qui concerne la phase post-arbitrale, avec l'adhésion des Comores à la Convention de New York de 1958 le 28 avril 2015, tous les pays de la région sont désormais membres de la Convention pour la reconnaissance et l'exécution des sentences arbitrales étrangères[14]. Ainsi, peu importera le siège du tribunal arbitral, la sentence *Business Bridge OI* rendue dans l'une des îles de l'océan Indien sera reconnue par l'ordre judiciaire de chaque île et pourra y être exécutée après une démarche auprès des tribunaux.

Cette harmonie de l'environnement juridique se trouve consolidée par l'émergence d'une langue de travail admise par tous. La langue française prend une place capitale dans l'arbitrage dans la région celle-ci étant la seule langue de travail partagée par les 4 pays en matière d'arbitrage. Elle est admise devant les tribunaux comoriens, français et malgaches. Depuis l'adoption de l'« International Arbitration (Miscellaneous provisions) Act » de 2013 modifiant la « Convention on the Recognition and Enforcement of Foreign Arbitral Awards Act » mauricien en désignant le français comme une langue officielle aux termes de l'article IV de la Convention de New York, en plus de l'anglais.

2. *Une avancée certaine du droit français en matière d'arbitrage*

La singularité du droit français de l'arbitrage par rapport aux droits de l'arbitrage mauricien, malgache et de l'OHADA réside principalement dans l'importance prépondérante accordée au principe d'autonomie de

---

14 Ratifications respectives le 26/06/1959 pour la France, le 16/07/1962 pour Madagascar, et le 19/06/1996 pour Maurice.

l'arbitrage. Il s'agit d'un principe cardinal au centre de la pratique arbitrale française. L'autonomie de l'arbitrage a été érigée en règle fondamentale de l'arbitrage par une jurisprudence abondante avant d'être consacrée par les réformes successives des dispositions du Code français de procédure civile relatives à l'arbitrage. Cette place capitale de l'autonomie de l'arbitrage se constate notamment au sujet de l'examen de la question de la compétence arbitrale par le juge étatique.

Les textes mauricien, malgache et de l'OHADA sur l'arbitrage international permettent un « contrôle immédiat » de la sentence préalable du tribunal arbitral portant sur sa propre compétence par le juge étatique[15]. En dépit du principe compétence-compétence consacré par les trois textes, le contrôle de compétence peut donc avoir lieu, alors même que la procédure arbitrale est en cours. Il s'agit d'éviter une déperdition de temps et de moyens devant le tribunal arbitral dans l'hypothèse où la compétence de celui-ci est mal fondée.

Le droit français de l'arbitrage, dans une application plus poussée de l'effet négatif du principe compétence-compétence, ne permet l'examen de la compétence arbitrale qu'une fois le tribunal arbitral dessaisi.

Toujours dans cette optique de consacrer l'arbitrage comme étant un ordre juridique autonome, le droit français adopte une position singulière vis-à-vis d'une sentence annulée dans un autre pays. Le juge français peut accueillir la sentence annulée en n'accordant que peu sinon aucun poids au siège de l'arbitrage. Cela correspond à la « vision délocalisée de l'arbitrage international »[16] dans le droit français. Cette dissemblance renforce l'autonomie de l'arbitrage pour une sentence qui doit être exécutée sur le territoire français. Elle n'impacte en rien l'harmonie de l'environnement juridique de l'arbitrage dans la région.

B. Les difficultés pratiques

Le 22 octobre 2015, les représentants des CARL membres se sont réunis à Maurice et ont adopté un mode de fonctionnement basé sur ce qui les unit et le principe de compétence du CARL de la partie défenderesse dans un litige. Ces solutions pragmatiques favorisent l'opérationnalité rapide de *Business Bridge OI*.

Une fois posées les modalités d'action de *Business Bridge OI*, notamment les procédures de règlement de litiges et de recours par les parties, affirmée la volonté de coopération et assurée l'adhésion des

---

15 *CPC malgache*, préc., note 9, art. 455 ; *IAA*, préc., note 9, art. 20 (7) ; *AU OHADA sur l'arbitrage*, préc., note 9, art. 11.

16 Voktor Anastasovski, « La vision délocalisée de l'arbitrage international en France : Entre innovation, contestation et interrogation », *J. Arbitr. Univ. Versailles* 2014.1.

États des CARL membres à la Convention de New York de pour la reconnaissance et l'exécution des sentences arbitrales étrangères du 10 juin 1958, il faut maintenant renforcer les capacités des parties prenantes ainsi que diffuser l'information aux entreprises concernées.

Dans un premier temps, chaque Centre doit veiller à intégrer dans leurs pratiques *Business Bridge OI*, notamment en organisant des formations continues pour leurs arbitres et médiateurs. Des formations communes peuvent être organisées ultérieurement pour renforcer la cohésion du système.

Mais pour que les litiges issus des investissements et des échanges impliquant au moins deux îles de la zone sont réglés régionalement par médiation ou arbitrage à l'aide de *Business Bridge OI*, une communication vers les entreprises auxquelles sont destinés les services doit être mise en place (établissement d'un Guide *Business Bridge OI*, diverses conférences de communication vers le milieu judiciaire et le milieu des affaires).

Autour du premier cercle des CARL, les Chambres de commerce, les groupements d'entreprises, les ordres d'auxiliaires de justice avec l'appui des institutions et organisations régionales doivent assurer une coopération durable et efficiente. L'implication de tous favorisera la vulgarisation des MARL et l'application des pratiques respectant les normes (usages de contrats, insertion de clauses de règlement de litiges, institutionnalisation des règlements de litiges) et ainsi la sécurisation juridique des investissements et des échanges inter-îles.

Les accords de l'Organisation mondiale de commerce *versus* le droit de l'Union européenne : à qui le dernier mot en cas de litige ?

Kerstin PEGLOW

L'Union européenne constitue l'une des plus importantes zones d'intégration régionale dans le monde. Les rapports de l'Union avec les règles du droit de l'OMC et de ses conventions multilatérales sont traditionnellement très controversés. La Cour de justice de l'Union européenne est en général défavorable quant à l'application directe des règles du GATT. Dans plusieurs différends portant sur le GATT, des violations des règles de la part de l'UE ont été constatées et les décisions prises par le Dispute settlement Body n'ont pas été reconnues par la CJUE. Cependant, dans les décisions plus récentes, la jurisprudence de l'Union commence à atténuer le rejet des règles de l'OMC, au moins en dehors du GATT.

Partant des rapports de l'UE et de l'OMC il faut retracer des relations conflictuelles susceptibles de se produire entre l'intégration globale et régionale et analyser dans quelle mesure les règles du commerce international peuvent être juridiquement imposées face à un nombre croissant de zones de libre-échanges régionales.

*

Die Europäische Union stellt weltweit einen der wichtigsten regionalen Integrationsverbände dar. Das Verhältnis zu den Regeln des WTO-Rechts und der einzelnen handelsrechtlichen Abkommen ist in der Europäischen Union traditionell umstritten. Der Europäische Gerichtshof steht in ständiger Rechtsprechung der unmittelbaren Anwendung von GATT-Vorschriften grundsätzlich ablehnend gegenüber. In verschiedenen Streitbeilegungsverfahren im Rahmen des GATT wurden klare Verstöße der EU gegen das Welthandelsrecht festgestellt. Der vom Dispute Settlement Body getroffenen Entscheidungen wurden in der Vergangenheit seitens des EuGH häufig die Anerkennung versagt. In jüngeren Entscheidungen beginnt die Unionsrechtsprechung allerdings vorsichtig ihre Absage an die unmittelbare Anwendung von WTO-Regeln zumindest außerhalb des GATT zu relativieren.

Ausgehend vom Verhältnis zwischen der EU und der WTO soll zum einen das Spannungsverhältnis zwischen regionaler und multilateraler Integration aufgezeigt und zum anderen die Durchsetzbarkeit der weltweiten handelsrechtlichen Regeln im Zuge der zunehmenden regionalen Integrationsabkommen untersucht werden.

*

The European Union is one of the most important regional integration zones in the world. The relation of the Union with the legal regulation of the WTO and its multilateral conventions is traditionally seen as very controversial. The European Court of Justice is generally not in favor of the direct application of the international trade law regulations. This principle has been confirmed whilst the organ responsible for the resolution of quarrels set up by the WTO, the Dispute Settlement Body, has witnessed violations of the said regulations by the European Union. The presentation will on the one hand deal with the relationship between the EU and WTO laws in order to illustrate the problems of regional and global integration. On the other hand it will be analyzed in which measure the rules of international trade can be legally enforced while facing the increasing amount of regional free exchange zones.

*

* *

L'Union européenne (UE) constitue l'une des plus importantes zones d'intégration économiques régionales dans le monde. À côté de ses 28 États membres, elle est également membre de l'Organisation mondiale de commerce (OMC) et partie contractante de ses accords multilatéraux, tels que le GATT[1], le GATS[2] ou l'ADPIC[3]. Les deux organisations internationales, l'Union européenne aussi bien que l'OMC poursuivent la libéralisation du commerce : l'Union dans le marché intérieur, l'OMC à l'échelle mondiale. Dans cet objectif de libéralisation du commerce, l'OMC, dans l'article XXIV : 4 du GATT, approuve en principe le développement de zones d'intégration économiques régionales lorsque celles-ci permettent de faciliter le commerce des marchandises entre les territoires constitutifs (Art. XXIV : 4 GATT) et n'opposent pas d'obstacles au commerce d'autres parties contractantes du GATT avec ces territoires[4]. Le directeur général de l'OMC a souligné à cet égard

---

1 *General Agreement on Tariffs and Trade* – Accord général sur les tarifs douaniers et le commerce.

2 *General Agreement on Trade in Services* – Accord général sur le commerce des services (AGCS).

3 Accord sur les aspects des droits de propriété intellectuelle qui touchent au commerce – *Agreement on Trade-Related Aspects of Intellectual Property Rights* (GATS).

4 Concernant le GATS, les accords commerciaux régionaux sont autorisés par l'article 5.

que les accords commerciaux régionaux étaient « importants pour le système commercial multilatéral » mais qu'ils ne pouvaient pas « s'y substituer »[5].

Cependant, dans l'Union européenne, l'application du principe énoncé dans le GATT pose des problèmes. Les rapports de l'Union avec les règles du droit de l'OMC et de ses conventions multilatérales sont traditionnellement très controversés. Dans la mesure où le non-respect du droit du GATT ou de l'OMC par le droit de l'Union européenne est invoqué devant les juges, la Cour de justice de l'Union européenne[6] est en général défavorable quant à l'effet direct voire à l'invocabilité de ces accords internationaux dans l'ordre juridique de l'Union. Ce principe a été confirmé par une jurisprudence constante portant sur le GATT et les accords de l'OMC. Même lorsque des violations des règles de la part de l'Union européenne ont été constatées dans les décisions rendues par l'organe de règlement des différends (ORD)[7] de l'OMC, la Cour refuse de prendre en compte ces décisions pour contrôler la légalité des actes des institutions de l'Union. Si quelques infléchissements à cette jurisprudence peuvent être observés, ils ne concernent que des hypothèses bien particulières.

Les tensions juridiques qui se produisent entre l'UE et l'OMC permettent de retracer les relations conflictuelles susceptibles de se produire entre les accords économiques globaux et régionaux. Ceci est particulièrement intéressant parce qu'actuellement, nous sommes en face d'une importance croissante de zones d'intégration économiques régionales[8]. Sous le régime des accords de l'OMC, c'est-à-dire depuis le 1er janvier 1995, leur nombre s'est multiplié de manière conséquente. Au 1er janvier 2016, l'OMC, dans les secteurs des marchandises et des services, avait reçu 625 notifications d'accords régionaux, dont 419 étaient en vigueur[9], tandis que de 1948 à 1994, le GATT 1947 n'avait reçu que 124 notifications (dans le domaine du commerce des marchandises)[10].

---

5 https://www.wto.org/french/news_f/spra_f/spra33_f.htm (Allocution du DG de l'OMC, Roberto Azevêdo, le 25 septembre 2014 lors du Séminaire de l'OMC sur les questions transversales dans les accords commerciaux régionaux (ACR).

6 CJUE – à partir du 1er janvier 2009 ; avant cette date elle était nommée « CJCE – Cour de justice des Communautés européennes ».

7 *Dispute Settlement Body* – DSB.

8 Cf. K. Nowrot, « Steuerungssubjekte und Mechanismen im Internationalen Wirtschaftsrecht (einschließlich regionale Wirtschaftsintegration) », in Chr. Tietje (ed.), *Internationales Wirtschaftsrecht*, De Gruyter, Berlin, 2e éd., 2015, § 2 n° 103.

9 https://www.wto.org/french/tratop_f/region_f/region_f.htm.

10 https://www.wto.org/french/tratop_f/region_f/regfac_f.htm.

Il est certainement vrai que l'UE est une zone d'intégration régionale spécifique en raison de son degré d'intégration très avancé et de son poids économique et politique. Ainsi, les problèmes que l'on rencontre entre l'UE et l'OMC ne retrouvent pas nécessairement toute leur ampleur dans les autres zones d'intégration, qu'il s'agisse des zones de libre-échanges, des unions douanières ou des zones à caractère mixte. Néanmoins, ces conflits entre les deux organisations économiques très puissantes illustrent bien les failles du système du libre-échange international et il faut se demander qui a le dernier mot lorsque le respect d'une règle juridique de l'OMC est demandé à l'occasion d'un litige. À première vue, la réponse à cette question est simple. Car les rapports entre le droit du GATT/de l'OMC et celui de l'UE sont régis par une règle de primauté : en principe, les accords commerciaux de l'OMC ont une valeur supérieure au droit de l'Union (I). Pourtant, en réalité, les juges européens lorsqu'ils sont saisis pour trancher entre l'application de l'une ou l'autre règle juridique pratiquent un verrouillage à cette primauté et se prononcent dans la majorité des cas en faveur du droit de l'Union au détriment des accords de l'OMC (II).

I. Les accords du GATT 1947 et de l'OMC dans l'ordre juridique de l'Union européenne

Si la Cour de justice, déjà sous régime du GATT 1947, avait jugé que cet accord lie la Communauté européenne et ses États membres, le système commercial multilatéral de l'OMC appelle les mêmes remarques (1). Les problèmes surgissent lorsque l'effet direct voire l'invocabilité des règles des accords précités dans le droit de l'Union sont en cause (2).

A. La hiérarchie des normes

Depuis l'entrée en vigueur du traité de Lisbonne le 1er décembre 2009 l'Union européenne est incontestablement un sujet dérivé du droit international public. Étant dotée de la personnalité juridique internationale[11], l'Union a pu conclure les accords OMC et le GATT 1994 à côté des États membres tandis que le prédécesseur de l'UE, la Communauté européenne (CE), n'a pas adhéré formellement au GATT 1947. Cependant, grâce à ses compétences en matières douanières et commerciales qui lui étaient attribuées par le droit communautaire, la Communauté s'était substituée consécutivement aux États membres et avait atteint *de facto* le statut d'une partie contractante[12]. La participation cumulative de l'UE et des États

---

11 http://eur-lex.europa.eu/legal-content/FR/TXT/HTML/?uri=URISERV:ai0034&from=HU.

12 M. Herdegen, *Europarecht*, C. H. Beck, München, 16e éd. 2014, § 27, n° 15.

membres dans l'OMC[13] résulte du fait qu'au moment de la signature de l'Accord de Marrakech la Communauté était privée d'une compétence exhaustive dans les domaines du ADPIC et du GATS, compétences qui ne lui ont été conférées qu'ultérieurement (art. 207 § 5 TFUE).

En tant qu'accord du droit international public, selon l'article 206 § 2 TFUE, le droit de l'OMC lie les institutions de l'UE et les États membres[14]. Ce texte du droit européen correspond à l'article XVI : 4 de l'accord de Marrakech instituant l'OMC, qui dispose que « chaque Membre [de l'OMC, en l'espèce la Communauté et ses États membres] assurera la conformité de ses lois, réglementations et procédures administratives avec ses obligations telles qu'elles sont énoncées dans les Accords figurant en annexe ». Quant à la Cour de justice, elle utilise à cet égard la formule que les dispositions des accords de l'OMC et du régime du GATT antérieur à 1995 « forment partie intégrante [...] de l'ordre juridique » de l'UE voire de la CE[15].

Néanmoins, cette reconnaissance du droit de l'OMC n'implique pas pour autant qu'elle soit de rang supérieur à l'ensemble des normes du droit européen. Une telle interprétation est contredite par l'article 218 § 11 TFUE, en vertu duquel un accord envisagé avec un pays tiers ou une organisation internationale « en cas d'avis négatif de la Cour [...] ne peut entrer en vigueur, sauf modification de celui-ci ou révision des traités ». C'est-à-dire que le rang du droit de l'OMC se positionne entre le droit primaire et le droit dérivé de l'Union[16]. Le droit primaire européen prévaut sur les accords de l'OMC, en revanche s'agissant du droit dérivé, il existe une primauté des accords de l'OMC sur celui-ci. Par conséquent, en cas de non-respect des accords du système multilatéral par le droit dérivé et par les institutions de l'UE, la responsabilité de cette dernière risque d'être engagée[17].

---

13 Lors de l'exercice du droit de vote au sein de l'OMC, l'Union dispose d'un nombre de voix égal au nombre de ses États membres (https://www.wto.org/french/docs_f/legal_f/04-wto_f.htm).

14 Art. 216 II TFUE : Les accords conclus par l'Union lient les institutions de l'Union et les États membres.

15 CJCE, *Haegeman*, Arrêt du 30 avril 1974, aff. 181/73, Rec. 1974, p. 449, point 5.

16 Voir par exemple sur ce point : H. Sauer, « Die innergemeinschaftlichen Wirkungen von WTO-Streitbeilegungs-entscheidungen – begriffliche und dogmatische Klärungen », *EuR* (*Europarecht*) 2004, 463, spéc. 464 ; Th. Oppermann, C.D. Classen, M. Nettesheim, *Europarecht*, C.H. Beck, München, 7e éd., 2016, § 40, n° 43 et suiv. ; J.-M. Thouvenin, « Union européenne et Organisation mondiale de commerce », in *Union européenne et droit international*, sous la direction de M. Benlolo-Carabot, U. Candas, E. Cujo, Paris, éd. Pedone, 2012, 718, 721.

17 M. Herdegen, *op. cit.*, § 27, n° 25 ; V. Tomkiewicz, D. Pavot, « Les rapports normatifs entre l'Union européenne et l'OMC », in *Les interactions normatives, Droit de l'Union européenne et droit international, Cahiers européens 2012*, éd. Pedone, 2012, p. 181, spéc. p. 182.

Malgré le fait que la primauté des actes conventionnels internationaux, parmi lesquels figurent les accords de l'OMC, semble bien reconnue par l'ordre juridique de l'Union européenne, à défaut d'accorder d'effet direct à ces engagements, ceux-ci ne trouvent pas toujours leur plein « épanouissement » juridique lorsqu'ils se heurtent au droit européen.

B. *L'effet direct et l'invocabilité des accords du GATT 1947 et de l'OMC*

Il convient de distinguer de la hiérarchie des normes le problème d'effet direct des accords de l'OMC et du GATT 1947 au sein de l'UE. Car si les conventions internationales lient aux termes de l'article 216 : II TFUE les institutions de l'Union et les États membres, le droit primaire ne s'exprime pas sur l'effet direct des dispositions de celles-ci dans l'ordre interne de l'UE[18].

Quant au droit de l'OMC, il affiche une position neutre à cet égard et s'abstient de se prononcer. En 1999, un groupe spécial[19] de l'OMC avait constaté que « selon la doctrine de l'effet direct, qui existe notamment dans des CE, mais aussi dans des zones de libre-échange, les particuliers connaissent certains droits justiciables qu'ils peuvent faire valoir devant les juridictions compétentes »[20]. Le groupe spécial poursuit que « ni le GATT ni l'accord sur l'OMC ont été interprétés jusqu'à présent par les organes du GATT/de l'OMC comme un ordre juridique déployant des effets directs. Suivant cette façon de voir, le GATT/l'OMC n'ont pas créé un nouvel ordre juridique dont les sujets seraient à la fois les parties contractantes ou les Membres et leurs ressortissants ».

Côté de l'Union européenne, le Conseil, dans sa ratification de 1994 relative à la conclusion au nom de la Communauté des accords de l'OMC, a affirmé très concrètement que « par sa nature, l'accord instituant l'Organisation de commerce, y compris ses annexes, n'est pas susceptible d'être évoqué directement devant les juridictions communautaires et des États membres »[21]. Ainsi, l'espoir que l'attitude de la Communauté et de sa jurisprudence relative au GATT 1947 pourrait être révisée après la mise en œuvre du nouveau système du commerce international et son règlement de différends a, dès le début, été freiné.

---

18 Th. Oppermann, C. D. Classen, M. Nettesheim, *Europarecht*, *op. cit.*, § 9, n° 159.

19 *Panel.*

20 Rapport du Groupe spécial, 22 décembre 1999, États-Unis, articles 301 à 310 de la Loi de 1974 sur le commerce extérieur. WT/DS152/, C.4.c) 7.2. https://www.wto.org/french/tratop_f/dispu_f/cases_f/ds152_f.htm?

21 JOCE 1994 L 336, p. 1.

En effet, sous le régime du GATT 1947, la Cour avait à plusieurs reprises confirmé l'absence d'effet direct ou d'invocabilité[22] des règles issues de cet accord international dans ses décisions. Pour la première fois, la CJCE avait dénié toute invocabilité des règles du GATT 1947 dans l'affaire *International Fruit Company*[23]. En l'espèce, une entreprise néerlandaise avait invoqué lors d'un litige que les restrictions d'importations de la CE constituaient une violation de l'article XI du GATT qui interdit des restrictions quantitatives. La CJCE, après avoir « envisagé à la fois l'esprit, l'économie et les termes de l'accord », appuyait son argumentation sur le fait que le GATT est caractérisé par la « grande souplesse de ses dispositions », « notamment de celles qui concernent les possibilités de dérogation », « les mesures en présence de difficultés exceptionnelles » (art. XIX GATT) et le caractère flexible « des règlements de différends des parties contractantes »[24]. En outre, la Cour estima que le GATT est fondé sur le principe des négociations « entreprises sur une base de réciprocité et d'avantages mutuels » ce qui défendait à un justiciable de la Communauté de s'en prévaloir pour contester la validité d'un acte communautaire[25].

Quant aux deux hypothèses d'exceptions au principe de la non-invocabilité que la Cour a admises avant la mise en œuvre des accords de l'OMC, toutes les deux ne signifiaient pas un virement de sa jurisprudence car la Cour a toujours continué à souligner l'absence de l'effet direct des dispositions du GATT 1947. L'une de ces hypothèses d'exceptions se rencontre lorsque le justiciable invoque des dispositions précises des accords auxquelles un acte de l'UE renvoie expressément[26], l'autre,

---

[22] Le terme « effet direct » désigne le caractère objectif d'une norme issue d'un accord international, c'est-à-dire qu'elle doit être suffisamment claire, précise et complète pour être appliquée directement dans l'ordre juridique interne et pour lier les institutions et les États membres, le terme « invocabilité » se réfère plutôt au droit individuel d'un justiciable de faire valoir une norme devant l'instance judiciaire compétente (P. Hilpold, *Die EU im GATT/WTO-System*, Schulthess/Nomos/Innsbruck University Press, 3e éd., Innsbruck, 2009, p. 289 et suiv. ; voir également sur ces points, F. Schmied, *Les effets des accords de l'OMC dans l'ordre juridique de l'Union européenne et de ses États membres*, Fondation Varenne, Collection des thèses n° 67, 2012, n° 98 et suiv. ; dans la jurisprudence voir sur l'« effet direct » par ex. CJCE, *Kupferberg*, Arrêt du 26 octobre 1982, aff. 104/81, Rec. 1982, 3662, point 23 : la Cour pose la question de savoir si « une telle stipulation est inconditionnelle et suffisamment précise pour produire un effet direct ». Par ailleurs, la doctrine reproche à la jurisprudence de ne pas distinguer clairement « l'effet direct » et « l'invocabilité », cf. H. Sauer, *op. cit.*, spéc. p. 465).

[23] CJCE, International Fruit Company, Arrêt du 12 décembre 1972, *International Fruit Company*, aff. jointes 21 à 24/72, Rec. 1972, p. 1219.

[24] *Ibid.*, points 20, 21.

[25] *Ibid.*, points 19, 21.

[26] CJCE, *Fédiol*, Arrêt du 22 juin 1989, aff. C 70/87, Rec. 1989, 1781, points 20 et suiv. Il en ressort aussi que la Cour maintient dans l'affaire sa position relative à l'absence directe des dispositions du GATT 1947.

lorsque le texte du droit dérivé contesté exprime clairement l'intention du législateur européen d'exécuter une obligation particulière du GATT en la transposant[27]. Dans ces cas, les dispositions spécifiques du droit dérivé doivent être contrôlées à la lumière des dispositions du GATT. Ce principe a été affirmé par la Cour après la signature de l'accord de Marrakech instituant l'OMC[28].

En dehors des exceptions admises, la question demeurait : la souplesse des dispositions du GATT 1947 qui les privaient selon la Cour européenne de tout effet direct, pourrait-elle encore servir comme argument sous le régime des accords de l'OMC ? En particulier, l'instauration du Mémorandum d'accord sur le règlement des différends (MARD)[29], le règlement des différends de l'OMC nourrissait les spéculations que l'attitude des juges européens, à partir de 1995, changerait. Cependant, face à ces nouvelles règles, la CJUE n'a pas considéré que les données aient changé de manière subséquente et est restée fidèle à sa ligne de conduite.

II. Les accords de l'OMC face au verrouillage de la Cour de justice de l'Union européenne

La pratique de la Cour de justice de bloquer l'invocabilité des accords de l'OMC est devenue une jurisprudence permanente[30]. Contrairement à la situation pendant le GATT 1947, l'argumentation de la Cour a connu depuis 1995 certaines altérations. Désormais, afin de rejeter l'effet direct, elle s'appuie essentiellement sur la réciprocité manquante de celui-ci, c'est-à-dire du fait que les principaux partenaires commerciaux de l'Union ne reconnaissent pas l'effet direct. Il en résulte, d'une part, le refus de soumettre dans la majorité des cas le contrôle de légalité du droit dérivé de l'Union au droit matériel des accords du système commercial multilatéral (1) et, d'autre part, d'écarter la solution « minimaliste »[31] qui consisterait à reconnaître aux décisions de l'ORD un effet direct voire d'admettre leur invocabilité devant les juridictions européennes (2).

---

[27] CJCE, *Nakajima*, Arrêt du 7 mai 1991, aff. C 69/89, Rec. 1991, I-2069, point 31.

[28] CJCE, *Petrotub*, Arrêt du 9 janvier 2003, Rec. 2000, I-79, point 54.

[29] *Dispute Settlement Understanding* (DSU).

[30] Sur les exceptions voir, *supra* I.2. et *infra* II.1. note n° 38.

[31] Cf. M. Nunner, Kooperation internationaler Gerichte, Jus Internationale et Europaeum 39, Mohr Siebeck, Tübingen 2009, p. 319.

A. *Effet direct et invocabilité du droit matériel des accords de l'OMC*

Dans la première décision rendue en 1999[32], relative à la compatibilité des accords de l'OMC avec le droit dérivé de l'Union, il était, comme pendant le GATT 1947, question de l'invocabilité de certaines règles de l'OMC devant les juges européens. En l'espèce, le Portugal avait introduit un recours contre une décision du Conseil portant sur la conclusion de mémorandums d'accord entre la Communauté et le Pakistan et entre la Communauté et l'Inde concernant des arrangements dans les secteurs des produits textiles. Le Portugal cherchait l'annulation de ces accords en invoquant la violation des dispositions des accords de l'OMC. Dans cette affaire, l'avocat Général *Saggio*, dans ses conclusions, se prononçait en faveur d'une évolution de la jurisprudence compte tenu du « caractère inconditionnel » de très nombreuses dispositions des récents accords de l'OMC et des « engagements précis » qui en résultaient pour les parties[33]. Il avançait aussi l'idée « qu'une règle issue d'une convention internationale peut éventuellement ne pas être d'application directe sans que cela justifie qu'on lui dénie tout effet obligatoire à l'égard des institutions communautaires et, par conséquent, la fonction de paramètre (communautaire) de légalité »[34].

Or, la Cour ne reprend pas ces arguments et poursuit *grosso modo* sa ligne d'argumentation appliquée à l'égard des règles du GATT 1947. Elle admet que les accords de l'OMC se distinguent de manière notable du GATT 1947 grâce au régime de sauvegarde et au mécanisme de règlement des différends. Mais malgré ce renforcement normatif, elle est de l'avis que les accords de l'OMC restent essentiellement attachés au principe de négociations entreprises sur « une base de réciprocité et d'avantages mutuels »[35] et ne permettent pas de servir comme paramètre dans un recours des justiciables ou des États membres pour évaluer la légalité du droit communautaire.

En comparaison avec les affaires jugées sous le GATT 1947, la Cour change toutefois le principal appui de son argumentation et se fonde davantage sur l'absence de réciprocité de la part des partenaires économiques commerciaux de la Communauté en ce qui concerne la reconnaissance de l'effet direct des accords de l' OMC. Du fait que les partenaires importants rejettent l'effet direct, le risque « d'un déséquilibre dans l'application des

---

32 CJCE, *Portugal/Conseil*, Arrêt du 23 novembre 1999, aff. C-149/96, Rec. I-8395.

33 Conclusions de l'avocat général Saggio du 25 février 1999, *Portugal/Conseil* (précité), point 19.

34 *Ibid.*, point 18.

35 Arrêt précité, point 42.

règles de l'OMC » existe et « reviendrait à priver les organes législatifs ou exécutifs de la Communauté de la marge de manœuvre dont jouissent les organes similaires des partenaires commerciaux de la Communauté »[36]. Il ressort de cette argumentation que la Cour a l'intention de protéger les institutions européennes et de ne pas leur demander de se conformer davantage aux accords de l'OMC, comme le font leurs partenaires commerciaux les plus importants. Cependant la Cour n'approfondit pas ses considérations par les faits explicites du droit comparé, une omission qui a suscité de la critique[37]. Ce qui lui a été également reproché est le fait d'avoir retenu un argument d'ordre politique et économique au détriment d'une argumentation purement juridique.

Depuis ce premier arrêt, la Cour n'a pas cédé de dénier l'effet direct et l'invocabilité des règles de l'OMC devant les juridictions européennes. Les quelques exceptions qu'elle admet ne peuvent pas être qualifiées de virements de sa jurisprudence et ne changent rien à sa principale ligne d'argumentation.[38] La Cour ne s'incline pas non plus devant les décisions rendues par l'organe de règlement des différends de l'OMC, sur lesquelles les justiciables, en général des entreprises, s'appuient, pour avoir gain de cause devant les juges européens.

B. L'effet direct et l'invocabilité des décisions de l'Organe de règlement des différends

Une des différences notables entre le GATT 1947 et les accords de l'OMC est l'instauration du « Mémorandum d'accord sur le règlement des différends » qui a permis de passer de la pratique de persuasion argumentée à une « juridictionnalisation »[39] en cas de litige entre les parties contractantes.[40] En effet, le nouveau mécanisme du règlement des différends

---

36 *Ibid.*, points 45, 46.

37 Voir par exemple T. von Danwitz, Der EuGH und das Wirtschaftsvölkerrecht – ein Lehrstück zwischen Europarecht und Politik, JZ (Juristenzeitung), p. 721, spéc. p. 726 et suiv.

38 *Supra*, I.2. et notes n° 26-28. En dehors de l'accord général de l'OMC, la Cour, sans reconnaître l'effet direct, a élaboré une troisième hypothèse où le principe de la non-invocabilité est atténué. Lorsque l'accord sur les aspects des droits de propriété intellectuelle qui touchent au commerce, ADPIC, domaine dans lequel l'harmonisation est incomplète, est en jeu, la Cour s'est déclarée compétente pour donner une interprétation uniforme à une règle de ce même accord. Cette interprétation doit être respectée par le juge d'un État membre statuant dans l'affaire en application du droit national (voir notamment les arrêts *Hermès*, CJCE, 16 juin 1998, aff. C-53/96 et *Dior*, CJCE, 14 décembre 2000, aff. jointes C-300/98 et C-392/98).

39 Cf. J.M. Beneyto, « The EU and the WTO, Direct effet of the new Dispute Settlement System ? », *EuZW* (Europäische Zeitschrift für Wirtschaftsrecht) 1996, p. 295, spéc. p. 297.

40 Cf. notamment sur le caractère obligatoire du MARD : *J. H. Jackson*, Editorial

est caractérisé par une procédure très élaborée et doit obéir à des délais stricts.[41] Néanmoins, même sous ce nouveau régime, un accord fondé sur des négociations est toujours la voie favorisée. Ainsi, après les consultations qui doivent conduire à une « solution mutuellement satisfaisante » (art. 4 et 11 MARD) et compatible avec les règles du GATT et avant de demander l'« examen en appel » (art. 17 MARD) les parties du différend ont toujours la possibilité d'avoir recours à un arbitrage formel (art. 25 MARD).

Une fois que le rapport du groupe spécial ou de l'organe d'appel par l'ORD a été adopté, la mise en œuvre des recommandations ou décisions par le membre concerné, c'est-à-dire le retrait rapide des mesures non conformes avec les accords de l'OMC, est l'issue normale de la procédure (art. 21 MARD) : la compensation ou la suspension des concessions commerciales ne doivent intervenir qu'à titre exceptionnel (art. 3 § 7 et 22 MARD). Les réactions, suite au non-respect d'une obligation des accords, peuvent donc être de natures différentes. S'il y a désaccord entre les parties au sujet des contre-mesures compensatoires, le différend peut être porté à nouveau au groupe spécial initial (art. 21 MARD) ou être soumis à un arbitre (art. 25 MARD). À défaut d'un agrément sur une compensation mutuellement acceptable, la partie qui a invoqué les procédures a le droit de suspendre des concessions ou d'autres obligations autorisées par l'ORD afin d'équilibrer les désavantages subis (art. 22 MARD).

Suite à ces décisions de l'ORD, il arrive fréquemment que les justiciables portent une action en responsabilité extracontractuelle devant les juridictions européennes (ou nationales) afin d'obtenir des dommages et intérêts du fait que l'Union n'a pas retiré la mesure jugée incompatible avec le droit de l'OMC. Soit ces justiciables sont les parties « innocentes » de cette non-exécution et ont dès lors subi des mesures de rétorsions croisées prises par les parties contractantes des accords de l'OMC en tant que compensation des obligations non respectées (les « *cross-retaliations* »), soit ces justiciables n'ont pas pu exporter des produits, incompatibles avec les normes européennes qui, à leur tour, ont été jugés contraires au droit de l'OMC.

Un exemple célèbre qui illustre cette dernière hypothèse est l'affaire *Biret*[42] où l'interdiction d'importation dans la Communauté de viande

Comment, The WTO-Dispute Settlement Understanding – Missunderstandings on the nature of the Nature of Legal obligation, 91 AJIL (American Journal of International Law) 1997, p. 60-64 et *J. Hippler Bello*, Editorial Comment, Less is more, 90 AJIL 1996, p. 416-418.

41 Cf. sur le mécanisme du MARD : P. Daillier, A. Pellet, M. Forteau, *Droit international public*, LGDJ, 8e éd., 2009, n° 652.

42 CJCE, *Biret International*, Arrêt du 30 septembre 2003, aff. C-93/02 P, Rec. 2003, I-10497.

bovine contenant des hormones de croissance était en cause. La réglementation européenne sur laquelle se fondait cette interdiction avait été jugée contraire à l'accord sur les mesures sanitaires et phytosanitaires (SPS) par l'ORD.[43] Malgré ce constat d'infraction, la Communauté avait par la suite retenu l'interdiction, ce qui a provoqué un conflit de longue durée entre le droit communautaire et celui de l'OMC. Le Tribunal de première instance des Communautés européennes (TPICE) avait rejeté les demandes de réparation du préjudice en vertu de l'article 288 § 2 du Traité CE en s'appuyant sur l'absence d'effet direct de l'accord SPS.[44] Portée en instance devant la CJCE, celle-ci reprocha au TPICE de ne pas avoir répondu à l'argument que les effets juridiques d'une décision de l'ORD pouvaient remettre en cause l'absence d'effet direct des règles de l'OMC.[45] La Cour faisait-elle entendre par là même qu'un contrôle de légalité du droit dérivé européen et l'invocabilité pourraient être possibles sur la base d'une décision rendue par l'ORD[46] ? La possibilité de l'invocabilité, au plus tard à l'échéance du délai accordé pour la mise en conformité avec la décision de l'ORD, avait été par ailleurs suggérée par le GA *Alber* dans ses conclusions du fait de la juridictionnalisation du règlement des différends[47]. Cependant, au final, la Cour a retenu la décision rendue en première instance en raison du délai accordé – et pas encore écoulé – par l'ORD à la Communauté pour conformer sa réglementation avec le régime de l'OMC[48].

Ce différend qui s'est terminé par un accord amiable en 2009[49] est marqué par sa longueur et sa grande intensité. Il révèle la difficulté de faire la distinction entre, d'une part, des mesures de protection de santé, et d'autre part des mesures protectrices des marchés. Il est aussi un reflet des différentes cultures, en l'espèce européenne et américaine : d'un côté

---

43 Rapports de groupes spéciaux de l'ORD, 18 août 1997, WT/DS26/R/USA et WT/DS48/R/CAN, Mesures communautaires concernant les viandes et les produits carnés (hormones), Rapports de l'organe de l'ORD, 16 janvier 1998, WT/DS26/AB/R et WT/DS46/AB/R.

44 TPICE, *Biret international*, Arrêt du 11 janvier 2002, aff. T-174/00, Rec. 2002, II-17, points 66 et 67.

45 CJCE, Arrêt précité, points 56-58.

46 F. Mariatte, Le juge communautaire et l'effet des décisions de l'Organe de règlement des différends de l'OMC, Europe, juin 2005, n° 20.

47 Conclusions du GA *Alber* présentées le 15 mai 2003, *Biret international*, aff. 93/02 P, Rec. P. I-10497, points 75 et 85.

48 Arrêt précité, points 60 et 62.

49 Protocole d'accord (WS/26/28) entre les États-Unis et la Commission européenne concernant l'importation de viande bovine provenant d'animaux non traités avec certaines hormones de croissance et les droits majorés appliqués par les États-Unis à certains produits des CE signé à Genève le 13 mai 2009 (révisé le octobre 2013, WS/26/29) et Protocole d'accord (WS/48/26) entre le gouvernement du Canada et la Commission européenne signé à Genève le 17 mars 2011.

des valeurs conservatrices et traditionnelles des consommateurs critiques, d'un autre côté l'attachement au progrès technique et la conviction de l'autorégulation des marchés.

Concernant le contrôle de légalité auquel la Cour semblait avoir ouvert une voie dans l'affaire *Biret*, il n'a jamais été considéré dans les arrêts ultérieurs comme une raison valable pour conformer un acte de l'Union au droit de l'OMC voire à une décision prononcée par l'ORD. Tel était le cas dans l'affaire *Van Parys* où il était question du règlement portant sur l'organisation commune des marchés dans le secteur de la banane[50]. L'avocat général de la Cour de justice *Tizzano* avait estimé qu'il était « légitime de supposer que la différence [faite par la Cour entre l'effet direct de règles de l'OMC et l'effet direct des décisions de l'ORD dans l'affaire *Biret*] ne peut être entendue qu'en faveur de la reconnaissance aux décisions de l'ORD des effets directs que la jurisprudence précédente avait niés aux règles de l'OMC »[51]. Dans cette affaire, le délai fixé par l'ORD pour la mise en conformité du droit européen dérivé avec les règles de l'OMC était expiré. Mais malgré ces circonstances, la Cour n'était pas prête à écarter l'application des règles de droit interne européen qui étaient incompatibles avec les accords de l'OMC. Selon la Cour, l'écart des règles litigieuses au motif de l'expiration du délai « priverait les organes législatifs et exécutifs des parties contractantes de la possibilité… de trouver une solution négociée »[52].

Pour conclure cet aperçu de la jurisprudence, on peut constater que le verrouillage de la Cour européenne face au droit de l'OMC s'est confirmé. La Cour résume elle-même que « les décisions de l'ORD constatant le non-respect des règles de l'OMC ne sauraient en principe… être fondamentalement distinguées des règles matérielles traduisant les obligations contractées par un membre dans le cadre de l'OMC. Ainsi… une décision de l'ORD constatant le non-respect desdites règles ne saurait, pas plus que les règles matérielles que comportent les accords de l' OMC, être invoquée devant la juridiction de l'Union aux fins d'établir si une réglementation de celle-ci est incompatible avec… cette décision »[53].

En considérant isolément la jurisprudence européenne, il en résulte que le dernier mot, dans le cas des décisions opposées de l'ORD et de la CJCU, revient aux juges européens qui peuvent interdire à un opérateur économique ou à un État membre d'invoquer devant eux

[50] CJCE, Arrêt du 1er mars 2005, aff. C-377/02, Rec. 2005, I-1465.

[51] Conclusions de l'Avocat général Tizzano présentées le 18 novembre 2004, aff. C-377/02, Rec. 2002, I-1465, point 73, 78.

[52] Arrêt précité, point 48.

[53] CJCE, Arrêt du 10 novembre 2011, *Inspecteur van de Belastingsdienst*, aff. jointes C-319/10 et C-320/10, non publié, point 37.

« qu'une réglementation de l'Union est incompatible avec certaines règles de l'OMC, alors même que l'ORD a déclaré ladite réglementation incompatible avec celles-ci »[54].

S'agit-il là d'un raisonnement très critiquable et non justifié parce qu'il met en doute le caractère normatif et contraignant des accords de l'OMC en faveur des solutions motivées par des réflexions politico-économiques ? Ou faut-il au contraire reconnaître la légitimité d'une approche différente qui consacre davantage le caractère diplomatique de ces accords ainsi que leur intention de respecter dans la mesure du possible la souveraineté des parties contractantes ? D'un côté, d'une perspective purement juridique, la pratique de la Cour paraît en effet non compatible avec le rang du droit de l'OMC qu'elle occupe dans l'ordre juridique européen. D'un autre côté, vu la nature des accords de l'OMC qui se fondent sur la réciprocité et les compromis négociés entre les intéressés, la seconde approche semble plus adaptée parce qu'elle préserve une marge de manœuvre entre les parties en leur procurant la possibilité de trouver un équilibre bilatéral. En effet, dans les cas précités, les décisions rendues par les différents organismes compétents en matière de règlements des litiges peuvent être considérées comme moyens de pression[55] entre les parties de poursuivre les négociations commerciales internationales et d'arriver à un compromis satisfaisant qui permette de réconcilier leurs différentes cultures ainsi que leurs points de vue juridiques et économiques. En arguant en ce sens, dans la pratique, le dernier mot dans les conflits opposant l'UE et l'OMC ne revient ni à la Cour de justice ni à l'ORD, mais aux parties contractantes du système des contrats commerciaux multilatéraux[56].

---

[54] Arrêt *Van Parys*, précité, point 54.

[55] Cf. J.-M. Thouvenin, *op. cit.*, p. 733.

[56] Cf. sur ce point les conclusions du 6 avril 2006 du GA *Léger* dans l'affaire *Ikea* (CJCE, Arrêt du 27 septembre 2007, C-351/04) où sa présentation du droit de l'OMC ressemble au *soft law* (« droit mou ») : points 83-87.

Le règlement des litiges à travers la question de l'arbitrage et du procès équitable dans la zone sud-ouest de l'océan Indien

Anne-Françoise Zattara-Gros

Dans le contexte juridique des îles de la zone sud-ouest de l'océan Indien, fait soit de transposition du droit français de l'arbitrage, qui intègre le modèle de procès équitable notamment défini par l'article 6 de la Convention européenne des droits de l'homme, soit d'érection d'un droit interne de l'arbitrage composé partiellement de dispositions juridiques françaises, l'étude des rapports qu'entretiennent l'arbitrage et le procès équitable dans les différents droits des îles de l'océan Indien est de nature à révéler une perméabilisation croissante des sphères de l'arbitrage et du procès. Ce mouvement constitue-t-il un atout ou un frein à la sécurisation des échanges et investissements dans la zone qui tendent à se multiplier dans le contexte de développement d'un axe Afrique-Asie ? Il s'agira ici de faire notamment une comparaison des droits français, mauricien, malgache et comorien de l'arbitrage.

*

In dem juristischen Umfeld auf den Inseln des sudwestlichen indischen Ozeans wird entweder durch Anpassung des französischen Schiedsgerichtsrechtes, das das Modell eines fairen Verfahrens wie es in Art. 6 der europäischen Menschenrechtskonvention definiert wird, übernimmt oder durch Erstellung eines internen Schiedsgerichtsrechts, das sich teilweise aus französischen Vorschriften zusammensetzt. Die Untersuchung der Zusammenhänge zwischen Schiedsgerichtsbarkeit und fairem Verfahren in den verschiedenen Rechtssystemen der Inseln des indischen Ozeans zeigt eine zunehmende Durchlässigkeit zwischen Schiedsgerichtsverfahren und Prozess. Stellt sich diese Bewegung als Vorteil oder Bremse für die Absicherung des Warenaustauschs und der Investitionen, die in dem Gebiet unter der Bildung einer Achse Afrika-Asien immer zahlreicher werden? In dem Beitrag wird insbesondere ein Vergleich des französischen, mauritischen, madagassischen und komorischen Rechts vorgenommen.

*

In the legal environment of the islands situated in the southwest area of the Indian Ocean due to the transposition of either arbitration law, which integrates fair trial model of the article 6 of the European Convention on human rights, or the erection of national arbitration law composed by French legal rules, the study of reports between arbitration and fair trial in different rights of the islands of the Indian ocean show a permeability of the arbitration and trial spheres. This movement is an asset or a brake on Securing Trade and Investments in the area, which increase between Africa and Asia? It will be here to compare French, Mauritius, Madagascar and Comoros arbitration laws

*

* *

Le sujet du règlement des litiges au travers la question de l'arbitrage et du procès équitable dans la zone sud-ouest de l'océan Indien appelle quelques observations préliminaires.

La première observation a pour objet de délimiter le champ géographique de l'exposé puisqu'il s'agit de s'intéresser au règlement des litiges dans la zone sud-ouest de l'océan Indien.

Qui dit règlement des litiges dans cette zone suppose de la matière : des échanges, qu'on peut mesurer au travers les chiffres du commerce international ; des litiges, que l'on peut mesurer au travers le risque crédit évalué par pays chaque année par la Coface.

Dans la zone sud-ouest de l'océan Indien, l'on s'intéressera principalement à la situation des îles-pays des Grandes Mascareignes, qui sont des partenaires historiques de la France en terme économique. Sous cet angle, quelques données sont éclairantes.

Ainsi, l'île Maurice, notée A3 depuis 2003, comme d'ailleurs la France aujourd'hui, avec une note identique pour l'environnent des affaires (contre A1 pour la France) accueille 418 millions US dollars d'investissements étrangers directs (IDE) en 2014 (variable contre 259 millions en 2013 et 589 millions en 2012 selon la CNUCED) tandis qu'elle présente un chiffre d'importations de biens et services excédentaires (8 millions US dollars) par rapport à celui des importations (6 millions US dollars), ce qui correspond à des flux constants à se référer au rapport Doing Business. Elle a d'ailleurs pour principal partenaire la France, qui correspond à 14 % des exportations. Madagascar est dans une situation économique plus préoccupante. Notée C depuis 2005 avec une note de D pour l'environnent des affaires et mise en surveillance depuis le 19 juin 2015, elle affiche un taux d'IDE de 351 millions US dollars en 2014 contre 567 millions en 2013 et des chiffres à l'exportation en augmentation (1,9 million US dollars pour ce qui est des biens dont 25 % vers la France) et à l'importation constants depuis 2011 (3,2 millions US dollars de biens en 2013). Enfin, la République fédérale islamique des Comores est un pays non cofacé. Ses IDE, en augmentation, s'élèvent à 14 millions US dollars. Ses exportations de biens sont de l'ordre de 25 millions US dollars dont 43,5 % sont dirigées vers la France et ses importations de biens atteignent 285 millions US dollars en 2013 (constant – NC en 2014).

La seconde observation permettra de déterminer le champ de l'exposé d'un point de vue juridique en s'intéressant aux modes de règlement des litiges. Le titre laisse à penser que le règlement des litiges dans la zone océan Indien s'opérerait selon deux voies, celle du procès dit équitable et celle de l'arbitrage. Il faut bien sûr se méfier des apparences. Si ces modes sont à l'évidence les plus répandus, ils ne sont pas exclusifs d'autres voies. Dans l'océan Indien comme ailleurs, il existe à côté de ces modes des solutions coopératives de règlement des litiges (médiation, conciliation), qui ne seront pas envisagées dans cette étude.

La dernière observation, qui prend la forme d'une question, porte sur le couple : arbitrage et procès équitable. Pourquoi les avoir associés ? Deux raisons peuvent être avancées. La première, générale, réside dans ce que sont des modes coercitifs de règlement des litiges ayant pour objet de terminer les contestations entre les justiciables et concourant à une seule et même fin : l'application du droit. La seconde, remise dans le contexte de ces journées d'études consacrées à l'abolition des barrières commerciales et tarifaires dans la région, participe de l'idée que ces modes de règlement des litiges et les liens qu'ils entretiennent sont propres à permettre une sécurisation des échanges, et en tant que tels participent du développement de ceux-ci. Reste à savoir si le mariage est heureux et le couple fécond, ce qui suppose d'appréhender ces deux notions.

L'arbitrage est une institution connue. Elle est, d'abord, familière. Chacun a une perception de ce qu'est l'arbitrage, tout au moins de l'arbitre. Les exemples foisonnent dans la vie quotidienne : l'arbitre de chaise au tennis, le tiers-arbitre. Pour autant, il faut se garder de toute représentation qui pourrait être fausse, ce qui participe d'une certaine définition du mythe, car l'arbitre, dans la science juridique, qui se définit comme un tiers, qui « *règle le différend qui oppose deux ou plusieurs parties, en exerçant la mission juridictionnelle qui lui a été confiée par celles-ci* »[1], poursuit une mission qui lui est propre, investi d'un pouvoir juridictionnel[2]. L'arbitrage est, ensuite, une institution ancienne. On le retrouve présent dans les systèmes juridiques les plus anciens, comme en Arabie pré-islamique au début du Ier millénaire. On relève d'ailleurs à deux reprises des références explicites à l'arbitrage dans le Coran, notamment

1 Ch. Jarosson, *La notion d'arbitrage*, LGDJ, Coll. Bibl. dr. Priv., t. 198, 1987, n° 785.

2 Th. Clay, *L'arbitre*, Dalloz, Coll. NBT, 2001, n° 27 et suiv.

au verset 35 de la Sourate des Femmes, où il est possible d'y lire : « *Si vous craignez la séparation entre des conjoints, envoyez un arbitre de la famille de l'époux, et un arbitre de la famille de l'épouse* ». Plus proche de nous, on le retrouve en droit romain, où le Code et surtout le Digeste de Justinien lui fournissent un cadre juridique unique, ce qui permettra son rayonnement au Moyen Âge et surtout son développement fulgurant sous la Révolution. L'engouement pour l'institution s'essoufflera pendant la période des codifications. Caché dans le Code civil de 1804 sous le titre du compromis, le procédé reste peu utilisé jusque la seconde moitié du XXe, où avec l'internationalisation du commerce, il va alors réapparaître et se développer, parallèlement, aux côtés d'une justice étatique malmenée : encombrée avec le développement constant des affaires nouvelles, lente compte tenu des délais d'audiencement et de jugement ainsi que de l'exercice des voies de recours, complexe par l'existence de conflit de juridictions, aléatoire dans ses résultats au regard de différents facteurs (corruption dans certains pays) et coûteuse par la charge financière et émotionnelle qu'induit le du procès.

En dépit de ces caractères, l'arbitrage, tout au moins en droit français, empruntera au procès. C'est ainsi que le Nouveau Code de procédure civile (NCPC) français du 5 décembre 1975, inspiré du modèle du procès équitable issu des instruments internationaux et européen, a prévu l'application des principes directeurs du procès à l'arbitrage ce qui est plus nuancé depuis la réforme de l'arbitrage par le décret n°2011-48 du 13 janvier 2011. Cette considération se vérifie-t-elle dans les droits des pays de l'océan Indien, qui constituent le premier cercle de proximité au regard de ce que le NCPC français a été, suite à l'accession à l'indépendance de ces différents pays, transplanté à Madagascar, aux Comores et à Maurice ?

La logique conduirait à répondre par l'affirmative si l'on place sur le plan de la technique de codification. La codification d'imitation ou de réception n'a pas d'autre objet que de reproduire au sein de son arsenal juridique le droit d'un autre pays supposé meilleur[3].

L'affirmation s'est un temps vérifiée.

À Maurice, pleinement, dans la mesure où la loi sur l'arbitrage, à savoir l'Act 1981, a repris, à quelques exceptions près, les dispositions françaises des décrets français n° 80-354 du 14 mai 1980 et n° 81-500 du 12 mai 1981 codifiées dans le NCPC, qu'il a introduit dans le Code de procédure civile mauricien aux articles 1003 à 1028-11, Ces textes ont été depuis complétés et modifiés, en particulier par la loi sur l'arbitrage international promulguée le 25 novembre 2008 et entrée en vigueur le 1er janvier 2009 (article 592 à 671).

[3] B. Oppetit, « De la Codification », in (dir.) B. Beigner, *La Codification*, Dalloz, Coll. Th. et comm., p. 14. Voir également R. Cabrillac, *Les codifications*, PUF, 1re éd., 2002.

L'observation est plus nuancée s'agissant de Madagascar, où la codification qui s'est opérée présente une double face. À côté de l'opération de transplantation pure et simple du droit français, s'est développée une autre codification, de réformation de ce droit. Ainsi, la loi n° 98-019 du 2 décembre 1998 sur l'arbitrage, modifiée par la loi 2001-022 du 9 avril 2003, est venue réécrire certains pans du Code de procédure civile consacrés à l'arbitrage.

En République fédérale islamique des Comores, la situation est encore différente. La codification par imitation, initiée depuis l'indépendance en 1975, a été perturbée par la ratification du Traité OHADA en date du 17 octobre 1993 et de ses Actes uniformes (AU), dont celui du 11 mars 1999 relatif à l'arbitrage, qui constitue la législation sur l'arbitrage du pays. Si les articles du Code civil français relatifs au compromis restent toujours applicables sous réserve des limites apportées par le droit issu de l'OHADA, de nombreuses dispositions du Code de procédure civile comorien, qui sont des reproductions de celles du NCPC français en matière d'arbitrage et contraires à celles de l'Acte uniforme, ont été abrogées.

Dans ce contexte, qui dessine un patchwork de droits, construits selon différentes influences, trois modèles émergent. Tantôt la matrice reste le droit français de l'arbitrage, qui intègre le modèle de procès équitable notamment défini par l'article 6 de la Convention européenne des droits de l'homme (CEDH). Tantôt la matrice est devenue la loi-type CNUCID sur l'arbitrage commercial international du 21 juin 1985 modifiée[4]. Tantôt se combinent dispositions juridiques françaises et dispositions issues de systèmes juridiques différents. L'étude des rapports qu'entretiennent l'arbitrage et le procès équitable se révèle dès lors complexe. Il s'agira de s'interroger sur la réception de l'arbitrage dans le droit à un procès équitable (I) et d'examiner l'intégration du procès équitable dans le droit de l'arbitrage (II).

I. La réception de l'arbitrage dans le droit à un procès équitable

La question de la réception de l'arbitrage dans le droit à un procès équitable n'a de sens que s'il existe un modèle universel d'administration de la justice[5]. Force est de constater qu'il existe des standards, des principes directeurs communs, qui apportent une garantie indispensable au justiciable

---

4 V. Jarvin, *La loi type de la CNUDCI sur l'arbitrage commercial international*, Rev. arb. 1986, p. 509. – Ph. Fouchard, JDI 1987, p. 861.

5 S. Guinchard, M. Bandrac, X. Lagarde, M. Douchy, *Droit processuel, Droit commun du procès*, Dalloz, 1re éd., 2001, p. 279 et suiv.

dans le domaine du droit processuel. Ces derniers s'évincent des instruments internationaux de protection des droits de l'homme. Au niveau mondial, l'on pense à la Déclaration universelle des droits de l'homme (DUDH) du 10 décembre 1948 et au Pacte international des droits civils et politiques (PIDCP) du 19 décembre 1966, qui a été ratifié par Madagascar le 21 juin 1971, Maurice le 12 décembre 1973, la France le 25 juin 1980, les Seychelles le 5 mai 1992 et actuellement toujours pas ratifié par les Comores. Au niveau régional, l'on songe naturellement à la Convention européenne des droits de l'homme (CEDH) du 4 novembre 1950, ratifiée par la France le 3 mai 1974 et, plus proche de nous, au traité pour l'Organisation en Afrique du droit des affaires (OHADA), dont les Comores sont État partie.

À la lecture de ces instruments, une observation s'impose : aucun, à l'exception de ce dernier Traité, et encore, ne fait référence à l'arbitrage. Il convient cependant de s'en assurer plus précisément en examinant, d'une part, le droit issu de ces instruments internationaux (A) et, d'autre part, les droits internes en présence (B).

A. Les réponses des instruments internationaux

Si l'on examine les instruments internationaux référents en matière de procès équitable, les sources résident essentiellement dans l'article 14 du PIDCP et l'article 6 de la CEDH. L'identité de contenu de ces dispositions est alors frappante. Chacun des articles dispose en substance que « Toute personne a droit à ce que sa cause soit entendue équitablement et publiquement par un tribunal (…) ». Nulle allusion à l'arbitrage ni à l'arbitre sauf à supposer que celui-ci pourrait se cacher derrière la notion de tribunal. Il convient dès lors de se demander si la juridiction arbitrale constitue un tribunal officiel, formel visé par ces instruments internationaux.

La réponse est, pour une partie de la doctrine et un certain courant jurisprudentiel, négative. Différentes thèses sont avancées. L'une s'appuie sur l'argument selon lequel l'arbitre n'étant pas une juridiction étatique, celui-ci ne peut être engagé par la signature des traités à destination des États seuls[6]. L'autre consiste à voir dans le choix de l'arbitrage une renonciation au recours devant les juridictions étatiques, et de là à

---

[6] En ce sens, voir Ch. Jarosson, *L'arbitrage et la Convention européenne des droits de l'homme*, Rev. Arb., 1989, p. 573. O. Jacot-Guillarmod, L'arbitrage privé face à l'article 6 § 1 de la Convention européenne des droits de l'homme, in *Protection des droits de l'homme : la dimension européenne, Mélanges Gérard WIARDA*, Carl Heymanns, 1988, p. 281 ; F. Matscher, L'arbitrage et la Convention, in *La Convention européenne des droits de l'homme, Commentaire article par article*, (dir.) L.E. Pettiti, E. Decaux, P.-H. Imbert, Economica, 2e éd., 1999, p. 281. Comp. J. Velu et R. Ergec, *La Convention européenne des droits de l'homme*, Bruylant, 1990, n° 407.

l'exercice du droit à un procès équitable[7]. Reste que la jurisprudence la plus récente de la CEDH considère que le terme de tribunal au sens de l'article 6 de la Convention ne vise pas nécessairement « *une juridiction de type classique, intégrée aux structures judiciaires ordinaires du pays* »[8]. Ainsi, le texte s'applique notamment à un tribunal arbitral[9]. Il y a cependant des réserves posées par la Cour, qui admet cette applicabilité sous réserve de l'existence de garanties, que la Cour élude soigneusement. Il est loisible de penser que ce sont précisément celles dictées par l'article 6. La Cour de cassation a fait sienne cette thèse. Selon elle, le droit d'accéder au juge (arbitral) est « *un droit qui relève de l'ordre public international consacré par les principes de l'arbitrage international et l'article 6.1 de la Convention européenne des droits de l'homme* »[10].

B. Les réponses des droits internes

Les droits internes de l'arbitrage des pays en présence fournissent un autre cadre pour étudier la question de la réception de l'arbitrage dans le droit à un procès équitable si l'on part du principe que ces droits importent le modèle universel de procès équitable en se référant à certains instruments internationaux. Cette réception des règles au sein de leur propre droit permet ainsi à ces États d'établir des règles propres à sanctionner les procédures arbitrales qui seraient en contradiction avec ce modèle.

L'article 440 du Code de procédure civile malgache en constitue un exemple. Il précise que les dispositions du titre relatif à l'arbitrage interne ne dérogent pas aux accords internationaux en vigueur pour l'État malgache. On pense bien sûr ici au Pacte international des droits civils et politiques. Ainsi, l'arbitrage, par renvoi du droit interne aux instruments internationaux, pourrait substantiellement relever du droit à un procès équitable.

Encore faut-il qu'il y ait matière à arbitrage. Si l'on fait un examen comparé des législations des îles de l'océan Indien, il est loisible de constater que les conditions requises pour qu'un litige soit soumis à une juridiction arbitrale sont communes. Deux conditions émergent : le litige doit être arbitrable ; l'arbitrage doit trouver sa source dans une convention d'arbitrage.

À l'instar du droit français, les droits malgache, mauricien et comorien déterminent le champ d'application de l'arbitrage. Ainsi, en

---

7 CEDH, 27 février 1980, A/35, § 49 ; Cass. 1re civ. 20 février 2001, *Bull. Civ. I*, n° 39.

8 CEDH, 22 octobre 1984, A/84, § 36.

9 CEDH, 3 avril 2008, Rev. arb. 2009, p. 797, note Rac.

10 Civ. 1re, 1er février 2005, pourvoi n° 01-13.742, B.I, n° 53.

vertu des articles 2059 et 2060 du Code civil français, ne sont pas soumis à arbitrage: d'une part, les contestations qui portent sur des droits dont les parties n'ont pas la libre disposition et, d'autre part, les questions sur les matières qui intéressent l'ordre public telles l'état et la capacité des personnes, les collectivités et établissements publics même si, en matière d'arbitrage international, la Cour de cassation a estimé que l'État pouvait valablement compromettre[11], le droit pénal, le droit des douanes…

Cette double limite se retrouve en substance dans les droits mauricien et malgache. Toutefois, la question de l'applicabilité des articles 2059 et 2060 du Code civil français a soulevé des difficultés. Pour bien saisir le sujet, il faut se replacer dans le contexte historique. Au moment de l'indépendance de ces îles, soit en 1960 pour Madagascar et en 1968 pour Maurice, les États mauricien et malgache se sont dotés d'un Code civil conforme dans toutes ses dispositions à celles contenues dans le Code civil français de l'époque. Or, à cette date, les articles 2059 et 2060 ne figuraient plus dans le Code civil français puisqu'ils avaient été abrogés en 1867. Ils n'ont été réintroduits qu'en 1972 par l'effet de la loi du 5 juillet de sorte qu'ils n'étaient a priori pas applicables ni à Maurice ni à Madagascar. À Maurice, la réponse a été celle de l'introduction de la loi du 5 juillet 1972 à sa place et en français dans le Code Napoléon. À Madagascar, la loi sur l'arbitrage du 2 décembre 1998 modifiée par la loi du 9 avril 2003 a reproduit en substance la double limite dans le Code de procédure civile où des dispositions équivalentes se trouvent contenues dans les articles 439, 440-1 et 453-1. Celui-ci dispose qu'on ne peut compromettre sur les questions d'ordre public, d'une part, et sur les questions relatives à la nationalité, au statut personnel ou sur les litiges concernant l'État, les collectivités territoriales et les établissements publics d'autre part. En revanche, cette double limite française n'a pas été reprise par le droit de l'OHADA applicable aux Comores. L'article 2, alinéa 2 de l'Acte uniforme du 11 mars 1999 reconnaît aux États et autres collectivités publiques territoriales ainsi qu'aux Établissements publics le droit de compromettre. Ceci pose la question de l'articulation de l'article 2 avec l'article 2060, alinéa 1er du Code civil français. L'article 35 prévoit que le Présent Acte tient lieu de loi relative à l'arbitrage dans les États parties. Est-ce à dire que l'Acte uniforme a abrogé l'article 2060 ?

L'article 10 du traité OHADA apporte un début de solution. Il précise que les « *Actes uniformes sont directement applicables et obligatoires dans les États parties nonobstant toute disposition contraire de droit interne, antérieure ou postérieure* ». La Cour commune de justice et d'arbitrage estime que les dispositions non contraires des législations internes sur l'arbitrage ne sont pas abrogées par l'Acte uniforme du 11 mars 1999

---

11 Cass. com., 2 mai 1966, J.C.P., 1966, II, 14798, note Ligneau.

alors que celles contraires existantes sont abrogées[12]. Il s'ensuit que l'article 2060 du Code civil comorien a vocation à être modifié, sinon abrogé. La solution doit être saluée de façon à aligner l'arbitrage interne sur les règles de l'arbitrage international, où la participation de personnes morales de droit public à l'arbitrage constitue désormais le principe[13].

La question de l'arbitrabilité du litige étant réglée, il faut encore qu'existe une convention d'arbitrage. Hormis le cas de certaines formes d'arbitrages internationaux, comme par exemple les arbitrages introduits sur le fondement des traités internationaux en matière d'investissements, où le consentement de l'État est contenu dans l'instrument de protection des investissements et celui de l'investisseur dans l'acceptation ultérieure du bénéfice de la protection, la volonté des parties d'aller à l'arbitrage doit être exprimée dans une convention d'arbitrage, ainsi qu'il en résulte notamment des articles 1507 du CPC français, 4 de l'Act 2008 et 453 du code de procédure civile malgache. Cette convention prend deux formes : celle d'une clause compromissoire ou celle d'un compromis. Elle doit, pour être valable, répondre à certaines conditions. On se concentrera ici sur deux d'entre elles, que sont le consentement et les pouvoirs des parties.

La convention d'arbitrage doit d'abord résulter d'un échange des consentements. Pourtant, chacun des droits en présence requiert en principe un écrit. C'est vrai du droit français pour l'arbitrage interne. Le CPC français impose que la convention d'arbitrage soit écrite, à peine de nullité. C'est ce qu'enseigne l'article 1443, alinéa 1er alors qu'une telle exigence n'est pas requise pour un arbitrage international en application de l'article 1507 CPC. Une telle condition se retrouve consignée dans le droit mauricien. Les articles 1004 et 1009 alinéa 1er du Code de procédure civile mauricien relatifs respectivement à la clause compromissoire et au compromis ne sont que la réplique pure et simple des anciens articles 1443 al. 1 et 1449 du CPC français, qui exigeaient un écrit à titre de validité s'agissant de la clause compromissoire et à titre de preuve pour le compromis. En revanche, l'Act 2008 se sépare des solutions françaises en matière d'arbitrage international car la convention d'arbitrage doit être, en vertu de l'article 4, écrite. La situation est voisine en droit malgache de celle précédente. En arbitrage interne, l'article 440-2 du CPC malgache reproduit en effet, en son premier alinéa 1°, la disposition de l'ancien article 1443, alinéa 1er de sorte qu'un écrit est requis à peine de nullité pour la clause compromissoire, l'article 440-3, alinéa 1er précisant que les écrits pouvant servir de preuve peuvent résider dans un échange de conclusions, télégrammes, télécopies, courriers électroniques… Inspiré

---

[12] CCJA, 30 avril 2001, avis 001/2001, *Rev. Camerounaise de l'arbitrage*, n° spécial, octobre 2001, p. 107-109.

[13] Voir P. Meyer, *op. cit.*, p. 105.

par l'ancien article 1449 du CPC français, en sa première phrase, il exige un écrit à titre probatoire pour le compromis. En arbitrage international, l'article 453 prévoit que « *La convention d'arbitrage doit se présenter sous forme écrite* ». Enfin, aux Comores, l'article 3 de l'AU impose que la convention d'arbitrage doit être faite aussi par écrit, si ce n'est que cette condition n'est requise qu'à titre probatoire sans distinction eu égard à la nature de l'arbitrage, qu'il soit interne ou international. Tirant les conséquences du peu d'intérêt existant entre clause compromissoire et compromis dans l'arbitrage international, l'Acte uniforme ne distingue plus entre ces deux termes et utilise judicieusement le terme générique de convention d'arbitrage[14]. Cette volonté de simplifier a toutefois créé un conflit avec l'article 2061 du Code civil comorien. Héritier de l'article 2061 du Code civil français pris dans sa rédaction d'avant la loi du 15 mai 2001, il dispose que la clause compromissoire est nulle s'il n'est disposé autrement par la loi. Il faut en conclure qu'en matière d'arbitrage interne, le principe étant celui de la nullité d'une telle clause, la distinction continuait de revêtir son importance. L'article 2061 du Code civil comorien a donc été abrogé.

La clause compromissoire et le compromis étant des actes de disposition, ils ne peuvent être conclus que par des personnes qui peuvent disposer librement de leurs droits. Cette condition est posée par l'article 2059 du Code civil français, qui se retrouve dans le Code Napoléon de l'île Maurice et trouve son écho dans les articles 439, 440-1 et 453-1 du Code de procédure civile malgache.

Des considérations précédentes, l'on peut formuler deux observations sur les conditions de soumission d'un litige à une juridiction arbitrale dans les différents droits des îles des grandes Mascareignes. L'évolution des droits internes a conduit à faire voler en éclat l'unité des règles posées qui présidait en la matière post-décolonisation de sorte que les législations des pays de l'océan Indien se démarquent aujourd'hui du droit français notamment en matière d'arbitrage international, marqué par une souplesse certaine, ce qui constitue à la fois un avantage et un inconvénient : un avantage certain en faveur du droit français dans une dimension des compétitions des législations à l'heure du choix de la loi qui régira l'arbitrage ; un inconvénient dans une perspective de mise en place d'un système régional de règlement des litiges si l'on devait rechercher une harmonie des droits.

---

14 Pour un rapprochement des règles relatives à l'arbitrage interne et l'arbitrage international, voir notamment P. Mayer, *Faut-il distinguer arbitrage interne et arbitrage international ?*, Rev. Arb., 2005, p. 361.

Ceci étant dit, reste à avancer et répondre à la seconde question, celle de savoir comment les différents droits internes de l'arbitrage intègrent les standards du procès équitable.

II. L'intégration du procès équitable dans l'arbitrage

Les droits internes en présence fournissent la matière pour rechercher si les règles établies pour les tribunaux trouvent à s'appliquer à l'arbitrage (A). Dans l'affirmative, il restera à déterminer parmi celles-ci quelles sont les garanties fondamentales de procédure applicables à l'arbitrage (B).

A. L'application des règles établies pour les tribunaux à l'arbitrage

En droit français, la réponse a été donnée pendant longtemps par l'ancien article 1460 du CPC, qui disposait que « *les arbitres règlent la procédure arbitrale sans être tenus de suivre les règles établies pour les tribunaux, sauf stipulation contraire des parties* » tout en précisant que « *sont toutefois toujours applicables à l'instance arbitrale « les principes directeurs du procès énoncés aux articles 4 à 10, 11 (alinéa 1) et 13 à 21* ». Devenu l'article 1464 du CPC depuis le décret n° 2011-48 du 13 janvier 2011[15], il indique désormais : « *À moins que les parties n'en soient convenues autrement, le tribunal arbitral détermine la procédure arbitrale sans être tenu de suivre les règles établies pour les tribunaux étatiques. Toutefois, sont toujours applicables les principes directeurs du procès énoncés aux articles 4 à 10, au premier alinéa de l'article 11, aux deuxième et troisième alinéas de l'article 12 et aux articles 13 à 21, 23 et 23-1* ».

Sans doute parce trop porteur d'ambiguïté, l'ex-article 1460 n'a pas trouvé de correspondance, dans sa globalité, dans les droits processuels mauricien et malgache, qui ont abandonné le second alinéa. L'article 1018 du CPC mauricien énonce : « *Les parties et les arbitres suivront, dans la procédure, les délais et les formes établies pour les tribunaux, si les parties n'en sont autrement convenues* ». Quant à l'article 447 du CPC malgache, il pose la règle suivant laquelle « *les arbitres règlent la procédure arbitrale sans être tenus de suivre les règles établies pour les tribunaux de droit commun, sauf si les parties en ont décidé autrement*

---

15 Sur cette réforme, voir les commentaires E. Gaillard et P. de Lapasse, *Le nouveau droit français de l'arbitrage international*, D. 2011, p. 175 ; Ch. Jarrosson et J. Pellerin, *Le droit français de l'arbitrage après le décret du 13 janvier 2011*, Rev. arb. 2011, p. 5 ; E. Loquin, *La réforme du droit français interne et international de l'arbitrage*, RTD com. 2011, p. 255 ; Th. Clay, *« Liberté, égalité, efficacité » : la devise du nouveau droit français de l'arbitrage. Commentaire article par article*, JDI 2012, doctr. 4, p. 443 et JDI 2012, doctr. 8, p. 815.

dans la convention d'arbitrage ». Pour les mêmes raisons, les droits mauricien et malgache ont retenu, respectivement à l'article 24 de l'Act 2008 et 458 du CPC, uniquement le premier alinéa en matière d'arbitrage international de sorte que les parties sont libres de convenir de la procédure à suivre par le tribunal arbitral sous réserve des dispositions impératives prévues par les textes en la matière. L'article 14 de l'Acte uniforme OHADA consacre lui aussi un principe de liberté contractuelle puisque les sources d'encadrement de l'instance arbitrale résident soit dans la volonté des parties soit dans les règlements des Centres d'arbitrage. À défaut, il prévoit que le tribunal arbitral peut procéder à l'arbitrage comme il le juge approprié. Drôlerie ! Car cette solution a finalement été retenue en substance par le droit français lui-même à l'issue de la réforme opérée par le décret du 13 janvier 2011 en matière d'arbitrage international, signe que le sens des influences a changé ! Si l'article 1464 du CPC demeure pour l'arbitrage interne, l'article 1509 du CPC dispose que « *La convention d'arbitrage peut, directement ou par référence à un règlement d'arbitrage ou à des règles de procédure, régler la procédure à suivre dans l'instance arbitrale* ». Il ajoute que dans le silence de la convention d'arbitrage, il appartient au tribunal arbitral de régler soit directement, soit par référence à un règlement d'arbitrage ou à des règles de procédure.

À la lecture de ces différents textes, qui donne tout pouvoir aux parties ou au tribunal arbitral dans la définition des règles de procédure applicables à l'instance arbitrale, l'on peut légitimement se poser la question de savoir si les exigences générales du procès équitable trouvent à s'imposer.

B. La détermination des garanties fondamentales de procédure applicables à l'arbitrage

Les textes de droit interne ainsi que l'Acte uniforme OHADA font preuve d'un laconisme certain au sujet des exigences générales du procès équitable applicables à l'arbitrage. Il est possible cependant de dégager, à travers l'examen comparé des législations, des éléments de déclinaison d'un modèle universel de procès équitable qui se concentre autour des garanties liées à la juridiction arbitrale et celles relatives à l'instance arbitrale.

Ainsi, à l'instar des garanties liées au tribunal dans le droit à un procès équitable, l'on retrouve dans les droits des îles de l'océan Indien appliquées à l'arbitre les exigences d'indépendance et d'impartialité.

Cette indépendance de l'arbitre, à la fois objective (absence de liens entre l'arbitre et les parties) et subjective (absence de préjugés pour l'arbitre), doit exister tout le long de l'instance de façon à garantir une bonne administration de la justice arbitrale. Aussi, les droits processuels des pays de la zone prévoient des moyens préventifs et curatifs destinés à la préserver.

À titre préventif, une obligation de révélation est mise expressément par les textes à la charge de l'arbitre à destination des parties dès que sont susceptibles d'être réunies des causes de récusation ou propres à altérer son indépendance ou impartialité. Trouvant son siège dans l'article 1456 du CPC français, qui joue de façon supplétive en matière d'arbitrage international à s'en remettre à l'article 1506, on la retrouve consignée à l'article 1012 du CPC mauricien applicable à l'arbitrage interne, aux articles 443-2 et 454-2 du CPC malgache et à l'article 7 de l'Acte uniforme OHADA sur l'arbitrage. Cette obligation d'information prend en général la forme d'une déclaration d'indépendance que l'on découvre dans les règlements des Centres d'arbitrage, à laquelle l'arbitre doit se conformer (CAMM, MCCI)[16].

À titre curatif, deux moyens sont envisagés par les différents droits en présence. Le premier est la récusation des arbitres. Il est prévu par les articles 1456 et 1458 du CPC français en arbitrage interne, qui joue sauf convention contraire en arbitrage international[17]. On le découvre en droit mauricien aux articles 1012 et 1021, qui sont le décalque des anciens articles 1452 et 1463 du CPC français et à l'article 13 de l'Act sur l'arbitrage international. En droit malgache, la proposition se retrouve doublement en matière d'arbitrage interne aux articles 443-2 et 444 du CPC et d'arbitrage international à l'article 454-2 du CPC. Faisant fi de la distinction, l'Acte uniforme OHADA sur l'arbitrage pose, quant à lui, une règle unique à l'article 7. À la lecture de ces textes, il est possible de s'accorder à dire, de façon générale, qu'un arbitre ne peut être récusé que pour une cause de récusation postérieure à sa nomination. L'approche de celles-ci se veut extensive. L'article 454-2 du CPC malgache ou l'article 13 de l'Act 2008 prévoient qu'un arbitre peut être récusé notamment pour des causes, sans autre précision, de nature à soulever des doutes légitimes sur son indépendance ou impartialité, ce qui est conforme aux solutions retenues par la jurisprudence française[18]. Le second moyen destiné à garantir l'indépendance de l'arbitre réside dans l'annulation de la sentence bien qu'aucun des droits en présence ne fasse expressément du défaut d'indépendance un cas d'ouverture à l'action en annulation.

16 Ainsi en est-il de l'article 11 du Règlement du Centre d'arbitrage et de médiation de Madagascar (CAMM).

17 CPC, art. 1506.

18 Cass. 1re civ., 28 avril 1998, *Bull. Civ. I*, n° 155 ; JCP 1999, II, n° 10102 (2e esp.), note J. Pralus-Depuy ; JCP, 1998, I, n° 173, § 16, obs. L. Cadiet ; RTDCiv. 1998, p. 744, obs. R. Perrot ; JCP 1998, I, n° 159, § 18, obs. R. Martin ; Gaz. Pal., 1998, 2, p. 868, note G. Flecheux ; Gaz. Pal., 16-17 septembre 1998, p. 14 ; D. 1998, IV, somm. 2348.

Il est noyé dans d'autres causes envisagées par les textes régissant le recours en annulation formé contre une sentence que ce soit en matière d'arbitrage interne ou international : composition irrégulière du tribunal, violation du principe de contradiction, contrariété à l'ordre public. L'on évoquera ici les articles 1492 et 1520 du CPC français, 1027-3 du CPC mauricien et 39 de l'Act 2008, 450-3 et 462 du CPC malgache ainsi que 26 de l'Acte uniforme. Cette approche est regrettable pour des raisons tant quantitatives que qualitatives. Quantitativement, il est patent de constater que le défaut d'indépendance est un grief qui revient en proportion mesurable au fil des décisions d'annulation. Qualitativement, il faut rappeler que l'indépendance de l'arbitre est l'« essence » de la fonction juridictionnelle[19], exprimée par un proverbe bien connu dans la pratique de l'arbitrage : « tant vaut l'arbitre, tant vaut l'arbitrage »[20].

On voit donc que, par le biais des droits internes, l'arbitrage se teinte des exigences du procès équitable quant au tribunal. Il convient de vérifier si cette affirmation vaut pour l'instance.

Dans l'absolu, rien n'empêche la transposition à l'instance arbitrale des composantes du procès équitable gouvernant l'instance, que sont l'équité, la célérité et la publicité.

L'équité, qui commande que les parties soient traitées sur un même pied d'égalité et dans le respect du principe de contradiction, constitue à l'évidence un principe phare de la procédure arbitrale. L'égalité des armes, consacré par l'article 14 § 1er du Pacte international de New York et par la jurisprudence européenne relative à l'article 6[21], est présent dans les différentes législations de la zone. Ainsi le découvre-t-on à la lecture de l'article 1510 du CPC français, de l'article 24 de l'Act 2008, des articles 447 et 457 du CPC malgache et de l'article 9 de l'Acte uniforme OHADA, tous inspirés de l'article 18 de la loi type de la CNUDCI sur l'arbitrage commercial international, qui prévoit que les parties doivent être traitées sur un pied d'égalité et doivent avoir la possibilité, pour chacune d'entre elles, de faire valoir, leurs droits. Présent dès la phase de constitution du tribunal, lors de la désignation des arbitres[22], il est possible d'en trouver des manifestations tout au long de l'instance arbitrale.

---

19 CA Paris, 2 juin 1989, Rev. Arb., 1991, p. 87, obs. Cl. Reymond ; 28 juin 1991, Rev. Arb., 1992, p. 568, note P. Bellet ; Cass. 1re civ., 27 mai 1998, *Bull. Civ. I*, n° 163 ; Rev. Arb., 1999, p. 856, obs. J. Pellerin ; RGDP 1999, p. 130, pbs. M.-Cl. Rivier ; Cass. 2e civ., 19 mai 1999, Rev. Arb., 1999, p. 593, note A. Hory ; Dr. et patr. 2000, 2520, obs. J. Mestre.

20 P. Fouchard, Préface, in Th. Clay, *L'arbitre*, th. préc., p. XXIII.

21 CEDH, 8 juin 1976, A/22, § 91.

22 Civ. 1re 7 janvier 1992, *Bull. Civ. I*, n° 2.

Le principe de contradiction fait partie également des principes directeurs de l'instance arbitrale. En droit français, il a son siège dans l'article 1464, et 1510 du CPC, auquel renvoient les articles 7 et 14 à 17 du même Code. Sa méconnaissance entraîne d'ailleurs l'annulation de la sentence, ainsi qu'il résulte des articles 1492 relatifs à l'arbitrage interne et 1520 concernant l'arbitrage international. Il en est de même en droit mauricien[23], malgache[24] et comorien[25]. Comme l'égalité des armes, la contradiction, présente lors de l'appel des parties, doit perdurer lors de l'instruction, notamment en ce qui concerne l'administration de la preuve[26].

Seconde composante du procès équitable, la célérité est également requise par les législations en présence aux fins d'un arbitrage équitable. Elle est tantôt consacrée directement. L'article 1464 du CPC français en dispose expressément. Mais le plus souvent cette exigence résulte des textes fixant la durée de la mission du tribunal, qui est en général de six mois à partir de la saisine du tribunal ou du dernier acceptant. Sont en ce sens les articles 1463 du CPC français, 1015 du CPC mauricien, 12 de l'Acte uniforme et 448 du CPC malgache. Tantôt la célérité est consacrée indirectement par le fait d'un renvoi des dispositions internes aux dispositions des accords internationaux en vigueur. Tel est le cas de l'article 440 du CPC malgache qui se réfère à l'article 14 du PIDCP applicable aux arbitrages effectués à Maurice et à Madagascar. La conséquence est que les voies de recours traditionnelles sont, pour certaines, écartées. Cela se vérifie en matière d'arbitrage international pour le pourvoi en cassation. Les articles 1503 et 1518 du CPC français, 1027-3 du CPC mauricien et 39 de l'Act 2008, 450 et 462 du CPC malgache et 25 de l'Acte uniforme OHADA l'excluent. Toutefois, ce dernier texte crée une exception en cas de recours contre la décision du juge comorien compétent devant la Cour commune de justice et d'arbitrage au sein de l'OHADA. L'opposition est également fermée suivant les mêmes textes. L'appel, non ouvert en droit malgache[27] et comorien[28], reste par contre autorisé en droit français et mauricien sauf volonté contraire des parties en matière d'arbitrage interne[29], et encore, quand une telle voie n'est pas fermée par le règlement d'arbitrage. Il est exclu par ces dernières

[23] Voir art. 1027-3 du CPC et art. 39 Act 2008.

[24] Voir art. 447, 450-3 et 462 du CPC.

[25] Voir art. 26 de l'Acte uniforme.

[26] Ainsi en est-il des articles 18 et 20 des règlements d'arbitrage de la cour arbitrale de la MCCI et du CAMM.

[27] Voir art. 450 et 462 du CPC.

[28] Voir art. 25 de l'Acte uniforme.

[29] Voir art. 1489 CPC français et 1027-1 du CPC mauricien.

législations en matière d'arbitrage international[30]. De la sorte, il n'existe, dans les droits des pays de la zone, que peu de voies possibles pour s'opposer à l'exécution de la sentence. Dès lors, doit-on déduire de cette insuffisance des voies de recours prévues une violation des règles du procès équitable ? La réponse doit être négative si l'on considère qu'il est possible de renoncer aux règles organisant les voies de recours.

Troisième élément du procès équitable, la publicité fait débat. L'arbitrage est en effet une procédure dominée par la confidentialité, dont le rappel est signifié en législation. On en trouve deux illustrations. Les délibérations des arbitres sont secrètes[31]. Les audiences ne sont pas publiques sauf convention contraire[32]. Que penser de ces prescriptions au regard du droit international du procès équitable ? Une indication, tirée de la jurisprudence européenne, permet de considérer que l'absence de débats publics n'est pas contraire aux règles du droit à un procès équitable dès lors que cette absence est justifiée par les caractéristiques de la procédure[33].

Des considérations qui précèdent, l'on peut observer que la plupart des garanties du procès équitable se retrouvent dans les droits internes des îles des Grandes Mascareignes, dessinant un standard commun de l'arbitrage équitable. Si cette tendance a pu être dénoncée car entraînant une rigidification de l'institution, elle peut constituer un facteur de développement de l'arbitrage dans des pays où l'État de droit est défaillant de façon à sécuriser les échanges et les investissements. Il convient de l'avoir à l'esprit à l'heure de la construction d'un système régional de résolution des litiges pour la zone de façon, et pour faire un clin d'œil au titre de cette université d'été, à ce que ce projet ne reste pas une construction de l'esprit, un mythe !

---

30 Voir art. 1518 CPC si la sentence est rendue en France ; art. 39 Act 2008.

31 Voir art. 1479 du CPC français sauf convention contraire en matière d'arbitrage international ; art. 1026 du CPC mauricien ; art. 448-2 du CPC malgache ; art. 18 de l'Acte uniforme.

32 Voir art. 1464 CPC français ; art. 14 règlement OHADA – CCJA.

33 CEDH, 23 juin 1981, A/43, §§ 59-61.

International Commercial Arbitration in the Framework of the WTO

Maximilian FRITZ

The article is about dispute resolution in international commercial law whereby the Introduction covers the arbitration in general and the History of the ICJ and the WTO as well as the emergence of them. This allows a better understanding of the power structures among themselves.

The origins of the Dispute resolution can be traced back to the International Trade Organization. The GATT treaty and its dispute resolution mechanism were characterized by political influences. While the negotiations about the establishment of the WTO took place, heated debates for a reform of Dispute resolution arose.

In the following the dispute resolution of the WTO and the ICJ will be explained after which a comparison and analysis will follow. An insight into the two procedures, necessary for a better understanding of dispute resolution will than be given.

The dispute resolution of the WTO was during its establishment in the year 1994 called the "crown jewel" of the WTO. The Dispute Settlement Understanding is the primary function. The dispute resolution of the WTO is in contrast to the dispute resolution of the ICJ. The question thus arises in this context why the ICJ is considered the world tribunal but is not involved in commercial matters.

Hereafter an analysis and comparison of both will take place. The differences will be pointed, which will than give the opportunity to conclude why the ICJ, on paper the world tribunal, possesses in reality not this power.

Finally a conclusion and an outlook of how the ICJ and the WTO can get closer together in the future will be provided.

*

Tout d'abord l'histoire de l'arbitrage est traité dans l'inroduction. Les débuts de l'arbitrage se laissent fonder sur l'organisation internationale du commerce. Egalement les influences de la politique sur le contrat GATT et sur l'arbitrage sont expliqué dans ce contexte.

D'autre part des critiques et des envies de réformer l'arbitrage du commerce international, survenues lors des discussions concernant la fondation de l'OMC, sont traitées. Ensuite une comparaison de l'arbitrage au sein de l'OMC avec la cour internationale de justice va suivre, en relevant notamment les principales différences et ressemblances. La fonction primaire de l'arbitrage est maintenant devenu la DSU (Dispute Settlement Understanding. L'arbitrage international est également devenu le mode de résolution de conflit le plus habituel, mais également le moyen ordinaire et normal pour résoudre des litiges.

L'arbitrage de l'OMC est contrairement à la Cour internationale de justice. Dans cette relation, il se pose alors la question de savoir et d'expliquer pourquoi, en cas de difficulté, on ne demande pas l'avis de la Cour internationale de justice. Enfin, les différences mais également les ressemblances entre la Cour internationale de justice et l'OMC sont démontrées. Pour conclure une possibilité et une perspective de rapprochement entre la Cour internationale de justice et l'OMC sera exposé.

*

Dieser Beitrag behandelt die Streitbeilegung im internationalen Handelsrecht. Zuerst wird in der Einleitung kurz auf die Geschichte der Streitbeilegung eingegangen, da die Ursprünge der Streitbeilegung sich auf die International Trade Organization zurückführen lassen. Der GATT Vertrag und die darin stattfindende Streitbeilegung war von politischen Einflüssen geprägt. Im Rahmen der Verhandlungen über eine Gründung der WTO wurden zeitgleich auch eine Reformierung der Streitbeilegung gefordert.

Im Folgenden werde ich die Streitbeilegung der WTO und die des IGH erklären und diese darüberhinaus vergleichen, sowie auf existierende Probleme eingehen.

Das Streitbeilegungssystem der WTO wurde schon bei der Unterzeichnung im Jahre 1994 als das Juwel der neuformierten WTO bezeichnet. Die primäre Funktion dieser Streitbeilegung wurde die DSU (Dispute Settelment Understanding).

Die Streitbeilegung der WTO steht in starkem Kontrast zum Internationalen Gerichtshof. In diesem Zusammenhang stellt sich die Frage, wieso bei Handelssachen nicht auf den IGH zurückgegriffen wird?

Im Folgenden wird näher auf den Vergleich von IGH und WTO eingegangen, wobei die Unterschiede und Ähnlichkeiten herausgearbeitet werden.

Zum Abschluss möchte ich ein Fazit und einen Ausblick in die Zukunft geben, unter welchen Umständen eine Annäherung zwischen IGH und WTO möglich wäre.

*

* *

I. Introduction

"But Mr. arbitrator" … In the world of sport we often hear these sentences but nowadays this sentence is getting more and more adopted in the world of law and trade. All over the world we can see a growth of international arbitration. This is a natural consequence of the growth and expansion of international trade and commerce in a globalizing world. The choice in favour of arbitration is on the one hand due to the slow and very expensive procedure of normal litigation before a tribunal and on the other hand it is due to the confidential procedure of the arbitration. The attractiveness of arbitration has to do with the fact that it resolves commercial disputes between parties of different nationalities without having a conflict of interest, which may exist with a national tribunal. Also the flexibility and the adaptability is a huge advantage of arbitration and means that the parties have a lot of different options available. Thanks to this flexibility and adaptability big companies can solve their disputes without the entire world getting to know about it and without disclosing for example their new technologies to everyone. Confidentiality is very important in the world of business. The exact number of cases decided by arbitrators is very difficult to estimate because of the confidentiality clause, but it can be maintained without any doubt that arbitration is getting bigger and more important than ever before. Arbitration has its origins in the 1950 but became bigger and much more accepted in the world of law in the past few decades. But what is arbitration exactly? "Arbitration is a method of dispute resolution in which the parties submit a dispute to an impartial person or persons who have been selected by the parties for a final binding decision"[1].

When we speak about arbitration we have to keep in mind that there is no rigid procedural formula. This means that every arbitration will be different even if it is filed within the same institution. We can nevertheless reduce the definition of arbitration to 4 points. It is a consensual process during which a decision maker, which has been privately appointed, takes binding decisions. All these points have to be in harmony with a neutral procedure. This neutral procedure must grant every party the right to present his or her case to the arbitrators as well as the right of hearing[2].

---

1 See Grenig, Alternative Dispute Resolution §§ 2: 36, 6: 1 (3d ed.).

2 It is a Principles of Natural Justice.

The legal context of international arbitration covers applicable rules, applicable national laws as well as applicable conventions and treaties and the agreement to arbitrate.

After all these years in international trade, can Arbitration be the key for interregional exchange?

There is no doubt that arbitration is facilitating foreign investments in developing countries, for example in India. Foreign investors have understandably some reservations regarding investments in developing countries. Mostly they believe that their investment might not be safe or they are scared that in case of any queries the national tribunal might decide in favour of the local government or the local companies. These fears are not unjustified because in India the government can under certain circumstances expropriate the company from their land. In this case the tribunal would not decide in favour of the foreign investor. All these problems can be aggravated by international commercial barriers, which can make international trade entirely impossible.

International commerce with barriers or without barriers is the origin of a lot of problems and creates disputes. Therefore we need a neutral tribunal, which grants an equal and just verdict when different states with different interests are involved. Why is arbitration so important and how is the WTO contributing to it? It must be mentionned here that the 161 members of the WTO account for almost 95% of world trade.

II. WTO and their dispute resolution

Out of the History of the WTO a lot of information regarding its power, its importance and its aims can be taken. The roots of the WTO can be seen in the ITO (International Trade Organization). The resolving of disputes through arbitration is not a recent phenomenon. It has its origins in the year 1947 in Havana[3]. In this meeting the representatives of the governments had in view to create the International Trade Organization, which included a possibility to settle differences that are related to arbitration[4]. The ITO was a planned institution, which was proposed in the year 1944 to avoid new economic crises after World War 2. But in the end of all the discussion it has to be mentioned that the Havana Charter came never off. Some of the Articles of the Havana charter came into effect under the GATT whereby there was no dispute settlement provided[5].

Due to the non-creation of the ITO, the WTO was created in the Uruguay round negotiations, which took place from 1986-1994, and it

---

[3] The Havana Charter.

[4] UN Doc. E/Conf. 2/78 Chapter VIII, "Settlement of Differences."

[5] A minority still argued that it was possible.

was established on the 1 January 1995. It was the United States proposing a "binding arbitration process… as an alternative means of dispute settlement for defined classes of cases, or by prior agreement of the disputing parties on an ad hoc basis"[6]. Their proposition was motivated by fear that disputes will otherwise take to much time and that they will become political. Besides the provisions regarding the General Agreement on Tariffs and Trade (GATT), in the WTO there are also the General Agreement on Trade in Services (GATS) as well as the Agreement on Trade-Related Aspects of Intellectual Property. Thanks to the experience gained from the GATT it was possible to create a prosperous and strong international trading system.

The purpose of the WTO is to open trade for the benefit of all, to reduce the existing obstacles to international trade, and to ensure a level playing field for all. It is a multilateral agreement regulating international trade. Its aims are defined as follows in the preamble: "substantial reduction of tariffs and other trade barriers and the elimination of preferences, on a reciprocal and mutually advantageous basis." This can be done by three major principles. The first principle is the most-favoured-nation principle. The most favoured nation principle is very important and guarantees that all the favours given to one contract partner will and must be given to the other contract partners as well. This principle is inaugurated in Art I.

The second principle is the national treatment anchored in Article III which says that all workers must be treated in the same way. And last but not least the third principle, transparency, forbids quantitative restrictions for imports and exports and is known under the word contingent prohibition.

This all seams quite easy and simple but the WTO is a huge trading organisation. Its state members run the organisation. By knowing this it has to be kept in mind that for making this possible the states had to transfer a part of their competence towards the organisation. Does this transfer constitute a restriction of the sovereignty of the state like a lot of people say it does? Of course it does not, even if some people might argue in this way. Moreover, we can speak about a sovereign state when the state gives up a part of his power. Then only a sovereign state can transfer a part of its competence to an organisation.

The WTO has a lot of activities but in the following only a few of them will be mentionned. An example is negotiating the reduction or elimination of trade barriers. This can concern import tariffs or any other trade barriers. The WTO also agrees on rules governing the conduct of international trade, like for example antidumping, subsidies, product

[6] MTN.GNG/NG13/W/6, 25 June 1987, at 2.

standards and many more. The WTO settles disputes among its members regarding the interpretation and application of the agreements. All WTO members must undergo periodic scrutiny of their trade policies and practices whereby the policies must be transparent. The agreements of the WTO cover services, goods and intellectual property.

The next point will be the procedure of the Dispute resolutions of the World Trade Organization and the question of why countries should bring disputes to the WTO?

Most of the Disputes under the WTO are resulting of broken promises. The members have agreed not to take unilaterally action but instead using the multilateral system of settling disputes. A dispute arises normally when one or more members of the WTO consider that one country adopted a trade policy, which breaks with the WTO agreement. Countries bring disputes to the WTO because they have the impression that their rights under the agreements are infringed. The WTO Dispute Settlement Understanding (DSU) is essential for enforcing the rules and therefore for ensuring that trade flows smoothly. The judgements given by the DSU are performed by specially – appointed independent experts based on interpretations of the agreements and individual countries commitments.

Dispute settlement was seen as the core piece of the multilateral trading system during the establishement of the WTO. It can be asserted that no other agreement of the WTO created as much interest as the DSU. The DSU is in its article 3.2 described as "a central element in providing security and predictability to the multilateral trading system". The aim while creating the DSU was to create a safe and predictable multilateral trading system. Other than GATT dispute resolution, the DSU of the WTO is applicable to all agreements concluded within the World Trade Organization. The procedure is the first mandatory intergovernmental procedure. Furthermore, the DSU helps to preserve the obligations and rights of the members under the covered agreements.

The Dispute Settlement is a purely state-to-state mechanism. It allows all the states that are members of the WTO to file co-complaints[7], or to participate as a third party to the Dispute Settlement[8].

The principles of the DSU are, that it should be equitable, fast, as well as effective and mutually acceptable. The Dispute Settlement under WTO is one of the most advanced international judicial systems and is thereby very effective. According to the rules of the WTO, every member of the WTO can initiate a Dispute settlement proceeding against any other

[7] Article 9 DSU.

[8] Article 10 DSU.

member before a neutral panel for violation of "covered agreements"[9]. But it is important that the claims arise out of the covered agreements and not out of sources outside the system of the WTO. If the latter case arises, the dispute cannot be brought before the WTO.

For the understanding of the importance and the success of the Dispute resolution, the process and the duration are very important. The following informations are only guidelines and can be modified by agreement between the parties. The general duration of a DSU is around 1 year without appeal. When the parties appeal it will add another 3 months. Though these are only guidelines they help to impose time limits on both parties to guarantee a smooth operation.

The first stage is the consultation and mediation phase. The dispute resolution starts with bilateral consultations between the two parties so that in the best case an unanimous solution can be found and proceedings come to an early end. After 60 days the second stage will start. This step will start when the consultations between the parties fail[10]. The plaintiffs can on their request demand an independent dispute settlement body, the so-called panel, which will be formed within 45 days. But what is a panel? Panels are like tribunals but unlike tribunals they are chosen in consultation with the countries in dispute. The panel is composed of 3-5 experts. The classic model is with 3 arbitrators whereby each party names one arbitrator and the two named arbitrators chose the third arbitrator. The panel process follows the working procedures and the rules, which are set out by the DSU. The DSU authorizes panels to seek technical advice and information from any body or individual if they consider it as appropriate[11]. The parties submit legal briefs and documents to the panel in several rounds. The parties moreover give answers to the questions raised by the panel and they participate in two oral hearings[12]. During the hearings the parties read the oral statements and they will respond to the questions raised by the other party, the panellists and third parties. In general there will be no oral testimony and the hearings are confidential but may also be open for the public[13].

This panel will give a written final report after 6 months but in the latest after 9 months after the date of establishing. This report is only a recommendation and not a judgment. Nevertheless, the fact that those are

9 Article 11 DSU.

10 The DSU provides in his article 21.3(c) that this dispute resolution is not set by an agreement but the mechanism is set when the parties failed to agree on the reasonable period of time for compliance.

11 Article 13.1.

12 Articles 12-14, Annex 3 of the DSU.

13 Canada-Continued Suspension, WT/DS 321/AB/R.

only recommendations they will generally be accepted by the DSP and will thus be binding.

After the recommendation given by the Panel, a final report is submitted to the two sides of the Dispute. Three weeks after the parties received the final report it is circulated to all WTO members. If the panel decides that the disputed trade measure does break a WTO agreement or an obligation, it recommends measures to be taken, which will force the party to conform to WTO rules. The panel may suggest how this could be done. There is no stare decisis theory but in practice the panels base their decisions on earlier decisions or WTO agreements. The WTO disposes of constant jurisprudence within the system of the WTO, which offers important guidance to the members of the WTO and can moreover be a model for other international tribunals[14]. The report becomes the Dispute Settlement Body's ruling or recommendation within 60 days unless a consensus rejects it. Both sides retain the right to raise an objection and appeal the report (and in some cases both sides do). Appeals have to be based on points of law such as legal interpretation. Re-examine existing evidence or examine new issues is not permitted. The appeal may be pursued before the standing Appellate Body. Three members of a permanent seven-member Appellate Body set up by the Dispute Settlement Body and broadly representing the range of WTO membership hear each appeal. The appeal can uphold, modify or reverse the panel's legal findings and conclusions. Normally appeals should not last more than 60 days, with an absolute maximum of 90 days. The Dispute Settlement Body has to accept or reject the appeals report within 30 days whereby a rejection is only possible by consensus.

If the parties decide not to appeal to the AB, the DSB will adopt the panels report. The arbitration award issued by the WTO is binding as it is prescribed in article 25.3 of the DSU. The most important articles regarding the DSU are the articles 21.3(c), 22.6 as well as the articles 22.7 and 25. Resolving disputes under the WTO by arbitration has not been more popular than under the GATT because only one case had been filed under article 25.

The case has now been decided, so what next? If a country has done something wrong, it should swiftly correct its fault. This process, the implementation is under multilateral surveillance[15].

However, the point of dispute resolution under the WTO is not to pass judgement. The priority and the preferred solution for the countries is to settle disputes if possible only through consultation. By January 2008, only about 136 of the nearly 369 cases had reached the full panel

---

14 Appellate Body Report, US-Stainless Steel (Mexico) or Herrmann v. Germany, European Court of Human rights.

15 Article 25.4 of the DSU.

process. From this statistic it is seen that in the majority of the cases the consultations will be successful.

In general rulings are automatically adopted unless there is a consensus to reject a ruling – any country wanting to block a ruling has to persuade all other WTO members (including its adversary in the case) to share its view.

The WTO Dispute Settlement Understanding is not perfect and many voices say that it should be amended[16]. One of the proposals included allowing Panels, and in very special and rare cases it might also be that the proceedings go on beyond the strict time limit. This can be requested by one of the parties, the responding or complaining party. Another criticized point is the contradiction existing between participation, transparency and the immediate settlement of disputes or the non-existence of an integrated mechanism for the application of Appellate Body and Panel. Other critics arise concerning the least developing countries provision in the DSU, which because of its generality can not promote effective enforcement. It is also a fact that the DSB is limited in its function due to its very strict rule based system. Suggestions have also been made regarding the Appellate Body and about the lack of transparency in the DSU procedure. It has furthermore been seen critical that the Dispute settlement process of the WTO does not provide for retrospective monetary damages. The DSU is allowing the losing party the possibility of trade compensation to the winning party. This measure is only a temporary measure, pending compliance[17]. The WTO has furthermore created an internal compliance procedure to balance it in case the compliance with the ruling is sufficient or if this is not sufficient set a limit to the amount of retaliatory trade sanctions, which may be imposed by the winning party[18].

III. The International Court of Justice

No better name could have been found for the edifice in which the International Court of Justice is situated, Peace Palace at The Hague. On the outside of the Peace Palace the words “Pacus tutela apud judicem” are engraved which can be translated, as “the development of peace is the mission of the judge.” This carving explains and describes the tasks of the ICJ. But what is the ICJ exactly? The ICJ is the successor to the Permanent Court of International Justice. The PCIJ was established in the year 1922 but disappeared with the demise of the League of Nations at the beginning of World War 2. It was re-established in form of the ICJ

16 7 major points.

17 Article 22.2 DSU; Allen, 285, 289.

18 Article 21 and 22 of the DSU; Allen 284-286.

with only small changes. The most essential principle of the ICJ is that it depends on the consent of the states. This means that the court has jurisdiction only when the state has agreed that the jurisdiction shall have the power. The power of the court is also limited to the power granted by the state. The ICJ is a formal dispute resolution in conflicts between countries, whereby the capacity to sue and be sued exists only for states[19].

The International Court and its jurisdiction in the present form are either ad-hoc or, if so determined in treaties, under a so-called special clause. This should help in using peaceful dispute resolutions and prevent the states using force against any other state in case of a dispute. The Court can be appealed if the parties subjected each other to clear international law disputes[20]. Another possibility is to take a friendship treaty as basis or the states can subject themselves to the ICJ only in this particular manner[21].

The ICJ is in on the first hand the main judicial body of the United Nations. The ICJ is treated in chapter XIV[22] of the UN Charta. Article 95 of the UN Charta grants the ICJ the power to deal with disputes between members of the United Nations. The ICJ is compiled of 15 members whereby only one person is allowed per nationality. The judges are elected in the General Assembly of the UN.

The ICJ has two main tasks; the first task is the peaceful dispute resolution between the states according to public international law. The second task is the establishment of reports for different international organizations or organs of the United Nations. In Article 36 I it is expressly mentioned that the ICJ is competent in all the matters listed in the Charta. The interpretation of the Charta is also a part of it. Besides the main tasks, a task beside of the ICJ is anticipated in certain contracts if asked expressly by the parties. The ICJ must respect the principle non-ultra petita. The principle of non-ultra petita prescribes that the court can only answer questions asked by parties.

The competence of the ICJ is resulting from 3 principle components. The first of these three components is the ratione personae. This principle says that all the members of the UN are able to access the ICJ. The second component is the ratione materiae, material competence. The Charta of the UN does not mandatorily prescribe the ICJ as competent. The parties have to agree in every single case (kompromissum). The kompromissum can be declared explicit (kompromissum) or concludent (forum

19 Article 34 I.

20 Article 36(2) ICJ; An explicit submission oft he parties is needed.

21 Article 36(3) ICJ.

22 Article 92-96.

prorogatum). The facultative clause of Art. 36 II of the UN status gives the parties the opportunities to agree in an unilateral declaration that the ICJ is obligatory recognized. The ICJ is only competent in disputes, it is not competent in case of academic or abstract law questions. The reason behind this is that the judgments of the ICJ must have real consequences in which rights or duties are concerned. The third and last component is the ratione temporis, which says that the ICJ can only decide if at the time of application, the objectivity and personnel competence is given.

The decisions taken by the ICJ are based on international law[23]. In accordance with article 28 II it can also come to a decision, ex aequo et bono. This latter case has not been taken in recourse. After this overview of the tasks, a short look into the composition and the procedure of the ICJ will be provided. The ICJ is according to article 3, composed of 15 judges, plus ad-hoc judges for only one dispute. The ad-hoc judges are there to equalize if one nation has a judge in the ICJ while the other party does not. After having a look on the constitution of the ICJ it can be concluded that the ICJ has definitely a character of an arbitration court and not of a tribunal even if the ICJ as a court is in very high demand at the moment.

The procedure within the ICJ can be outlined in 6 major steps. First of all the ICJ is only competent when both parties agree to the dispute resolution. After the agreement of both parties is given, article 21 of the rules of procedure prescribe that the president has to discuss the matter with representatives of both sides. Only after this oral discussion the main phase, the written phase will start. During the written phase there will be an exchange of all the written documents. This includes the facts, legal positions as well as the party's applications and all the evidences in the Annex[24].

After the exchange of written documents is done, the oral phase will start. This phase is not a mandatory phase and can be left out if the parties agree to it[25]. In this phase the counsels represent the parties. Furthermore witnesses and experts are heard. The written as well as the spoken phase are public. In this point a quite typical problem for the international justice can be seen. Although all the documents had been exchanged during the written phase, all the points will be examined once again in a detailed manner and will then be resumed in the final application. This is the actual handling, even if the rules of procedure prescribe in article

23 Article 38 I of the statute.

24 H. W. A. Thirlway, "Procedure of International Courts and Tribunals", in Rudolf Bernhardt (Hrsg.), EPIL 1 (Amsterdam-New York-Oxford 1981), 185.

25 Article 92(3) rules of procedure.

60 the contrast[26]. In some special cases another step like interventions of third states and injunctions can be inserted.

The last step will be the interpretation of the decision and the reopening of the procedure. One as well as both parties can ask an interpretation of the decision. It has to be observed that only the decision will be explained and that there will be no decision about additional points. The original text will rest binding and the reopening of a case is only possible under certain special circumstances[27].

A famous case of the ICJ is the Nicaragua case in which the ICJ failed in its function as an arbitrator between states. Because of this decision, the United States refused afterwards the recognition the ICJ.

The implementations of ICJ decisions are often questioned and critically examined. How can a decision be enforced? All the states are sovereign and therefore have the same power, which makes implementation difficult. This question actually arises only in very rare cases because the ICJ is still voluntary and the decisions are executed on voluntary mutual consent. So if a party does not agree it will not show up from the beginning. Only the United Nations could execute the decisions once issued.

The decision issued by the court has a binding character only inter partes. The execution of decisions is a big problem because an executive organ is still missing. Moreover the measures, which must be taken by the institution, are not fixed which leaves a vague impression behind.

The ICJ can only become a real international tribunal, when the execution of its decisions is guaranteed. But if this would happen other problems will be created like for instance the diminution of the intention to submit disputes to the ICJ. The decision of the ICJ is therefore more of an obligation (Art. 41 II) then a judgment. If a state nevertheless is not executing the judgement the winning party can, in coherence with international law, apply diplomatic or economic pressure or seize assets, thus acting on its own behalf. Art. 59 of the statute says that the decisions are binding. The decision can also be enforced through international organs.

The reason why the ICJ is very weak and has no executive power could be the fact that the states were very sceptical about giving up economic legal competence when the ICJ was established. They prefer systems in which the arbitrators are more specialized and the arbitration tribunal is only used ad-hoc such as in the WTO.

26 H. W. A. Thirlway, "Procedure of International Courts and Tribunals", in Rudolf Bernhardt (Hrsg.), EPIL 1 (Amsterdam-New York-Oxford 1981), 186.

27 Article 61 of the statute.

IV. Comparison

After the analysis of the Dispute resolution of the ICJ and the WTO, the advantages and disadvantages can now be compared and assessed. Then it will be discussed how they can approach each other in the future. There is no clear definition of what an international court is but some criteria are given to characterize international courts. The courts should be long standing or at least should be permanent. Furthermore, the court should be established by international legal instruments and should apply international law to decide cases. The decided cases should be on a basis of rules of procedure which already exist and cannot be modified by the parties. Last but not least the judgements must be legally binding for the parties of the dispute. There are around 17 Courts at the present day fulfilling these criterias, including the International Court of Justice and the World Trade Organisation. Dispute Resolution in commercial related cases before the WTO is much more popular than before the ICJ. This can be seen from the fact that in all these years the ICJ has never resolved one case in commercial matter whereas the WTO has resolved more than 200 cases in its first five years.

The ICJ is last but not least the universal instance for disputes between states. Why do the members of the United Nations not have recourse to the ICJ in international commercial disputes? If we take the UN Charta as a basis, all disputes of UN members should be decided by the International Court of Justice. But article 95 of the UN Charta also allows members to bring their cases before another court even if the competent jurisdiction is the ICJ. This opens the door for the WTO and its Dispute Resolution. All states can turn to the International Court of Justice, even if they are not members of the United Nations. This is underlined by article 93 I, II of the UN-Charta and explains why it is called a universal jurisdiction.

In contrast to this, only the members of the WTO can avail themselves of its Dispute Resolution. The ICJ can thus only be recourse to, if both parties agree to it whereas any member of the WTO can invoke the DSU.

The prosecutor in a case filed before the WTO has the right to claim an appointment of the panel. The reason for the major difference in popularity cannot be found in the law but it can be found in the states and their reflections in the late 1940 during the establishment.

An important point describing the relation between the ICJ and the WTO is anchored in article 38 I of the ICJ. The jurisdiction of the ICJ is not limited to certain international laws. It can apply all the sources of international law. This explains also why international trade law and the contract system of the WTO fall into the scope of the ICJ.

Article 36 of the ICJ statute mentions another reason why the ICJ is not very popular. It has been mentioned that for the competence of the ICJ, the explicit submission of the parties is needed. But some countries are not willing to give their explicit submission and so the dispute resolution cannot take place before the ICJ.

The biggest difference between ICJ and WTO is that the decision issued by the International Court of Justice will be binding inter partes for the parties and it will be final, whereby the decision of WTO is not binding and can be appealed.

The parties in an ICJ decision are thus bound to the decision and have no other possibility than adopting the decision. Only in exceptional constellations can the decision be appealed.

In contrast to the WTO, the procedure of the International Court of Justice does not know specified periods. This can delay procedures in an indefinite manner and create serious problems, especially in commercial matters where a quick decision is needed so that a delay which would create huge economic costs can be avoided.

Apart from these practical reasons there are also political reasons not to take one's case to the ICJ. This has also an impact on the choice of the tribunal. Whereas in a dispute resolution under the WTO the parties can influence at least up to a certain grade the procedure. This influence would not be possible if the parties submit their dispute to the jurisdiction of the ICJ. In this case, the procedure would be subject only to the ICJ and against the decision, no appeal will be possible. The willingness of the states to give up their last influence on the procedure or to grant jurisdiction competency on economic related questions to the ICJ can be considered as very unrealistic.

Another reason why there has been no recourse to the ICJ in economic matters is that not even 30% of the WTO members are subjected to the ICJ and that even among the subjected states a lot of reservations exist. The approval requirement of the ICJ is therefore another inhibition threshold.

The practical importance of the WTO and its structure is very great and is contributing a lot to the fact that the big economies are not fighting their conflicts of interest in an open trade war but act instead on the basis of WTO law.

An historical point must furthermore not be neglected. When the creation of the ITO was discussed after World War 2, the states were not interested in giving up competence to the ICJ. The states saw a danger, which is based on the non-existence of a special competence. This historical point is still the reason why there is no possibility to appeal a decision of the ICJ[28]. Another reason is the strict law application of the ICJ, which is not suitable for the dynamic problems raised by trade cases or the economy.

V. Approach of the ICJ and the WTO and possibilities regarding the future

The fact that the ICJ cannot have recourse to in international commercial relations is primarily based on the interest of the WTO members. The reason for economic arbitration under the WTO is among other things based on this insitution's economic knowhow but also on the fact that countries are not willing to give all competence in economic questions to one authority. The ICJ is finding itself marginalised on questions regarding the economic world order.

The DSU in the WTO can be regarded, thanks to the juridification of world trade relations, as the new "World trade tribunal." So it can be maintained that the ambitions of making the DSU the "crown jewel" of the WTO can be regarded as fulfilled. Dispute resolution under the WTO leads to the rule of law within the borders of the WTO but not in the whole area of international relations.

But it cannot be ignored that the Dispute Resolution of the WTO shows significant deficits with its "club nature" and the non-inclusion of the ICJ in legal trade conflicts.

Therefore, it can be said that in the future the look has to go beyond the resolution of commercial conflicts and focus more on the enforcement of international public law. This might be the solution to prevent the WTO from the decoupling of the general international law. In the medium term an approach between the Dispute Resolution of the WTO and the ICJ can as well be reached by the enforcement of international public law. This approach between the two institutions would lead not only to an effective but also universal conflict resolution in a global economy.

---

28 Article 60 ICJ Statute.

Part VIII

Infrastructures of Commerce and Transportation

Partie VIII

Infrastructures de commerce et de transport

The Elaboration of a Regional Legal Framework for the Governance of Maritime Trade:

A Step towards Regional Development in the Indian Ocean

Marie Valerie UPPIAH

Many islands of the Indian Ocean, in order to be involved in the world's trading activities, join various regional trading organisations. For instance, the Comoros, Mauritius, Madagascar and Seychelles joined the Common Market for Eastern and Southern Africa (COMESA) while Reunion Island, which is a French department, benefits to some extent from the trading activities of the European Union. However today, there is the willingness of these islands to trade among themselves in order to enhance regional integration and development. One way of enhancing trade among themselves is to encourage the development of maritime trading activities. These involve a well regulated cabotage system, the development of a regional shipping line and modern port infrastructures. One important element that has to be taken into consideration when developing maritime trading activities is to devise a sound legal framework that will cater for the needs of the various stakeholders.

Therefore, the purpose of this presentation will be to analyse the importance of developing a regional legal framework which will promote maritime trade and regional development for islands of the Indian Ocean. The focus of the presentation will be on the elaboration of a sound system of governance to regulate maritime trade. Furthermore, emphasis will be laid on the creation of specific policies designed to increase intra-regional maritime trading activities among islands of the Indian Ocean.

*

Viele Inseln des indischen Ozeans schliessen sich verschiedenen regionalen Handelsorganisationen an, um in den weltweiten Handelsaustausch eingeschlossen zu werden. Bisher sind die Komoren, Mauritius, Madagaskar und die Seychellen dem gemeinsamen Markt für Ost-und Südafrika (COMESA) beigetreten, während Réunion, das ein französisches Überseedepartement ist, von einer Ausdehnung des Marktes der europäischen Union umfasst wird. Heute besteht jedoch ein Wille dieser Inselstaaten untereinander Handel zu betreiben, um die regionale Intergration und Entwicklung zu fördern. Eine der Möglichkeiten, den Handel miteinander zu fördern, ist die Entwicklung der maritimen Handelstaktivitäten. Dies erfordert ein gut entwickeltes System der Küstenschiffahrt (Kabotage), die Entwicklung regionaler Schiffslinien und moderne Hafenstrukturen. Ein wichtiges Element, das bei der Entwicklung von maritimen Handelsaktivitäten berücksichtigt werden muss, ist eine solide Gesetzesgrundlage zu schaffen, die den Bedüfnissen der verschiedenen Interessengruppen entspricht.

Der Gegenstand dieser Präsentation ist, die Wichtigkeit der Entwicklung eines regionalen gesetzlichen Netzwerkes zu analysieren, das den maritimen Handel und die regionale Entwicklung der Inselstaaten des indischen Ozeans fördert. Der Schwerpunkt des Vortrages wird auf der Ausarbeitung eines soliden Systems der Regulierung des maritimen Handels liegen. Desweiteren werden die spezifischen Strategien untersucht, die zur Förderung der regionalen maritimen Handelsaktivitäten zwischen den Inseln des indischen Ozeans eingesetzt werden.

*

Beaucoup d'îles dans l'Océan Indien rejoignent des associations commerciales régionales afin d'être intégré dans les activités de commerce mondial. Jusqu'à présent, les Comores, l'île Maurice, Madagascar et les Seychelles font partie du marché commun de Est- et sud-africain (COMESA) tandis que la Réunion qui est un département français bénéficie des activités commerciales de l'Union européenne. Cependant, aujourd'hui il existe une volonté de ces Etats insulaires de créer des relations commerciales entres elles afin de favoriser le développement et l'intégration régionale. Une des options envisageables afin de renforcer le commerce inter-iles serait de développer des activités de commerce maritime. Ceci nécessite un système solide de cabotage, le développement des lignes régionales maritimes et des structures portuaires modernes. Un élément important, qui doit être pris en considération lors du développement du commerce maritime est l'élaboration d'une règlementation législative adaptée aux besoins des différents groupes d'intérêts.

L'objet de cette présentation est d'analyser l'importance de l'élaboration d'un réseau régional législatif qui est en mesure de favoriser le développement du commerce maritime et le développement économiques des États insulaires de l'Océan Indien. La présentation se concentre sur l'élaboration d'un modèle solide de gouvernance de régulation du commerce maritime. En outre, les stratégies spécifiques à la promotion des activités régionales commerciales maritimes entre les États de l'Océan Indien seront examinées.

*

* *

I. Introduction

Throughout centuries, the sea has been considered as a key instrument for the socio-economic development of many countries. Coastal as well as landlocked States have used the resources present in the sea not only for their economic development but also as a way to promote cooperation and integration among the States sharing a common maritime zone. For example, in 2009, the European Union devised the European Union Strategy for the Baltic Sea Region which regroups eight countries and which aims at "saving the sea, connecting the region and increasing prosperity."[1] The purpose of this strategy is to reinforce integration and cooperation among the various countries having a stake in the Baltic Sea Region.[2]

The willingness to reinforce cooperation and integration among countries sharing a common sea region is being felt at various regional levels. For instance, many islands of the Indian Ocean have been discussing ways to enhance cooperation and integration among themselves. In 2013, the Indian Ocean Commission (IOC) published a document which advocated the creation of a regional maritime service (RMS) that will promote regional integration and cooperation among islands of the Indian Ocean.[3] The regional maritime service will enable the creation of an economic area and infrastructures that will attract investors, traders and carriers, it will encourage the movement of goods, services and people in order to promote sustainable and inclusive regional development and finally it will strengthen the links among the regional markets of the Indian Ocean.[4]

In order for this regional maritime service to be effective, a few criteria have to be taken into consideration. First of all, there must be the willingness of the Indian Ocean island States to create this RMS. According to the IOC report, Comoros, Mauritius and Seychelles have expressed their willingness to take part in its creation. Secondly, the economic implications of such a project have to be taken into consideration. The IOC report acknowledges that there will be some financial deficits in the first few years of the implementation of the service. Financial resources will be required for the development of infrastructures as well as for investing in service providers to enable the creation of the regional maritime service. However, in the long term, the benefits associated with the service will outweigh the deficits incurred in the beginning. Finally,

---

1 European Union Strategy for the Baltic Sea Region, available at: http://www.balticsea-region-strategy.eu/about.

2 *Ibid.*

3 Indian Ocean Commission, *The Case for a Regional Maritime Service: Facts and Figures* (2013), available at: http://www.commissionoceanindien.org/fileadmin/resources/Seychelles/Cabotage_Maritime-rapport_nov13-3.pdf.

4 *Ibid.*

a legal framework has to be developed in order to: regulate the activities provided under the maritime regional service, ensure that all stakeholders abide by their respective duties and obligations and provide for a method of settling disputes in case of conflicts between stakeholders.

Therefore, the aim of this paper is to provide an analysis of the usefulness of elaborating on a legal framework that will provide for the regulation and governance of maritime trading activities among some islands of the Indian Ocean. The paper is divided in three parts. Part I will give an overview of maritime trade and its importance for the Comoros, Madagascar, Mauritius, Reunion Island and the Seychelles. Part II will examine the major challenges that the Indian Ocean islands are facing with the current state of maritime trade in the region. Finally, Part III will provide for the elaboration of a legal framework to regulate the maritime trading activities in the region.

II. Maritime Trade

A. *Overview of maritime trade*

Maritime trade can be defined as the carriage of goods (in bulk or containerised) and/or people by sea or by any other waterways. In 2015, the United Nations Conference on Trade and Development in its annual Maritime Transport Review stated that 80% of the world's trade is carried by sea.[5] There are various reasons why over the years, there has been an increase in maritime trading activities. The first reason can be linked to the advantages that carriage of goods by sea offers. For example, with the improvements made in the maritime transport industry, bulk cargoes, like crude oil, grain and coal, can be transported easily over long distances by tramp carriers.[6] A tramp carrier or ship, is a vessel which has a tonnage of 4,000 dwt or above and which carries dry bulk cargo on long distances.[7] On the other hand, containerisation of products has allowed for more goods to be carried in a single voyage. This led to an increase in the transportation of containerised products by liner shippers and drastically increased the rate of maritime trade. For instance in 2013, it was estimated that the global containerised trade grew by 4.6%[8] and in 2014 the growth rate increased to 5.3%[9].

5 United Nations Conference on Trade and Development, *Maritime Transport Review* (2015).

6 B.N. Metaxas, 'The future of the tramp shipping industry', *Journal of Transport Economics and Policy* 6(3), (1972), 271-280.

7 *Ibid.*

8 United Nations Conference on Trade and Development, *Maritime Transport Review* (2014).

9 See *n5*.

The creation of tramp shipping and containerization are not the only reasons why there has been an increase in maritime trading activities. Other factors like globalisation and emerging economies have led to an increase in this trading activity.

Globalisation has helped in boosting maritime trading activities. With the creation of various international organisations like the World Trade Organisation, The United Nations and other regional groupings encouraging countries to cooperate and trade with each other, more countries are starting to open up their markets. The opening of markets worldwide and improved market access have led to an increase in import and export activities thus resulting in more goods being transported by sea.

The role of emerging economies needs to be taken into consideration when analysing global maritime trading activities. These countries have a voracious appetite with regards to international trade. Emerging economies, like the BRICS countries are on the vanguard of any trading activity and have liberalised their markets in order to participate actively in the international trade field. Behind developed countries, they are the ones who engage most in the carriage of bulk products especially energy related products.[10]

On an international level, maritime trade enables developed, emerging as well as developing countries to participate actively in international trading activities. On a regional level, maritime trade has helped many countries to cooperate among themselves and to stabilise or strengthen their economic bonds.

B. *Importance of maritime trade for islands of the Indian Ocean*

In the Indian Ocean, the Comoros, Madagascar, Mauritius, Reunion island and the Seychelles have been working together in order to create a regional maritime service. The aim of this RMS is to allow the islands to develop their own infrastructure and services needed in relation to maritime trading activities taking place among them. The RMS prones the creation of a regional shipping line and agreements on cabotage that will facilitate the carriage of goods among the islands. The creation of the RMS will not only enhance regional integration among these islands but at the same time will enable them "to optimise the efficiency of the intra-regional and inter-regional maritime services."[11]

---

[10] *Ibid.*

[11] See *n3.*

Maritime trade has much significance for the islands of the Indian Ocean. The main reason why maritime trading activities are essential for these islands is linked to the fact that it is an important source of revenue for them. In 2012, the Indian Ocean Commission and the Mauritius Chamber of Commerce and Industry published a report on the sum generated by the inter-island trading activities among these 5 islands and the total amount of money generated was €204 M.[12] This number represents around 10% of the income generated by maritime trade for the islands. Since these countries do not have much inland resources to exploit, importing and exporting of goods by sea is a way for them to generate revenue for their respective countries.

The second reason why maritime trade is important for these islands can be linked to the fact that it allows for economic diversification. Here, the case of Mauritius will be used to illustrate this point.

In 1968, Mauritius went through a transition phase. The island got its independence from the United Kingdom and the sole source of income for the country was trade in sugar. In the years 1970-1980, the government of the country decided to diversify its economy and created the export processing zone, which focused on the production of textile and clothing products. In the years 1990s, tourism became one of the pillars of the Mauritian economy and in early 2000, the financial services sector was developed to enhance the Mauritian economic development.

However today, we can see a change in dynamics concerning the contribution of these sectors to the economic development of Mauritius. For the sugar sector, since the abolition of the Sugar Protocol in 2009, Mauritius has lost a significant market for its sugar in Europe. Concerning the textile and clothing production, when the Multi-Fiber Agreement ceased to exist in 2004, Mauritius lost significant market share for its textile products. Also, as the Minister said on Monday, if the GNI of Mauritius continues to increase, we may be removed from the AGOA, and this can be a real danger to our textile sector.

Concerning tourism, with the 2008 economic crisis and with much competition from the other islands of the Indian Ocean, the island is fighting to keep its number one status as the best tourist destination in the Indian Ocean. With regards to the financial services sector, Mauritius has signed various agreements with some countries, most notably Double Taxation Avoidance Agreements, which have shed some doubts on the status of Mauritius (is the island a tax haven or not) and this makes investors reluctant to invest further in the country.[13]

---

[12] *Ibid.*

[13] EU tax haven blacklist disputed by OECD and listed countries, available at: http://mnetax.com/9490-9490 (Visited 18 October 2015).

The four pillars of the Mauritian economy are affected by various internal or external shocks. So the question that can be asked is the following: Is there another economic development avenue for Mauritius? And the answer to this is yes.

In 2013, the government came up with the concept of developing an Ocean Economy which would stand as the fifth pillar of the Mauritian economy.[14] One component of this concept is the development of maritime trade through the creation of marine services and seaport-related activities.

It can be stated that maritime trade allows for economic diversification of islands since they do not have much land resources to exploit. Therefore, the sea, through maritime trading activities, is an asset that can be exploited for the economic diversification and development of a country.

C. The Challenges

Investing in maritime trade is an option that the islands of the Indian Ocean have in order to diversify their economic activity. However, the present maritime trading regime and structure are a major challenge for the economic development of these islands. The hurdles that the islands have to face are associated with the costs linked to the service providers of maritime trading activities in the region and the lack of a legal structure regulating the activities.

In order to provide for the carriage of goods among the islands, international shipping liners are used and the major drawback of this is associated with the costs that they generate. The carriers have standardized freight which is usually not in favour of manufacturers or traders found in these islands. Hence, since manufacturers and traders have to pay a high cost for the transportation of their goods, it was found out that the "current inter-state transport represents 30-40% of the cost of consumer products…"[15] Hence, this is a reason why some products coming from neighbouring countries tend to be sold at higher prices.

In addition to the costs, another drawback of having international shipping lines serving our region can be linked to the inability of the islands to develop auxiliary services linked to carriage of goods in the region. For example, the international shipping liners serving the region (Table 1) belong or are affiliated to international companies. Concerning their insurance, vessel reparation and maintenance or even for bunkering,

---

14 Mauritius Ocean Economy Roadmap: http://www.oceaneconomy.mu/PDF/Brochure.pdf (Access 18 October 2015).

15 See *n3*.

the shipping liners tend to have recourse to service providers present in their country of origin rather than using the services provided locally. This is a lost economic opportunity for many service providers in the region.

With regards to the legal framework, although regional agreements have been signed, for example the Southern African Development Community (SADC) or the Community of Eastern and Southern Africa (COMESA) or even other agreements in relation to maritime activities in the Indian Ocean, none of them clearly provide for the legal framework to be used to set up the regional maritime service.

Table 1. showing the Shipping lines serving the islands of the Indian Ocean

Shipping line/service	Frequency	Ship Size TEUs	Route
Maersk-Safmarine safari service	Weekly	5,000-6,500	Pelapas-Port Louis-Toamasina, Maputo, Pelapas
IOI service	Weekly	3,500	Salalah-Port Victoria-Réunion-Port Louis-Toamasina-Salalah
MSC Cheetah service	Weekly	8,000-9,000	Durban-Port Elizabeth-Port Louis-Singapore-Hong Kong
North Europe-Aust	Weekly	4,000-6,000	Relay transhipment between S A and Australia, New Zealand, linking Cheetah service, and North Europe
CMA-CGM/Delmas	Weekly	1,500-2,200	Djibouti-Port Victoria-Port Louis-Réunion-Durban-Djibouti
MOL-MZK service	Weekly	1,800-2500	Singapore-Port Louis-Réunion-Durban-Maputo-Ngqura-Singapore
PIL-EA2 service	Weekly	1,200-1800	Hong-Kong-Guangzhou-Singapore-Port Louis-Mombassa-Singapore-Hong-Kong
Mitsui Indian Ocean Express service, UAFL/Evergreen	...	...	...
Island loop service	Fortnightly	650	Port-Louis- Réunion-Longoni-Madagascar ports- Port-Louis
Madagascar Express service	Monthly	700	Durban-Tuléar-Toamasina-Port Louis-Réunion-Exhala-Durban
Mauritius Shipping Coraline service	5 trips per month	80-165	Port Louis-Port Mathurin-Agalega-Réunion-Toamasina-Port Louis

(Source UNCTAD Publication 2012)

III. The legal framework

In order to face the challenges present in the actual system of maritime trading activities, the regional maritime service that will be undertaken by Comoros, Madagascar, Mauritius, Reunion island and the Seychelles will have to take into consideration several points.

The islands should invest in creating their own shipping line that will service the region. Although with the creation of the shipping line the islands will incur some losses in the short term, in the long run many benefits will accrue from such an investment. For instance, the creation of the regional shipping line will have a domino effect on the economy of the countries of the region. With the implementation of a regional shipping liner, this will considerably reduce the costs of transportation of goods for manufacturers and traders. The reduction in costs of carriage can be achieved by subsidies given by governments to the carriers who in turn will reduce the cost of their freight. Hence, shippers will not have to pay high freights and this will have an impact on the selling price of products.

Furthermore, in order to encourage African States, including these islands of the Indian Ocean, to strengthen their network and connectivity, international support has been made available. In 2006, the European Union initiated a program known as the EU-Africa Infrastructure Partnership Program which will enable African States to strengthen their network and connectivity and to harmonize their transport policies.[16]

In addition to the reduction in the cost of carriage of goods by sea, another benefit of creating the regional maritime service will be that it will have a positive consequence on other sectors of the economy of the islands. For instance, in the shipping and maritime sector, developing the regional maritime service will allow each island to provide for services in which it has a comparative advantage. To illustrate this point, Madagascar, Mauritius, Reunion island and Seychelles will be used as examples.

In the development of the regional maritime service, each island will provide for a service in order to share and reduce the operating costs compared to the situation whereby one island would offer all facilities and services. For example, Madagascar can be used for the storage of bulk products as well as for the storage of vessels since it is the largest island of the group. Reunion Island can provide for the expertise in ship building, reparation and maintenance while the Seychelles can provide for marine insurance for the regional shipping liner. Mauritius on the

[16] EU-Africa Infrastructure Partnership Program: http://eur-lex.europa.eu/legal-content/EN/TXT/?uri=uriserv%3Ar13013 (Accessed 23 November 2015).

other hand, can provide for bunkering services. The island has already started development in its port to provide for bunkering services to vessels trading in the region.[17]

With the creation of these different clusters in the shipping and maritime sector of the islands, this will allow for further development and business opportunities. For example, the creation of jobs, directly or indirectly linked to the sector will be a positive consequence of such a development.

In order for these developments to be achieved, a legal framework has to be set up in order to regulate the activities conducted by the regional maritime service. The legal framework should take into consideration three main features, which are *inter alia*: the development of specific policies for each activity under the RMS, regulations concerning the removal of tariff and non tariff barriers and the creation of an adjudicating body.

A. Development of specific policies

The specific policies will target the comparative advantages that each island will have to offer. For example, if the regional shipping liner requires reparation or insurance, it should be expressly stated in the regional agreement signed by the islands concerning the regional maritime service that the port of reparation shall be in Madagascar and expertise will come from Reunion island or the insurance cover will be supplied by the Seychelles. By having these policies in place and by laying down which State is going to provide what kind of service(s), there will be a better regulation and cross-checking of the services offered.

Moreover, the policies shall also focus on the rates of freight to be paid. For instance, there shall be a rate-binding clause whereby carriers will agree to a unique price setting provided by the States.[18] In this way, the regional as well as international carriers would not be able to impose a freight which is much higher than the one proposed by the policy. If the carriers do not respect the amount proposed, fines can be imposed as dissuasive measure.[19]

Furthermore, another policy will be the implementation of regulations to allow and promote the liberalization of the regional maritime service. This specific policy shall grant access to international as well as regional

---

17 Global Finance Mauritius: http://www.globalfinance.mu/index.php?option=com_content&view=article&id=537:mauritius-a-bunker-hub-driving-the-ocean-economy&catid=15:headlines&Itemid=963 (Access 23 November 2015).

18 C. Fink *et al.*, "Trade in International Maritime Services: How much does policy matter?", *The World Bank Economic Review* 16(1), (2002), 81-108.

19 *Ibid.*

shipping liners to service the region and not limit the shipping lines to the regional shipping line. Liberalizing shipping will allow both regional as well as international shipping lines to service the region, there will be more competition among the service providers which will benefit shippers as well as the consumers of the services.

B. Removal of tariff and non tariff barriers

The legal framework developed should also ensure the removal of tariff and non tariff barriers. Tariff barriers refer to all forms of duties and taxes that are imposed on products coming from trading partners whereas non-tariff barriers refer to quotas or lengthy administrative procedures that are used as a form of trade protectionist measure.[20]

When these barriers are removed, the outcome will be that it will encourage further trading activities among the islands and promote the use of the regional shipping line. This will therefore be an essential tool for the promotion of cooperation among these islands of the Indian Ocean as well as a way for the islands to further integrate themselves in the economic development of the region.

C. Adjudicating body

The legal framework should also provide for an adjudicating body that will be set up to settle disputes that may arise. The proposed dispute settlement mechanism is arbitration whereby Mauritius can be used as the seat as it already offers such facilities.

The reason why arbitration is the preferred method for dispute settlement is linked to the fact that compared to other methods of dispute settlement, for instance the court system, it is relative quicker and cheaper. In addition to these, arbitration offers to the parties in dispute a degree of privacy that is not present when having recourse to courts.

IV. Conclusion

Today, there is a willingness of the islands of the Indian Ocean to trade among themselves in order to enhance regional integration and development. One way of doing this is to encourage the development of maritime trading activities through the establishment of a regional maritime service which will encompass: a regional shipping line, modern port infrastructures and a legal framework that will regulate its activities. All of this is possible if there is the geo-political willingness of the various States to cooperate together.

---

20 P. Van den Bossche & W. Zdouc, *The Law and Policy of the World Trade Organisation*, 3rd ed., Cambridge University Press, 2015.

The Indian Ocean: A strategic Maritime Space for Trade

Sarah HAMOU

Around 30 coastal countries, hundreds of islands, a third of the world population, 75,000,000 km^2, the Indian Ocean is one of the most important crossing points for trade. It is essential for oil and raw materials. In this ocean, through which are passing 75% of European exports and 70% of the Middle-East hydrocarbons going to Asia, the question of security is crucial.

Which agreements have been adopted to secure the maritime space? The lack of political and economic union has prevented a dynamic of these countries. The Asian emergence nevertheless gives a breath in this maritime area. The piracy questions have created in the 2000s a form of multilateralism to guard the Straits of Malacca.

Business conjunctures create rivalries between countries like India, China or the US (military base of Diego Garcia). Their objective is to have an important influence in the stabilization of the area. France, thanks to its overseas territories, is the strongest European presence. However due to the reduction in the defense budget, the protection of commercial interests is decreased. The Commission of the Indian Ocean brings in an institutionalized regional framework, a strategic, economic and common policy alliance in order to secure the area.

*

Une trentaine de pays côtiers, des centaines d'îles, un tiers de la population mondiale, 75 000 000 km^2, l'océan Indien est l'un des points de passage commercial essentiels pour le trafic pétrolier, les matières premières. Dans cet espace par lequel transitent 75 % des exportations européennes, 70 % des hydrocarbures du Moyen-Orient vers l'Asie, la question de la sécurité maritime pour le commerce est centrale. Quels sont les accords adoptés afin de sécuriser cet espace maritime ? Le manque d'union politique, économique a empêché une dynamique des pays issus de cet océan. Nonobstant l'émergence asiatique redonne un souffle à cet espace maritime. Les questions sur la piraterie ont par exemple créé dans les années 2000 une forme de multilatéralisme pour la surveillance du détroit de Malacca.

Les conjonctures économiques créent des rivalités entre des pays comme l'Inde, la Chine ou les États-Unis (base militaire de Diego Garcia) qui cherchent à assurer la stabilité de cette zone. La France, grâce à ses territoires d'outre-mer, est la plus forte présence européenne. Cependant due à la réduction du budget de la Défense, la protection de ses intérêts commerciaux est diminuée.

La Commission de l'océan Indien apporte, dans un cadre institutionnalisé régional, une entente stratégique, économique et politique commune afin de sécuriser la zone.

*

Dreißig Küstenländer, Hunderte von Inseln, ein Drittel der Weltbevölkerung, 75 Millionen km^2, der Indische Ozean ist einer der wichtigsten Handelszentren für Öl Verkehr und Rohstoffe. In diesem Raum, durch den 75% der EU-Ausfuhren und 70% des Öls aus dem Nahen Osten nach Asien durchlaufen, ist die Frage der Sicherheit auf See für den Handel von zentraler Bedeutung. Welche Vereinbarungen wurden getroffen, um diesen Seeverkehrsraum zu sichern? Die politische und wirtschaftliche Abwesenheit einer Einigung verhinderte eine Dynamik der Länder dieser Region, die durch ein asiatisches Aufstreben einen neuen Schwung bekommt. Die Piraterie Bekämpfung schafft in den Jahren 2000 eine multilaterale Überwachung der Malakka-Straße.

Aus wirtschaftlichen Konjunkturen entstehen auch Rivalitäten zwischen Ländern wie Indien, China oder den Vereinigten Staaten (Militärbasis von Diego Garcia): alle drei wollen die Sicherheit der Zone garantieren. Frankreich mit den Departements Outresmer gilt als stärkste europäische Macht in der Region, sieht jedoch den Schutz seiner Handelsinteressen reduziert, da sein Verteidigungsbudget reduziert wurde.

Die Kommission des Indischen Ozeans, die mehrere Länder in einem institutionalisierten Rahmen verbindet, leitet eine gemeinsame strategische, wirtschaftliche und politische Einigung ein, um die Zone zu sichern.

*

* *

I. Introduction

The commercial trade perspective of the Indian Ocean is important as is the meaning of the space it occupies. It is not only a strategic maritime space for trade but also for countries, international and regional organizations.

What's the Indian Ocean? Why is it a strategic maritime space? Which kinds of trade are concerned? Which difficulties does it face?

This presentation will first focus on the definition of the Indian Ocean (II), then the necessity of security in this space will be considered (III) and the challenges it is facing will be emphasized (IV).

II. The Definition of the Indian Ocean

Which borders does the Indian Ocean touch? The majority just thinks about the country borders or about the Indian Ocean Commission. It is important to have a territorial geography (cartography) approach but also to know the significance of the flows of goods.

Who is concerned about this? Who is controlling them?

According to B. Nielly, the Indian Ocean is a space that provides a structural coherence in 3 different areas.

First a Strategic coherence: the various straits and canals (Ormuz, Malacca, Suez, Bab-e-Mandeb) which surround the Indian Ocean are crucial for the flows of goods and supplies from Europe, Northern America, Asia and the Middle-East. Thus making it a strategic sea route.

Then a religious coherence: on the northern facade, the first 3 Muslim countries in terms of population are represented (India, Indonesia and Pakistan) as well as the Middle East with 2 capitals of Islam (Riyadh and Teheran, respectively Sunnite and Shia).

An economic coherence: related to work-migrations (is) translated through the financial flows, which create informal links, sometimes officialised through agreements.

What about China? China is not in the geographic area of the Indian Ocean. Including China, a country that has no border on this Ocean, can be warranted in a more global vision: China is a major power in the area that surrounds the Malacca strait, where all major flows are transiting into the Indian Ocean.

China is therefore a major player, whose strategies and actions impact the Indian Ocean.

We should not forget Australia in this space as it counts as a developed country in the Indian Ocean whose role is growing.

The Indian Ocean is an important maritime space with a lot of countries with different economic levels. Therefore it has lots of challenges.

III. A strategic maritime space: the necessity of the security

The UN General Assembly declared the Indian Ocean a “zone of Peace” – Resolution 2832, 16. December 1971. Myth or reality?

The importance of trade in the Indian Ocean requires security (A) which often leads to nationalism taking over regionalism thus creating conflicts (B). Maintaining a "zone of Peace" requires a stronger security strategy to be developed (C).

A. A trade space that needs to be secure

When talking about the Indian Ocean, it is very important to look at the strategic economical and political challenges it presents, although the cultural ones are not to be neglected.

The Indian Ocean represents 25% of the world's trade and one carrier out of three is transiting through it. It can be considered a major central space in the actual world's commerce, which makes securing it very important. Securing the straits and canals for trade purposes is therefore very strategic since the supplies and the flows of goods are proof of economic stability, progress and peace.

Controlling the flows is also an objective for China, Japan and the U.S. (especially with the American fleet being there – Diego Garcia). However, the objectives are different when it comes to free movement of goods since some want to block them (China) and others protect them (the U.S.).

To secure that vital maritime space is also important for the European Union: 75% of the EU's exports are passing through the Indian Ocean. An important sector is the energy sector where the EU wants to secure their imports of hydrocarbons.

B. Nationalism over regionalism?

Of the 22 million square kilometres the Indian Ocean covers, France has a maritime space of 11 million making it the first European investor. The presence of the French marine in that area, especially in the South West, goes back to 1971, when the Brits left. On the other side, the U.S. was tied down in Vietnam in those years, explaining why there is little American presence. With France, the European Union could try to make a push towards a leading role in this maritime space in order to protect their trade interests.

China's role in the Indian Ocean is secondary but nonetheless not be to neglected, especially since we can see two faces: on one hand, China states it has peaceful intentions but on the other hand it controls more and more sea space in the Pacific Ocean.

The development and rise of the Chinese navy raises some concerns, especially for India: Is it China's strategy to protect its interests or has China intentions to impose its economic and political model on others?

China's growth is also a factor of instability for the region by creating tensions in that sea space. This also has an effect on cooperation. If China's economic growth is hampered, a decline in the demand for raw materials from China could lead to falling prices, creating financial problems for the neighbouring countries.

The rise of Chinese maritime power is the best example of how eager newly emerging countries and big import countries are to protect and secure a piece of that strategic space that is the Indian Ocean. The importance of trade and flows are too great nowadays to be neglected when taking a look at the Indian Ocean.

Every country that borders the Indian Ocean, from the Arabic-Persian Golf to Thailand, is facing domestic challenges which are contributing to an unstable environment. The unstable environment these different countries share is not always due to economic reasons but also has political and cultural causes. Facing that fragile stability, two countries have a bigger role:

If the American Fleet were to leave the Golf, the possibility for Iran to become a major regional player would be realistic in a couple of years. Iran could then control and secure the oil flows creating tensions with and among Arab countries.

On the other side, India has wealth and ambitions to be a major regional power: it is one of the major import countries for weapons in the South but is far from being able to protect all of the Indian Ocean's space, especially due to India's many domestic problems.

As far as the European Union is concerned, there is a constant discord between its members about foreign affairs. This makes it impossible for the EU to obtain the status of a major player for securing the flows and stabilizing the region.

C. *Security strategy*

When facing these challenges, how are the countries in question organized in order to tackle these issues? Two patterns can be seen in the Indian Ocean.

Multilateralism: It is what the fight against pirates has brought in the early 2000s: Singapore, Indonesia, Malaysia, and Thailand have a common interest and formed an alliance in order to confront that problem. Thus a common surveillance project has been created at the Malacca strait, the entrance to the Indian Ocean.

Bilateralism: China has favoured that approach, especially with its African partners. Proof of that is the protection agreement that was signed with Tanzania developing African infrastructures in exchange for purchasable arable land. Even though the agreement showed progress, it created tensions within the African community as a result.

D. Regional Integration

Some organizations such as the IOC include partners in an institutionalized framework. The IOC is actively seeking sustainable development and protecting their interests on a regional and international level.

Community interests are also present, even if they do not take the form of an agreement. These can also impact the implemented strategies of other major players since all countries want the flows to be able to transit.

During the Iran-Irak war in the 1980s (1980-1988), the Bab-el-Mandeb strait stayed open making sure that all oil flows had safe passage since every neighbour country benefited from it.

Being able to protect the flows as well as securing the sea route is also a financial issue, where not everyone can compete with others. The U.S., the United Kingdom as well as France are all maritime powers that established themselves over the course of history but have cut their defence budgets. In order to be a major player in that region one must dispose of the necessary financial means which is hard to do in a competitive globalized world.

Other countries surrounding the Indian Ocean can ensure the protection of the Exclusive Economic Zone, the territorial waters as well their coasts but most of them can not secure any waters beyond that due to financial reasons.

The African side of the maritime space is not as developed as the North and East, where economic growth is mostly achieved through South-East Asia. An African Alliance is therefore an idea some countries such as Australia or Japan are considering which could dramatically change the economic landscape of the Indian Ocean and its flows.

IV. The security in the Indian Ocean: piracy problem

One of the major's problems of the Indian Ocean, with the exception of war between two countries, is piracy. The issues which piracy poses are said to have subsided, but this raises the question of who is supposed to protect the region if the forces that were fighting piracy have retreated? And under which framework would the security of the region be assured (multilateral, bilateral...)?

Maritime piracy is a threat to the free movement of goods and to the routes to destination countries. It is considered to be an effective method to exercise great pressure and can manifest itself through hostage taking as a way to obtain money. The message of piracy is also a powerful one on every level, regional or international and has an asymmetric character.

The world's maritime traffic represents 80% of the world's commerce. This makes piracy very profitable, both financially and in terms of obtaining strategic control over certain zones such as the Malacca and Bab-el-Mandeb straits.

Several tankers have been attacked these last couple of years, making transport more and more expensive. As a result, insurance companies no longer want to get involved since the routes are more and more dangerous. Some efforts were made in that area ensuring the safe supply of goods thanks to special military ships and private security companies from different countries. These missions have managed to save and prevent deadly situations (operation Atalante was specially created by the EU) but not for a sustainable period of time.

The following cooperation programs with the EU exist:

The Djibouti Code of Conduct, agreed in 2009 by 21 coastal states of the Western Indian Ocean by launching the Critical Maritime Routes programme in 2010 (EU MARSIC).

CSDP: EUCAP Nestor Mission of July 2012 (5 countries from the Horn of Africa and the occidental Indian Ocean).

The Mombasa Protocol between Djibouti, Kenya, Tanzania and Yemen, to increase cooperation on maritime security signed on the 02.07.2015 (EU CRIMARIO).

And the regional Information Sharing Centre (Sanaa) as well as the regional Formation Centre (Djibouti) have been created.

The African Union also cooperates with the Indian Ocean. Proof of this is the creation of a Fusion Information Centre with a mechanism of maritime surveillance and common coordination of operations.

Somalian piracy alone generated millions in extra costs since multiple programs (Ocean Shield from the NATO) had to be put into place. A cooperation program with another international organisation is the Interpol Project against Piracy.

Other costs can result from piracy, too: insurance companies raising their prices, fuel being more expensive due to a higher transit speed for freight carriers, special safety teams needed on-board, etc.

V. Conclusion

Incapable of creating its own identity due to its vast space, the Indian Ocean is hard to define. It comprises and connects multiple countries with each country having to deal with different economic, political and social challenges. The various roles of each country make the Indian Ocean impossible to categorise as a whole. It is therefore easier to analyse it through its sub-regions.

The central role of the Indian Ocean in International Commerce is undeniable. With its huge space, the Indian Ocean plays a big role in international security, making it vulnerable to transnational conflicts, naval rivalries and piracy.

This raises the questions of security, strategic control of the maritime space and new emerging powers before trade law questions can be adressed and answered.

The necessity of securing the Indian Ocean has reinforced the inter-agency cooperation on a national and regional level in order to create better information centres against piracy. These measures were taken to be better prepared against piracy in terms of apprehending and transferring alleged pirates, controlling the directly linked financial consequences (trades of goods) and in order to improve maritime security (surveillance, border patrol) of all parties involved. These mechanisms show a slow harmonisation of all involved departments, structures and organisations of various nations. Too slow nonetheless to expect any major long-term coalition to be built.

The ever changing economic landscape of our globalized world may not favour the Indian Ocean as a transit zone for much longer. In 2013, a Chinese Ice-breaking ship has used the pole route from Shanghai to Rotterdam. If new routes such as this one would be created and used as an alternative, who can be sure that the Indian Ocean will keep its status as a major transit space?

References

Article, *Hindustan Times*, 15 mars 2015, Making waves in Indian Ocean: Modi Building briges to Island States.

Charlotte Bezamat-Mantes, “Géopolitique de l’océan Indien”, *La revue Géopolitique* (Diploweb.com), août 2014.

Mathieu Mérino, “La maîtrise de l’eau en Afrique de l’Est: tensions et territoires”, *Sécurité globale* 2009/3 (No. 9), p. 69-78. DOI 10.3917/secug.009.0069.

Stéphane Pradines, “Maritime trade and Islam in the Indian Ocean: the first Swahili mosques (eleventh to thirteenth centuries)”, *Revue des mondes musulmans et de la méditerranée*, No. 130, février 2012, p. 131-149.

Benoît D'Aboville, "Défense européenne. Le Conseil de décembre 2013", *Commentaire* 2014/1, (No. 145), p. 99-106. DOI 10.3917/comm.145.0099.

Nathalie Fau, "Les enjeux économiques et géostratégiques du détroit de Malacca", *Géoéconomie* 2013/4 (No. 67), p. 123-140. DOI 10.3917/geoec.067.0123.

Isabelle Saint-Mézard, "L'Inde en Asie de l'Est: engagement sous réserve?", *Politique étrangère* 2012/2 (Eté), p. 359-371. DOI 10.3917/pe.122.0359.

Mathieu Duchâtel, "La politique étrangère de la Chine sous Xi Jinping", *Hérodote* 2013/3 (No. 150), p. 172-190. DOI 10.3917/her.150.0172.

André Oraison, "Diego Garcia: enjeux de la présence américaine dans l'océan Indien", *Afrique contemporaine* 2003/3 (No. 207), p. 115-132. DOI 10.3917/afco.207.0115.

Isabelle Saint-Mézard, "Quelles architectures de sécurité pour l'océan Indien?", *Hérodote*, No. 145, La Découverte, 2e trimestre 2012, p. 129-149.

The Development of a Regional Aviation Law for the Indian Ocean

Arvin Halkhoree

The development of a regional aviation law for the Indian Ocean will be looked at from two perspective which are as follows:

(i) Firstly we will look at the development in the legal and regulator framework will which enable and facilitate aircraft registration and other related activities like aircraft structured financing and securing debts in relation to aircraft finance. Aviation law remains by far an area of law which has an enormous potential to generate funds for the regional economy. In fact, being a multidisciplinary sector, aviation in general will impact on various sectors of the economy namely financial services, banking and the economy as a whole.

(ii) The operational development at the regional level will enable a better air connectivity of the Indian Ocean islands with more frequent flights from island to island and a marked relaxation of customs control and immigration formalities. The idea is to promote the free movement of people amongst the Indian Ocean islands. Another area which requires our immediate attention from an operational point of view is to open up air access to new airlines and/or improve the air access to existing ones for a better connectivity of the Indian Ocean islands. Besides, it is imperative for the Indian Ocean Islands to propose packaged trips to all Indian Ocean Islands to travelers coming to their Island so as to enable the traveler to discover the other Indian Ocean Islands at no significantly extra costs and thus mutually help one another in tapping into the market of the other, whilst creating mutually beneficial results.

*

Le développement d'un droit aérien régional pour l'océan Indien doit se faire à deux niveaux :

(i) D'abord, on doit se pencher sur le développement du cadre légal et réglementaire (regulatory framework) afin de permettre l'immatriculation des aéronefs et de faciliter les activités liées, notamment le financement et la garantie/ sûreté des prêts pour le financement d'avions. Le droit aérien demeure un créneau avec un potentiel pouvant générer de gros profits pour l'économie régionale. En effet, étant un secteur multidisciplinaire,

il impacte sur d'autres secteurs, notamment le domaine des services financiers, le domaine bancaire mais également sur l'économie en général.

(ii) Le développement opérationnel sur le plan régional permettant une meilleure connectivité des îles de l'océan Indien avec des vols plus fréquents et un assouplissement des contrôles douaniers et des formalités d'immigration il promouvra le concept de libre circulation des personnes. Un autre aspect plus large est l'ouverture de l'accès aérien à des nouvelles destinations émergentes et aussi une meilleure desserte de nos destinations existantes. Outre cela, on doit proposer des voyages combinés sur l'océan Indien une fois qu'un touriste atterrit sur n'importe quel pays de l'océan Indien.

*

Die Entwicklung eines regionalen Luftverkehrsrechtes für den indischen Ozean muss auf zwei Ebenen stattfinden:

(i) Zunächst einmal muss man sich mit der Entwicklung des gesetzlichen Rahmens auseinandersetzen, um die Registrierung von Flugzeugen und die damit verbundenen Schritte wie Finanzierung und Garantien/Sicherheiten zu ermöglichen. Der Luftverkehr ist ein Bereich, der hohe Gewinne für die regionale Wirtschaft erwirtschaften kann. Als multidisziplinärer Sektor hat er Einfluss auf andere Gebiete, wie insbesondere Finanzdienstleistungen aber auch die Gesamtwirtschaft.

(ii) Die regionale Entwicklung ermöglicht einen besseren Anschluss zwischen den Inseln des indischen Ozeans mit höheren Flugfrequenzen und einer Erleichterung der Zollkontrollen und Einreiseformalitäten, um das Konzept der Reisefreiheit der Personen zu fördern. Ein weiterer Aspekt ist die Öffnung des Zugangs des Luftverkehrs zu neuen aufkommenden Zielen und eine bessere Verkehrsverbindung zu den bestehenden Zielflughäfen. Darüber hinaus sollten kombinieren Flugreisen zu verschiedenen Zielen des indischen Ozeans angeboten werden, sobald ein Tourist in eines der betreffenden Länder einreist.

*

* *

I. Introduction

Let us start by taking a look at the development of the regulatory framework relating to aviation law. The present state of affairs is that multilaterism has been at the heart of international air transport since October 1944 when the International Civil Aviation Organisation (ICAO) and its sister organization, the International Air Transport Association (IATA) were established. The ICAO came into existence by way of a convention which is commonly known as the Chicago Convention. The

Chicago Convention was signed in December 1944 and has governed international air services since then. The convention also has a range of annexes covering issues such as aviation security, safety oversight, air worthiness, navigation, environmental protection and facilitation (expediting and departure at airports). The IATA has, as of today, 266 member airlines. Both the ICAO and the IATA have a proud history of satisfying world passengers in terms of safety and security, and mobility at affordable prices.

The next international instrument dealing with aviation is the General Agreement on Trade in Services (GATS) under the aegis of the World Trade Organisation. This 1995 document has an annex known as the "Annex on Air Transport Services" which contains provisions on aircraft repair and maintenance, selling and marketing of air transport services and computer reservation system services, to name but a few. GATS marked the progressive removal of barriers to trade in services as it covers all tradeable services in all sectors.

The next widely-used international instrument in the aviation law landscape is the Bilateral Air Service Agreement (BASA), which is an agreement between two nations to allow international commercial air transport services between their territories. The basis of the BASA is the Chicago convention and associated multilateral treaties.

For Africa, we have the Yamoussoukro Declaration concerning the liberalization of access to air transport markets in Africa under the aegis of the UN Economic and Social Council.

II. What about the Indian Ocean region?

On 21 September 2015, the *Alliance Vanille* has been signed in Antananarivo under the aegis of the Indian Ocean Commission (IOC). The signatories are 5 Indian Ocean airlines: Air Mauritius, Air Austral, Air Madagascar, Inter-Île Air, and Air Seychelles. This marked a first step to a pluri-lateral framework whereby one of the main aims was the creation of a low cost airline, under the name Air Vanille, to provide for an additional 200,000 plane seats for the Indian Ocean region, which would in turn generate some USD 1.1 billion additional revenue. It also emphasized collaboration in relation to sales, sales promotion, training and customer fidelity. This *Alliance Vanille* was best described by the Secretary General of the IOC as "*une formule intelligente pour nos îles et une source de recettes en devenir*."

The whole idea or rather the whole attempt was to improve air connectivity in the region and thus create better synergy; greater strength, greater reach and better negotiating power. For instance, if we were to pool all aviation resources in the region, it would mean a fleet of 30 aircraft,

6,000 staff as manpower and a capacity of 2.3 million passengers per annum. In terms of numbers, in 2012, some 500 million tourists took the plane worldwide and only 2 million in the Indian Ocean, which represents only 0.004% of world air traffic.

Other initiatives to open up air access to and within the Indian Ocean region include an air corridor between Mauritius and Singapore to service Asia at one end and Africa at the other end, which will start operations in March 2016. It is a fact that Singapore is a hub for Asia with lots of connectivity and a first step in this air corridor is to use Singapore as a hub to connect to other destinations in Asia. What about the other end of the corridor, i.e. how well is Mauritius connected to mainland Africa? As of date, we are very poorly connected to mainland Africa. Even if we have daily flights to Johanesburg which is itself a hub to connect us to other African cities, we have only 3 weekly flights to Cape Town, on Tuesdays, Thursdays and Sundays. As for Durban, we have 2 flights weekly on Mondays and Fridays. We have 3 flights to Nairobi per week on Tuesdays, Thursdays and Saturdays. For our international connectivity, be it Africa or the rest of the world, we rely heavily on a foreign carrier, Emirates Airlines which has two daily flight to and from Mauritius on A380 planes, which at one go can carry over 450 passengers.

If we look at the Indian Ocean region, there are 5 carriers domiciled therein. However, 16 foreign carriers operate in this region under Bilateral Air Services Agreements (BASA). Notwithstanding this, there is very poor inter-island connectivity in the Indian Ocean region. Take the example of Seychelles and the Comoros Island. They are only 1,507.43 km away which can be covered in around 1.67 hours at a crusing speed of 900 kilometres per hour. But if we were to go from Seychelles to Comoros Island on a commercial airline, it could take up to 21 hours as one of the options is to fly to Dubai from Seychelles then from Dubai to Nairobi and then from Nairobi to Moroni (SEZ-DXB-NBO-HAH), with a price tag ranging between US$2,500 and US$7,000.

If we take the connectivity between Mauritius and the Comoros Island, there is no direct commercial flight covering the 1,802 kilometres between these two islands. We would need to connect to Reunion Island. Now, if we look at the connectivity between Mauritius and Rodrigues, all flights are fully booked up to 6 month in advance. There is therefore a pressing need to increase the number of daily flights which at present is two. We had a private company Catovert, which was a subsidiary of IBL Travel, but it was nipped in the bud due to a lack of traffic rights in the region for its market expansion inasmuch as an airline operating solely on Rodrigues could not, by any stretch of the imagination, be profitable.

Looking at the connectivity between Mauritius and Reunion Island which are 226 kilometres away, they are well connected with six daily Air Mauritius flights over and above the Air Austral daily flights. The next observation that we can make is that this is one of the most expensive international flights in the world when you look at the price per kilometer travelled. Admittedly, short haul flights tend to be more expensive than long haul flights but here a 226 kilometre flight is being considered as an international flight which entails the requirement of going to the airport some three hours before the flight for a thirty minutes' travel time. Since it is an international flight, the passenger would need to complete immigration formalities, pay his service fees, airport charges for an international flight and our infamous terminal expansion fee. If we were to look at the different components of the price of a ticket between Mauritius and Reunion Island, airport taxes account for around 40% of the ticket price.

There is no Air Mauritius flight between Mauritius and Seychelles. This route is serviced three times a week by an Air Seychelles flight mostly operated by Etihad. Madagascar also has 3 weekly flights to Seychelles, which is serviced by Air Madagascar. Speaking of Air Madagascar, it is apposite to note that it is on the black list for EU countries and this, in my view, would be a major obstacle to include Air Madagascar into this regional alliance of airlines.

Now coming to fare comparison, we note that a trip from Seychelles to Mauritius is almost similar in terms of distance to one from London to Faro in Portugal, but the faire between Seychelles and Mauritius is 425% more expensive than the London-Faro flight. As already stated earlier the Mauritius – Reunion Island trip is one of the most expensive routes per kilometre of travel.

Coming back to the regulatory framework, there is a pressing need to streamline the regulatory procedures, be it for aircraft registration or other ancillary procedures like inscriptions of lien and financing of aircraft. We have to move away from the Department of Civil Aviation to an autonomous Civil Aviation Authority with properly qualified personnel.

The airlines in the Indian Ocean region should try to pool their resources when it comes to aircraft maintenance. For instance, there is a total of 10 ATR aircraft being operated in the Indian Ocean region (2 by Air Mauritius. 2 by Air Austral, and 6 by Air Madagascar). If we negotiate for 10 planes at one go with the manufacturer, we are more likely to strike a better deal than each individual airline negotiating for its fleet of ATR planes. Similarly, we need to create the right climate for investment flows in this promising area and in other collateral areas like infrastructure, back office support, catering, IT support to name but a few. Some airports need to be upgraded or redone according to international standards.

For instance, the airports of Anjouan and Moheli do not conform to international standards. Governments of the Indian Ocean region need to look at the wider macro-economic picture (economic growth, job creation, creation and distribution of wealth) when it comes to the aviation sector which is a very promising and high revenue-generating sector. The critical problem today with the Indian Ocean region airlines is that we are operating in a fragmented market with different players, whereby each one player is unable to reach the critical mass to achieve sustainable economies of scale. We should also learn from our peers. For instance, the relentless opening of the Seychelles skies to aviation heavyweights resulted in record arrival figures over the last 3 years. We also have to face our economic realities; petrol prices are increasing and our markets are far from us (Europe, Asia). We should therefore stop offering mutually exclusive packages but rather offer complementary all-inclusive packages to tourists travelling to the Indian Ocean with the possibility of visiting the different islands for a small supplement in air fare. Each Indian Ocean country has its uniqueness and has a unique selling proposition different from the other and we should try to bundle these uniquenesses together and sell them to those tourists travelling thousands of kilometres to come to the Indian Ocean.

Another area which seems to be completely forgotten is cargo. Air freight and marine freight in the Indian Ocean region is around 9 times more expensive than elsewhere. Cargo on passenger planes is limited and there are neither cargo carrier in the Indian Ocean nor any foreign cargo carrier service this region. Cargo which shares passenger flights suffers from the sad reality that air flight is based on passenger flight demand and not at all cargo driven.

How well we know each other in the Indian Ocean region and how well we practice trade exchanges is something to ponder upon. Do we import vanilla or essential oils (Ylang Ylang) from Comoros? What else does Comoros have to offer? Do we have a list of products which each country can offer? I do not think so.

On the other hand, custom formalities are a very cumbersome process. Shouldn’t air travel between the Indian Ocean islands be considered as regional or domestic flights waiving all the cumbersome custom and immigration formalities?

There are several similar questions which need to be answered urgently.

III. Conclusion

To conclude, I would say that our priorities, strategies, and economic fundamentals should converge. All the Indian Ocean countries have to look in the same direction for greater cooperation, coordination, complementarity and synergy. We should collectively work towards travel and trade facilitation, and create a sort of tourism alliance because as we have seen there are too many small airlines poorly serving too many small markets. The trend internationally is mergers and strategic alliances. For instance, American Airlines merged with US Airways, on the other hand Emirates Airlines and Qantas are into strategic partnership for the next 5 years.

We need to rethink as to whether we need different national airlines. Is it only a question of national pride and sovereignty or should we look beyond the present state of affairs and consider whether or not it is commercially viable and sustainable to have several national airlines? The model where government owns, controls and regulates at the same time is slowly becoming outdated. We have to update our business model and business strategy for the long term to achieve sustainable growth and create value.

Les auteurs / The Authors

Nismah Adamjee, Representive of the permanent court of arbitration (PCA), Mauritius Office

Dr. Tilman Bezzenberger, Professor, Universität Potsdam, Professur für Bürgerliches Recht, Gesellschaftsrecht und Europäisches Zivilrecht

Juliette Bouloy, Doktorante, Université Paris Ouest Nanterre La Défense

Lalaina Chuk Hen Shun, Doctorante en droit, École Doctorale de Droit et Science Politique de l'Université Paris Ouest-Nanterre La Défense, membre de la rédaction de www.lexxika.com

Dr. Jacques Colom, Maître de conférences (HDR), Université de la Réunion

Katharina de Resseguier, Doctorante, Université Paris Ouest Nanterre La Défense

Farouk El-Hosseny, Representive of the permanent court of arbitration (PCA), Mauritius Office

Maximilian Fritz, Étudiant M2, Universität Potsdam / Gujarat National Law University, Inde

Arvin Halkhoree, Doctorant, Université Paris Ouest Nanterre, Barrister Juristconsult Chambers, Mauritius

Sarah Hamou, Diplômée M2, Universität Potsdam/Université Paris Ouest Nanterre La Défense

Émilie Jonzo, Doktorante, Université de la Réunion

Johannes Kappler, Doktorand, Universität Potsdam

Dr. Jonas Knetsch, Professeur, Université de la Réunion

Thomas Le Tallec, Étudiant M2, Université Paris Ouest Nanterre La Défense/ Gujarat National Law University, India

Dr. Tobias Lettl, Professor, Universität Potsdam, Professur für Bürgerliches Recht, Handels- und Wirtschaftsrecht

Roopanand Mahadew, Lecturer, University of Mauritius, Faculty of law

Dr. Éric Millard, Professeur, Université Paris Ouest Nanterre La Défense

Varsha Mooneram-Chadee, Lecturer, Doctorante, University of Mauritius

Dr. Ismaël Omarjee, Maître de conférences (HDR), Université Paris Ouest Nanterre La Défense, Directeur du CEJEC (Centre d'études juridiques européennes et comparées)

Dr. Kerstin Peglow, Maître de conférences (HDR), Université Paris Ouest Nanterre La Défense

Dr. Élise Ralser, Maître de conférences (HDR), Université de la Réunion

Dr. Johary Ravaloson, Enseignant-chercheur à l'Université catholique de Madagascar et à l'Institut d'études politiques de Madagascar, Secrétaire général du Centre d'arbitrage et de médiation de Madagascar (CAMM) et de Business Bridge OI

Dr. Francesco Romano, Postdoktorand, Universität Potsdam, Wissenschaftlicher Mitarbeiter am Lehrstuhl Prof. Dr. Lettl für Bürgerliches Recht, Handels- und Wirtschaftsrecht

Dr. Stephanie Rohlfing-Dijoux, Professor, Université Paris Ouest Nanterre La Défense

Marie Rossier, Doktorante, Université Paris Ouest Nanterre La Défense, wissenschaftliche Mitarbeiterin an der Professur von Prof. Dr. Bezzenberger für Bürgerliches Recht, Gesellschaftsrecht und Europäisches Zivilrecht

Dr. Jean-Baptiste Seube, Professeur, Université de la Réunion

Vittiyaiye Teeroovengadum, Doctorante, Universität Paris Ouest Nanterre La Défense, Parttime lecturer University of Mauritius

Marie Valerie Uppiah, Lecturer, University of Mauritius, Faculty of law

Indeeren Vencatachellum, Senior Lecturer, University of Mauritius, Faculty of Management

Charles Walleit, Doktorant, Université Paris Ouest Nanterre La Défense

Dr. Anne-Françoise Zattara-Gros, Maître de conférences (HDR), Université de la Réunion

Cultures juridiques et politiques

Vol. 1 Stephanie Rohlfing-Dijoux (éd)
La Transmission de Terminologie et de Concepts Juridiques dans l'espace Européen. *Allemagne / France / Russie*
2012, ISBN 978-3-0343-1094-9

Vol. 2 Otmar Seul & Tomas Davulis (éds./Hrsg.)
La Solidarité dans l'union Européenne / Solidarität in der Europäischen Union. *Actes de la 5ème Université d'été franco-germano-lituanienne et européenne en sciences juridiques Vilnius, 3-10 juillet 2008 / Tagungs band der 5. Deutsch-Französisch-Litauischen und Europäischen Sommeruniversität in den Rechtswissenschaften, Vilnius 3.-10. Juli 2008*
2012, ISBN 978-3-0343-1122-9

Vol. 3 Ralf Alleweldt, Raphaël Callsen, Jeanne Dupendant (eds.)
Human rights abuses in the contemporary world.
Tri-National Workshop, Tbilisi, September 2011
2012, ISBN 978-3-0343-1147-2

Vol. 4 Stefanie Bouquet
La réglementation européenne relative à la discrimination fondée sur l'âge: conséquences sur le droit du travail français.
Préface du Professeur Joachim Gruber, Université Paris Ouest - Nanterre La Défense
2012, ISBN 978-3-0343-1174-8

Vol. 5 Izabela Krasnicka & Magdalena Perkowska (éds.)
How to become a layer?
2013, ISBN 978-3-0343-1290-5

Vol. 6 Kerstin Peglow et Géraldine Demme (éds.)
La protection des intérêts privés sur le marché intérieur.
La situation des consommateurs et entrepreneurs.
2015, ISBN 978-3-0343-1615-6

Vol. 7 Sam Lyes
Crimes internationaux et immunité de l'acte de fonction des anciens dirigeants étatiques.
2015, ISBN 978-3-0343-1690-3

Vol. 8 Fabien Bottini, Harold Gaba et Pierre Chabal (dir.)
Le régionalisme et ses limites. Regards croisés franco-kazakhs
2016, ISBN 978-2-87574-335-0

Vol. 9 Otmar Seul, Kaïs Slama, Kerstin Peglow (Hrsg.)
Kulturvermittlung und Interkulturalität, ein deutsch-französisch-tunesischer Dialog. Politische, rechtliche und sozio-linguistische Aspekte
2017, ISBN 978-2-8076-0133-8